21世纪教师教育系列教材
学科教学技能训练系列

新理念化学教学技能训练（第二版）

New Ideas on Teaching
Skills Drill of Chem

主　编　王后雄
编　委（按姓氏笔画排序）
　　丁　瑜　王世存　王后雄　孙建明　刘玉荣
　　李　佳　李　娟　杨一思　沈久明　张小菊
　　张文华　汪永玮　姚如富　袁振东　曾　艳
　　满苏尔·那斯尔

图书在版编目(CIP)数据

新理念化学教学技能训练／王后雄主编. —2版.—北京：北京大学出版社，2014.8
（21世纪教师教育系列教材·学科教学技能训练系列）
ISBN 978-7-301-24511-8

Ⅰ.①新… Ⅱ.①王… Ⅲ.①中学化学课—教学研究—师范大学—教材 Ⅳ.①G633.82

中国版本图书馆CIP数据核字（2014）第160478号

书　　　名	新理念化学教学技能训练（第二版）
	XINLINIAN HUAXUE JIAOXUE JINENG XUNLIAN（DI-ER BAN）
著作责任者	王后雄　主编
丛书主持	陈　静　郭　莉
责任编辑	陈　静
标准书号	ISBN 978-7-301-24511-8
出版发行	北京大学出版社
地　　　址	北京市海淀区成府路205号　100871
网　　　址	http://www.pup.cn　　新浪微博：@北京大学出版社
微信公众号	科学与艺术之声（微信号：sartspku）
电子信箱	zyl@pup.edu.cn
电　　　话	邮购部 62752015　发行部 62750672　编辑部 62707542
印　刷　者	河北滦县鑫华书刊印刷厂
经　销　者	新华书店
	787毫米×1092毫米　16开本　17.75印张　420千字
	2009年10月第1版
	2014年8月第2版　2023年1月第8次印刷
定　　　价	46.00元

未经许可，不得以任何方式复制或抄袭本书之部分或全部内容。
版权所有，侵权必究
举报电话：010-62752024　电子信箱：fd@pup.pku.edu.cn
图书如有印装质量问题，请与出版部联系，电话：010-62756370

内容简介

本书根据教师专业化发展要求,构建系列化的化学教师所需要的教学设计技能、变化技能、演示技能、体态语言技能、多媒体教学技能、结课技能、板书技能、说课技能、评课技能等技能课程体系。从教师职业技能训练模式入手,介绍了微格教学训练、教学见习与教育实习等内容。以案例形式诠释了中学化学教师资格考试面试的大纲、题型及应试方法。注重实践性知识(原理)与案例相结合,并配有各项技能评价量表及适量的实践练习,凸显了教师职业技能训练的系统性,并对教师应该具备的职业技能提出明确要求,突出实践性和可操作性,为培养合格的化学教师奠定坚实的基础。

本书可作为高等师范院校化学教育专业教材,也可用作中学在职教师与教学研究人员的继续教育教材或参考书,同时还可作为高等院校学生参加中学化学教师资格考试备考和应考指导用书。

主编简介

王后雄,男,1962年生,现任华中师范大学教师教育学院副院长,化学教育研究所所长,教授,博士生导师,兼任华中师范大学考试研究院院长,湖北长江传媒教育资源总策划。主要从事化学课程与教学论、化学教学诊断学、化学奥林匹克化学竞赛研究、化学学习心理与学法指导、教育考试理论与方法等课程教学和研究。近年来主持国家及省部级科研项目10多项,著有《新理念化学教学论》《新理念化学教学技能训练》《化学教育测量与评价》《中学化学实验教学研究》《新理念化学教学诊断学》《中学化学课程标准与教材分析》《化学方法论》《奥林匹克化学竞赛研究》《高中化学新课程教学案例研究》《初中升学考试标准及实施大纲》等专著及教材30多部。先后在Chinese Education and Society、Frontiers of Education in China、《教育研究》《课程·教材·教法》《中国教育学刊》《教育发展研究》《华东师范大学学报(教育科学版)》《高等教育研究》《全球教育展望》《教师教育研究》《化学教育》等SSCI、CSSCI及核心期刊发表教育教学论文300余篇,其中60多篇被《新华文摘》和人民大学复印资料全文转载。

先后获"全国劳动模范""人民教师奖章""全国教改'十佳'教师""全国十大杰出中青年教师提名奖""湖北省优秀教师""湖北省教育科研学术带头人""全国优秀教育硕士指导教师"等称号,是享受国务院政府特殊津贴的教育专家。

第二版前言

化学教学技能训练课程是对师范生进行职业技能训练、把所学的知识运用于实际教育教学活动的一门应用性和实践性课程。是为了培养未来教师从事化学教学工作的初步能力、使师范生尽快从教学技能实践方面"上路"、提高教学技能训练质量而设置的技能类课程,是教师教育课程体系的重要组成部分,在合格教师培养中有着特殊的作用。当前,我国教育事业进入了全面提高教育质量的新时期,所以,大力推进教师教育院校课程和教学改革,加强师范生职业技能训练,强化教育实践环节,提高师范生培养质量,是造就高素质专业化教师队伍,全面提高基础教育质量的紧迫要求。目前,仍然存在化学教育专业师范生教学技能教学资源匮乏、教学技能训练质量不高、师范生从教能力不强等问题。为此,我们在参考兄弟院校课程教材的基础上,结合多年开设化学教学技能训练课程的实践和研究,以教师教育课程标准作为课程建设的依据,构建系列的教师教育技能类课程体系和化学教学技能训练模式,以加强师范生教学技能训练,提高师范生从教能力。

科学家爱因斯坦在谈到教师修养时,提出三条基本要求:一是"德",即崇高的思想品德;二是"才",即知识渊博;三是"术",即高超的教学艺术技巧。苏霍姆林斯基认为,教学和教育过程有三个源泉:科学、技巧和艺术。我国学者李玉峰认为,教师教育主要课程一般可分为三部分:教育理论课、教育方法技能课和教育实践课。黄崴认为,作为教育研究者或学科教师应具备三个方面的知识:一是学科专业知识;二是教育专业知识;三是教育实践技能。李才俊认为,教师教育课程中的显性课程应包括五个层次:基础性课程、技能性课程、实践性课程、活动课程、创新能力课程。尽管不同的学者对教师教育课程体系的基本构成有不同的见解,但都把技能类课程作为其中的重要组成部分,强调要通过相应的课程培养学生成为教师所必备的技能和技术,提高师范生的教育教学能力。本书力图体现教师的专业特点和专业化发展的需要,符合基础教育改革发展的要求,适应国际教师教育发展的潮流,建立教师职前培养与职中培训相衔接的现代教师教育教学技能课程和教学新体系。

化学学科的教学技能一般包括教学技巧和教学能力两个方面。教学技能不只是教师组织或实施教学的简单行为特征,而是教师素质的综合反映。它真切体现了教师的文化愿景和文化信仰,彰显着教师超越自我和超越传统的学识风范、个性优势和人格魅力。素质教育和课程改革倡导的学习方式变革(自主学习、探究学习、合作学习),为化学教学技能的发展提出了新的要求。依据教师专业化发展,我们认为课堂教学技能主要包括四个基本方面:(1)教学设计技能:是指教师开发利用课程资源的意识、智慧和技能。主要指遵循教学过程基本规律,设计教学问题情景,对教学活动进行规划、安排和决策。(2)教学组织技能:是指组织教学的行为和保证课堂教学程序的方法和能力。它包括关注学生的行为、指导学生合作学习和探究学习、与学生沟通交流的行为,教学随机性过程中的教育机智,解决各种冲突(课堂冲突、教学冲突、人际冲突等)的策略。如调控技能、变化技能、演示技能等。(3)教学语言技能:是指在实施教学过程中运用和组织语言的技巧和方法。它包括口语技能、导课技能、提问技能、结课技能、体态语言技能、板书技能等。(4)自我发展技能:是指教师通过同行互助与反思行为提升自身教学的能力和方法。师范生可通过微格教学手段、教学见习和教育实习等教育实践的多种机会实现自我发展。说课技能、评课技能等属于一种课堂教学外的评研型实践技能。本书对化学教学的各种技能的概念、特点、设计、应用及评价方案做出了翔实的阐述,并选用了中学化学新课程中的一些典型案例予以诠释,注重原理与实例相结合,为成功的化学课堂教学奠定基础。

随着基础教育改革的发展,中学化学教学有了很多新的特点和变化,对教师的教学技能提出了新的要求。例如,新课程强调要转变学习方式,倡导探究学习、合作学习,强调综合性,加强了学科之间的相互渗透,面对学生多样的问题和活跃的思维,教师会感受到前所未有的压力。这些新的变化体现了教师职业技能发展的新特点,应该成为教师教育技能类课程设计的重要基点。

课堂教学既是一门科学,又是一门艺术,必须经过严格的系统训练。实践证明,要全面提高化学教学技能,还必须向微格领域拓展,将复杂的教学行为进行适当的微观分解,以进行有效的技能训练。为此,在本课程教学和实践中要注意以下几点:

(一)凸显教学的操作性和综合性。教师教学技能水平的高低直接影响教学目标的实现,而课堂教学活动不是孤立的、即兴的教育行为,而是复杂的、并能对课堂教学进行实质性影响的前期教学行为和后期信息反馈。因此,必须以教育心理学、教育学和课程与教学论的理论知识为基础,并且将视野从课堂教学延伸到教学工作的各主要环节,侧重从应用性对策上阐明那些对教学质量有直接影响的基本教学行为。教师实践知识不是由职后单一实践场景所决定的,职前教师教育中同样蕴涵着促进教师专业发展的实践知识。

(二)改进课程的教学方法和手段。在课堂教学中推行启发式教学,鼓励探索模拟课堂、微格教学、案例教学、情境教学、现场教学等多种教学方式。加强大学与中学的合作,聘请中学一线优秀教师领衔教学技能训练指导,推行导师制,共同培养"未来教师"。通过应用微格教学和多媒体教学手段,强化对教师教学行为技能培养。借鉴微格教学的思想,将一节成功的化学课堂教学所需要的基本技能进行分解,分项训练与培养,再合成起来,以进行有效的技能训练,提高实践教学效益,为基础教育培养"上手快、后劲足"的化学教师。

(三)充实教育教学技能和实践课。在化学教学技能课程体系构建上,要坚持理论联系实际,从一般到特殊的构建思路,在技能训练上实施"练习—见习—演习(微格训练)—实习"的一体化教学技能训练模式,把教师职业技能培养贯穿于大学四年。教师职业是一项实践性很强的职业,要注重教师文化内涵的丰富和提升,注重教师精神价值体系的改造和重建,更要注重教师教学技能的强化训练,从而提高师范生教学技能的有效性和效率。

本书主编单位是华中师范大学,参编单位有湖北大学、河南师范大学、新疆师范大学、湖北师范学院、湖北第二师范学院、合肥师范学院、信阳师范学院、黄冈师范学院、孝感学院等。本书编写的具体分工为:第1章由张文华编写,第2、7由曾艳编写,第3章由李娟编写,第4章由刘玉荣编写,第5章由袁振东编写,第6章由满苏尔·那斯尔编写,第8章由李佳编写,第9章由汪永玮编写,第10章由杨一思编写,第11、12章由沈久明编写,第13、17章由王后雄编写,第14章由丁瑜编写,第15章由张小菊编写,第16章由姚如富编写。全书由王后雄任主编,并负责统稿、审稿和定稿。

本书的出版得到北京大学出版社、华中师范大学教务处、华中师范大学化学学院的大力支持,史俊玲、邓阳、叶晨、荀莉莉等为书稿的校对付出了辛勤的劳动,特此致谢。编写中,我们参考引用了大量专家、学者的文献资料,在此对文献作者表示诚挚的谢意。

由于编者水平有限,本书肯定存在不妥之处,敬请使用本书的教师、学生和专家批评指正。

王后雄

2014年7月于华中师范大学

目　录

第 1 章　化学教学设计技能 ……………………………………………………（1）
　1.1　化学教学设计概述 …………………………………………………（1）
　1.2　化学教学设计技能 …………………………………………………（3）
　1.3　化学教学设计技能的案例 …………………………………………（7）
　1.4　化学教学设计技能的评价 …………………………………………（12）

第 2 章　课堂教学中的口语技能 ………………………………………………（14）
　2.1　教学口语技能的含义 ………………………………………………（14）
　2.2　教学口语技能的设计 ………………………………………………（21）
　2.3　教学口语技能的应用 ………………………………………………（23）
　2.4　教学口语技能的评价 ………………………………………………（26）

第 3 章　课堂教学中的导课技能 ………………………………………………（28）
　3.1　教学导课技能的含义 ………………………………………………（28）
　3.2　教学导课技能的设计 ………………………………………………（32）
　3.3　教学导课技能的应用 ………………………………………………（35）
　3.4　教学导课技能的评价 ………………………………………………（39）

第 4 章　课堂教学中的提问技能 ………………………………………………（41）
　4.1　教学提问技能的含义 ………………………………………………（41）
　4.2　教学提问技能的设计 ………………………………………………（53）
　4.3　教学提问技能的应用 ………………………………………………（62）
　4.4　教学提问技能的评价 ………………………………………………（66）

第5章 课堂教学中的调控技能 ……………………………………………… (69)
5.1 教学调控技能的含义 ………………………………………………… (69)
5.2 教学调控技能的设计 ………………………………………………… (75)
5.3 教学调控技能的应用 ………………………………………………… (83)
5.4 教学调控技能的评价 ………………………………………………… (89)

第6章 课堂教学中的强化技能 ……………………………………………… (92)
6.1 教学强化技能的含义 ………………………………………………… (92)
6.2 教学强化技能的应用 ………………………………………………… (95)
6.3 教学强化技能的评价 ………………………………………………… (97)

第7章 课堂教学中的变化技能 ……………………………………………… (99)
7.1 教学变化技能的含义 ………………………………………………… (99)
7.2 教学变化技能的类型 ………………………………………………… (102)
7.3 教学变化技能的评价 ………………………………………………… (107)

第8章 课堂教学中的演示技能 ……………………………………………… (109)
8.1 教学演示技能的含义 ………………………………………………… (109)
8.2 教学演示技能的设计 ………………………………………………… (112)
8.3 教学演示技能的应用 ………………………………………………… (118)
8.4 教学演示技能的评价 ………………………………………………… (122)

第9章 课堂教学中的体态语言技能 ………………………………………… (124)
9.1 教学体态语言技能的含义 …………………………………………… (124)
9.2 教学体态语言技能的设计 …………………………………………… (127)
9.3 教学体态语言技能的应用 …………………………………………… (132)
9.4 教学体态语言技能的评价 …………………………………………… (134)

第10章 课堂教学中的多媒体教学技能 …………………………………… (136)
10.1 多媒体教学技能的含义 ……………………………………………… (136)
10.2 多媒体教学资源的开发 ……………………………………………… (139)

10.3　多媒体教学的方法与技巧 ·· (141)
　　10.4　多媒体教学技能的评价 ·· (144)

第 11 章　课堂教学中的结课技能 ··· (146)
　　11.1　教学结课技能的含义 ·· (146)
　　11.2　教学结课技能的设计 ·· (150)
　　11.3　教学结课技能的应用 ·· (153)
　　11.4　教学结课技能的评价 ·· (160)

第 12 章　课堂教学中的板书技能 ··· (162)
　　12.1　教学板书技能的含义 ·· (162)
　　12.2　教学板书技能的设计 ·· (166)
　　12.3　教学板书技能的应用 ·· (171)
　　12.4　教学板书技能的评价 ·· (175)

第 13 章　化学教师的说课技能 ··· (177)
　　13.1　化学说课技能的含义 ·· (177)
　　13.2　化学说课内容的设计 ·· (182)
　　13.3　化学说课技能的应用 ·· (186)
　　13.4　化学说课技能的评价 ·· (202)

第 14 章　化学教师的评课技能 ··· (205)
　　14.1　化学评课技能的含义 ·· (205)
　　14.2　化学评课内容的设计 ·· (209)
　　14.3　化学评课的程序和方法 ·· (213)
　　14.4　化学评课技能的评价 ·· (221)

第 15 章　化学微格教学训练 ··· (225)
　　15.1　微格教学训练概述 ·· (225)
　　15.2　微格教学的教学设计 ·· (228)
　　15.3　微格教学的组织与实施 ·· (231)

15.4 微格教学的评价与反馈 ………………………………………………… (233)

第16章 化学教学见习与教育实习 ………………………………………… (238)
16.1 化学教学见习的内容与要求 …………………………………………… (238)
16.2 化学教育实习的内容与要求 …………………………………………… (242)
16.3 化学教学见习的评价与反馈 …………………………………………… (250)
16.4 化学教育实习的评价与反馈 …………………………………………… (251)

第17章 中学化学教师资格考试面试 ……………………………………… (256)
17.1 中学化学教师资格考试面试 …………………………………………… (256)
17.2 中学化学教师资格考试面试示例 ……………………………………… (259)

第1章 化学教学设计技能

> 教学设计是运用系统方法分析教学问题和确定教学目标,建立解决教学问题的策略方案,试行解决方案、评价试行结果和对方案进行改进的过程;它以优化教学效果为目的,以学习理论、教学理论和传播学理论为基础。
>
> ——乌美娜

本章学习目标

通过本章学习,你应该:
1. 了解化学教学设计的含义、特点和基本要素;
2. 掌握化学单元教学设计和课时教学设计的环节、步骤及方法;
3. 初步学会应用化学课时教学设计的一般步骤进行简单教学内容的设计;
4. 了解化学教学设计技能的评价原则及评价方法。

1.1 化学教学设计概述

核心术语

◆ 教学设计　　　◆ 设计特点　　　◆ 基本要素　　　◆ 设计程序

所谓教学设计,就是运用系统科学的方法,以学习理论、教学理论和传播学理论为基础,依据教学对象的特点和自己的教学观念、风格,运用系统的观点与方法,遵循教学过程的基本规律,对教学活动进行的规划、安排和决策。教师通过教学设计,将对化学课程标准的理解、对具体的教学内容和教学对象的分析等加以整合,做出对教学的整体规划、构想和系统设计,形成一种思路,对一系列具体的操作层面的教学事件做出整体安排,形成一个体现一定教育思想观念、具有可操作性的教学方案。

1.1.1 化学教学设计的含义

化学学科的教学设计一定要体现学科特点。化学学科的教学特点主要体现在:以实验为基础,以科学探究活动为手段,以学生的发展为目的,以化学用语为工具,以科学方法论为指导,以科学认识论为原则,紧密联系生活和社会实际。因而在进行教学设计时一定要考虑这些因素。化学教学设计就是化学教师运用系统科学的方法,根据正确的教育思想和化学教学原理,分析教学问题和教学目标,针对具体的教学对象、教学内容和教学目标,对化学教学的总体结构、整个程序及其具体环节所拟定的行之有效的教学系统方法和技术。[①]

1.1.2 化学教学设计的特点

（1）教学设计强调运用系统方法。教学设计将教学过程或教学对象作为一个系统来对待。因此，教学设计要用系统的思想和方法对参与教学过程的各个要素及其相互关系做出分析、判断和操作。

（2）教学设计以学习者为出发点。教学设计从"教什么"入手，分析学习需要、学习内容和学习者，因此，特别重视对学习者不同特征的分析。教学设计强调充分挖掘学习者的内部潜能，调动学习者的主动性和积极性，突出学习者在学习过程中的主体地位。教学设计注重学习者的个别差异，着重考虑的是对个体学习者的指导作用，目的是使每个学习者都取得最佳的学习效果。

（3）教学设计以教学理论和学习理论为基础。教学设计依赖系统的方法，使教学过程设计的完整性、程序性和可操作性得到了保证。但教学过程设计的科学性必须依赖教学理论和学习理论，只有这样才能设计出科学的教学目标、教学内容、教学策略和教学媒体，才能保证教学效果的最优化。

（4）教学设计是一个问题解决的过程。教学设计以促进学习者学习为目的，所以，教学设计要以学习者所面临的学习问题为出发点，确定问题的性质，寻找解决问题的办法，最终达到解决问题的目的。也就是说，教学设计是先寻找学习者所面临的问题，然后寻找解决问题的方法。[②]

1.1.3 化学教学设计的要素

（1）教学对象。教学系统的服务对象是学习者，为了搞好教学工作，必须认真分析、了解学习者的情况，掌握他们的一般特征和初始能力，这是做好教学设计的基础。必须以学习者为中心进行教学设计，要分析学习者的特点，评定学习者的初始状态，预测学习者发展的可能空间。

（2）教学目标。在教学设计时，必须用具有可观察、可测定性的术语精确地加以表述。即在分析学习需要、学习内容和学习者的基础上，确定教学目标，编写行为目标。

（3）教学策略。主要有采用何种经济而有效的教与学的形式，安排什么样的教师教的活动和学习者学的活动，设计何种教的方法和学的方法，选择什么样的教学媒体及怎样进行设计，怎样利用现有的教学资源及挖掘潜在的教学资源，安排什么样的课型，设计怎样的教学环节和步骤等一系列问题在这部分展开。

（4）教学评价。这就需要对教学设计的成果进行评价，并根据评价结果进行修正。根据实际需要和可能，可进行实施前的评价、实施中的评价。

1.1.4 化学教学设计的程序

就单元教学设计和课时教学设计而言，其过程大致可分为设计准备、构思设计和评估优化三个主要阶段，每个阶段又分为不同的过程。[③]

（1）设计准备阶段。分析化学课程标准，分析学生，分析教材，分析教学资源。

（2）构思设计阶段。设计教学目标，即如何将课程目标和具体的课时教学目标对接；设计教学策略和方法，包括认知逻辑设计、情境设计和教学管理设计等；设计教学过程，包括认知活动设计、情感

---

① 赵福岐等.化学教学设计的概念、对象和理论基础[J].临沂师范学院学报，2003(6)：116.
② 胡志刚.化学微格教学[M].厦门：厦门大学出版社，2007：61.
③ 吴俊明，杨承印.化学教学论[M].西安：陕西师范大学出版社，2003：255—256.

过程设计等；设计教学媒体；设计教学评价，包括巩固应用和反馈环节；整合局部设计，编制整体方案，写出教案。

(3) 评估优化阶段。教学效果预测，教学方案评估与选择，教学方案的调整与优化。

1.2 化学教学设计技能

核心术语

◆ 教学设计技能　　◆ 前端分析　　◆ 教学目标设计
◆ 教学策略设计　　◆ 教学评价设计

现代教学设计是建立在科学的理论基础上的。这些理论以综合的方式在教学设计过程中得到不同的体现。系统理论为教学设计提供了工具和过程，也提供关于教学设计中的各种相关因素的整体教育理念；传播理论提供了选择媒体的理论基础；多年来学习理论一直都在探索人类是如何进行学习的，它促使教学设计产品更符合学习的规律；教学理论则为创设有利于学习发生的环境提供了依据。当然，以科学的理论为基础并不意味着教学设计有种种僵硬的、凝滞的和划一的模式，由于教学目标的多元性、教学对象的多样性、教学策略的多变性以及教学情境的复杂性，现代教学设计十分注重独特、变化、创新和生成，因而它必然又是艺术的。[①]

化学教学设计技能是对师范生进行教学设计训练、把所学的有关理论运用于实际化学教学设计活动的技巧和能力。在技能类课程体系中处于重要地位，在合格教师培养中有着特殊的作用。化学教学设计技能主要涵盖前端分析、目标设计、策略设计、评价设计等内容。

1.2.1 化学教学设计前端分析技能

(1) 学习需要的分析

学习需要在教学设计中是一个特定的概念，是指学习者在学习方面目前的状况与所期望达到的状况之间的差距。也就是说，学习需要是学习者目前状况与期望达到的水平之间的差距。学习需要分析是一个系统化的调查研究过程，这个过程的目的就是要揭示学习需要，从而发现学生学习中实际存在的问题。教学设计以学习需要分析开始，可以从问题的分析和确定出发形成总的教学目标，然后寻找相应的解决问题的方法，从而最终解决问题。

案例研讨

"化学能转化为电能"学习需要的分析

苏教版《化学2》专题2第三单元是电化学中的重要知识。学生已经对金属活动性顺序、氧化还原反应、电解质的电离、离子反应以及化学反应的能量变化等知识有了一定的了解，具备了学习电化学知识的基础。本节内容理论性较强，涉及的化学原理与学生的生活经验之间有一定距离。教学时要注意把握知识内容的深广度，利用生活中的有关化学能与电能的转化的事例作为学习素材，激发学生的学习兴趣，尽量给学生提供"做科学"的机会。

[①] 周小平，严先元.新课程的教学设计思路与教学模式[M].成都：四川大学出版社，2002：2—4.

（2）学习内容分析

学习内容分析就是对学习者从初始能力转化成教学目标所规定的能力所需要学习的所有从属先决知识、技能和态度以及各项先决知识、技能和态度之间的纵向和横向关系进行详细剖析的过程。通过学习内容的分析，我们将规定达到教学目标所需要的学习内容的广度（范围）、深度和结构（各组成部分的内在联系）。

随堂讨论

如何对学习内容分析中的化学知识点和化学知识类型进行分析？试举例说明。

学习内容分析中，重点内容和难点内容的分析是教学设计中的基本问题。其分析技巧主要是：[1]

① 重点内容的确定和分析。课时重点内容是一节课中最本质、最重要的知识内容，是这节课的核心和基础，是教师组织教学的主线，是课堂教学过程中师生共同的主攻方向，例如重要的事实、共性的知识、概括性和理论性比较强的知识、与学生的生活联系比较紧密的知识、具有经济价值的知识。对重点内容的确定和分析有利于知识结构的优化，抓住了重点知识也就抓住了各个知识点编织的"网"中的"纲"，使内容体系有了一个好的结构，有利于一般内容的理解和记忆。

② 难点内容的确定和分析。难点内容是指那些学生比较难以理解和不容易掌握的内容，如太抽象的知识、过程太复杂的知识、理论太深奥的知识等。难点内容不能一概而论，而是随着学生的年龄、知识水平和生活经验的不同而不同。对于同一个知识点来说，有可能城市中学的学生认为是难点，而乡村中学的学生不认为是难点；普通中学的学生认为是难点，而重点中学的学生不认为是难点。

在大多数情况下，教学内容的重点和难点是相同的。但是，有时候难点不一定是重点，重点也不一定是难点。当重点和难点相同时，在教学的过程中必须先突破难点才有利于重点的解决。如果难点与重点无关，对难点就不必花费太多的时间。

（3）学习者分析

学习者一般特征是指学习者学习有关学科内容时对学习者产生影响的心理和社会特征。根据皮亚杰的认知发展阶段理论，初中阶段的学生正处在抽象逻辑发展阶段，认知发展由具体逐渐向抽象过渡，能够理解并使用相互关联的抽象概念。因此初中化学教学中的一些复杂的概念，只要教学方法得当，是能够被学生接受的。由于这一阶段学生的形象思维能力比较强，因此在化学教学中运用直观手段会取得比较好的结果。特别是在知识学习方面，当面临新任务时，实际经验成为学习的支柱，因此化学教学设计由具体到抽象的教学顺序能提高学习效果。而在态度方面，初中生则表现出双重特点：一方面他们愿意接受自己敬重的教师的指导；另一方面他们又有较强的独立性，需要通过教育和自身的体验来培养或转变态度。对学习者初始能力的分析就是要确定教学的出发点。[2]

① 学习者初始能力的分析。学习者初始能力的分析一般包括三个方面：其一，对已具备的知识和技能的分析。主要是了解学习者是否具备了进行新的学习所必须掌握的知识与技能，这是从事新

---

[1] 胡志刚.化学微格教学[M].厦门：厦门大学出版社，2007：64—69.
[2] 同上.

的学习的基础。其二,对技能目标的分析。主要是了解学习者是否已经掌握和部分掌握教学目标中要求学习者学会的知识和技能。其三,对学习者所学内容所持态度的分析。主要是了解学习者对所学内容所持的态度是否存在偏差和误解。

案例研究

"书写化学反应方程式"的初始能力分析

"能正确书写简单的化学反应方程式"这一教学目标规定的是一定的教学活动完成之后学生应习得的终点能力。这一终点能力的达成,需要以下先决能力:① 会书写常见物质的化学式;② 知道质量守恒定律。这两种能力就构成了学生获得新知识所必需的初始能力。初始能力是学生学习新知识的必要条件,它在很大程度上决定着教学的成效。学生在学习新知识之前,由于遗忘或者有关的知识不清晰、不准确,势必会给新知识的学习带来困难。为此,教师在进行教学设计时,要准确分析学生必须具备的初始能力,并通过诊断测验、作业批改和提问等方式,确定学生的初始能力水平,以便能在学习新知识时,采取复习、讲授等相应的措施,确保学生具备接受新知识所必需的初始能力。

(胡志刚.化学微格教学[M].厦门:厦门大学出版社,2007:68—69.)

② 学习者初始能力和教学起点的确定方法。对于学校教育来说,由于课程标准、课程计划有一定的规律性和连续性,学生的成绩和各方面的表现都有记载,因此大多采取一般性了解的方法获取信息。但用这种方法获取的信息不太准确。当课程内容和学生的情况有变化时,要用预测的方法。预测是以内容分析为依据,在通过一般性了解获取学生初始能力的大体信息的基础上精心设计测试题,从而客观准确地鉴定学生的初始能力。

1.2.2 化学教学目标设计技能

化学教学目标一般应包括科学素养的三个维度,即知识与技能、过程与方法、情感态度与价值观。教学目标应陈述通过一定的教学活动后,学生的行为变化,而且陈述应该明确、具体,可以观察和测量。我国化学课程标准中所列出的教学目标叙写可表达为:行为条件+行为主体+行为动词+表现程度。

"三维"的课程目标的下位是课时教学目标,它可分解为认知性目标、技能性目标和体验性目标。认知性目标和技能性目标多侧重于学习结果,而体验性目标侧重于过程。认知性目标和技能性目标又称为操作性目标,通常指可以观察的、有形的、易于测量(量化)的具体学习结果(知识、技能和方法),其中的行为动词可参照化学课程标准文件中的课程目标所规定的用词来选用。体验性目标通常涉及情态领域或人际互动领域,往往是最灵活、最具动态性、最具有主观体验性、含义最丰富的一类目标,是难以直接观察和直接测量的抽象目标(如情感态度与价值观),一般采用有关的心理活动词语或较宽泛的行为动词进行描述。

要使教学目标陈述清晰、操作性强,关键是以学习之后学生的行为陈述为中心,选择不同的行为动词对教学目标进行表述。《化学课程标准》中已经引入了行为目标,在其附录中列出了供选择使用的行为动词。

案例研讨

> **"化学反应速率和限度"教学目标**
>
> （人教版《化学2》第二章第三节第一课时）
> （1）知识与技能：① 理解基本的化学反应速率的概念和影响化学反应速率的外界条件；② 学习实验研究的方法，能设计有关化学实验。
> （2）过程与方法：① 重视培养学生科学探究的基本方法，提高科学探究能力；② 通过实验探究分析影响化学反应速率的外界条件。
> （3）情感态度与价值观：有参与化学科技活动的热情，以及将化学知识应用于生产、生活实践的意识，能够对与化学有关的社会和生活问题做出合理的判断。

1.2.3 化学教学策略设计技能

教学策略是在一定教学理念指导下和在一定教学实践经验的基础上，为有效达到教学目标而对教学活动的顺序安排、教学方法的选择、学习方式的确定等采用的所有具体的解决行为方式。[1]

化学教学策略的制定是一项很复杂的工作，既要考虑教学的基本模式，又要根据教学实际中诸多的动态因素不断地加以调整，将已有经验、理论预测、教学风格和教学机智融于其中，从而形成更具有操作性、指导性的教学策略。

（1）化学教学方法设计

设计化学教学方法的关键就是选择。选择的依据包括教学目标、教学内容的特点、学生的实际情况、教师自身的素质、各种教学方法的功能、教学时间和效率的要求等。常用的教学方法有：[2]

① 以语言传递信息为主的教学方法。是指以教师运用口头语言向学生传授知识和技能，学生独立阅读书面语言为主的教学方法，包括讲授法、问题法、读书指导法和讨论法。

② 以直接感知为主的教学方法。是指教师通过对实物、直观教具或实验的演示和组织教学性参观等，使学生利用感官直接感知客观事物或现象而获得知识的方法，包括演示法和参观法。

③ 以实际训练为主的教学方法。是指通过练习、实验和实习等实践活动，使学生巩固和完善知识和技能的方法，包括练习法、实验法和实习法。

④ 以激发情感为主的教学方法。是指教师在教学活动中创设一定的情境，或利用一定的教材内容，使学生通过体验产生兴趣，形成动机和培养正确态度的教学方法，包括情境教学法、联系实际教学法和故事教学法。

⑤ 以引导探索为主的教学方法。是指教师组织和引导学生通过独立的探索和研究活动而获得知识的方法，包括实验探究法、问题探究法。

（2）化学教学媒体设计

媒体是指信息的载体和传递信息的工具。当媒体直接加入教学活动，在教学过程中传输有关的教学信息时，人们把它们称为教学媒体。传统化学教学媒体是指在现代化学教学媒体出现之前广泛使用的实物、实验器材和装置、模型、图表以及语言、教科书、板书等。如果进一步对传统媒体进行分类，还可分为非语言媒体和语言媒体。非语言媒体是直接刺激物，属于现实的第一信号系统，包括实

---

[1] 江家发.化学教学设计论[M].济南：山东教育出版社，2004：66.
[2] 胡志刚.化学微格教学[M].厦门：厦门大学出版社，2007：73—74.

物、实验装置和实验现象、图表、模型以及身体动作和表情动作等。语言媒体以语言承载教学内容,属于第二信号系统,包括口头语言以及书籍、讲义、板书等书面语言。现代化学教学媒体是应用电光、电声、电控等现代技术为特征的教学媒体,所以又称技术媒体或电化教学媒体。教学媒体选择的关键不在于用什么,而在于是否用得恰当。

（3）化学教学过程设计

化学教学过程的设计就是用流程图或表格等形式简洁地反映分析和设计阶段的结果,表达化学教学过程,直观地描述教学过程中教师、学习者、学习内容、教学媒体等基本要素之间的关系,给教师提供一个有重要参考价值的教学设计方案。

1.2.4　化学教学评价设计技能

教学评价是依据一定的目标和标准,通过收集和加工有关资料,对教学活动的结果、过程、有关因素等评价对象进行描述或者判断,协调有关方面对评价对象达成共识,为提高教育活动的质量、效率等决策提供依据的过程。化学教学评价是化学教学系统的重要组成部分,它不仅是检测教学目标是否达到的手段,更是达成教学目标必不可少的重要步骤之一。化学教学评价主要包含两部分：[①]

（1）教学过程的评价。教师在教学过程中通过课堂教学问题的设计来评价教学目标实施的效果；根据实际情况对学生的表现适时进行鼓励性评价,尤其对学生的思维成果进行鼓励性评价,对于更好地完成教学任务,具有重要的意义。

（2）一节课的终端评价。通过反馈练习,巩固重点知识,突破难点知识,来评价学生获得和掌握知识的情况。练习的设计要遵循由简到繁、由易到难、循序渐进的原则,面向全体学生,使大多数学生都有获得知识的成功感；从教材的要求和学生的实际出发,遵循因材施教的原则。通过练习,教师可以收集反馈信息及时补救教学,同时可以使学生巩固所学知识、强化记忆并运用所学知识分析实际问题。

1.3　化学教学设计技能的案例

核心术语

◆ 教材分析　　　　◆ 学情分析　　　　◆ 教学设计方案　　　　◆ 教学过程设计

［案例］"最简单的有机化合物——甲烷"教学设计

（内容来源：人教版《化学 2》第三章第一节第一课时）

1.3.1　教学设计思路分析

1. 教材分析

（1）本章节教材的地位

人教版必修模块《化学 2》的有机化学内容有两方面教育功能：一方面为满足公民基本科学素养的要求,提供有机化学中最基本的核心知识,帮助学生从典型的有机化合物入手,了解有机化学研究的内容和方法,能用所学的知识,解释和说明一些常见的生活现象和物质用途；另一方面为进一步学习有机化学的学生,打好最基本的知识基础,帮助他们了解有机化学的概况和主要研究方法,激发学

[①] 胡志刚.化学微格教学[M].厦门：厦门大学出版社,2007：80.

生深入学习化学的动机。

(2) 本章节教材的作用

根据高中化学课程标准和学时的要求,必修模块的有机化学内容是以典型有机物的学习为切入点,让学生在初中有机物常识的基础上,能进一步从结构的角度,加深对有机物和有机化学的整体认识。为了帮助学生认识典型物质的有关反应、结构、性质与用途等知识,教材从科学探究或生活实际经验入手,充分利用实验研究物质的性质与反应,再从结构角度深化认识。同时注意动手做模型,写结构式、电子式、化学方程式;不分学生实验和演示实验,促使学生积极地参与到教学过程中来。人教版《化学2》第三章没有完全考虑有机化学本身的内在逻辑体系,主要是选取典型代表物,介绍其基本的结构、主要性质以及在生产、生活中的应用。为了学习同系物和同分异构体的概念,只简单介绍了烷烃的结构特点和主要性质,没有涉及烷烃的系统命名等。"甲烷"内容选择于人教版《化学2》第三章第一节,这一节是学生在中学阶段第一次系统学习有机物结构和性质的有关内容,教材特别强调从学生生活实际和已有知识出发,从实验开始,组织教学内容,尽力渗透结构分析的观点,使学生在初中知识的基础上有所提高。注意从结构角度适当深化学生对甲烷的认识,建立有机物"组成结构—性质—用途"的认识关系,使学生了解学习和研究有机物的一般方法,形成一定的分析和解决问题的能力。

烃是一切有机物的主体,而甲烷作为烷烃的第一个最简单的分子,学生对甲烷的理解将直接影响到今后对各种有机物的理解,因此本节内容对帮助学生树立正确的学习有机物的学习方法有重要的作用。让学生通过对甲烷的学习,掌握其分子空间构型、性质、用途,以及它的性质与结构的关系,同时也使学生初步了解学习有机物的一些方法,为今后进一步学习烃的衍生物的知识奠定基础。

2. 学情分析

(1) 起点知识分析

学生在初中化学中已经学习了甲烷的燃烧反应和一些主要的用途。教材在介绍这些知识时,非常注重与学生已有知识的联系,采取各种不同的方式引导学生积极地思维,帮助学生进行理解。另外,学生已经知道了甲烷的分子式,并且会正确书写甲烷的电子式。但是结构式只表示出了甲烷分子中各原子的结构方式,而不能真实地反映出甲烷分子的立体结构,学生将会产生甲烷分子是平面型分子的错误认识。而对分子的立体结构的认识又直接影响着学生对有机分子结构的了解,并最终影响他们对有机物分子化学性质的了解和学习。因此要培养学生的空间思维能力,让学生在三维空间中对有机物分子有个真正的了解,并在此基础上学习其化学性质。

(2) 起点能力分析

在初中、高中的学习中,学生具备了一定的思维能力、空间现象能力、实验观察、分析问题、归纳总结、解决问题的能力。并且在《化学1》的学习,学会了科学探究的基本程序和方法,会分析问题、解决问题。因此在教学过程设计中特别注意科学方法的引导,帮助学生形成学习有机化合物的学习方法,巩固科学探究的基本程序,注重思维能力和科学素质的培养。充分体现学生的主体地位和教师的主导作用,通过创设生动有趣的情景,让学生自主地去发现问题、分析问题、解决问题,获取知识,从而得到能力的提升。

1.3.2 教学设计方案示例

1. 教学目标

【知识与技能】① 掌握甲烷电子式、结构式的正确写法;② 了解甲烷分子的正四面体结构;③ 掌握甲烷的物理性质和化学性质;④ 通过实验探究,理解和掌握甲烷的取代反应的概念。

【过程与方法】① 通过探究甲烷分子的空间结构,认识有机物分子具有立体结构,初步培养学生的空间想象能力和探究思维能力;② 运用实验、观察等手段,培养学生的观察、分析、归纳、描述能力,提高分析问题、解决问题的能力;③ 掌握甲烷气体的收集方法;④ 利用分类、比较的思想探究新知识,提高迁移能力。

【情感态度与价值观】① 通过甲烷的分子结构培养学习化学的美感与空间立体感;② 联系甲烷燃烧放热,说明甲烷可作重要能源以及对农村发展的重要意义,培养安全意识,引导学生关心社会、环境、能源等问题;③ 通过对甲烷广泛用途的了解,认识到化学对于生活、生产、科技与社会的重大意义,提高学生的化学价值观;④ 通过学习取代反应的复杂性让学生认识到事物的多样性。

2. 教学重点

甲烷的空间构型与取代反应。

3. 教学难点

学生有机物立体结构模型的建立(具体体现在如何将甲烷的结构特点、成键特点从实物模型转换为学生头脑中的思维模型,帮助学生从化学键的层面认识甲烷的结构和性质)。

4. 教学方法与手段

启发式和发现式教学策略,讲授法,讨论法,实验探究法,实践活动(模型制作),模型法,多媒体辅助教学(视频、动画)。

5. 教学过程设计

教学环节	教师活动	学生活动	设计意图
情景引入	【高科技产品激趣】 情景:飞机上,你正用笔记本电脑处理重要文件,突然电池没电了,对着漆黑的屏幕干着急! 你是否很希望提高笔记本电脑电池的续航能力? 那么东芝公司新研发的甲烷燃料电池将成为你的救星,这种甲烷燃料电池的续航能力高达20多个小时。 【过渡】在初中我们学习过关于甲烷的哪些知识? 【拓展知识】图片展示 化学与生活、社会、科技:介绍沼气池、西气东输工程、航天用甲烷燃料推动火箭等。	学生讨论笔记本电池没电的突发情况解决方法。 复习初中有关甲烷的知识,了解甲烷(化学)与生活、社会、科技的密切联系。	通过介绍高科技产品——新型甲烷燃料笔记本电池的超强续航能力,使学生感受到甲烷对于生活、科技的重要性,从而激发学习兴趣,调动学生参与学习的积极性,激发学生的创新思维。
方法引导	【复习提问】 在学习无机元素与化合物时,我们是采用什么方法去学习的? 【方法引导】同样在有机化学的学习中我们也要遵循"三步走"原则,即 官能团—性质—用途	回忆并回答无机元素与化合物的学习方法。	"授人以鱼,不如授之以渔",教会学生正确的化学学习的方法,同时为今后展开有机化学的学习打下良好的基础。

续表

教学环节	教师活动	学生活动	设计意图
甲烷空间结构的探究	【复习提问】 1. 甲烷的分子式如何书写？ 2. 甲烷的电子式如何书写？ 【PPT展示甲烷的结构式】 用短线来表示一对共用电子的图式叫结构式。 【提出问题】PPT所展示的甲烷结构式是不是甲烷分子真实的结构呢？ 【提供道具与信息】 橡皮泥——制作碳原子和氢原子。 小木棍——代表碳氢键。 请同学们利用手中的道具模拟甲烷可能的空间构型。 【PPT展示甲烷的科学事实】 1. 甲烷分子的各碳氢键键长相等、键角相等； 2. 甲烷分子难溶于水。 请你们利用科学事实来判断甲烷分子真实的空间构型。 【交流讨论】请学生板演可能的甲烷空间构型，并让学生指出他认为正确的甲烷空间构型，尝试阐明原因。 【概括提升】对学生交流的结果进行汇总、分析，再次明确研究有机化学空间构型的科学方法。 【PPT展示甲烷真实的空间构型】 辅助甲烷的球棍模型道具，讲解甲烷真实的空间构型——正四面体结构，包括键长、键角等。 以"粽子"引入甲烷的比例模型，并解释球棍模型和比例模型的区别与用途。	学生回忆，板演甲烷的分子式与电子式。 同桌之间分工合作，利用橡皮泥和小木棍探究甲烷可能的空间构型。 学生利用所提供的甲烷科学事实，提炼信息，学会科学地判断甲烷正确的空间构型。 学生交流、讨论，分享探究的成果。 学生观看甲烷的球棍模型和比例模型的教具。	在学生已有知识经验的基础上获得新的知识，丰富、完善学生的知识结构。 利用身边简单易得的道具将甲烷抽象的空间结构具体化、真实化。在探究过程中，既培养了学生的空间思维能力与创新能力，又让学生进一步体验探究的乐趣，培养协作交流能力。 引导学生超越具体知识的学习，通过概括提炼，上升为基本思路和方法。 利用教具和生活中的实例——粽子，辅以抽象知识的讲解，更有利于学生接受难懂的知识，快速认识甲烷的空间构型。
认识甲烷的物理性质	【实物展示】展示一瓶用排水法收集的装有甲烷气体的集气瓶。 【提出问题】你能从这个集气瓶中发现甲烷的哪些物理性质呢？ 【讲授】甲烷的物理性质和实验室收集方法。	学生观察装有甲烷气体的集气瓶，分析提炼甲烷的物理性质。	利用实物——装有甲烷(气体排水法所得)的集气瓶来分析概括甲烷的物理性质，避免强行将知识呈现给学生，同时培养学生的实验观察能力、信息加工能力和分析、概括能力。

续表

教学环节	教师活动	学生活动	设计意图
实验探究甲烷的化学性质	【科学预测】从甲烷的结构,我们能够预测甲烷可能具有什么化学性质? 大胆猜想,科学验证。 预测:甲烷常温下很稳定。 【演示实验】甲烷的燃烧实验。 【提出问题】 ① 实验中,你观察到什么现象? ② 甲烷燃烧的产物是什么?我们如何验证其燃烧产物? 【引导探究】请你来设计验证甲烷燃烧产物的实验方案。 【交流、讨论】…… 【讲授】甲烷燃烧的反应方程式: $CH_4(g) + 2O_2(g) \longrightarrow CO_2(g) + 2H_2O(l)$ 【拓展知识】 甲烷的爆炸体积范围,加强安全知识教育。	学生思考,互相交流、讨论甲烷可能的化学性质。 学生观察实验现象,结合所学的知识分析甲烷燃烧的产物,讨论、交流并设计产物验证的实验方案。	引导学生从结构入手,分析甲烷的化学性质,进一步体会学习有机化合物的科学方法。 通过问题思考和实验探究,引导学生学会科学预测物质的性质,并学会设计实验来验证预测的正确性,提高分析和解决实际问题的能力。 加强学生的安全教育。
实验探究甲烷的取代反应	【过渡】在点燃的条件下,甲烷可以与氧气反应,那么甲烷会不会跟氧化性更强的氯气反应呢?在高温、光照条件下会不会发生反应呢? 【演示实验】甲烷与氯气的反应。 【提出问题】你观察到了什么实验现象?得出了什么结论? 【交流、讨论、汇报】…… 【分析实验现象】气体颜色变浅;量筒内壁上有油滴;量筒内液面上升,并引导分析产生这些现象的原因。 【引导探究并投影】 ① 氯气与甲烷发生了什么反应? ② 油状物质是什么? ③ 还有其他什么物质? 【分析并动画演示】边动画演示取代过程,边进行详细的解释。分析第一步取代以后,还可以继续发生取代。 【分析归纳并投影】甲烷与氯气在光照的条件下发生了取代反应。 归纳并投影取代反应的概念。 【板书】甲烷取代反应的方程式。	学生结合自己的所学知识进行猜测,提出各自的看法。 观察实验现象,并试图分析实验现象,交流、讨论,同时填写学案上的实验记录表。 交流、思考甲烷与氯气反应的实质。 观看动画,理解取代反应的本质。	通过问题思考和实验探究,引导学生观察实验现象,并学会正确地描述实验现象,对现象产生的原因进行分析,了解实验的原理。 利用动画,微观观察取代反应的本质与过程,加深学生对取代反应的理解,同时让课堂更加生动、活泼。
知识提升与迁移	【提出问题】 ① 取代反应能否看做是置换反应? ② 能否看做是复分解反应? 【交流、讨论】…… 【引导学生思考总结】 取代反应的特点: ① 反应复杂,产物多样,所以一般用"——"表示反应,但要配平和注明条件;② 反应缓慢;③ 反应条件为光照;④ 该反应的类型:取代反应。	学生进行知识迁移,联系所学知识分析问题。	概括、提升知识,帮助学生认识取代反应与置换反应的区别,进一步理解取代反应的知识,形成系统的知识体系。

续表

教学环节	教师活动	学生活动	设计意图
反思总结	【小结】通过这节课的学习,你学会了什么?谈谈你的收获。 【投影展示】本节课的主要内容。 线索:官能团—性质—用途 知识:甲烷的空间结构、物理性质、化学性质、取代反应 方法:科学预测、实验验证 体验:通过科学探究认识物质的结构与性质;认识化学与生活、社会、科技的重要意义。	学生畅谈自己的收获和体会。	培养学生进行自我总结和自我评价的能力,养成良好的学习习惯,促进知识的系统化和结构化。

6. 板书设计(略)

（设计者：华中师范大学化学学院　叶晨）

1.4 化学教学设计技能的评价

核心术语

◆ 教学设计技能　　◆ 评价项目　　◆ 权重　　◆ 评价等级

表1-1为化学教学设计技能量化评价表。需要说明的是在不同的教学内容和课型中评价要素并不是完全相同的,对同一教学内容不同教师采用的不同的教学设计,也可涉及不同要素,因此,教师可以根据实际情况增加或减少某些评价要素。

表1-1　化学教学设计技能量化评价表

日期：_____　　任课教师：_____　　课题：_____

评价项目	权重	评价等级			得分
		优	中	差	
① 体现新课程所倡导的理念	0.08				
② 教学目标全面适宜,学情分析客观实际	0.12				
③ 教学模式选择适当,课程资源运用合理	0.12				
④ 善于创设科学有趣的教学情境	0.08				
⑤ 注重揭示知识的发展过程和解决问题的方法	0.12				
⑥ 注意指导学生掌握科学的学习方法	0.08				
⑦ 有效使用直观教学手段和现代教育技术	0.08				
⑧ 师生、生生之间进行平等和多向的思维交流	0.08				
⑨ 设计方案内容全面,重点突出,策略得当	0.12				
⑩ 设计思路风格独特,体现出一定的创造性	0.12				
总分					
您的补充意见或建议：					

本章小结

1. 现代教学设计要求教师有一定的教学理论做指导,注重教学理念的更新,明确教学目标,强调教学模式和教学策略的设计,注重教学设计的科学化和规范化。化学教学设计具有一定的教学设计基本原则、教学设计基本程序和模式。

2. 课时教学设计通常包括前端分析、目标设计、策略设计、评价设计等内容。

3. 根据化学教学设计技能的特点,设计合适的评价内容和评价标准。

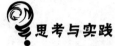

1. 化学教学设计前端分析包括哪些主要内容?它对教学设计有何重要意义?

2. 一般来说,化学教学设计技能应包含哪些主要内容?各有何具体要求?

3. 选取中学化学教科书一段内容,按照课时教学设计的基本环节,设计1课时的教学方案,并用课时教学设计与组织评价表进行评价。

4. 查阅相关资料,选择针对相同课题不同的教学设计方案(新课改前和后),从教学设计的理论要求出发,比较两个教学方案,进行评价。

5. 如何对化学教学设计方案进行评价?选择典型的教学案例或课堂教学实录进行观摩并作分析评价。

参 考 文 献

[1] 盛群力,李志强.现代教学设计论[M].杭州:浙江教育出版社,1998.

[2] R.M.加涅.L.J.布里格斯,W.W.韦杰著.皮连生译.教学设计原理[M].上海:华东师范大学出版社,1999.

[3] 毕华林,刘冰.化学探究学习论[M].济南:山东教育出版社,2004.

[4] 刘知新主编.化学教学论[M].北京:高等教育出版社,2004.

[5] 胡志刚主编.化学微格教学[M].厦门:厦门大学出版社,2007.

[6] 杨承印.化学教学设计与技能实践[M].北京:科学出版社,2007.

[7] 王后雄主编.新理念化学教学论[M].北京:北京大学出版社,2009.

[8] 王后雄.从生活经验到科学概念:化学教学起点的教学策略[J].教育科学研究,2009(4).

第 2 章　课堂教学中的口语技能

> 教师的语言修养在极大程度上决定着学生在课堂上脑力劳动的效率。我们深信,高度的语言修养是合理利用时间的重要条件。
>
> ——苏霍姆林斯基

本章学习目标

通过本章学习,你应该:
1. 了解教学口语的含义和构成要素,认识教学口语技能的含义及构成;
2. 通过案例学习了解不同教学口语的表达方式,掌握按照表达方式进行口语技能设计的方法;
3. 通过实践训练掌握化学课堂教学口语技能及其应用;
4. 结合实例了解化学教学口语技能的评价内容和评价方法。

2.1　教学口语技能的含义

核心术语

- ◆ 教学语言　　◆ 教学口语技能　　◆ 语音　　◆ 词汇
- ◆ 语法　　◆ 语音表达技能　　◆ 口语修辞技能

"意无言则不行,言不畅则意不达。"教学语言是教学思想的直接体现,是教师使用得最广泛、最基本的信息载体。尽管各种现代化的教学手段不断出现,但对教师来说,语言表达始终是教学的主要传导方式。而教学语言以学生为特定对象,在学校、教室等特定教学环境中应用,因此具有教育性、科学性、规范性、生动性和针对性等有别于其他语言的特点。

语文特级教师于漪说:"语言不是蜜,但可以粘东西。教师语言不是蜜,但可以牢牢粘住学生的注意力,引导他们在知识的海洋中扬帆远航,引导他们追求生活的真谛,奋然前行。"[①]

[①] 于漪. 语文教学谈艺录[M]. 上海:上海教育出版社,1997.

资料卡片

2-1 教师口语

1991年国家教委下发的教办(1991)522号文规定,各级各类师范院校都要开设普通话课程。国家教委根据以上规定和师范教育课程改革的实际需要,将"教师口语"作为师范类各专业学生教师职业技能的必修课,并研究制定了《师范院校教师口语课程标准》,于1993年5月印发,全国各地试行。是研究教师口语运用规律的一门应用语言学科。1993年国家教委决定在全国各级师范院校开设"教师口语"课。这是我国师范教育改革的一项重大举措。"教师口语"的终极目标是使学生形成良好的教师口语职业技能。

2.1.1 教学语言技能与教学口语技能

按照在实践中的应用,教学语言有广义和狭义之分。广义的教学语言包括:口头语言、符号语言(书面语言)和体态语言。口头语言属于声化语言,符号语言和体态语言属于形化语言。符号语言指传统的板书和以投影胶片为载体的书面语以及以计算机为载体的现代信息技术中的图文表述;体态语言是指用身体的不同部位来强化教学口语的姿态。教学语言应该是这三种语言形式的综合处理和展现。其中,声化语言占主导地位,而形化语言是声化语言的辅助形式。

因此,教学语言技能也有广义和狭义之分。广义的教学语言技能是教师用语言向学生阐明教材、传授知识、提供指导、传递信息和组织教学活动的一类教学行为技能,包括教学口语技能、符号语言技能和体态语言技能等。而狭义的教学语言技能即教学口语技能,是指教师有效地运用语言(声音)传递信息、提供指导的语言行为技能,是一切教学活动最基本的行为技能。

2.1.2 教学口语的特点

教学口语是教师在课堂上进行信息传递的工具和媒体,是一种行业性的特殊交际的语言,必然具备区别于其他口头语言的特点,主要体现于以下几方面:

(1) 规范性。教师的语言是有声的行动、无形的楷模,决定了教学口语必须力求规范。教学口语应该是标准的或比较标准的普通话,条理清楚、表达得体。

(2) 教育性。学校工作的总目标和教师的职责决定了教学口语的教育性。化学新课程中突出情感态度与价值观这一目标维度的达成也告诉教师教育始终是教师的根本职责。但教学口语的教育性不等于枯燥的说教,应该是随机渗透、启发诱导。

(3) 科学性。比起文科教学,化学教学口语的科学性显得更为突出。化学教学口语的科学性体现在准确性、精练性和逻辑性之中。化学术语是国际化学界统一规定用来表示物质组成、结构和变化规律的化学符号和科学缩写,具有简便、准确表达化学知识和化学思维的特点,使用化学术语首先要准确。所谓精练性,是指对教学语言要求突出重点、言简意赅,而且符合现代汉语规范和要求。所谓逻辑性,是指按事物发展的顺序,语言有条理、层次分明。[①]

(4) 生动性。生动活泼的教学语言是富有吸引力的,使用这种语言承载信息,如同食物有了色和香,让人迫不及待想去品尝。教师在教学中使用比喻、故事、顺口溜、谜语等方式,可以创造语言情趣,

---

① 李晓萍,吴洁,罗昭兵. 中学化学教学语言艺术初探[J]. 化学教学,2004(7—8):14—16.

激起共鸣,让学生把听课当成一种享受,让学生学有所得,品有余香。例如,在讲盐类水解规律时,可用"两军对阵看谁强,强者为王,弱者为寇;谁强显谁性。"这种生动的语言,既突破难点,又生动有趣。①

(5) 针对性。教学口语的教学效果很大程度上取决于学生领悟与接受的情况如何。教师应该针对学生的年龄特点、心理需求、知识水平来设计教学口语,以达到最佳的教育教学效果。比如同一教学内容,在不同的班级授课,可能需要教师采用不同风格的教学口语。基础很好的学生往往喜欢严密、简洁、深刻的教学语言,而基础较差的班级的同学则喜欢浅显、形象的话语。

 资料卡片

2-2 化学教学语言的规范表达

类型	错误或不规范的用语	正确的语言表达	说明
用不恰当的方言土语或口头语言代替化学术语	① 向装有20毫升水的烧杯中加入5克氯化钠,搅一搅,等到氯化钠完全化了之后,再加入5克…… ② 我们需要干净的铁钉、试管、烧开后迅速冷却的蒸馏水。	① 向装有20毫升水的烧杯中加入5克氯化钠,搅拌,等到氯化钠完全溶解之后,再加入5克…… ② 我们需要洁净无锈的铁钉、试管、煮沸后迅速冷却的蒸馏水。	类似的还有:把"凝聚"说成"冻了",把"振荡"说成"摇一摇、晃一晃",把挥发性物质的"挥发",说成"冒白烟"等。
混淆字义、字形相似的用语	红磷和氧气在加热的条件下反应生成五氧化二磷。	红磷和氧气在点燃的条件下反应生成五氧化二磷。	注意反应条件中"加热"与"点燃"、"高温"的区别。类似的还要注意:加热、微热、强热;难溶、不易溶、微溶、可溶、易溶、极易溶;颜色描述中的:无色、白色、浅黄、黄、棕黄、红、红棕、红褐等的区别。
用语搭配不当	为了防止气体溢出,要在集气瓶上方盖一片玻璃片。	为了防止气体逸出,要在集气瓶上方盖一片玻璃片。	用语的搭配要准确。还如对气态、固态物质与液态或固态物质的反应,则分别用"通入、滴入、加入"等词。
缺少限定条件	① 二氧化碳不支持燃烧。 ② 惰性气体很难与其他物质发生化学反应。	① 二氧化碳一般不支持燃烧。 ② 惰性气体在通常情况下,很难与其他物质发生化学反应。	对于所处阶段还无法准确解释或讲解清楚的概念,可以加上"一般"、"在通常情况下"等词语,为今后的进一步讨论留下余地。如左例,去掉了"一般"二字就造成了科学性上的不严密。因为镁、钾、钠等活泼金属能在二氧化碳下燃烧,只不过由于学习的阶段性,当时还未学习镁、钾、钠等金属。类似的还有:"一般来说,气体分子的直径约为0.4 nm","氧气是比较活泼的气体"等。

① 李晓萍,吴洁,罗昭兵. 中学化学教学语言艺术初探[J]. 化学教学,2004(7−8):14—16.

续表

类型	错误或不规范的用语	正确的语言表达	说明
描述不够准确	① 有铜和水生成。 ② 二氧化碳能使紫色石蕊试液变成红色。	① 黑色的氧化铜变为红色的铜,同时试管口有水珠生成。 ② 二氧化碳与水反应生成碳酸,碳酸使紫色石蕊试液变成红色。	在描述物质的性质和实验现象时,要锤炼教学语言,使其能准确清晰地表达意思。
出现知识性错误	① 酚酞试液使氢氧化钠溶液变红。 ② 硫酸不导电。 ③ 向硫酸铜溶液中加入氨水,生成深蓝色溶液。 ④ 氢气与氯气在光照条件下反应生成盐酸。 ⑤ 催化剂能加快化学反应速度。 ⑥ 在这个有机物分子中羟基与苯环相连,所以它属于酚类。	① 氢氧化钠溶液使酚酞试液变红。 ② 无水硫酸不导电。 ③ 向硫酸铜溶液中加入过量氨水,生成深蓝色溶液。 ④ 氢气与氯气在光照条件下反应生成氯化氢。 ⑤ 催化剂能改变化学反应速度。 ⑥ 在这个有机物分子中羟基与苯环直接相连,所以它属于酚类。	注意化学基础知识的准确表述,杜绝出现知识性错误。

(郑长龙.化学课程与教学论.长春:东北师范大学出版社,2005:252—253.)

2.1.3 教学口语的构成要素

教书育人的艺术,在很大程度上就是教师语言表达的艺术,优秀教师的魅力就在于他能够在教书育人的过程中,通过对语言材料进行综合的艺术加工,在传授知识、启迪心智时,利用语言的力量化深奥为浅显,化抽象为具体,化平淡为神奇,从而激发学生学习的兴趣和求知欲望。而要想形成这种表达的艺术,教师首先要能够整体把握教学口语的构成要素,并根据教学环境整合优化、灵活调控,形成符合自己特点的语言结构。通常认为教学口语的构成要素有以下几方面。

2.1.3.1 语音

语音是教学口语的表现形式,是语义的依托,在教学过程中成为教学信息的主要载体。在教学中对语音的要求是:读音准确,吐字清晰,声音洪亮,音色优美。教学口语要求使用普通话,这是语音社会属性的表现。发音不准确或方言重,必然会影响教学信息的传递,以致造成无法理解或误解,如"焰(yàn)色反应"和"颜(yán)色反应",发音不同表示的意义也不同。

语音训练的一般步骤是:

(1) 从音节入手进行正音。在口语表达过程中,读准音节是语音清晰的关键。对《国家标准GB2312—80》中列出的 3 755 个常用汉字和 40 多个化学专用字必须读准确,如"氟(fú)"不能读成"佛(fó)",重结晶的"重(chóng)"不能读成"众(zhòng)"等。

(2) 结合自己家乡话的语音实际,对照普通话,求同变异,有针对性地矫正发音。比如,湖北方言中,"氯(lǜ)"被读成"楼(lóu)"。

(3) 在他人指导下矫正发音偏误,注意日常训练,将标准语音内化记忆。

(4) 综合应用。在音节发准的基础上做到"字不离词,词不离句,句不离篇,篇不离境"。

2.1.3.2 词汇

语言是语音、语义结合的符号系统,词是这一系统中最基本的构成单位,没有词就没有语言。教学语言对词的要求是规范、准确、生动。

(1) 规范。用词规范不但能够正确地表达信息内容,而且能为学生做出典范。作为化学教师,教学口语的规范必须注意两个方面,即用规范的普通话和规范的化学用语进行表达。

普通话的规范性主要指教师不在普通话中夹用方言词语,不滥造易产生歧义的简略式词语。而作为一名化学教师还必须保证化学用语的规范性,如方程式"$Zn + H_2SO_4 = ZnSO_4 + H_2\uparrow$"表示"$Zn$ 和 H_2SO_4 反应生成 $ZnSO_4$ 和 H_2",不能读成"Zn 加 H_2SO_4 等于 $ZnSO_4$ 加 H_2"。

(2) 准确。用词准确是保证化学教学科学性的基本要求,不准确的表达必然导致失败的教学。如"烟"指固体小颗粒,"雾"指液体小液滴,而有些教师并不区分,表达时随意混用。对于反应条件中的"点燃"、"加热"、"高温"以及实验操作中的"通入"、"滴入"、"加入"要准确区分。再如,讲到"二氧化碳一般不支持燃烧"时,"一般"二字不能漏掉。

(3) 生动。选词和用词要做到精选妙用,注意词的形象性和感染力。语言的生动不是靠辞藻的堆砌可以达到的,一个很平常的词如果用得巧妙则相当生动传神。比如在描述钠和水反应的现象时,编一首小诗"钠在水面游,表面熔成球。嘶嘶消无影,留下一片红",既风趣又能画龙点睛,突破难点。

2.1.3.3 语法

语法是语言的结构方式,是遣词造句的规则。教师的语言表达要遵从普通话的语法规范,在构词和语序等方面要摆脱方言的影响,才能与学生进行良好交流。某些方言中,量词用法与普通话不同,比如有的方言用一个量词"只"称呼多种事物,而广州话的人称量词很多,除"个"以外,还有"支、粒、条、丁"等。某些方言的语序与普通话也不同,教师要注意分析比较,进行纠正,这是保证语言具有良好逻辑性的前提。

——随堂讨论

分析学校所在地的方言对教学口语三个要素的影响主要有哪些?尝试提出针对性的纠正方式。

2.1.4 教学口语技能的构成

掌握教学口语技能可从两个方面入手:一是语音表达技能,二是口语修辞技能。

2.1.4.1 语音表达技能

1. 发声技能

人人都希望自己的语音准确、清晰、响亮、圆润,教师更是如此。然而,很多教师一堂课下来口干舌燥、声音嘶哑,这正是由于他们不懂得科学的用气发声所造成的。因此,发声技能是教师保持声音青春常在的一项基本功。

人们通常认为声音是否优美是由声带这个发声器决定的,殊不知日常生活中,人们仅仅依靠声带去讲话的情形,实际是不存在的。声带发出的声音既小又不优美,只有在气息的推动下,声音经过各共鸣腔体扩大音量、美化音色后才传出体外。因此,发声技能训练分为用气发声、共鸣控制和吐字归音三个环节。

(1) 用气发声。"气乃音之本","气动则声发",呼吸是发声的动力。日常一般的呼吸方式不能满足发声训练的需要,口语表达中较为理想的是有控制的胸腹联合呼吸,主要特点是:① 吸气时,两肋展开,横膈下降,胸腔容量扩大,进气快,部位深,气量大;② 呼气时,吸气肌肉群仍持续工作,用两肋展开和小腹内收"拉住"呼出的气流,有控制地均匀呼出,这是此呼吸方式训练的关键;③ 这种呼吸方式可因实际需要调节用气,使快慢、长短、松紧、上提、下松等多种气息状态,随思想感情的变化而运动,达到"以情运气、以气托声、声情并茂"的口语表达效果。

(2) 共鸣控制。共鸣器官包括喉腔、咽腔、口腔、鼻腔、胸腔。中音共鸣就是口腔共鸣,是指硬、软腭以下,胸腔以上各共鸣腔体。低音共鸣主要指胸腔共鸣。高音共鸣主要是鼻腔共鸣,是指硬、软腭以上的共鸣腔体。对于教师来说,高音共鸣过多,声音显得单薄、飘浮;低音共鸣过多,声音沉闷,影响字音清晰。因此,口语表达中运用"以口腔为主,中、低、高三腔共鸣"的方式,才是教师所需要的。

(3) 吐字归音。吐字归音是我国传统说唱艺术中在咬字方法上运用的一个术语。它把一个音节的发音过程分为出字、立字、归音三个阶段。出字是指声母和韵头(介音)的发音过程,要求准确有力,关键是把握好声母的发音部位和发音方法,蓄气有力,并迅速与韵头结合。立字是指韵腹(主要元音)的发音过程,要求拉开立起,圆润饱满。关键是要口腔开合适度,松紧相宜,音节才能坚实稳定。归音是指音节发音的收尾(韵尾)过程,要求趋向鲜明,干净利索,唇舌位置又不可"不到家"。

吐字归音对每个发音阶段都提出了具体的要求,以取得字音清晰、声音饱满、弹发有力的效果。这种训练可以有效解决有些教师口齿不清或"吃字"、"倒字"、"丢音"等问题。

随堂讨论

2~4人一组,一名同学阅读至少5个四字词语,自己感受发声的方法,其他同学对照发声技能的要求分析此名同学发声方面的优点与存在的问题,并尝试给出改善的建议,轮流进行。

2. 音量调节

说话音量大小、高低、强弱的程度,是受气息支配和控制的。教学口语必须有合理的音量,才能使学生听真切、听清楚。音量需根据教室大小、学生人数、有无扩音设备来定,教师可以用自己的耳感监听,并从学生听课的反应中了解,及时调控。音量过高,学生反而听不真切,还易造成学生听力疲劳。音量过低,后排学生听不清楚。教师为调动学生听觉注意力而故意低声讲述时要做到:声音力度低而不虚,沉而不浊。音量富于变化,才能显示教师口语的层次感和声音的错落美。

3. 语气和语调的运用

教学语言的魅力来自于情感的真诚,只有注入真情实感的语言,才能产生像磁铁一样的吸引力,触动学生的心弦,引起学生心灵的共鸣。而语气和语调是传递教师思想感情的主要途径。

语气和语调的变化除了能表达教师对教学的情感,还能及时强调重难点,引起学生思考。比如,很多教师采用更高的语调讲解重难点和承转处。但美国耶鲁大学的卡鲁博士经过实验研究却发现,用低沉、稳健的语调讲授,比亢奋、煽动性的语调更能让学生记牢。我国丁传禄等人的研究表明,使用变化型的语气语调教学比单一型的效果更好,但需要注意自然适度,避免矫揉造作。

4. 语速和节奏的控制

语速指讲话的快慢及其变化，通常用口语中的字与字的间隔来衡量。教学口语的语速要适中，由教学目的、教学内容、知识密度以及教室空间大小、学生人数综合决定，通常每分钟 200～250 字比较合适。语速过快，学生对所讲内容难以理解，印象不深；语速太慢，很难营造活跃的课堂气氛，甚至会使学生的思维活动受到抑制，也造成教学时间的浪费。实际教学中，教学语言不可能也不应该是匀速的，而要根据教学内容和学生的特点来控制和调节语速。

节奏是教学成功的又一要素，主要包括口语节奏、内容节奏两个方面。口语节奏是指语调高低、语速快慢的有主次、有节拍的变化，通常用口语中句和句的间隔时间来衡量。内容节奏是指教学内容在整个一课时内的布局，合理地分配时间，这是决定教学效果的重要因素。

5. 重音的运用

重音的运用是教师突出语言意义和情感倾向的重要手段，也是让学生领会语义的语音信号。除了语法重音、逻辑重音和情感重音以外，从教学目的出发确定的重音叫目的性重音。

需要注意，重音的表现手法不是简单地将音量加大、加强。重音是在与非重音的对比中衬托出来的，因此可以根据表情达意的需要，采取不同的重音表现方法：① 弱中加强。主要以音量大小的对比来突出重音。② 低中见高。主要以语调的高低对比来显示重音。③ 快中显慢。主要以延长音长来表现重音。④ 连中有停。主要以短暂停顿来突出重音。⑤ 重中显轻。这往往是用来表达特殊感情的方法。

2.1.4.2 口语修辞技能

1. 比喻的运用

"善喻者，以一言明数事，不善喻者，百言不明其意"（魏·刘劭），"能博喻然后为师"，古人对比喻在教学中的启示作用早有论述。化学教学中，巧妙的比喻可以使抽象的概念具体化，深奥的理论形象化，复杂的东西简单化，便于学生理解和认识。

案例研讨

> 在教师讲述电子在核外运动遵循统计规律时，先描述蜜蜂在采某一朵花蜜时，没有确定的飞翔路径，蜜蜂在这朵花的近处或远处都可能出现，似乎没有规律。但经过长时间多次仔细观察就会发现：蜜蜂总是在离花近的地方出现机会多，可以说这就是蜜蜂在对一朵花采蜜时的运动规律，然后以此引出电子运动的统计规律，学生就更容易明白。
>
> 学生往往较难理解"化学平衡是动态平衡"中"动态平衡"的含义和特点。如果教师利用"当水槽中进水速度和出水速度相等时，水位保持不变，但水是在流动的"这一实例加以类比，学生很快就能理解什么是动态平衡。
>
> （刘春.形象比喻为高中化学教学增色[J].广东教育，2007(7—8)：170—171）

2. 对比的运用

在化学教学中，学生对一些微观或抽象的概念没有感性的认识，使用直接叙述的语言让学生很难理解。如果利用对比的语言就能唤起学生的联想和想象，化深奥为浅显。在下面的案例中，教师利用三幅图片和对比性的语言简洁明了地向学生解释了什么是"认识尺度"，这三个不同的认识尺度带给学生三个完全不同的奇妙视野。

案例研讨

师:这里有三幅图,大家看一下,分别表示什么物质?

(学生表示回答不出。)

师:第一幅是直径1毫米的人手部的皮肤;第二幅是白细胞,它的直径是1微米;第三幅是DNA分子,我们观察的尺度是1纳米。这三幅图给我们的启示是:随着我们认识尺度的不同,我们周围的这个物质世界会呈现出精彩纷呈的方面。

(陈寅."胶体"教学设计[J].化学教学,2007(5):45—47)

2.2 教学口语技能的设计

核心术语

◆ 叙述式　　◆ 描述式　　◆ 解说式　　◆ 论证式　　◆ 评述式

教学口语的表达方式主要指叙述、描述、解说、论证、评述等,这些表达方式各具特点,将这些特点与化学的学科特点融合起来,才能设计出符合化学教学特色的口语技能。

2.2.1 叙述式

叙述式即陈述、描述客观事物。一般的讲述、教学时要求的复述等,都是叙述式,是教师需要掌握的最基本的表达方式。它的关键是语言条理清楚,将事物的性质和事物间的联系性清晰有序地叙述出来,切忌冗长拖沓。一般要求语速从容,语调在平实中又有起伏。

2.2.2 描述式

对于化学现象的描述是否准确是检验一名化学教师教学口语是否科学规范的重要指标。教师应该从视觉、嗅觉、听觉、触觉的角度描述实验中出现的颜色、状态、气味、声音、光、热等具体现象,而不能直接说出实验结果。在描述现象时还需要注意语言的准确性,不能"烟"和"雾"不分,"光"和"焰"不分。而且要注意按照实验现象出现的顺序全面、完整地描述。教师语言的规范和准确程度直接影响着学生化学素养的高低。

案例研讨

铜片与浓硝酸的反应现象:铜片逐渐溶解变小,表面有气泡产生,溶液变为蓝色,试管中有刺激性气味的红棕色气体生成。

错误描述:铜反应溶解,生成$Cu(NO_3)_2$,有红棕色的NO_2生成。

(苏荣冰.使用学科语言 化学多争几分[J].河北理科教学研究,2007(1):66—68.)

2.2.3 解说式

在讲授化学科学知识时,教师客观地把化学概念、原理介绍给学生,解释清楚,用到的便是解说这种表达方式。化学教学口语中的解说要力求准确、清晰、简明、生动。设计化学解说语时要注意:第一,保证化学语言的科学性;第二,切合学生的理解水平,深入浅出,并注意边说边交流,了解学生的理解程度以便及时调整解说的用语和方式;第三,语速不宜过快,吐字要清晰,尤其要突出关键词的重音。化学教学中对实验操作的解说很重要,很大程度上决定了学生能否掌握规范的实验操作技能,教师必须注意关键词的重音处理。

案例研讨

> 【浓硫酸的稀释】向烧杯中加入<u>一定量</u>的蒸馏水,沿烧杯内壁<u>缓慢</u>倒入浓硫酸并<u>不断</u>用玻璃棒搅拌。
> 【闻氯气的方法】取一只盛满氯气的集气瓶,观察氯气的颜色:用手<u>轻轻</u>地在瓶口<u>煽动</u>,使<u>极少量</u>的氯气<u>飘近</u>鼻孔,闻氯气的气味。
> 实验操作的解说语言必须准确、简明,在上述操作解说中,画线处是关键词,尤其要注意重音。

2.2.4 论证式

在化学教学过程中,教师经常运用实验事实或理论论据来证明论点正确,这种口语表达方式称为论证式。论证式语言的特点体现在条理清楚、结构严谨、逻辑性强。在化学教学中,教师的论证性语言严谨清晰,学生才能够充分了解所有的论据以及论点之间的逻辑关系,提高他们的分析能力。

案例研讨

> 【过渡】根据所学的知识,我们推测化学反应前后,物质的质量总和保持不变。下面我们就用实验来验证推测是否正确。
> 【学生活动1】教材中的活动与探究1(白磷燃烧、铁与硫酸铜溶液作用)
> 【教师小结】从这两个实验的结果可以看出,反应前后天平都是平衡的。这说明反应前物质的总质量跟反应后物质的总质量相等,与我们的推测一致。
> 科学家也做过实验,得出一致的结论。请阅读"资料(拉瓦锡氧化汞分解与合成实验)"。
> (魏壮伟."质量守恒定律"的教学设计[J].化学教学,2008(3):37—38.)

2.2.5 评述式

评述是对某种情景或知识发表见解,是帮助学生提高认识,推动教学目标实现的重要手段。评述的方式很多,常见的有:教师独白式评述;学生述,教师评;教师述,学生评;师生共述共评,等等。教师评述可以反映出教师个人的态度和观念,会直接影响学生一些重要观念的形成。而学生的评述可以发挥他们的主体参与性,加强对学生思维和表达能力的培养。

案例研讨

> 【反思小结】经过比较，我们可以发现：教材中提到的、科学家在经验事实基础上，总结出来的经验定律、知识，并非是一成不变的，也需要不断的修正和完善。
>
> 【反思作业】① 在定律形成的过程中，实验、推理所起的作用是什么？实验、定律和推理三者之间有何关系？② 科学家把质量守恒定律和能量守恒定律合二为一，称为质能守恒定律。你从这个定律的发展得到什么启示？
>
> （魏壮伟."质量守恒定律"的教学设计[J].化学教学，2008(3)：37—38.）

案例中教师的评述告诉学生任何经验定律和知识都是发展的，要敢于质疑，敢于创新，提出自己新的看法，才能推动科技不断前行。而给学生布置了评述型的任务，要求不只是简单接受老师的观点，更要主动地深入思考和总结。

2.3 教学口语技能的应用

核心术语

◆ 导入语　　　◆ 讲授语　　　◆ 过渡语　　　◆ 提问语　　　◆ 小结语

教学口语技能看似简单，但要在化学课堂教学中恰当应用却需要明确一定的策略，掌握较高的教学口语技能是教学有效性的关键因素。在课堂教学的不同环节中，教学口语技能的应用策略也是不同的。

2.3.1 导入语

导入语是指教师上课开始时的一段语言，一般与教学目标相关，并且具备调动学生学习兴趣的功能。"良好的开端是成功的一半"。成功的导入语如同缓缓拉开的帷幕和精美的布景，学生会目不转睛地观看，迫不及待地想了解将要上演的故事。

导入语的设计和使用应有明确的指导思想：第一，目标意识，即这段话要达成什么目标，采用什么讲话策略；第二，吸引意识，即怎样讲才能吸引学生，需要运用什么语调、语气、表情、手势才恰到好处；第三，效率意识，即要讲得简明、精要，克服盲目性和随意性。[①]

导入语主要有以下几种方式：生活导入式，故事导入式，设疑导入式，情感导入式。下面这个案例是一名教师在"质量守恒定律"课堂中的导入语，它属于哪种方式？有些什么优点？

案例研讨

> 质量守恒定律是初中化学中的一个重要定律，在新课程理念的指导下教师希望学生通过实验探究自己得出结论，从而正确理解质量守恒定律的内容。如果想要学生探究蜡烛燃烧过程中的质量守恒，你会怎么开始这堂课呢？
>
> 一名教师是这样设计导入语的：

[①] 国家教育委员会师范教育司组编.教师口语（试用本）[M].北京：北京师范大学出版社，1996.

> 师说：在我们每个人的成长过程中，都会发现一些问题，首先让我们听听小明的疑问。
> 多媒体投影小明的问题："蜡烛越烧越短，最后没有了，难道物质从世界上消失了吗？"学生观看聆听。
> 师问：大家能利用课桌上的仪器和药品，为小明解开这个问题吗？
> 生答：当然可以。
> 师问：那么请大家自选仪器和药品，开始动手设计。
> (蔡美玉."质量守恒定律"教学实录[J]，化学教学，2006(6)：42—45.)

2.3.2 讲授语

讲授语是指教师较系统、完整地阐释教材内容的教学用语，是教学过程中使用最频繁的语言。讲授语的策略主要有：

(1) 画龙点睛。叶圣陶先生在谈到教师讲授语的策略时指出："倾筐倒箧容易，画龙点睛艰难。"重点不突出的讲授语言会使听者听完却不知所云。教师系统讲授一段教材内容时，要首先寻找教材中的重点、关键段，不能直接不分重点地复述，而要在重点处巧妙设疑，精心点拨，使学生的思维如"点睛之龙"一般自由腾飞。

(2) 分层讲解。分门别类、划分层次可以使讲授条理清晰。讲授的顺序要符合知识本身的逻辑顺序及学生的认知情况。当讲授的内容比较复杂时，教师就要有条理地各个击破。教师语言的条理性可以直接帮助学生在头脑中建立知识网络。

(3) 边讲边归纳。边讲边归纳内容要点的讲授语是教师最常用的语言策略。教师每讲授一段内容后及时归纳出的提要就像给学生一根绳索，将零碎、繁杂的知识点都串起来，利于学生进一步消化吸收和记忆。

讲授语的应用要点是：在教学情境中灵活运用前面学过的叙述语、描述语、解说语、评价语等口语技巧。语音要清晰，语调富于变化，语速适中，注意使用手势语。

2.3.3 过渡语

过渡语又称课堂衔接语、转换语等，是不同教学环节的"黏合剂"。巧妙的过渡语可以起到自然勾连、上下贯通的作用，把一节课的内容衔接成一个整体，给学生层次感、系统感。过渡语也是引路语，让学生不知不觉中受到感染和引导，由一个方面顺利通向另一个方面的学习。

2.3.4 提问语

提问语是教师依据教材和学生的问题而提出的询问，广义的提问语还包括教师对学生答语的评价。善于运用提问语，几乎是所有优秀教师教学艺术的特征。对思维的启发和激活主要是通过教师巧妙地提问来实现的。日本著名的教育家藤斋喜博甚至认为提问是"教学的生命"。优秀的教师总是力求从设问的思维价值、可及性、激趣程度以及它不可抗拒的诱答效应等性质的基础上设计出切合教学实际（内容、学生）、最有助于达标的问题来。

"引导之法，贵在善'问'"。教师通过语言巧妙地解决学生的困惑和疑难时，也要巧于诱导，对学生提出的问题不要一下子回答得仔细全面，而要用提问步步启发、层层引导，使学生有思考有琢磨，然后自己解决问题。

案例研讨

> 对于盐类水解 $NaCO_3$ 溶液显碱性的问题,教师进行系列设问,逐步引导:
> ① $NaCO_3$ 溶液中有哪些离子、哪些分子?
> ② 水是否存在电离平衡,CO_3^{2-} 能否和水中电离的 H^+ 结合生成难电离的 HCO_3^-?
> ③ 水的平衡移动了吗?哪些离子的浓度增加了,哪些减少了,结果怎样?
> $$CO_3^{2-} + H_2O \rightleftharpoons HCO_3^- + OH^-$$
> (碳酸根离子是水解的有效离子;碳酸氢根离子是水解能否进行的关键离子;氢氧根离子是决定溶液酸碱性的离子。)
> 这样利用设问一步一步地引导学生主动分析问题,解决问题,比教师直接解释的效果要好得多。
> (丁金亭. 化学教学语言艺术性的探析[J],内蒙古教育,2005(11):20—21.)

教师如果运用设问启发思维,则要注意设问点的选择,最佳设问点通常在"四处":新旧知识的衔接处、异质知识的交叉处、思维的拐点处和知识的特性处(即学生易混淆、易疏忽的知识或问题)。教师深入探究上述知识点,就不难提出精彩的问题来。[①]

2.3.5 小结语

小结语指教师讲完一部分内容或课堂结束时所说的话。一堂成功的课,不仅要有引人入胜的导入和环环相扣的讲授,还应该有精致的结尾语。有些教师总采用平淡的语调讲一句:"好!今天的课就上到这里,下课!",却不知错失了教学中关键的一环。不同形式的小结语具有不同的教学效果。

(1)归纳式小结语。结尾语将整堂课的内容高度概括。这种提纲挈领、画龙点睛式的小结,达到了由博返约,有助记忆的目的。

(2)开拓式小结语。结尾语将课堂内容纵深开拓,将某一个化学知识的学习方式推演到其他相关化学知识的学习中去,教会学生掌握通用的科学方法,对于提高学生的思维品质和科学素养都有重要的作用。

下面的案例是一位老师讲授人教版初中化学"二氧化碳的性质"课堂中的小结语,其小结语归纳和开拓功能兼而有之,很值得学习。

案例研讨

> 师:探究活动6运用的是什么探究方法?
> 生1:对比实验的方法。
> 师:设计2、3实验的意图是什么?
> 生2:让实验2、3和实验4进行对比,实验2说明水不是酸,不能使紫色石蕊变色;实验3说明二氧化碳气体不是酸,不能使紫色石蕊变色;实验4说明二氧化碳和水反应生成了碳酸,碳酸使紫色石蕊变成了红色。
> 师:不错。如果将探究活动5和探究活动6合并成一块,那么探究6中有哪些实验可以不做?
> (用课件将探究活动5、6内容合成一块打出)
> 生3:探究6中的"醋酸喷花"可以不做,因为探究5已经得出了酸能使紫色石蕊变色的结论。
> 师:还有吗?
> 生4:探究6中的"清水浇花"可以不做,因为,紫色的石蕊试液是紫色的,已经告诉了我们水不能使紫色石蕊变色。

---

① 朱玲琴. 注重中学化学教学语言的锤炼[J]. 广西师范大学学报,2002(S1):96—99.

师：通过刚才的交流，大家对对比实验有了进一步的认识。同学们再想想看，本节课，我们还学到了哪些思想方法？

（生：沉默、思考。）

生5：知识对比的方法，多次将氧气、氢气的性质和二氧化碳的性质进行了对比。

生6：研究二氧化碳溶于水的过程中，用了化隐性为显性的方法。

生7：在探究活动5中用了归纳的方法。

师：很好！同学们的发言告诉我，本节课大家不仅学习了二氧化碳的性质，还从中感悟到了不少思想方法。科学的思想方法是一把金钥匙，有了它，我们就一定能打开化学知识宝库的大门！

（缪徐. 在探究中感悟 在反思中提高[J]. 新课程研究，2006(1)：39—42.）

(3) 启发式小结语。这种结尾语教师经常使用，主要目标是激发学生学习新知识的欲望，启发学生主动预习下一节课。一般使用设问语句先提出下一个课题，语调抬高，然后说明下一节课再揭晓答案。"下一节课"可以重读，以引起学生探求"下一节课"的奥秘。

2.4 教学口语技能的评价

核心术语

◆ 教学口语　　◆ 语音准确　　◆ 表达简练　　◆ 过渡自然　　◆ 评价量化

教学口语是保证准确、清晰地传递教学信息的重要工具，是实现教学目标的重要工具。有些教师口语技能水平较差，满腹经纶却"茶壶里煮饺子——有嘴倒不出"，非常苦恼。而化学教育的发展，对化学教师口语技能的要求却一直在上升。想要改变个人的语言习惯通常是比较困难的，教师很难发现自己口语中所存在的问题。这就迫切要求建立符合化学教学实际的口语评价方式，这种评价不是要给教师贴上好或差的标签，而是像一面镜子，帮助教师及时认识到自己教学口语中存在的问题与不足，有的放矢地针对训练，不断提高口语技能。口语技能量化评价表见表2-1。

表2-1　课程教学口语技能量化评价表

日期：＿＿＿＿　　任课教师：＿＿＿＿　　课题：＿＿＿＿

评价项目	权重	评价等级			得分
		优	中	差	
① 普通话语音准确，吐字清晰	0.15				
② 口语通顺、连贯，无口头禅，无语塞	0.10				
③ 声音洪亮，语速恰当，节奏符合学生需求	0.15				
④ 词汇丰富，口语表达简练、生动，条理性强	0.10				
⑤ 口语表达科学、规范，正确使用专业术语	0.15				
⑥ 口语情感与教学情境相适应，富有感染力	0.15				
⑦ 讲析主次分明，知识点间语言过渡自然	0.10				
⑧ 口语有启发性，应变性	0.10				
总分					
您的补充意见或建议：					

语言表达是一门艺术，教师只有通过有意识地长期积累，刻苦磨炼基本功，才会达到理想的境界。如果能将化学教学的语言艺术与自身的个性特征完美结合，就能形成自己鲜明、独特的语言风格。

本章小结

1. 广义的教学语言包括：口头语言、符号语言（书面语言）和体态语言三个部分。口头语言属于声化语言，占主导地位。教学口语技能是指教师有效地运用语言（声音）传递信息、提供指导的语言行为技能，是一切教学活动最基本的行为技能。

2. 教学口语的构成要素包括：语音、词汇和语法。教学口语技能主要包括两个方面：一是语音表达技能，二是口语修辞技能。其中语音表达技能是基础，包括发声技能、音量调节、语气和语调的运用、语速和节奏的控制以及重音的运用。而化学课堂中常用的口语修辞技能有比喻和对比。

3. 教学口语的表达方式主要有叙述、描述、解说、论证、评述等，将这些表达方式的特点与化学学科的特点相结合，才能设计出符合化学课堂教学实际的口语技能。

4. 口语表达贯穿于化学教学的各个环节之中，因此教学技能在导入、讲授、过渡、提问、小结等不同环节中的应用也各具特点，用得合适才能提高教学的质量。

5. 对教学口语技能的评价既重视语音表达，也重视信息传递的效果。

思考与实践

1. 教学口语与其他形式的口头语言相比，其主要特征是什么？

2. 请两名同学各选择一段化学教科书内容，高声朗读，相互检查口语表达是否规范；再离开教科书相互演讲，相互检查口语表达。每一次都认真记录下自己的优缺点，再有针对性地练习，纠正语音问题。

3. 观摩同一课题的两节化学课堂教学实录，一节普通课堂，一节化学示范课，分小组对比分析这两节课中教师教学口语技能的完成状况和各自的语言特点。

4. 选取新课程教科书的某一课题内容，准备一份15分钟的微型课堂教学设计，尤其注意教学语言设计，要求有导入情境、提问、小结等过程，分小组进行教学实践，听取教师或同学的评价，记录并改进。

参 考 文 献

[1] 杨承印.化学教学设计与技能实践[M].北京：科学出版社，2007.
[2] 国家教育委员会师范教育司 组编.教师口语（试用本）[M].北京：北京师范大学出版社，1996.
[3] 朱嘉泰，李俊.化学教学艺术论[M].广西：广西教育出版社，2002.
[4] 李晓萍，吴洁，罗昭兵.中学化学教学语言艺术初探[J].化学教学，2004（7—8）：14—16.
[5] 丁传禄.教师讲课的语调研究[J].四川教育，1956(12).
[6] 何世峡.加强口语发音技能训练[J].云南教育，2000(2)：45—47.
[7] 朱玲琴.注重中学化学教学语言的锤炼[J].广西师范大学学报，2002(S1)：96—99.

第3章　课堂教学中的导课技能

> 教师不应企图将知识塞给学生。而应该找出能引起学生感兴趣,刺激学生的材料,然后让学生自己去解决问题。
>
> ——皮亚杰

本章学习目标

通过本章学习,你应该:
1. 理解化学教学中导课的概念、特点、作用及功能;
2. 通过实践训练掌握化学教学中导课的设计技能及其应用;
3. 了解化学教学中导课的设计原则和提高导课技能的方法;
4. 了解化学教学中导课技能的评价原则和评价方法;
5. 选取新课程教科书的某一课时内容,设计其中的导课环节,在全班或小组进行微格试教练习,并与同学交流、讨论,听取老师和同学的评价,进一步完善自己的设计。

3.1　教学导课技能的含义

核心术语

◆ 导课　　◆ 导课技能　　◆ 导课技能作用　　◆ 导课技能要素

导课即人们常说的课的开始,按照现代教育理论和新课程理念,为了促进学生的学习,每一节课都应该有一段新课的导入,它是教学中的开启和过渡,虽然只有短短的几分钟,却具有承上启下、"继往开来"的作用,是整个课堂教学的有机组成部分,其重要意义不可忽视。

3.1.1　教学导课技能的概念

教师新教材的讲授,学生新知识的学习,都是从新课的引入开始的。所谓课堂教学的导入,犹如一首乐曲的"引子"和戏剧的"序幕",它是指教师在学生进入新课题学习的时候(新章、节或一门新课的开始),运用建立"问题情境"的方式将学生吸引到教学活动中来的教学行为。好的开头是师生情感交流的第一座桥梁,就像音乐里的调式一样,它为一节课定下了基调。精彩的课堂教学导入,能使学生在最短的时间内,集中注意力,明确学习思维的方向,同时调动学生的情感活动,激发求知欲和好奇心,迅速进入到最佳的学习心理状态,这对于学生圆满完成新知识的学习具有十分重要的作用,正可谓"良好的开端是成功的一半"。

化学教学中的导课技能是指教师在学生进入新课题学习时,运用建立问题情境的教学方式,通过教师独具匠心、恰到好处的教学设计,集中学生注意力,激发学生学习兴趣,明确学习目标,形成学习动机,并且建立知识间联系的一类教学行为技能。作为未来的化学教师,要上好一节化学课,这是必须掌握的教学基本技能。

3.1.2 教学导课技能的作用

案例研讨

> 常老师明天要给学生上"用途广泛的金属材料"这一节内容,为此,常老师在翻阅了大量相关资料以后,精心构思了下面一段"开场白"并准备了相应的图片资料演示。作为学生学习这一新课的导入,请你和同学一起探讨一下常老师这一导课设计在教学中的作用。
>
> (教师演讲并配合多媒体演示)
>
> 在人类社会的发展进程中,金属起着重要的作用,它从一个侧面反映了人类社会发展的文明史,从5000年前使用青铜器,3000年前进入铁器时代,直到20世纪铝合金成为应用广泛的材料,几千年来,人类一直努力探求从矿石中获得金属的方法,人们在大量烧制陶瓷的实践中,熟练地掌握了高温加工技术,利用这种技术逐渐冶炼出了铜及其合金青铜,这是人类最早出现的金属材料。
>
> 金属材料在一个国家的国民经济中占有举足轻重的地位,因为金属材料的资源比较丰富,现已积累有一整套相当成熟的生产技术,有组织大规模的生产经验,比如说铝,在现在的生活中随处可见,铝锅、铝壶……但是在100多年前铝还是一种罕见的贵金属,铝的最大优点就是轻盈,它的重量只有同体积钢铁的1/3。因此,铝在航空中得到广泛应用,现代飞机70%是铝合金和铝制的。所以,科研人员把铝叫做"会飞的金属"。
>
> 第二次世界大战后,各国致力于恢复经济,发展工农业生产,对材料提出质量小、强度高、价格低等一系列新的要求。具有优异性能的工程塑料部分地代替了金属材料,合成纤维、合成橡胶、涂料和胶粘剂等都得到相应的发展和应用。
>
> 此外,金属材料自身还在不断发展,传统的钢铁工业在冶炼、浇铸、加工和热处理等方面不断出现新工艺。随着科学技术的不断进步,新型金属材料的相继问世,将更好地服务于我们的生活。

许多富有经验的化学教师都非常重视教学中的导课环节,希望课一开始"第一锤就敲在学生的心上",能像磁铁一样,把学生吸引住。那么,化学教学中的导课在整个教学过程中具有怎样的作用呢?从教育心理学的角度来分析,导课在化学教学中的主要作用表现在:

(1) 激发兴趣,集中注意。新课开始,教师通过精心设计的"开场白"或"序幕",往往能在最短的时间内,调节学生的情绪,集中学生注意力,把学生的兴趣激发到要学习的新知识内容上来,使学生马上进入到最佳学习状态。

(2) 目标定向,启迪思维。好的课堂教学导课设计,新颖别致,富有创意,会点燃学生思维的火花,促使学生积极思考,并使这种思考紧紧地围绕着将要学习的新知识的教学目标,它又像"指南针",还起着目标定向的作用。

(3) 承上启下,温故知新。导课在化学教学中的作用,还表现在它像一座桥,一边连着"无"(旧知和未知),一边通向"有"(新知)。从这种意义上来说,有时教师的导课设计,在教学上常常联系着旧知识,提示着新内容,在新旧知识之间架起一座桥,起着承上启下、温故知新的作用。

(4) 画龙点睛,突出重点。任何一节课,都有其重点和难点,而课堂教学中的重点和难点是学生顺利地学习和掌握新知识的前提和要素。生动、鲜活、恰到好处的课堂教学导入设计往往融入了新知识的重点和难点,对于学生在学习过程中把握知识的重点和难点起到了画龙点睛的作用。

3.1.3 教学导课技能的构成要素

从化学导课技能的目的和作用出发,结合导课的过程,可以将化学导课技能分解为引起注意、激发动机、建立联系、指引方向等四个构成要素。我们可以分别从这四个构成要素出发,研究、学习、训练化学导课技能。

1. 引起注意

化学导课技能中的引起注意,就是教师能用有效的方式引起学生注意,将学生的注意力集中于课堂,使之专注于特定的问题情境中。

注意分为有意注意和无意注意。有意注意是指预先有一定目的,并需要一定意志努力的注意,如学生在学习元素化合物性质知识时,要理解和记忆物质性质,就需要有意注意;无意注意是没有预先目的,不需要个人意志努力的注意,如化学反应中剧烈的发光、发热或鲜明的颜色变化,往往能立即引起学生的注意。在导课设计中,教师要充分考虑到学生注意力品质的心理特点,创造条件,调动学生的有意注意和无意注意,使之全部集中于特定的教学情境中。

神经心理学的研究表明,通过一定的手段刺激大脑皮层导致"觉醒"状态,是产生注意力集中和其他意识活动的基础,在"导课"阶段唤起学生"觉醒",集中学生注意的主要因素是导课活动的新颖性、情感性和情境性,新异的信息和事物往往能立即刺激和引起人的注意,而刻板、单调、陈旧的事物则会使人厌倦和懈怠。因此,课堂教学中教师的导课方式,如生动的化学实验,充满趣味的化学故事和典故等都是引导学生有效集中注意力的好手段。

2. 激发动机

学习动机是推动学生进行化学学习活动的一种内在动力。激发学生对新知识学习的愿望和需要,是导入新课技能中最重要的功能之一,判断和评价一段课堂导入是否成功,在很大程度上要看它是否能真正激发学生学习的动机。

兴趣是学习动机中最现实、最活跃的成分,在化学教学的导入过程中,以引起学生观察兴趣和认识兴趣为目的的教学行为,是教师为激发学生学习动机经常采用的教学行为方式之一。例如,老师在导入极性分子和非极性分子的概念这一新课时,首先让学生观察一个投影实验:分别在两个水槽中盛水和四氯化碳,再分别滴入一滴苯和水,然后用条形磁铁接近液面,并缓慢移动,水滴跟着磁铁移动,而苯滴不移动,看到这一奇特的实验现象,大家首先觉得不可思议,进而急于想知道这一现象产生的原因,通过这一段精心设计和构思的课堂教学导入过程,很快使学生对枯燥的化学理论知识产生了强烈的认识兴趣,由此激发起学生学习新知识的强烈欲望。

帮助学生了解和理解化学知识在生产、科研及日常生活中的重要作用,或明确新知识在整个化学知识系统中的重要地位等,使学生主动、积极地参与到知识的学习和形成过程中,是新课程改革所倡导的教学方式之一,也是教师在导课过程中为激发学生的学习动机所经常采用的教学行为,它体现了新课程所倡导的教育理念。例如:在教授钠的化合物中 $NaHCO_3$ 和 Na_2CO_3 的性质知识点时,教师可以从学生的生活经验出发,引导学生联想馒头的制作过程,并提出问题:小面团是怎样变成疏松多孔的馒头的?为什么要加苏打粉?为什么不发酵直接加小苏打也可以做馒头?在做馒头的时候,碱和小苏打发生了怎样的化学反应?体现了它们的哪些化学性质?面对老师的重重疑阵,一系列"司空见惯"的问题,顿时激发出学生强烈的探究动机,如此能顺其自然地导入到教学正题。这种教学中的"布疑",旨在使学生明确所学知识的实际应用和意义,从而让他们更自觉主动地投入到新知识的学习,这也是教师导课激发学生学习动机的教学行为。

3. 组织引导

新课导入过程中,在学生集中注意和动机激发的基础上,教师还应当帮助学生明确新课题的教学目标,即按照怎样的学习程序和方法来完成教学任务达到教学目标,通常我们称这样一个环节为组织引导。组织引导的作用就在于帮助学生在心理上形成学习期待,使学生的学习活动始终处于目的明确、组织有序、运转高效的状态中。

例如:"电化学腐蚀"导入过程中的组织引导,老师可以通过重新演示 Cu－Zn 原电池的实验,复习原电池的工作原理,然后依次观察:① 金属与稀硫酸反应;② 将锌粒投入混有硫酸铜溶液的稀硫酸中;③ 含有杂质的锌粒与稀硫酸反应等一系列金属与酸反应的实验现象。重点引导学生思考:为什么含有杂质的锌粒在稀硫酸中的反应比纯锌粒要快?并就此提出本节课的主要任务就是要从分析以上实验现象入手,解决上述问题,从而认识金属腐蚀的原理和主要方式。这样的导入,一开始就将学生的学习活动引向本课的主题,教师将问题情境所凸现的新课题与学生原有的知识经验之间的矛盾引向新课题的探究方向,使学生明确学习目标和学习进程,并感受到目标是可以实现的。

4. 建立联系

建立联系是指教师在新课导入过程中,通过采取一些有效的方式和手段,帮助学生建立新知识与旧知识之间的联系,使学生新知识的学习建立在原有知识结构的基础上的教学行为。"以其所知,喻其不知,使其知之",能否有效地建立联系,往往是学生能否真正进入新课题学习情境的关键。

学生已有的知识、技能和经验是学习新知识的基础,在一定意义上来说,教师的教学过程就是一个不断引导学生将新的知识纳入到原有的知识结构中并不断优化学生认知结构的过程。因此在新课的导入过程中,要明确学生学习新知识的基础,深入钻研教材,结合学生的学习心理和认知规律,通过创设问题情境,切实、有效地建立起新旧知识之间的联系,自然地将学生引入到新知识的学习中来,使其"温故而知新"。

怎样有针对性地建立联系,要求教师在新课的导入过程中,通过对旧知识的复习和重组,使之形成适合新知识学习的连接点和生长点,这样一方面为新知识学习做好了铺垫,另一方面降低了新知识学习的难度。例如:"摩尔"一节的教学,教师在导课时,可以从物理量与单位出发,首先引导学生回忆长度、质量、时间等基本物理量的单位米、千克、秒,然后联系微观粒子,分子、原子、离子、电子等,提出问题:用什么样的物理量来量度这些微粒的数目呢?它的单位又是什么呢?通过原型类比,点明"物质的量"与"摩尔"就是"物理量"与其"单位",它是七个基本物理量之一。这样的导课设计,提供了新、旧知识联系的支点与桥梁,使学生感到新知识并不陌生,从而相对降低学习新知识的难度,使学生轻松愉快地进入接受新知识的状态中。

随堂讨论

试根据化学导课技能的要素,对下面例子进行分析并逐一加以说明。

【新课引入】今天我们讲与酒有关的内容,酒给我们带来很多欢乐,也给一些人带来很多的痛苦,饮酒过量后驾车可能会引起严重的交通事故。交警执勤时手中有一个快速测定饮酒含量的仪器,我们今天也给大家准备了一个类似的装置。(介绍该装置的使用方法)

【学生实验探究】CrO_3(红)＋H_2SO_4(浓)＋酒精——绿色。时间很短,现象明显。

【教师引导】事实上,酒已经涉及我们生活的方方面面。(展示张家港的"沙洲优黄"、古井贡酒、美容产品中的发胶等。)大家知道,黄酒长时间贮存,密封不好,会有酸味;烈性白酒中含乙醇 50%～70%(贮存时间越长越香醇),保存不好,味道会变淡一些;为什么有的人"干杯万盏皆不醉",而有的人则"酒不醉人,人自醉",闻酒就脸红呢?就让我们一起从本堂课开始来慢慢解开其"醉人的笑容"吧!

化学导课技能的四项构成要素是互相联系,彼此依存,密不可分的,一段完整的导课设计应该体现出以上四项基本要素,教师应当从发挥每一构成要素的功能出发,寻求提高化学导课技能的方法和途径。

3.2 教学导课技能的设计

核心术语

◆ 导课设计方法　　◆ 直接导入法　　◆ 以旧引新法　　◆ 实验导入法
◆ 情境导入法　　　◆ 悬念导入法

化学导课技能的设计应该遵循化学课程目标和化学学科的特点,结合学生的心理发展水平和教师个人的教学风格。在教学理论的指导下,广大教师在教学实践中大胆探索,总结出教学导课设计的许多方法,如直接导入法、实验导入法,情境导入法、悬念导入法,值得注意的是,这些划分并无严格的界定,有些是基于导课材料的来源,而有些是基于教师在导课时所采用的教师或学生的活动方式。下面分别介绍几种在教学中常用的导课设计的方法。

3.2.1 直接导入法

直接导引法是教师以简捷、明确的语言向学生提出课题的教学目标,以及学习的主要内容和程序,诱发学生对新知识学习的兴趣和求知欲。该法要求教师开门见山,直抒胸臆,导语简洁明快,一般只是设问,以引起学生注意,激发兴趣和动机,与此同时学生展开与新知识学习相关的联想和思维过程。这种方法对教师课堂导语的设计要求高,教师主要是通过教学导语的语义、逻辑、语音、语调(包括教师体态语言)等与学生进行交流,来完成课堂导入的过程,使学生迅速进入到新知识的学习中。该法常用于教学内容较多的教学导课设计。

案例研讨

> "氧气制法"的课堂导入,教师的导课设计则是直接通过课堂导语:
> 上节课我们用装在集气瓶中的氧气做了氧气的化学性质实验。同学们可知道这一瓶瓶氧气在实验室中是怎样制得的吗?大家可能在医院见过装有氧气的钢瓶,那医院的氧气又是怎样制得的呢?
> 我们这节课就要学习氧气的实验室制法和工业制法。在学习实验室制法时,我们将从反应原理、所用药品、制气仪器装置与操作、气体收集方法及原理几个方面来系统学习。
> 试从课堂导入的实际效果出发,分析这种导入设计的优、缺点以及对教师课堂导语设计的要求。

如果学生将要学习的新知识内容与学生原有的知识经验和基础以及认知结构间难以找到恰当的"生长点",学习方法和学习程序也没有适当的范例可借鉴运用,或为了简化导入过程,在整体上优化课堂教学,常选择直接导入法。该法设计和操作简单,需时较少,直接点明学习主题和内容,抓住学生的注意力和情感活动,能帮助学生较快地进入学习状态。但如果经常采用这种导入方法,会使学生感到单调乏味,产生"思维疲劳",求知欲下降,学习动机低下。

3.2.2 以旧引新法

以旧引新法是教师利用新旧知识间的内在逻辑联系和学生认知心理特点,通过复习、提问或帮助学生回顾已学习过的知识,寻找新、旧知识的链接,从而引导学生学习新知识。其具体操作包括三个步骤:① 教师在教学前,应找出新、旧知识之间的内在逻辑关系的连接点;② 教师引导学生复习或回顾与新知识有逻辑联系的旧知识;③ 从对旧知识的复习中自然引申到与新知识的学习相关的"结合点",引导学生进入新知识的学习。复习或回顾新知识常采用教师提问或学生做习题等教学活动形式,这种导入方法利用"温故"而"知新",常常能降低新知识的学习难度,使学生在课堂学习伊始就能积极参与到学习活动中来,动脑动手,充分体现了教师的主导作用与学生的主体作用的有机结合。

巴甫洛夫曾说过:"任何一个新问题的解决都是利用主体经验中已有的旧工具实现的。"化学学科知识之间常常有着其内在的相互逻辑联系,教师只要善于钻研和挖掘知识间的内在联系,就能使自己的导课设计"新课不新"、"旧课不旧",使学生对新课产生亲切感的同时,也有利于引导学生将新的知识纳入已有的认知结构中。

3.2.3 实验导入法

化学是一门以实验为基础的学科,以实验为基础是化学教学的基本特征,化学实验以其鲜明独特的实验现象为学生的化学学习提供了生动的感性认识材料和对象,教师在导课设计中可利用富有启发性和趣味性的化学演示实验,在加以教师生动的课堂导语及围绕实验所提出的若干思考题,通过实验设疑启思,吸引注意,激发动机,这样往往能收到事半功倍的良好效果。这种导入法是化学学科特有的魅力所在,教师应结合教学内容的特点,充分利用这一学科特征进行导入新课的设计。

案例研讨

> "钠"一节课以实验导入的设计:
> 【演示实验】:趣味实验"滴水生火",在蒸发皿中放入一小块钠和少量的乙醚,然后滴入几滴水。
> 【实验现象】:滴水后,蒸发皿中立即起火。
> 【设疑激思】:水常常用来灭火,现在却能点火,为什么?(目的:激起学生探究的欲望)
> 【学生实验】:钠与水的反应
> 【引导学生观察思考】:
> ① 钠可以用小刀切开:说明了什么问题?观察新切开的钠表面的颜色和光泽。
> ② 钠粒投入到水中,浮在水面上,熔化成光亮的小球,为什么?
> ③ 产生的气体(有时会燃烧)可能是什么气体?为什么?钠粒渐渐变小,直至最后消失,为什么?
> ④ 向反应后的溶液中滴入几滴酚酞试液,溶液呈红色,说明反应生成了什么物质?通过上述一系列实验,引导学生自然得出钠的物理性质和化学性质。

3.2.4 情境导入法

学,起于疑,源于思。思维的本源在于问题情境,而且以解决问题情境为目的。在化学课堂教学中要努力创设恰当的问题情境,引起学生的认知冲突,启发学生积极思维。所谓设置问题情境,就是从学生熟悉或者感兴趣的社会自然现象和日常生活中揭示一些矛盾让学生分析解决,以引发学生的认知需要。创设问题的情境,要力求生动、新颖、有趣味性。

下面是两段初中化学关于燃烧的条件的导课设计,试分析其中问题情境的导课设计特点:

案例研讨

> **"燃烧的条件"导入设计Ⅰ**
>
> 　　在九年级化学"燃烧的条件"一课的教学中,采用化学实验创设问题情境的方法导入新课。首先,在盛有沸水的烧杯中,投入一小粒白磷。将一根玻璃导管伸入沸水中,靠近白磷,用洗耳球向玻璃管里轻轻吹入空气,水中有大量气泡产生,同时白磷在水下燃烧,产生火花,停止吹气,白磷的燃烧现象消失,再吹入空气,水下的白磷又重新燃烧。同学们一下子被这一亮一暗的水下燃烧现象所吸引,不断发出惊叹声,接着老师用冷水做同样的实验,水中的白磷并没有燃烧,同学们又感到很奇怪,老师接着点明课题"燃烧的条件"。将上述实验现象转换成问题情境,引导学生对"燃烧的条件"进行分组讨论,形成互动、合作学习的气氛,请各小组代表发言,归纳出"燃烧的条件"。
>
> **"燃烧的条件"导入设计Ⅱ**
>
> 　　【教材】上海教育出版社,九年级化学第四章第一节。
> 　　【教学活动】投影两幅图片,图片内容分别是:
> 　　(1) 2005年10月12日9时零分零秒,发射"神六"飞船的长征二号F型运载火箭点火;
> 　　(2) 2001年9月11日美国世贸大楼被恐怖组织袭击而失火倒塌。
> 　　让学生观察、联想,并将想法与同学们交流讨论。教师聆听学生的各种议论,并助以手势或眼神或语言给学生以鼓励,注意激发学生的参与意识,然后和学生一道归纳、整理出火的两面性。
> 　　【教师引导】火是燃烧的一种现象。请同学们把自己学习过或生活中了解的2～3个燃烧事例及其燃烧现象与同学们进行交流。
>
> 　　　　　　　　　　　　　[赵永胜,朱莉."燃烧与灭火"的教学设计[M].化学教学,2005(6).]

　　从以上案例可以看出,两位老师对同一个教学内容运用了不同的素材和手段创设问题情境导入新课。创设问题情境的素材来源非常广泛,包括与学习内容相关的各种背景资料,如化学史料、日常生活中生动的自然现象和化学事实、化学科学与技术发展及应用的重大成就、化学与社会发展影响的事件等。

　　如:下面是一位教师在教授"氯气"一节时的课堂教学导课设计,试分析其创设问题情境的特点。

案例研讨

> 　　创设情境:播放江苏淮安发生液氯泄漏事故的有关报道(麦地枯黄、油菜变白),包括液氯泄漏事故的救援与处理,并结合讲解"一战"和抗日战争中氯气的使用给人类带来了更加深重的灾难的故事。
>
> 　　学生联想质疑:为什么绿色麦地一片枯黄？油菜也被熏得枯黄甚至变白？氯气都具有哪些性质呢？在事故救援中,有关人员为什么用浸有稀石灰水的毛巾罩捂住口鼻进行救援或疏散？还可以应用日常生活中的哪些物质进行救援？消防战士为什么要用土包搭成围堰？围堰内物质的主要成分又是什么？
>
> 　　由此展开对氯气性质的探究。

　　这位教师抓住时事,跟踪社会热点,利用大多数学生都会关注的时事报道,将学习的内容置于真实的事件或情景中,情由景生,能够调动学生的学习积极性,渲染学习气氛,增加新知识学习的趣味性。这要求教师重视化学与其他学科之间的联系,通过发生在学生身边与教学内容相关的新闻事件来导课,这样能提高学生学习化学的兴趣,培养学生将化学知识应用于生产、生活实践中去的意识和能力,引导他们自觉地关注与化学有关的社会热点问题,逐步形成可持续发展思想,提高他们的科学素养。

3.2.5 悬念导入法

所谓"悬念",原指读者、观众、听众对文艺作品中人物命运的遭遇、情节的发展变化所持有的一种急切期待的心情,是小说、戏曲、影视等作品的一种表现技法,是吸引广大受众兴趣的重要艺术手段。化学教学中的悬念是指教师结合教学内容和学生的认知特点,以一定的教学素材为载体,有意识、有针对性地创设和提出一些或情理之中、或意料之外的问题,使学生在心理上产生一种探求问题奥秘、渴求问题解决的强烈愿望与期待。创设悬念能强烈吸引学生的注意力,激发学生的情感活动,迅速激活学生的好奇心,拓展学生探究的思维,使他们面对挑战性的问题有一种欲罢不能、跃跃欲试的心情和积极探索的态度。

案例研讨

> **金属钠及其化合物的导课设计**
>
> 2001年7月7日至9日接连三天,广州市珠江河段上惊现神秘"水雷"。7日早上10点多,漂在水面上的一个铁桶内突然蹿出亮黄色的火焰,紧接着一声巨响,蘑菇状的水柱冲天而起。到中午,这个铁桶又连续爆炸了多次。后来经化学品专家初步认定,铁桶内装的是金属钠。据调查共有8个装满金属钠的铁皮桶漂浮在水面上,其中5个已发生剧烈爆炸,另外3个还未爆炸,该怎么处理成了一个很大的难题。

同样取自于社会生活中的真实事件,此时老师在导课设计中留给学生的却是一个"难题",怎么解决呢?显然我们需要先了解钠及其化合物的性质,然后才能像"化学品专家"一样去破解这个"难题"。横亘在学生心头的"难题"正是教学中的悬念,此时教师是引而不发,学生则是兴趣盎然,他们会带着这样的悬念去进行新知识的学习。

通常悬念导入的设计要统观整节课的教学内容,根据一节课的重、难点内容进行设计,学生只有在学完了整节课的教学内容后,才可以破解心中的悬念。教学中的"悬念"设计要做到"精"、"新"、"奇",以达到唤起学生求知欲和激发思维的目的。悬念的设置包括"设悬"和"释悬"两个方面,前有"设悬",后必有"释悬"。在课的导入阶段只亮开"谜面",藏起"谜底",只有在学生完成了新知识的学习后才"点破",使学生的期待心理得到满足。因此悬念导入法设计要做到首尾呼应,在结课时一定要引导学生运用所学的新知识去"化解"心中的悬念,使之学以致用,豁然开朗,知其然,而又知其所以然。

化学课堂教学是传授给学生化学知识、化学技能、培养社会实践能力和科学素养的过程,化学教学导入新课虽然只有四、五分钟,或寥寥数语,但所起的作用却至关重要,它能激发学生的学习兴趣,拨动学生的心弦,打开学生探究知识奥秘的好奇心,引领整节课的教学。因此,化学导课设计是科学、是艺术、是能力,要求教师要善于学习、善于思考、善于开发、善于实践、善于创新,从而不断提高自身的导课设计技能。

3.3 教学导课技能的应用

核心术语

◆ 导课设计的基本原则　　◆ 教学导课设计的方法　　◆ 导课设计应注意的问题

课堂教学的导入要保证内容的科学性,注意知识的准确性,突出新知识的重点、难点;要充分考虑学生的学习特点和需求,针对学生的知识基础和心理发展水平。"教学有法,但无定法",课堂教学导入设计有一定的方法可借鉴,但没有固定的模式,要取得好的效果,一般都应遵循以下原则。

3.3.1　教学导课设计的原则

(1) 目的性和针对性。要根据教学目标,针对教学内容的特点,围绕教学的重点、难点,结合学生的学习基础和心理特征进行导课设计。新课导入一定要有助于学生明确学习目标,理解学习内容,从而使学生进入有意义的学习状态。切忌游离于教学目标、内容之外,脱离学生实际去盲目地追求导课形式上的新颖和内容上的奇特。

(2) 相关性和简明性。新课的导入要注意新旧知识的关联性,要尽可能地发掘学生已有知识及生活经验与新知识的联系,做到以旧引新,以旧启新,温故而知新。无论采用什么方式和方法导入,老师首先就应该考虑导入设计是否与学生新知识紧密相连,同时又能够揭示新旧知识之间的本质联系,做到层次清晰,安排合理,使学生已有的知识成为新知识学习的前提和基础,让课堂教学的导入成为新旧知识联系的桥梁和纽带。

课堂教学的导入固然重要,但它只是课堂教学的前奏和序曲,是为教学中心环节的展开做铺垫,因此,从时间上来说,只能是三五分钟,这要求老师紧扣教学目标和内容,开宗明义,言简意赅,切忌海阔天空,漫无边际,冗长拖沓,否则不仅将影响整节课的教学任务的完成,还会分散和干扰学生的注意力,不利于学生对新知识的学习。

(3) 直观性和启发性。直观性和启发性要求教师在新课的导入设计时,要尽可能以生动、具体、真实的事例或化学实验为基础,为学生新知识的学习和理解提供鲜活的感性认识材料和情境,并在此基础上,提出问题或设置悬念,激疑启思,使学生产生认知上的矛盾和心理上的好奇心与困惑,教师再巧妙地利用问题启发学生思考。学生积极的思维活动是课堂教学有效的灵魂,没有学生的积极思维就没有课堂教学的成功。

导课设计的启发性要求教师给学生留有充分的思考和想象的空间,引导学生学会思维的基本方法,启发他们由表及里、由个别到一般,深入现象发现本质,培养学生的思维品质。

随堂讨论

下面是新课程优质课教学展示中,某教师《原电池的工作原理及其应用》一节课的导入过程,从中探讨一下教师是如何运用启发性教学来激发学生的思维活动,有效地引起学生对新知识的热烈探求的。

老师拿出一个西红柿,在上面不同的位置,插上一枚铜钥匙,一个铁钉,然后用导线连接铁钉与铜钥匙,并接到电流表上,让学生观察电流表中指针的变化,结果指针发生了偏转。为什么会有电流产生呢?你们想知道为什么吗?这是一种什么装置呢?它的原理是什么?这就是今天要学习的内容。

教师通过一个与学习内容密切相关的趣味实验所创设的问题情境,提出一系列启发性的问题,诱发学生的思维,使其尽快地启动和活跃起来,从而造成一种教学上需要的"愤、悱"心理状态,使学生产生了一种强烈的探究心理。

(4) 趣味性和艺术性。孔子曾说过:"知之者不如好之者,好之者不如乐之者。"从心理学的角度来说,兴趣是认识事物过程中的良好情绪,良好的情绪会促使学习者积极寻求认识和了解新知识的途径和方法,并表现出强烈的探究欲望。因此,课堂导入的趣味性能充分调动学生的学习积极性和求知欲。课堂导入的艺术性要求教师要充分发掘科学中的美育成分,讲究课堂导语的生动凝练,通过栩栩如生而又风趣幽默的语言,为学生新知识的学习营造一个良好的心理氛围,从而使学生的整个学习活动成为一种精神的享受。

案例研讨

> 同样是"原电池的工作原理及其应用"一节课,另一位教师却设计了故事导入式:
> 以前,在伦敦的上流社会,有一位贵族夫人格林太太,幼年时曾掉了一颗牙齿。为了显示她的富有,格林太太特意装上了一颗假牙。不料,自此以后,这位夫人整日感到精神萎靡,找遍各大医院会诊也不见效果。后来是一位化学家开出了一张处方,为她解除了痛苦。这是一张什么样的处方呢?它是世界上绝无仅有的处方——"换掉一颗假牙"。为什么换掉一颗假牙就能解除格林太太的痛苦呢?今天我们带着问题学习"原电池的工作原理及其应用"。
> 整个故事绘声绘色,相信这样的导入一定会让学生感到新奇有趣,原来医生不能给病人解决的问题,化学家却可以使之"迎刃而解"。

3.3.2 教学导课设计的方法

初为人师,了解到新课导入的重要性,但却常常苦于自身"导课乏术",新教师如何提高自己新课的导入技能呢?不妨从以下几点入手。

(1) 思想重视。思想重视是指教师要认识到新课的导入是课堂教学的重要环节,它对于学生明确学习目标,对于学习心理的影响至关重要,不是一个可有可无的过程,是提高课堂教学质量和有效性的必要手段,也是教师教学创造性的体现。只有在思想上充分认识到新课导入的重要性,才可能做教学上的有心人,在实践中不断加强自身积累,善于开动脑筋,提高课堂导入的技能。

(2) 注重积累。新课程强调重视化学与其他学科之间的联系,培养学生综合运用有关知识、技能和方法分析和解决一些化学问题的能力。这实际上也开阔了教师新课导入设计的思路,提出了新的更高要求。要使自己的新课导入引人入胜,令人耳目一新,使学生在获得知识的同时,得到情感上的熏陶,教师不仅仅要追求导入形式的多样化,更重要的是在内容上要不断创新,而导入内容上的创新不可能来自于现成的教科书,丰富的导入素材来源于平时的点滴积累,教师不仅要关注日新月异的学科发展,还要不断增强自己多方面的学养,关注化学与社会、化学与生活、化学与其他学科的联系,广泛涉猎各种书籍和科普杂志等,将知识更新充实到教学活动中。与此同时,要利用各种条件和场合,多与学生交流,借此了解学生的学习兴趣和需要,了解学生个性心理特征,使课堂教学的导入更具有针对性。

(3) 准备充分。同样的教学内容,可以有多种不同的导入方式。所谓准备充分,要求教师在深入挖掘教材内容,把握教学的重点、难点和关键点的基础上,不妨就同一教学内容,设计出多种导入方式,结合学校的教学资源和环境,在上课前,自己可以分析和比较一下,哪一种方式更适合什么样的学生。教师在新课导入设计中一定要结合学生的心理特点和学习基础,否则再好的导课设计,也可能是"启而不发",事倍而功半。例如,对初中生来说,由于他们的心理发展还处在以形象思维为主的阶段,好奇心强,活泼好动,容易被一些鲜明的感官印象所吸引,所以教师在导入的形式上可多采用实验、游戏、故事、谜语等形式。而对于高中生,他们已经逐渐由形象思维过渡到抽象思维,并且具有了较强的理解问题和分析问题的能力,所以教师在新课导入设计中,要寓趣味性于知识性和逻辑性中,多采用资料、习题、化学史实的分析引入,以突出这一年龄阶段的思维特点,同时引导他们的思维向更高层次发展。

(4) 精心设计。好的课堂导入效果是精心设计的结果,好的课堂导语是千锤百炼的结果,这些都是建立在对学生充分准确地把握基础上的。教师要做到课堂教学的一开始,就能深深吸引住学生,而后让他们沉湎于新知识探索中,并非一朝一夕之功,也不可能一蹴而就。能使教学内容以鲜活的面貌展现在学生面前,教师需要综合考虑导入设计的思想性、科学性、趣味性、艺术性和学生的可接受性,并使之有机地整合,做到有的放矢,不经过深思熟虑的推敲和打磨是不可能的。教师要对课堂导入过程中自己的一言一行、一举一动所产生的教学效果有清醒的预计,必然要经过细致精心的教学导入设计。

(5) 随机应变。纵然有精心的导课设计,但在实际教学实施过程中,有时也可能和设计的预期不完全吻合,这就要求教师要沉着冷静,随机应变,机智果断地调整原有的设计方案,善于因势利导,临场发挥,巧妙而创造性地完成导课教学环节。

"台上一分钟,台下十年功","讲台上要站好,讲台下找法宝"。教师要学习和提高自己的导课技能,并没有什么捷径可走,有时候,我们看到同行一段精彩的导课设计,须知那是他们对课堂导入设计多年认真研究,不断积累知识,充分了解学生,精心构思、反复锤炼的结果。

3.3.3 教学导课设计应注意的问题

教师在整个教学活动中,每节课的教学内容不同,重点难点也不同,不同班级学生的学习基础和心理特点不同,导课设计的要求也就不一样,可以说"导课有法,但无定法",即使对相同的教学内容,导课设计也没有固定的模式。教师在导课设计中应该注意下列问题:

(1) 通达凝练,凸显生动性。从时间上来看,课堂导入过程中只是寥寥几分钟,但能使学生思维定向、兴趣盎然、目标明确,因此,教师的课堂导语必须做到精练概括,准确生动,与此同时还要做到在逻辑上通达严密,如导语中的问题要注重逻辑,切中要点,环环相扣,由浅入深。切忌含糊其辞,模棱两可,繁杂冗长,从而影响学生进入新知识的学习。

(2) 设疑布障,体现启发性。教学情境的创设和设疑布障,要结合学生的生活经验和认识发展水平,根据教学目标和教学中的重点难点,考虑到学生的可接受性,在此基础上提出问题,启发学生思维。切忌脱离学生实际,故弄玄虚而造成所谓"启而不发"。

(3) 精心提炼,注重严密性。对于来自于社会和生活的课堂导入设计材料,教师一定要根据课堂教学内容的需要,加以精心的剪裁和提炼,去粗取精,同时应考虑到这些材料对学生认识和学习化学心理上的影响,如某些化学事故中所蕴涵的化学知识内容,对学生新知识的学习可以起到极好的促进作用,但如果不加以精心的提炼,就可能会渲染了事故或问题的危害性,从而使学生产生一种"化学是非常可怕的"心理,反过来影响学生学习化学的兴趣和积极性。对于这一类材料,老师在导课设计时,要结合教学内容,善于从庞杂的现实题材中抽象出与课堂学习密切相关的素材,通过恰到好处的问题设计,能将学生带入到化学的现实世界,使他们体验到化学知识的实际意义。

(4) 自然巧妙,富有趣味性。苏霍姆林斯基认为:"教学的起点,首先在于激发学生学习的兴趣和愿望",从导课的形式上来看,一个充满趣味的化学小实验,或一个日常生活的小常识,或一段化学典故和史实,或教师精心构思的问题悬念,等等,都能够引起学生的学习兴趣,唤起他们的求知欲。课堂导入的趣味性贵在自然巧妙,恰到好处。一方面教师不断变化的导课内容和方式使学生对新知识的学习开始充满期待,另一方面教师要善于将各种不同的导课题材内容与课堂教学的重点难点自然巧妙地结合起来。切忌生搬硬套,牵强附会,否则所追求的趣味性只能成为课堂教学的附庸,冲淡课堂学习的氛围,影响课堂教学效果,弄巧成拙。

3.4 教学导课技能的评价

核心术语

- ◆ 教学导课技能评价　　◆ 评价内容　　◆ 权重　　◆ 评价等级

随堂讨论

观看和研究一个新课导入的教学案例,探讨其中是否充分体现了导课技能的要素,是否很好发挥了导入的作用?

化学教学中的导课要求做到:目的明确,紧扣主题;激发兴趣,启迪思维;选材新颖,内容具体;衔接自然,方法得当;语言精练,时间紧凑;情感充沛,心理融洽。对于导课技能的评价可以依据导课技能的四个要素及导课在课堂教学中的作用,形成课堂导课技能的评价量表(表3-1所示)。

表3-1　课堂教学导课技能评价量表

评价内容	权重	评价等级			得分
		优	中	差	
① 正确建立符合新知识教学所需要的问题情境	0.15				
② 新旧知识联系紧密、自然,有效激发学生思维	0.15				
③ 设置问题情境的内容恰当,手段方法合理	0.15				
④ 引起学生注意的方式新颖,突出教学重、难点	0.15				
⑤ 能使学生明确教学目标,进入学习状态	0.1				
⑥ 导课面向全体学生,有效激发学生积极参与	0.1				
⑦ 导课语言清晰、准确、富有感染力	0.1				
⑧ 时间控制符合整堂课的要求,紧凑不拖沓	0.1				
总分					
您的补充意见或建议:					

本章小结

1. 教师新教材的讲授,学生新知识的学习,都是从新课的引入开始的。教师在教学新课前,要针对学生的生理和心理特征,结合教材的特点,精心设计好导入新课的方法。

2. 化学导课技能的作用主要有:激发兴趣,集中注意;目标定向,启迪思维;承上启下,温故知新;画龙点睛,突出重点。成功的化学导课技能设计应该包括四大要素:引起注意、激发动机、组织引导、建立联系。

3. 导入有法,但无定法。由于教育对象不同,内容不同,故导入不会相同,即使是对同一内容,不同的教师也有不同的导入方法。化学课的导入方法很多,从导课方法和手段的特点来看,主要有:直接导入法、以旧引新法、实验导入法、情境导入法、悬念导入法。

4. 导课设计的基本原则有:目的性和针对性;相关性和简明性;直观性和启发性;趣味性和艺术性。要提高导入新课的技能,不妨从思想重视、注重积累、准备充分、精心设计和随机应变等方面入手,除此之外,导课设计还有一些应该注意的问题。通常可以从导课技能的重要作用和基本要素对化学导课技能进行评价。

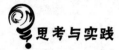

思考与实践

1. 什么是导入新课的技能?导入新课的技能由哪些基本要素构成?
2. 常用的新课导入设计方法有哪些?在进行新课导入设计中应注意哪些问题?
3. 根据化学教科书的内容,设计两则微型教案,在微格教学实验室,完成导入新课技能展示(时间控制在5～8分钟)。
4. 观看同学的导课教学录像或到中学实际去见习一次化学课,反思自己的导课设计,与同学和老师探讨导课在整个课堂教学中的作用。
5. 观看和研究一个新课导入的教学案例,试用教材中的评价量表对导课进行评价,并征求老师和同学的意见,试着对评价量表加以补充和完善。

参 考 文 献

[1] 胡志刚.化学微格教学[M].厦门:厦门大学出版社,2007.
[2] 杨承印.化学教学设计与技能实践[M].北京:科学出版社,2007.
[3] 朱嘉泰,李俊.化学教学艺术论[M].南宁:广西教育出版社,2002.
[4] 中华人民共和国教育部制定.义务教育化学课程标准(实验)[M].北京:北京师范大学出版社,2001.
[5] 中华人民共和国教育部制定.普通高中化学课程标准(实验)[M].北京:人民教育出版社,2003.
[6] 化学课程标准研制组编写.化学课程标准解读[M].武汉:湖北教育出版社,2004.

第4章 课堂教学中的提问技能

> 教师教学效率的高低,大部分可以从他所问问题的性质和发问的方法考查出来。中小学教师若不熟悉提问的技术,他的教学工作,是不易收效的。
>
> ——柯尔文

本章学习目标

通过本章学习,你应该:
1. 认识课堂提问的含义及其特点和功能,理解课堂教学提问的类型和教学提问的过程;
2. 了解教学问题的类型与水平以及问题情境的创设,了解课堂教学提问的原则;
3. 了解化学教学提问技能的评价标准和评价方法;
4. 选取新课程教科书某一课时的内容,按照提问的过程进行提问设计,并在小组或全班内进行提问实践练习,听取教师和学生的评价意见。

4.1 教学提问技能的含义

核心术语

◆ 提问　　　◆ 提问技能　　　◆ 提问的特点　　　◆ 提问的功能　　　◆ 提问的类型

在课堂教学中,提问是一种常用的教学方法,对它的研究可以追溯到2000多年前,无论是中国孔子的"不愤不启,不悱不发",还是西方希腊哲学家苏格拉底的"产婆术",他们都善于用提问成功地引导学生学习,启发学生思考,至今仍为人所称颂。1912年,美国的史蒂文斯(R. Stevens)第一次对教学提问这一问题进行了系统的研究,他发现教师提问和学生回答大约占去了普通学时80%的时间。提问被视为"有效教学的核心"。当今,提问已经成为课堂教学中普遍采用的一种教学方法,在课堂教学技能中占有举足轻重的作用。课堂提问是教学中最重要的部分之一,也是课堂互动最经常使用的形式之一,提问技能是化学教学中普遍运用的基本技能,它广泛应用于教学的各个环节,并大量融入讲解、导入、演示、变化、强化、结束等教学技能的综合运用中。[①] 良好的课堂教学提问技能不但可以活跃课堂气氛,激发学生的学习兴趣,引导学生进行回忆、对比、分析、综合和概括,了解学生掌握知识的情况,而且可以开启学生心灵,诱发学生思考,开发学生智能,调节学生思维节奏,达到培养学生综合素质的终极目的。

---

① 阎立泽.化学教学论[M].北京:科学出版社,2004:229.

资料卡片

4-1 古希腊优秀教师——苏格拉底

苏格拉底(Socrates;前469年—前399年)是著名的古希腊哲学家,他和他的学生柏拉图及柏拉图的学生亚里士多德被并称为"希腊三贤"。苏格拉底对教育的意义、目的、内容和方法,都提出了自己的主张,被后人广泛认为是西方哲学的奠基者。

"苏格拉底方法"自始至终是以师生问答的形式进行的,所以又叫"问答法"。苏格拉底在教学生获得某种概念时,不是把这种概念直接告诉学生,而是先向学生提出问题,让学生回答,如果学生回答错了,他也不直接纠正,而是提出另外的问题引导学生思考,从而一步一步得出正确的结论。苏格拉底倡导的"问答法"对后世影响很大,直到今天,"问答法"仍然是一种重要的教学方法。卢梭、布鲁纳等人提倡的"发现法",也明显受到"苏格拉底方法"的启发。

4.1.1 教学提问的含义

资料卡片

4-2 不同学者对"课堂教学提问"的阐述

阎承利在《教学最优化艺术》(1995)一书中指出:课堂教学提问是在教学过程中,根据教学内容、目的、要求,设置问题进行教学问答的一种形式。

荣精娴、钱舍的《微格教学与微格教研》(2000)中如此描述:课堂教学提问是指课堂教学中,教师根据学生已有的知识或经验对学生提出问题,并启发引导学生经过思考,对所提问题自己得出结论,从而获得知识、发展思维能力的教学方式。

美国教学法专家卡尔汉(1999)认为:"提问是促进学生的思维、评价教学效果,以及推动学生实现预期目标的基本控制手段。"

高敬、毕华林在《关于化学课堂提问的思考》(2004)一文中指出:课堂提问即教师在课堂上设置一种问题情景,引发学生的认知冲突,给学生造成一种心理上的困境,诱发学生进行信息的收集活动和探索行为,引导学生形成自己的看法,并且通过师生之间的交流和合作增进对问题的全面理解,发展学生较高水平的思维。

杨承印在《化学教学设计与技能实践》(2007)中指出:课堂教学提问,被看做是师生交互作用、设疑、释疑的动态发展过程。并指出提问不是教师的专利,而是教师引导学生自己进行知识的回忆与建构,并与学生共同完成对知识的探索的过程。

传统的课堂教学提问,师生之间不像讲授法"师讲—生听"那样,信息单向交流,而是采用"教师提问—学生回答—教师反馈"的形式,信息双向交流,教师提出问题,激发学生的思考,学生回答问题,教师还可以获得一定的教学反馈信息。教师对学生的回答要做出一定的总结、评价或指导,学生对自己的认识也可以获得一定的反馈信息。师生在信息交流过程中,根据反馈信息调整和改善教与学的活动。由于提问过程中,要求学生回答教师所提出的问题,必然要激发学生的积极思考,并在回答问题的过程中,要运用已有的知识和经验,通过判断推理,弄清新问题,获得新知识。这一过程,既是学生融会贯通地掌握知识的过程,又是发展智力的过程,在经常问答的过程中又锻炼了学生的表达能力。

在现代课堂教学中,人们在继承传统的课堂教学提问优势的基础上,逐渐改进了传统提问的形式,更加注重师生的交互作用,注重学生的主体地位。问题可以由教师提出,也可以是在教师创设的问题情境中由学生提出,重视引导学生独立地发现和提出问题,培养学生自主探究的学习方式,做到不仅让学生会答,更要让学生会问。在设疑、释疑的动态发展过程中,教师是问题情境的创设者,是和谐课堂气氛的营造者,是学生问题解决的启发者和指导者,是学生解决问题过程中的合作者和参与者,是学生思维发展的促进者,是学生问题意识的发展者和培养者……教师的角色从课堂的权威转变为多重角色。所以课堂教学提问是教师创设良好的问题情境,引发学生的认知冲突,与学生共同提出问题,启发引导学生自己经过思考,对所提的问题进行探究并最终解决问题的过程。在此过程中,学生是问题解决的主体,学生不仅完成了对知识的建构,同时参与并体验了问题提出与问题解决的过程,学习了问题解决的方法,发展了思维能力,提高了问题意识。

4.1.2 教学提问技能

教学提问技能是指在教学过程中教师以问题的形式,通过师生的相互作用,促进学生参与学习,了解学生的学习状况,检查学习、启发思维、巩固知识、运用知识、发展能力,实现教学目的一种教学行为方式。提问技能看重的是教学的行为,是教学的行为方式,表达的主体是教师。[①] 教师提问技能的优劣,直接影响到教学的效果。

课堂提问是一项设疑、激趣、引思的综合性教学艺术。它既是教师素质(诸如知识面、驾驭教材、洞察力、控制场面的能力等)的体现,更是教师教学观念的体现。要求教师要有先进的教育教学理念和较高的教学艺术水平。知识不渊博,对教材掌握不透,又不善启发诱导的教师,比起用讲授法,用课堂提问的方法时不容易控制教学活动,也容易浪费较多的教学时间。

提问技能是教师的一项基本教学技能,广泛应用于教学的各个环节,并大量运用于导入、讲解、结束、演示、变化、强化等综合教学技能的设计与实施之中,还是口语、体态语、板书板画和媒体传播技能的综合运用。

随堂讨论

在新课程改革的背景下,如何重新认识提问和提问技能在中学化学教学过程中的含义和价值?在提问的过程中如何体现新课程理念?

4.1.3 教学提问技能的特点

在化学课堂教学中,正确巧妙的课堂提问,可引导学生主动学习,激起学生的求知欲,从而调动学生学习的积极性,有利于培养学生独立思考的能力;可有效地排除课堂内外干扰,提高课堂效率,创造积极向上的思维环境;可获得教学反馈,发现教学中的问题,及时修改教学方法,调整教学内容。但课堂提问一定要恰当适时,不能牵强附会,不能强加于学生。因此,课堂提问技能一般应具有以下特点:

(1) 目的性。明确提问的目的,是决定课堂提问成败的先决条件。众所周知,课堂提问的目的,应该服从总的教学目标,但是,作为一种教学手段的课堂提问还有其特定的目的,即为了使学生感知信息,产生疑问,唤起学生的求知欲,激发他们独立思考,使其在教师指导下主动地去寻找问题、发现

[①] 杨承印.化学教学设计与技能实践[M].北京:科学出版社,2007:168

问题、解决问题,并在解疑中掌握知识、发展能力、培养兴趣。这就要求教师在备课时要依据教学目的、重点、难点,全面设计提问内容,不要为了营造热烈的课堂气氛而信口开河。

在具体教学过程中,由于目的要求不同,教师可以提出不同类型的问题:引导学生再现已有的知识,以利学生知识迁移的回忆性问题;引导学生把已学过的知识进行叙述、比较、说明等理解性问题;运用学过的知识、技能解决一些简单问题的应用性问题;引导分析、推断以及探索知识规律的分析性问题;把前面的知识综合到新课中,以沟通前后知识联系的综合性问题;为了某种目的,对某种观点、答案、方法和资料的价值做出判断的评价性问题;发展表达、联想或想象的问题,等等。总之,无论何种目的的提问,都必须有利于开拓学生思路,培养其分析问题和解决问题的能力。

提问要在重点、难点和学生易混淆的知识点间进行设疑,这样才有助于学生理解、掌握知识。如一些教师满堂课都在问"是不是、对不对、好不好、有没有、信不信",问题缺乏深度,看似热热闹闹,实则毫无效果。而过于深奥的问题,会使课堂出现冷场,教师或责备学生,或自问自答,既浪费时间又使学生感到高不可攀,挫伤了学生的积极性,甚至产生厌学情绪,这样的问题也起不到提问应有的作用。可见,缺乏目的性的提问,大多是无效的提问。恰如其分的课堂提问要求教师要做好充分准备,要紧紧围绕实现教学目标这个中心,优化课堂提问,对所提的问题,提问的对象,提问的时机,学生可能如何回答,如何进一步做好启发引导,在备课时就应拟出提问的提纲、对话所需要的时间等,进行明确的通盘设计。

(2)趣味性。课堂教学提问一定要能够激发学生的兴趣,提问内容、提问方式等都要力求新颖别致。在教学中创设的问题情境,应力求让学生认识到化学与社会、生产和实际生活的联系,并在运用知识解决实际问题的过程中认识到化学的价值和化学的力量。还应提供一些富有挑战性和探索性的问题,问题里含有"新"、"奇"因素,以激发学生的学习兴趣。例如初中化学讲述原子、分子、元素的知识时,向学生提问"分子的定义是什么","原子的定义是什么","元素的定义是什么"这类问题容易使学生厌烦,难以调动学生思维的积极性,若教师一反常规地发问"H、2H、H_2、$2H_2$各代表什么意思"就激起了学生的思维波澜,促使他们对分子、原子、元素的概念作更深层次的理解,达到提纲挈领的功效。又如在学习"安全使用食品添加剂"时,提出:"在日常生活中,我们经常接触到哪些最常用的食品添加剂?这些食品添加剂的作用是什么?我们是否应该禁止使用食品添加剂呢?"等问题,让学生充分讨论。这样不仅自然引出课题,充分激发学生的好奇心和兴趣,而且渗透了化学源于生活实际的思想,使化学真正走进学生的生活,使学生通过解决实际问题,获得成功的体验。

案例研讨

根据你的生活经验和表 4-1 所提供的信息,分析并回答下列问题。

表 4-1 不同金属的物理性质比较

物理性质	物理性质比较						
导电性(以银为100)	银	铜	金	铝	锌	铁	铅
	100	99	74	61	27	17	7.9
密度(g/cm^3)	金	铅	银	铜	铁	锌	铝
	19.3	11.3	10.5	8.92	7.86	7.14	2.7
熔点(℃)	钨	铁	铜	金	银	铝	锡
	3410	1535	1083	1064	962	660	232
硬度(以金刚石为10)	铬	铁	银	铜	金	铝	铅
	9	4～5	2.5～4	2.5～3	2.5～3	2～2.9	1.5

> (1) 为什么菜刀、锤子等通常用铁制而不用铅制?
> (2) 银的导电性比铜好,但为什么导线一般用铜制而不用银制?
> (3) 为什么灯泡里的灯丝用钨制而不用锡制?

(3) 科学性。课堂提问的科学性,也就是逻辑性。思维具有严密性和条理性,设计的问题不仅要体现化学学科知识的内在逻辑顺序,而且"问"的方式、角度要适应学生心理和一般的思维规律,还要符合课堂气氛特点。不能用高度概括的抽象用语使得学生无所适从,不能让学生在理解问题本身的内涵上耗费不该耗费的精力。问题用语应该是口语化的,并且一问一答,内涵和外延都应明确无误。教师提出的问题要用词准确、语言清楚,切忌颠三倒四、含糊不清、不合逻辑,使学生无法领会教师给出的学习信息,对学生的思维设置不必要的障碍。因此,教师要能驾驭教学内容,并在教学方法、手段和组织形式方面保证学生对化学知识的主动获取,促进学生充分、和谐、自主、个性化地发展。提问、引导要恰当、准确,符合学生的认知水平,否则会出现"引而不发"或"引入歧途"的情况,对学生的学习产生误导。

案例研讨

弱电解质的电离平衡复习课

通过一系列的问题完成本节课的教学:

问题 1. CH_3COOH、HCl、$NH_3 \cdot H_2O$、CH_3COONH_4 中哪些属于弱电解质?

问题 2. 我们是如何定义弱电解质的?

问题 3. 弱电解质和强电解质的根本区别是什么?

问题 4. 溶液中弱电解质相对于强电解质来说,存在不同的状态,这是一种怎样的特殊状态?

问题 5. 给弱电解质的电离平衡下个定义。

问题 6. 电离平衡有哪些特征?

问题 7. 影响电离平衡的因素都有哪些?

问题 8. 醋酸是一种常见的弱电解质,$CH_3COOH \rightleftharpoons CH_3COO^- + H^+$,请运用弱电解质及其电离平衡的知识,设计实验证明醋酸是弱电解质的实验方案(尽可能设计出多种不同的实验方案)。方案包括:实验的主要步骤有哪些?主要的实验现象是什么?原理分析。

问题 9. 运用给定试剂——1 mol/L $AlCl_3$、2 mol/L HCl、2 mol/L $NaOH$,设计实验,通过实验现象解释氢氧化铝的电离平衡:$Al(OH)_3$ 是一种难溶于水的弱电解质,在水溶液中存在电离平衡,$Al(OH)_3$ 的电离存在酸式电离和碱式电离,$Al(OH)_3$ 的电离平衡可以表示如下:

$$H^+ + AlO_2^- + H_2O \rightleftharpoons Al(OH)_3 \rightleftharpoons Al^{3+} + 3OH^-$$

评注:本节课以问题为中心,思路清晰,问题逻辑性强,符合学生的认知水平,采用师生互动的方式,通过引导学生体验发现问题、探究问题、解决问题的过程,让学生积极参与整个学习活动。教学过程中开展课内讨论和探究,既重视让学生主动获取知识,又重视学生实验的教学功能,让学生通过实验实践获得体验和知识,培养学生的实践能力。

(4) 启发性。课堂提问要能使学生积极思维,要考虑学生现有的认知水平,以学生现有的认知结构和思维水平为基点来设计问题,使问题符合学生的"最近发展区",让学生"跳一跳,摘到桃"。只有那些在"新旧知识的结合点"上产生的问题,才更能激发学生的认知冲突,具有启发性。学生在回答之后,感到思维得到了开阔,获得的知识能灵活自如地进行迁移、拓展和升华。问题得到正确解答之后,学生不但获得了新的化学知识,还能掌握学习化学的方法。如何向学生提出问题,与课堂提问的成败有重要关系。问之得当,可以有效地激发学生思考的积极性,活跃课堂气氛,提高教学效果,发展学生智能。问之不当,则往往启而不发,最后还是变成教师自问自答。如在学习了化合反应和分解反应之后,接着学习金属与酸反应的性质时,先引导学生分析有关反应的特点,问学生:这是化合反应吗?是分解反应吗?引起学生深思,进而引出置换反应的概念。

(5) 层次性。针对课堂教学中的难点重点,一些繁难复杂的问题,要尽量化难为易,化整为零,设计一些过渡性的问题,小坡度推进,实现知识和能力的转化。只有这样,学生听课才会觉得有条有理,能把握住难点,同时一环扣一环,随着问题层次梯度的变化,学生回答问题的难度也在增加,学生参与的热情也会一浪高过一浪。使学生的智力活动频繁,思维训练反复进行,从中发展智力,释放潜在的禀赋。要做到这一点就必须在提问中多层设问,在解决一个个小问题的基础上深入到问题的中心,逐步抓住问题的实质。对某些学习有困难的学生,要善于由浅入深,由易到难地循循善诱,提出的问题要明确,使学生容易理解。

案例研讨

> 在pH计算中,学生对强酸溶液中水电离出来的$c(H^+)$不易理解。可设计如下一系列递进问题:
> ① 0.01 mol/L 盐酸中$c(H^+)$等于多少?是什么物质电离出来的?
> ② 在 0.01 mol/L 盐酸中$c(OH^-)$等于多少?是什么物质电离产生的?
> ③ 在 0.01 mol/L 盐酸中水电离出的$c(H^+)$等于多少?你是怎样考虑的?
> 通过递进式的问题,降低了教学难度,突破了教学难点。

(6) 全员性。教师提问应面向全体学生,根据教学目的、要求与问题的难易程度,有目的地选择提问对象。这样可以吸引所有的学生都积极参加思维活动,促使每一个学生主动倾听(主动倾听的提问才能称为有效的提问),用心回答问题。现在有不少教师往往爱提问少数"尖子"学生,而对那些学习较差的学生,总是怕他们答不出、答不准确而避开他们。这就使大部分学生在教师提问时不是积极参与,而是消极等待,甚至把自己当做局外人,最终导致他们思维能力愈来愈差,学习成绩每况愈下。因此,教师在提问时一定要注意到提问对象的面,即使在向个别同学提问时,也应该注意让其他学生认真听。如有经验的教师常这样说:"现在请××同学来回答,其他同学注意听他回答得对不对,然后说说自己的看法。"这就照顾到了大多数学生,使回答的、旁听的都能积极动脑。

(7) 发散性。发散思维即求异思维,具有多向性、变异性、独特性的特点,即思考问题时注重多途径、多方案,解决问题时注重举一反三、触类旁通。历史上许多重要的发现都来源于发散思维。因此,所提问题的回答角度以及回答的内容不应是唯一的,而要具有发散性、多解性。引导学生纵横联系所学的知识,沟通不同部分的化学知识和方法来解决问题。

案例研讨

> 问题：试用不同的方法鉴别无污染的蒸馏水和饱和食盐水。
>
> 评注：本题可从不同学科的视角（如密度、组成、溶解性、对生物的影响等）设计方案，从而形成多种具体的鉴别方法。
>
> 方法1：取相同体积的溶液置于等质量的烧杯中，分别放在托盘天平两端，下沉的一端盛放的就是食盐水。
>
> 方法2：分别取两种待测液约80 mL，注入100 mL量筒中，用密度计测定其密度，若示数大于1，为饱和食盐水，若示数接近1，则为蒸馏水。
>
> 方法3：分别取一定量的两种溶液，放在两蒸发皿中分别加热、蒸发一段时间后有白色固体析出的是食盐水。
>
> 方法4：在常压下测定两溶液的沸点，沸点为100℃的是蒸馏水，沸点高于100℃的是食盐水。
>
> 方法5：在常压下测定两溶液的凝固点，如果溶液在0℃时凝固的是蒸馏水，而低于0℃还没有凝固的是食盐水。
>
> 方法6：分别将两种液体注入导电性装置，接通电源，若灯泡发光，则为饱和食盐水，若灯泡不亮则为蒸馏水。
>
> 方法7：将被鉴别的溶液分别置于烧杯中，分别放入新鲜的鸡蛋，若鸡蛋浮在液面上则为饱和食盐水，若鸡蛋沉入杯底则为蒸馏水。
>
> 方法8：分别取少量的待鉴别液体于试管中，投入少量的氯化钠固体振荡，若固体溶解则为蒸馏水，若该固体无明显变化，则该液体为饱和食盐水。
>
> 方法9：分别取少量的待鉴别液体置于试管中，向其中分别加入一定浓度的$AgNO_3$溶液，若出现白色沉淀，则为饱和食盐水，若不出现白色沉淀，则为蒸馏水。
>
> 方法10：取新鲜菜叶，分别投入到待鉴别溶液中，一段时间后，菜叶萎缩变软的原液体为饱和食盐水，菜叶饱满挺拔的原液体为蒸馏水。
>
> 方法11：分别取少量液体置于试管中，连试管一起浸入冰水中，出现晶体析出的是食盐水。
>
> ……
>
> 此外，还有一些可能的方法没有列出，这些方法将随着学生化学知识的增多而逐渐被认识（如钠离子的焰色反应等）。
>
> （王祖浩，张天若.化学问题设计与问题解决[M].北京：高等教育出版社，2003：188—189）

4.1.4 教学提问的功能

宋代朱熹说："读书无疑者，须教有疑，至此方是长进。"学习过程实际上是一种提出问题、分析问题、解决问题的过程。出色的提问能够引导学生去探求达到目标的途径，获得知识，养成善于思考的习惯和能力。教学实践表明，教师提问效果的好坏，往往成为一堂课成败的关键。好的提问主要功能有如下几个方面。

(1) 有利于集中学生注意力。良好的提问，可以集中学生的注意力。当教师提出问题时，往往会使学生的注意力处于高度集中的状态。学生或独立思考，或相互讨论，使课堂教学秩序静中有动，动中有静，但都朝着一个共同的目标前进。良好的教学提问艺术既是一种镇静剂，又是一股凝聚力，它能保证教学活动的顺利进行。

(2) 有利于激发学生的兴趣。教学的最大失败是学生厌学，教学的最大成功是学生乐学。良好的提问，可以激发学生的学习兴趣。教师精心设计的新奇的教学提问，可以激起学生强烈的求知欲和浓厚的学习兴趣。

案例研讨

> **"研究物质性质的方法和程序"导入**
>
> 1915年4月22日傍晚,在比利时的伯尔地区,德军为了应付英法联军的进攻,首次使用了毒剂弹——氯气。当时很多士兵死亡,就连飞鸟、家禽、牛、羊、马、狗也未能免遭毒害。可奇怪的是,猪却大量地存活,并无中毒的迹象。那么,科学家是用什么方法研究出防毒面具的呢?

（3）有利于引导学生获得新知识。在课堂教学中,教师可以利用课堂提问把知识置于一定的问题情境中,给学生提供"通过问题解决来学习"的机会,使学生更主动、更广泛、更深入地激活自己的原有经验,理解分析当前的问题情景,通过积极的分析、推论活动,来丰富、充实、调整、改造原有经验,建立解决这类问题的新图式,对问题中所蕴含的关系和规律形成新的理解,实现新知识的建构。

案例研讨

> **"电解质在水溶液中的反应"导入**
>
> 盐酸和氢氧化钠溶液发生中和反应,硫酸钠溶液与氯化钡溶液反应生成硫酸钡沉淀,这些反应与氢气和氧气的反应实质一样吗?

（4）有利于发展学生高水平的思维。在课堂上,教师通过提问可以引发学生的认知冲突,促使学生积极主动地提取头脑中的相关信息,并查阅相关的资料,在对各种信息和观念进行加工和转换的基础上,做出合理的整合和推论,来分析和解决当前的问题,从而使学生的思维能力在解决问题的过程中得到不断的发展。美国心理学家布鲁纳说:"向学生提出挑战性的问题,可以引导学生发展智慧。"启迪学生思维,发展其各种思维能力,是教学提问艺术最主要的功能。

（5）有利于促进课堂上的交流。课堂提问是实现课堂交流的一条重要途径。由于每个人都以自己的方式建构对事物的理解,所以对于同一个问题,不同学生可能有不同的看法。教师的提问可以为学生提供"畅所欲言"、阐述自己观点的机会,这不仅利于学生之间相互启发,取长补短,也有利于教师了解学生的思维状态和真实想法,以更好地帮助学生学习。

（6）有利于锻炼学生的语言表达能力。学生语言表达能力的形成和提高,总是离不开一定的语言表达情境及相应活动。苏联教育家沙塔洛夫指出:"掌握知识的标志之一,是学生能用自己的语言将所学材料转述出来,并能找到适当的例子说明相应的原理。"而教学提问的目的之一就在于为学生创造条件,给他们增加一些能够成功"转述"的机会,提高他们的口头语言表达能力,使学生学会有条有理、有根有据地阐述自己的思想。通过提问活动,既能使学生逐步学会熟练地组织语言,准确地表达自己的观点,又能很好地锻炼、提高学生语言表达的逻辑性和灵活性。有时教师根据学生回答问题的情况,决定请不同的学生作补充回答,使问题的答案在语言表述上渐趋严密,教师再作总结性的完整表述,这对学生形成正确的语言习惯也能产生很好的影响。因为是在较短时间内对教师所提问题作出反应性回答,所以教学提问还能锻炼学生对语言的感觉能力及即兴发言的能力。[①]

---

① 李如密.教学提问艺术的功能和类型[J].教学与管理,1995(1):22—23.

案例研讨

"物质的分类小结"导入

我们知道,物质的种类繁多、数量巨大。只有对物质进行科学的分类,再分门别类地研究它们的结构、性质和用途,才能找到有关的规律,把握物质的本质属性和物质间的内在联系。请你尽可能从多种角度对物质进行分类,用自己的语言简要阐述。

(7) 有利于教师调控学生的学习状态。任何教学效果都必须通过调控学生的状态才能实现,而不是教师教学行为的直接结果。通过教学提问活动,教师和学生可分别从中获得对各自有益的反馈信息,以作为进一步调整教与学活动的重要参考。如教师可以通过提问,了解学生对知识的理解程度,检查学生对所教的重点内容的掌握情况,探明学生知识链条上的漏洞和产生错误的原因,全面掌握学生的个别差异和个性特点,反省自己教学中的不足或错误等。然后,再根据从提问中得到的反馈信息,了解学生的学习状况,判断学生的学习进展以及与目标的差距,及时调整教学策略和教学节奏,从而更好地引导学生发现和探索问题,灵活地调整后续的教学活动。同时,学生也可能通过回答问题,从教师那里获得评价自己学习状况的反馈信息,在学习中不断审视自己,改进自己的学习态度、方法、习惯等,使自己后续的学习活动更富有成效。特别值得指出的是,教学提问所提供给教师和学生的反馈信息,都是非常及时的、准确的和有效的。所以教师应深刻地认识并充分地利用教学提问的这一重要功能,进而更好地提高教学质量。另外,教师的问题通常针对教学中的重点和难点,对学生的学习有一定的导向性,能引导学生思维和学习的方向。[①]

(8) 有利于提高学生发现问题、提出问题的能力,培养学生的问题意识。质疑问难是创新的起点。只有善于发现问题和提出问题,才能够在此基础上思考和寻求解决问题的方法,形成问题意识,提高解决问题的能力。美国学者布鲁巴克说过:"最精湛的教学艺术,遵循的最高准则就是让学生提问题。"课堂提问是教师或学生试图引出对方言语反应的信号,包括口头提问和体态语言,是使被提问者产生问题意识、形成问题技能的重要方式。在学生的问题意识还比较淡薄的情况下,教师在教学的整个过程中或是某些教学环节上有意识地创设良好的问题情境,将有助于学生发现并提出问题。同时结合教学内容和学生特点,教给学生发现问题和提出问题的技能,鼓励、尊重和启发学生,使不同认知水平的学生的问题意识得到不同层次的提高。

4.1.5 教学提问的类型

4.1.5.1 根据教学提问的水平分类

美国教育家特内根据布鲁姆的《教育目标分类学——认知领域》的基本思想而创设了"布鲁姆—特内提问模式",在这种提问模式中,教育提问被分成由低到高的六个不同水平。每个水平的提问都与学生不同类型的思维活动相联系,其具体提问方式如下:

(1) 知识水平的提问。这要求学生对具体的知识再现和再认,可用来检查学生是否记住了先前所学的内容。此时,教师常用到的关键词是:什么是、说出、写出等,化学教学中的知识水平的提问主要包括:复述化学基本概念的定义、定律和原理;复述物质的性质与用途;再现化学用语、常用的计量单位及必要常数;再现化学仪器的名称、使用方法和基本操作;复述化学实验现象等。如"说出铁与氧

[①] 高敬,毕华林.关于化学课堂提问的思考[J].化学教育,2004(9):20—23.

气反应的实验现象","写出下列元素的元素符号","什么是胶体？胶体有哪些性质？","纳米材料是指研究、开发的直径从几纳米至几十纳米的材料,如将纳米材料分散到分散剂中,所得混合物可能具有的性质是什么？","请列举出日常生活中或化学实验中一些化学反应速率有快有慢的实例"等。知识水平的提问是最低层次、最低水平的提问,问题狭窄、封闭,不需要进行深入的思考,所回答的内容学生只要记得就应该能回答出来。它涉及的心理过程主要是回忆。

在教学中适当安排知识水平的提问是必要的。可以减少或防止遗忘,也可以帮助学生从已有的认知结构中提取相关知识,作为探讨新内容的依据和出发点。

(2) 理解水平的提问。理解通常是指把握学过的知识的能力,包括对知识含义的领会、解释或引申(做某些推断)。理解水平的提问可用来帮助学生组织所学的知识,弄清它们的含义,要求学生能够用自己的话来叙述所学的知识,能比较和对照知识和事件的异同,还要求学生能把一些知识从一种形式转变为另一种形式。

根据学生理解程度的不同,理解水平的提问可分为三种类型：① 用自己的语言对所学知识中的事实、现象进行描述,以便了解学生对问题是否理解；② 用自己的语言去表达学习的主要内容或重点、要点,以便了解学生是否抓住了问题的实质；③ 对同类事物、现象进行对比或比较,归纳出异同点,达到深层次的理解。

案例研讨

> 化学教学中理解水平的问题主要包括：解释化学的基本概念、原理和化学反应规律的含义、表达方式和使用范围的问题；从物质发生的化学变化解释化学现象的问题；领会化学计算的原理与方法的问题；比较相似或相反的概念；领会化学实验的原理、方法、操作过程和依据实验现象或数据推断出正确结论的问题等。对理解水平的提问,常用的关键词是：用自己的话叙述、比较、说明、解释等。如"说明元素在周期表中的位置、结构、性质之间的关系","用自己的话叙述泡沫灭火器的灭火原理","比较同位素、同素异形体、同分异构体概念之间的异同","通过化合价变化,比较氧化还原反应中的氧化剂和还原剂"。

(3) 应用水平的提问。指通过建立一个新的问题情境,让学生运用新获得的知识和回忆过去所学知识来解决新的问题。可用来鼓励和帮助学生运用已学知识去解决问题。要求学生能把所学的某些规则和理论应用于某些问题,对问题进行分类、选择,以确定正确的答案。

案例研讨

> 化学教学中应用水平的提问主要包括：运用化学概念、原理解决一些具体的化学问题；运用元素化合物及有机化学知识解决物质简单制备、分离、提纯和检验的问题；化学计算；解释一些化学现象及生产实践和生活中的实例问题。对应用水平的提问,教师常用的关键词是：应用、运用、选择、分类、举例等。如"如何除去CO气体中的CO_2","从沉淀溶解平衡的角度解释溶洞里美丽的石笋、钟乳石和石柱的形成原理","如何用化学方法检验病人是否患有糖尿病","用纯锌与稀硫酸反应制氢气常滴加硫酸铜溶液,为什么?"等。

(4) 分析水平的提问。分析是辨认整体中各个局部及其相互关系(现象与本质、原因与结果)的能力。分析水平的提问要求学生识别条件与原因或者找出条件之间、原因与结果之间的关系。可用来分析知识的结构因素,弄清事物间的关系或事项的前因后果。化学教学中分析水平的提问主要包括:分析概念、原理、规律的构成要素;分析物质或事物的共性;分析产生复杂化学现象或事实的原因等。这一水平的提问,教师常用的关键词是:为什么、什么因素、证明、分析等。对于此类问题,如果仅靠记住某些概念或阅读课本,是难以回答出来的,这要求学生进行批判性思维,能够分析资料,寻找根据,进行推论、解释或鉴别,最后得出结论。所以分析水平的提问是一种高级认知提问。

案例研讨

> **$FeCl_3$ 性质的分析**
>
> 在 $FeCl_3$ 溶液中加入难溶于水的碳酸钙粉末,可以观察到碳酸钙逐渐溶解,并产生气泡和红棕色沉淀,请用电解质理论简要分析其原因。

(5) 综合水平的提问。首先要尽可能充分地占有、筛选和发掘所提供的各条有用信息,整理、归纳、判断它们在整体中的地位、作用,还要从已有的认识中迅速地检索有关的知识加以补充,在经过组织加工,形成整体上认识事物或解决问题的模式与方法,以得出崭新的结论。可用来帮助学生将所学知识用一种新的或有创造性的方式组合起来,以形成一种新的关系。

化学教学中的综合水平的提问主要包括:对概念、原理错误运用或错误表达的判断与纠正;运用已有的若干个概念、原理或规律于新的情境以推导出新的结论;涉及化学实验方案;实验装置的组合与剖析;依据几个部分化学知识的内在关系,融会贯通,解决多因素的化学问题等。这一水平的提问,教师常用的关键词是:预测、如果……会、鉴别、总结等。综合水平的提问,考查的是学生对某一课题或内容的整体性理解,要求学生创造性地解决问题。

案例研讨

> 问题:厨房里的两只调料瓶都放着白色固体,只知道它们分别是精盐(NaCl)和碱面(Na_2CO_3)中的某一种。请你利用家中现有的条件将它们区分开来。
>
> 分析:可以从这两种白色粉末的物理性质(味觉、触觉、密度等)、化学性质及用途进行讨论,让学生在实践中进行尝试,就能获得多种实用的鉴别方法。
>
> 参考答案:
> (1) 用筷子分别蘸取少量粉末,口尝,有咸味的是食盐;(这在实验室中绝对是不允许的)
> (2) 分别在适量水中加入少量固体,洗涤油碗,考查是否去污,能去掉油污的是纯碱;
> (3) 分别将它们加入发酵面团中,上锅加热蒸,能使面团变得疏松多孔的是纯碱;
> (4) 取两种粉末各少许分别放在碗中,加入少量的白醋,有气泡产生的是纯碱,无明显现象的是食盐;
> (5) 分别少量取两种物质溶于水,滴入少量茶水中,加水后使茶水变色的是纯碱,不变色的是食盐;
> (6) 将等体积的两种粉末放在两个质量相等的容器中,称量,质量较大的是纯碱;
> ……
>
> 评注:物质鉴别看似是一个很"神圣"的问题,其实在我们的日常生活中是普遍存在的问题,有时利用生活中的物品也可得以解决。当然,了解物质的性质,展开发散性思维,对解决这类问题尤为重要。
>
> (王祖浩,张天若.化学问题设计与问题解决[M].北京:高等教育出版社,2003:204)

(6) 评价水平的提问。要求学生对一些观点、问题的解决办法根据一定的标准进行判断与选择,也要求学生能提出自己的见解。对这类提问的回答要进行较高水平的思维活动。教师常用的关键词是:判断、评价、你对……有何看法,等等。如"制取硝酸有几种方法?这些方法中哪些更适合工业生产?为什么?"

案例研讨

> 已知用金属钠生成氧化钠,可有多种方法:
> ① $4Na+O_2 =\!=\!= 2Na_2O$　　② $4Na+CO_2 =\!=\!= 2Na_2O+C$　　③ $2NaNO_2+6Na =\!=\!= 4Na_2O+N_2\uparrow$
> 最好的是哪一种方法?原因是什么?

4.1.5.2　根据问题的呈现形式分类

(1) 直问。指开门见山,直截了当地提出问题,以便直接寻找答案,可使学生迅速进入思考状态。通常适用于了解记忆水平的问题,其主要目的是检查学生对书本中的基本知识、基本概念的掌握情况。

(2) 曲问。是一种迂回设问的方法,针对学生忽视处、知识模糊处,抓住关键词为突破口进行提问,使学生对正确的结论印象更深。为突出某一知识重点,从问题的另一侧面入手进行提问,达到讲清概念、明确原理的目的。

(3) 反问。针对学生对某一问题的糊涂认识及错误症结反问,步步逼近,最后使学生恍然大悟,达到化错为正的目的。

(4) 激问。在学习新知识之前,学生处于准备状态时,使用激励性的提问,激发学生学习情绪,促使其进行知识类比、转化,把学生从抑制状态调到兴奋状态。

(5) 引问。对学生难以理解的问题,需要疏导或提示时,在关键处发问,循序渐进地达到理解知识和解决问题的目的。

(6) 追问。是对某一问题提问得到肯定或否定的回答之后,针对问题的更深层次的发问,便于问题的深化。

案例研讨

> "把新制氯水分别滴入(1) Na_2CO_3 的溶液(2) KI 溶液(3) $AgNO_3$ 溶液(4) $FeCl_2$ 溶液(5) 紫色石蕊溶液,各有什么现象?"这个问题看似很"曲",如果我们这样直问一下:"新制氯水的成分有哪些?"学生只要分析出新制氯水的成分,那么上述问题也就"不解自答"了。可见曲题直问,能理清是非,疏通思路,达到化难为易的目的。

4.1.5.3　根据问题的属性分类

(1) 基础型提问。目的在于帮助学生按照教学要求,掌握基础知识和基本技能。属于对知识的继承,也可以称为继承型的提问。

(2) 开拓性提问。用于训练学生运用学到的基础知识及原理进行创造性的思维。

(3) 辅助型提问。为了确保上述两种类型的提问目标得以实现,教师还需准备提问些"小的问题",为解决大的问题架设阶梯。

4.2 教学提问技能的设计

核心术语
- ◆ 提问的过程　　◆ 问题设计　　◆ 问题类型　　◆ 问题水平
- ◆ 问题情境　　　◆ 提问时机

4.2.1 教学提问的过程

资料卡片

4-3　不同学者对"完整教学提问的构成"的表达

胡志刚教授认为提问过程包括"引入阶段—提出问题—停顿—分布—探查指引—反应评价"六个阶段①。

阎立泽等认为提问过程包括"引入阶段—陈述阶段—提名阶段—介入阶段—评价阶段"六个阶段②。

杨承印教授认为一个完整的提问过程由以下几个阶段构成："构思阶段—引入阶段—陈述阶段(等待回答)—介入阶段—评价阶段"。③

徐易男认为提问过程包括"问题的编制—提问—候答—理答"四个阶段④。

段志贵认为课堂提问的过程分为："置境阶段、置疑阶段、诱发阶段和评核阶段"。⑤

不同学者对一个完整教学提问的构成表述虽不尽相同,但都有一些比较类似的阐述。结合资料卡片4-3中的不同学者的观点,教学提问的过程如下:

(1) 问题的设计与构思。提问的过程与其他教学活动一样,要精心构思,对提问的内容、方法、时机、对象等都要有周密的设计,同时还要预想到学生应答中可能出现的各种情况和相应的处理对策。要明确问的目的,考虑问的难易,掌握问的时机,讲求问的艺术。经验不足的教师可以在教案中列一个提问的表格(见表4-2),以减少盲目性。

表4-2　问题的设计与构思

问题序号	提问目的	问题	提问的时机	提问的对象	学生可能的回答
①					
②					
③					
……					

---

① 胡志刚.化学微格教学[J].厦门:厦门大学出版社,2007:123.
② 阎立泽,韩庆奎等.化学教学论[J].北京:科学出版社,2004:230.
③ 杨承印.化学教学设计与技能实践[J].北京:科学出版社,2007:172.
④ 徐易男.教师发问策略之探究[J].教育趋势导报,2007(6).
⑤ 段志贵.优化课堂提问的六个策略[J].教学与管理,2003(8):49.

由于课堂是鲜活的,学生对问题的反应和回答不可能完全预设到,所以在教学过程中教师应该随机应变,灵活调控。在教学结束后,教师可以将预想的学生反应和学生的实际反应进行对照,反思提问的经验与教训。

(2) 问题情境的创设(引入)。传统的教学提问中,问题一般是教师提出的。教师在正式发问之前,用语言或其他活动方式表示即将提问,使学生对提问做好心理准备,这个阶段称为引入阶段。如"请同学们考虑回答下边一个问题""好,通过上面的分析,请大家考虑……"等口语提示。引入阶段的目的在于使学生做好心理准备,集中注意力倾听教师提问,积极思考。同时,在教学过程中,教师要引导学生主动地发现问题、提出问题,培养学生的问题意识,就要改变原来的"师问—生答"的模式。

(3) 问题的提出。教师提出问题一般分为陈述问题和提示说明两个部分。陈述问题要把预先设计好的问题清晰、准确、完整地表达出来。问题的措辞要适合学生的理解水平,表达要简练,重点内容和关键字词应通过改变语速、音量或重复等方式加以强调。提示说明部分主要是为防止学生回答时走弯路、浪费时间,对问题所做的必要的说明。即对学生的答问能起指导或引导作用,给学生指出回答的方向或提示从哪些方面去思考。一方面引导学生弄清问题的主题,能抓住主干组织答案;另一方面还可以提醒学生根据什么知识去解决问题,或提示有关答案的组织结构,如提示时间、空间、过程顺序等。常用的口语有:"请注意,在回答这个问题时,应注意以下几点……","对于这个问题,在回答时请注意教材中所提供的反应条件"等。

对于学生提出的问题,会有几种情况:可能问题提得很好,也可能表达不够准确、不够完善,还可能远离课堂主题等,教师首先要鼓励学生能够发现问题、提出问题的行为,然后重复学生的问题或者进行强调、补充等,使问题主题明确,表达清晰,能很好地融入教学进程当中,教师的引导重在帮助学生理清问题的思路,抓住提问的关键。学生提问错误时,教师要和学生一起找出思维疏漏之处或方向性问题,切忌给学生加压或制造尴尬,对于远离课堂主题的问题教师也要有所交代,引导学生把注意力集中在重点知识上。

(4) 停顿(候答)。在问题提出之后应留给学生适当的时间让其充分思考。时间的长短要根据问题的难度及学生的反应具体确定,候答时间一般不少于3秒,最好介于4~7秒之间,通常以多数学生抓紧时间能够初步完成思考过程为宜。

(5) 问题的回答。学生对问题的回答有几种情况:在大多数学生思考成熟之后,直接指定某一个同学回答;或者从举手自愿回答的学生中指定一名同学回答;或者让全班同学集体回答。这要据问题的难易程度、课堂气氛、班级学生的个性特点等来决定。无论采用哪一种方式,都要使教学过程在可以调控的范围内。在学生回答问题的过程中,教师要尊重学生,态度和蔼,耐心,鼓励学生沉着、系统地把自己的见解表达出来。不要轻易打断学生的发言,以免使学生感到紧张、拘谨。教学过程中也有学生提问、教师回答的情况。教师对问题的回答可根据情况酌情解决。

(6) 介入、诱导。当学生不能顺利作答时,才进入此阶段。学生不能顺利作答一般有两种情况:回答不准确、不完整;思维受阻,无法回答。教师可以根据不同的情况,运用不同的方式介入,鼓励或启发学生回答问题。前一种情况,教师要针对学生的回答,通过直接表述或者给予提示,帮助学生发现回答中的不足及其产生的原因,改进回答。后一种情况往往是问题跨度太大,学生在最初的提问中未能建立起已有知识或方法与问题之间的联系,教师要以有序的系列化问题设置认知阶梯,通过一系列的问题帮助学生发现困难所在,最终完成整个问题的解决。

(7) 评价、核查。评价的阶段是提问过程的最后阶段,也是必不可少的过程。不论学生的回答正确与否,教师都应该以不同的语言或行为方式予以评价,包括:检查学生的答案,估测其他学生是否听懂答案;重复学生回答的要点,对学生所答内容加以评论;依据学生答案联系其他有关材料,引导学生回答有关的另一问题或追问其中某一要点,即进行延伸和追问;更正学生的回答;就学生的答案提出新见解、补充新信息;以不同词句,强调学生的观点和例证,也可以引导其他学生参与对答案的订正和扩展。

4.2.2 教学问题的设计

美国教学家哈尔莫斯(Paul Halmos,1916—2006)指出:"问题是教学的心脏"。问题设计是课堂提问的基础,是课堂提问顺利进行的关键,而且问题设计的优劣直接影响学生的学习结果,是关系整个教学成败的关键。所以教师要重视问题的设计,精心设计课堂提问。教师要针对不同知识的特点和学生的认知水平,设计不同层次的问题,创设良好的问题情境。

4.2.2.1 问题的类型和水平

研究表明,并不是所有的提问都能达到启发学生、调动思维积极性的目的。教师可以把问题设计得非常具体、琐碎,使学生容易获得标准答案;也可以把问题设计得使学生调动起自己的经验、意志和创造力,通过发现、选择、重组等多种过程形成答案。也就是说,不同的问题所引起的学生的思维参与程度是不同的,因此在培养学生能力上的作用也不同。

根据问题的性质和任务,可把课堂教学中的问题大致分为下列三种类型:

(1) 导向性问题。课堂教学中的设问及问题教学中的"提出问题"(探究性问题)等,都属于此类。其任务主要是引导后续活动向一定方向展开,要求问题具有科学性、趣味性、思考性,有一定的价值,能有效地吸引学生,激发学生解决问题的兴趣。

(2) 形成性问题。包括课堂教学中为了引导学生思考,深化学生思考等而进行的发问、追问、反问、变换问题、深化问题、调节性问题以及为了组织教学活动而设定的指导性问题等,这类问题要精心设计,针对学生能够思维的关键之处设置问题,使其具有很强的启发性、针对性、适用性。

(3) 评价性问题。主要包括为了检查、评价学习效果而提出的问题(通常简称为"提问"),其难度要适当,或者准备好不同层次的问题。

根据学生思考问题时的思维参与程度,我们把问题分为两种水平四个层次:记忆性问题、解释性问题、统整性问题和创造性问题(见表4-3)。

表4-3 问题水平与类型[①]

思考水平	问题层次	学生行为	举例
低水平	记忆性问题	回忆、复述、再认。	什么是电解质? 燃烧的条件是什么?
	解释性问题	识别、辨认事实或证据;说明、解释事物的特征及原因;举出例子。	为什么氮分子结构很稳定? 为什 Cl_2 能使湿润的有色布条褪色?
高水平	统整性问题	把握知识的内在逻辑联系;与已有知识建立联系;整理信息;对不同的知识点进行比较、区分、分析、归纳和重组。	化学平衡常数和速率常数有何不同? 如何在实验室中长久保存 $FeCl_2$ 溶液?
	创造性问题	在新的情境中使用抽象的概念、原则;进行预测、推广、运用;建立不同情境下的合理联系。	如何设计钠和水反应制取和收集氢气的装置?

---

① 高敬,毕华林. 关于化学课堂提问的思考[J]. 化学教育,2004(9).

低水平的问题侧重于学生对知识的记忆、再认和简单应用,高水平的问题则需要学生对知识进行一定程度的加工。低水平的问题是学生学习的基础,高水平的问题有利于学生摆脱死记硬背的学习方式,促进学生对知识的深入理解,培养学生的思维能力和创造力。在课堂提问中,教师要根据具体的教学内容,尽可能设计不同层次的问题,以满足不同层次学生的需求;同时教师的提问要注意先易后难,以符合学生的认知发展顺序;也需要在一定范围内多设计一些高层次的问题,以引导学生对问题的深入思考,发展学生高水平的思维能力。

高水平的问题能够充分调动学生的思维积极性,是具有较高思考价值的问题。具有较高思考价值的问题具有以下特征:

① 较大的思维容量。从思维方向的角度考虑,它应该具有一定的开放性,可以给学生更广阔的思维空间,有利于调动学生的学习热情,确保探究活动深入持久地开展。从思维力度的角度考虑,它应该是思考性的问题,如果学生将书本上或者记忆里的信息原封不动搬出来就能解答,那么该问题就不会有什么思考价值。因为人的思维都有一定的惰性,一旦知道能在课本上或资料上找到问题的答案,一般就不会绞尽脑汁地去思考或探究了。从问题类型的角度考虑,它必须是高思维水平的统整性问题或创造性问题。

② 适宜的难度。根据维果茨基的"最近发展区"理论,那些与学生已有的知识经验密切联系,具有一定的思维强度,学生经过努力思考能够解决的问题,是难易适度的问题,即在新旧知识的结合点上产生的问题,最能激发学生的认知冲突,最具有启发性,能有效地驱动学生有目的地积极思索。

③ 合适的梯度。在教学过程中,对于那些具有一定深度和难度的内容,学生往往一时难以理解、领悟,教师可以采用化整为零、化难为易的方法,把一些太大或太难的问题设计成一组有层次、有梯度的问题——问题组,考虑好问题的衔接和过渡,用组合、铺垫或设台阶等方法来降低问题的难度,提高问题的整体效益。

案例研讨

在讲授元素原子半径周期性变化时,可设计三个问题:"什么叫元素的原子半径?""元素的原子半径是怎样呈现周期性变化的?""元素的原子半径为什么呈现周期性变化?"解决这三个问题的难度是依次增加的,而这三个问题都设立在前一个问题的答案基础上的,当解答出前一个问题之后,学生的"已有知识"就扩大了,后一个问题所要求的知识就可和学生的"已有知识"建立起联系,解答后一个问题就比较容易了。

资料卡片

4-4 一个好问题应满足的条件

(1) 必须能引出所学领域相关的概念原理。在设计问题时,首先要确定学生需要获得的基本概念和原理,由此出发设计要解决的问题。

(2) 问题应该是开放的,或者是结构不良的、或者是答案不唯一的。问题应该有足够的复杂性,包含许多相互联系的部分,而每一部分又都是很重要的。

(3) 问题应该是实际的,是基于现实生活中的问题,从而能够与学生的个人经验与生活密切相关。

(4) 问题能够引起学生的学习兴趣,从而激励他们去探索。

(5) 问题能够鼓励学生做出可检测的预测,并随着问题解决的进行自然地给学生提供反馈,让他们有效地进行评价。

(6) 问题能够促使学生进行合作学习,在互相协作中共同建构知识。

(杨承印.化学教学设计与技能实践[M].北京:科学出版社,2007:182.)

4.2.2.2 问句类型的选择

(1) 判断性问句。其典型问句是"对不对""是不是",它所追求的目标是学生对是非的判断,但对思维活动的要求较低。

(2) 叙述性问句。其典型问句是"是什么",它所追求的目标是学生对所提问的内容做出完整、准确的叙述性回答。

(3) 诊断性问句。其典型问句是"什么地方卡壳了?""困难在什么地方?",它所追求的目标是学生思维的真实轨迹和心理状态。

(4) 述理性问句。其典型问句是"为什么",它所追求的目标是学生讲清道理,说明理由,要求学生不仅知其然,而且要知其所以然。

(5) 发散性问句。其典型问句是"还有什么不同想法?""可能性还有哪些?",它所追求的目标不是唯一正确的答案,而是要学生产生或提出尽可能多、尽可能新、尽可能前所未有的独创性解法和可能性答案。

(6) 求异性问句。其典型问句是"有什么不同看法?",它所追求的目标是要学生对已有答案产生怀疑或反驳,以便从正反两方面的比较中辨清是非。

显然,以上六种提问的方法在课堂教学中的功能是不同的。除此以外,也还有其他的问句形式。无论是创设情境,启迪学生的思维;还是采用演绎之法,展开新教材的内容,开阔思路;或是取归纳之势,概括新学习的知识,浓缩储存,都应该考虑问句的选择,并尽可能地增加述理性问句和发散性问句的比重。[1]

4.2.2.3 创设良好的问题情境

当代英国著名哲学家卡尔·波普尔(K. R. Popper,1902—1994)曾强调指出:"科学和知识的增长永远始于问题,终于问题——愈来愈深化的问题,愈来愈能启发新问题的问题"。解决问题,首先要发现问题,发现问题既是思维的起点,更是思维的动力。问题往往产生于具体的情景、不平常的现象、未见过的内容、奇异的事物和引起矛盾的说法,在理论上和实践中解决不了的事情、常见现象或习惯的对立面中,学生觉察到的一种有目的但又不知如何达到这一目的的心理困境,也就是说当已有的知识不能解决新问题时出现的一种心理状态,这就是问题情境,是指主体为达到某一活动目的所遇到的某种困难和障碍时的心理困境。对课堂教学而言,就是教师通过创设一种有一定难度、需要学生做出一定努力才能完成的学习任务,使学生处于急切想要解决所面临的疑难问题的心理困境中。学生要摆脱这种处境,就必须进行创造性的活动,运用以前未曾使用过的方法解决所遇到的问题从而使学生的问题性思维获得富有成效的发展。

---

[1] 教师素质理论丛书:实用技巧卷[EB/OL]. http://www.lantianyu.net/pdf15/ts012076_2.htm.

资料卡片

4-5 化学教师创设问题情境的方式

化学教师创设问题情境的方式很多,可归纳出如下几种:

(1) 向学生展示化学知识形成的背景材料,让学生面临新的、有待解释的化学现象或事实;

(2) 为学生提供更多的动脑、动口、动手机会,使其在实践性活动中不断产生质疑;

(3) 拓展化学知识的应用领域,引发更多新的、综合性的化学问题;

(4) 激发学生分析生活中的化学现象,鼓励学生提出假设;

(5) 提供给学生两个相关的事物进行比较,分析其差异,探究产生差异的可能的原因;

(6) 为学生提供似乎无法解释的"两难情景",产生认知冲突。

(王祖浩,张天若. 化学问题设计与问题解决[M]. 北京:高等教育出版社,2003:139.)

一个好的问题情境应该符合学生的兴趣爱好、思维水平、生活背景知识、化学知识和化学活动经验。从情境中所产生的问题,要有利于凸现化学知识的本质属性,要能够从情境中有效地引出化学知识。对于理解新的化学概念、形成新的化学原理、或蕴含新的化学思想有积极的促进作用;能够充分调动学生原有的生活经验或化学知识背景,更能激发起由情境引起的对化学意义的思考,从而让学生有机会经历"问题情境—提出问题—解决问题—解释或应用"这一活动过程。因此,情境并不必须联系生活。能与学生原有知识背景相联系,同时又会产生新的认知冲突,同样是好的情境。比如,从"物质得到氧的反应是氧化反应",思考"物质失去氧的反应呢?",引入"还原反应"的概念,就是一个可取的情境;一个比较好的化学问题情境应该具有衍生性,也就是通过这个情境能够产生一连串环环相扣、由浅入深的问题。一个理想的问题情境应是趣味性、生活性和化学性的统一。

案例研讨

在讲解燃烧的条件时,教师可以设计这样一个实验:将铝片横放在盛满热水的烧杯上,铝片两端分别放置少量白磷和红磷,几分钟后,白磷燃烧,红磷没有发生燃烧。学生在头脑中很快就会产生疑虑:为什么白磷燃烧而红磷不燃烧?这个"奇特"的实验现象会引发学生探究的兴趣和欲望,促使学生通过积极的思考分析出燃烧的条件。

4.2.3 教学提问的时机

创造并把握提问的有利时机,可收到事半功倍的效果。孔子曰:"不愤不启,不悱不发"。可见,当学生处于不知道而急于想知道,或已有初步理解,但亟待进一步探索的心理状态时,是提问的最佳时机。教师应努力创设"愤悱"情境,利用学生已有的兴趣,尊重其学习的愿望,进行为之铺路搭桥的提问。在化学教学过程中,可从以下九个方面把握提问的时机:

(1) 在导入新课时提问。课堂的导入对一节课的成功与否至关重要,在一堂课的开头,揭示课题,导入新课,是课堂教学的重要一环。课堂伊始就要力争把学生的注意力引向主题,从而使学生产生强烈的探索冲动,使学生渴求知识的心理处于"激发状态",极大地发挥学生的主体作用。导入新课的方法很多,利用提问导入不失为一种有效的方法。在上课刚开始,学生注意力不够集中时要及时提问,通过问题将学生的注意力迅速引到课堂教学中来,利用提问抓住学生的兴趣点,引导学生尽快进入教学情境,使学生一开始就处于积极思考、主动求知的状态。

案例研讨

> 在讲化学键时,一开始就提出问题:"同学们都知道水加热到100℃开始汽化,加热到1 000℃时仅有0.00003%分解。要使水分解,只有通过强有力的电解手段。你们知道这是为什么?"这样就很自然地引出了分子间有较弱的作用、而分子内的原子间有强烈作用,使学生产生了对化学键这一内容的求知欲。

(2) 在新旧知识的衔接处提问。影响学生学习的最重要的因素是学生头脑中原有的知识经验。一般情况下,新知识总是从旧知识中引申发展而来的。因此,在讲授新知识之前,首先应该将与本课题有关的旧知识,让学生进行回忆复习,从中找准与新知识有关的问题,把学生引到旧知识的"最近发展区",启发学生运用旧知识去获取新知识,实现知识的正迁移。这样,便为学生学习新知识打下良好的基础。这种铺垫性的提问,既可复习旧知识,又有利于对新知识的理解和掌握,使前面知识成为后面学习的准备,后面的学习成为前面知识的发展和提高。通过提问使学生了解知识是如何演化发展的,沟通了新旧知识的联系,并学会了分析、比较等思维方法。

案例研讨

> 在讲气体摩尔体积时,由于前面刚学了物质的量和摩尔质量,可先提问:"1摩尔氧气含有多少个氧原子?质量是多少?1摩尔水有多少个水分子?质量又是多少?在标准状况下,上述的氧气和水谁体积比较大?"根据这些问题,可逐步引入气体摩尔体积的概念。

(3) 在教学重点难点处提问。重点、难点是一堂课的核心、精华所在,在此处学生往往思维滞后,听课较吃力,在这里设疑,能使学生集中注意力,更好地抓住重点、攻克难点,顺利完成教学任务。一堂课时间有限,对一节课中的诸多的教学目标、教学内容不能"眉毛胡子一把抓",对重点、难点知识内容应注意从多角度、多侧面提出问题,力求使学生全面深刻地理解主要的知识,即提问要有利于突出重点,突破难点。

案例研讨

> **氢氧化铝的两性**
>
> 在讲授氢氧化铝的两性知识时,教师可以先演示 $Al(OH)_3$ 分别和 HCl、NaOH 反应的实验,然后设疑:为什么 $Al(OH)_3$ 既能和盐酸反应又能和氢氧化钠反应生成盐和水呢?氢氧化铝究竟是酸还是碱呢?接下来可以让学生自己阅读教材去解决问题。这样,学生的兴趣能较好地得到激发,并认真地研读教材。这样,学生认真阅读教材后就能较好地回答问题。

(4) 于无疑处设疑。学生处于"学无疑"时,须"教有疑",此时提问能起到一"问"破的,一"问"惊醒梦中人的艺术效果。化学教学中有些地方貌似无疑,但却蕴涵着智力因素,教师要从中深入挖掘在学生看来并不是问题的问题,激发疑问,调动其学习积极性。

案例研讨

电解质概念

在讲述电解质概念时,对"凡是在水溶液或熔化状态下能够导电的化合物叫电解质"这一概念的理解,教师可向学生提出问题:"若将'或'改为'和'、'化合物'改为'物质'在意义上有何区别?"学生只要正确回答此题,就对电解质概念的内涵和外延理解透彻了。

---

(5) 于枯燥无味中设疑。元素化合物知识与社会、生活联系密切,学习过程中还经常利用实验作为工具,比较容易引起学生的兴趣,但是化学中的一些概念理论性知识、化学用语、化学计算类知识,学生学习起来会感到比较枯燥,教师在此处设疑,似在平静的湖面上投入一颗石子,激起层层涟漪,可收到奇效。当讲授时间过长时,学生会产生疲倦心理,此时及时提问可以重新振作精神,积极投入学习中。比如理论性知识的学习中,可以在概念的形成处提问,在规律的探索处提问,对概念或原理的内涵外延进行提问,在巩固概念原理以及概念原理的应用处提问,这些提问都能帮助学生透过现象看本质,引导学生通过自己的推理判断,得出概念,总结出规律,并巩固运用所学知识。

案例研讨

鲁科版《化学反应原理》(选修)第二章 第二节 化学反应的限度

在讲了化学平衡常数的概念之后,提出对于化学反应 $a\text{A}+b\text{B} \rightleftharpoons c\text{C}+d\text{D}$ 的任意状态,浓度商 Q 与该反应的平衡常数 K 之间有着什么样的联系?能否根据二者的大小关系来判断该反应是否达到了平衡状态?能否根据二者的相对大小来判断平衡移动的方向?这一系列问题会很好地激发学生的思维,促使其积极思考,解决问题。

---

(6) 在学生感兴趣的地方提问。在学生感兴趣的地方提问,可以充分调动学生参与课堂教学的积极性,激发学生探究的热情,为完成教学目标的完成和落实提供基础。学生年龄正处在 13~18 岁,有很强的好奇心和求知欲,学生感兴趣的地方很多,如对化学实验、对化学与生活社会的紧密联系、对化学在现代高新科技中的运用等方面都有浓厚的兴趣。

案例研讨

新材料的发展方向

在讲到新材料的发展方向时,提出问题:如果我们将煤炭中的原子重新排列,就能得到钻石;如果向沙子中加入一些微量元素,并将其原子重新排列,就能制成电脑芯片;而土壤、水和空气中的原子重新排列后就能生产出马铃薯。听起来是不是有点玄?不过这绝非天方夜谭,这就是纳米技术的威力,如果掌握了纳米技术,就会知道上述目标的实现指日可待。那么什么是纳米技术和纳米材料呢?纳米材料都有哪些优异的特性呢?未来材料的发展趋势还有哪些?学生对老师描述的这些前景特别感兴趣,就会努力去探讨老师提出的问题。

---

(7) 在学生困惑、争论处和思维停滞处提问。学生在学习过程中经常会出现思维疑难或思维受阻的情况。此时，就需要教师根据学生的实际情况，灵活处置。随时调整或改变原来准备的问题，把问题提在"火候"上。当学生的思维发生障碍，产生偏差，产生困惑或受到思维定式干扰时，学生可能一时找不到解决的办法，思维处于停滞状态，此时要及时提问，以便及时排除故障，使课堂教学按计划进行。针对这些困惑，教师可以通过类比联想、引申拓展等多种方式进行提问，启发诱导学生的思维。

案例研讨

> 将 pH＝2 的醋酸与 pH＝2 的盐酸等体积混合(体积变化忽略不计)，混合后的溶液的 pH 是大于 2、小于 2、等于 2、还是无法确定？
> 一部分同学认为等体积混合后，相当于稀释，所以 pH 增大；另一部分同学认为盐酸加入，抑制了醋酸的电离，所以增大；还有一部分同学认为醋酸中加入盐酸使酸性增强，所以 pH 减小；也有部分同学认为前面的同学说的都有些道理，因此答案是无法确定。此时引导学生根据电离平衡常数进行计算后，再回答。由于 $c(CH_3COO^-)c(H^+)/c(CH_3COOH)$ 中的电离平衡常数 K_a 在混合前后不变，而 $c(CH_3COO^-)$ 和 $c(CH_3COOH)$ 混合后的浓度均为混合前的 1/2，所以 $c(H^+)$ 的值不变，即醋酸的电离平衡不移动，所以 pH 不变，仍为 2。

(8) 针对典型错误提问。针对典型错误提问，使学生吸取教训，敲响警钟。这种方法在讲授新课时用，在试卷讲评时也用得较多。

案例研讨

> 让学生写出用惰性电极电解 Na_2SO_3 溶液的化学方程式，全班同学几乎都不假思索地写出了 $2H_2O \xrightarrow{电解} 2H_2\uparrow + O_2\uparrow$ 这个化学方程式，此时要当即给予否定，这使学生都很惊讶，提出问题：为什么？怎么可能错呢？因为溶液中只有 Na^+、SO_3^{2-}、OH^-、H^+ 和 H_2O 几种微粒，而 H^+ 比 Na^+ 易得电子，OH^- 比 SO_3^{2-} 易失电子，怎么会错？此时教师引导学生回忆、思考 Na_2SO_3 具有哪些性质，学生这才恍然大悟，意识到 Na_2SO_3 会被 O_2 氧化为 Na_2SO_4，因此，正确的化学方程式应为：$Na_2SO_3 + H_2O \xrightarrow{电解} Na_2SO_4 + H_2\uparrow$

(9) 在结课时提问。在新课结束时，提出问题可以帮助学生回忆归纳本节内容，对知识进行巩固、升华，同时把课堂内容延伸到课外。也可在课尾设下新的疑问，激发学生产生类似"欲知后事如何，且听下回分解"的欲望，使他们主动去探索、预习新课。

案例研讨

> **乙醇的化学性质**
>
> 在乙醇一节结束时，提出问题：今天我们学习了乙醇的性质，请大家写出以下化学方程式，并指出这些反应发生时，是哪些化学键发生了断裂？
>
> ```
>           C_2H_5ONa    CO_2+H_2O
>                ↖      ↗
> C_2H_4  ←  C_2H_5OH  →  CH_3CHO
>                ↓
>           C_2H_5OC_2H_5
> ```

4.3 教学提问技能的应用

核心术语

- ◆ 提问原则　　◆ 提问技巧　　◆ 提问内容　　◆ 课堂氛围
- ◆ 问题表述　　◆ 提问形式　　◆ 提问对象　　◆ 候答
- ◆ 介入　　　　◆ 评价核查　　◆ 提问的注意事项

4.3.1 教学提问的原则[①]

(1) 针对性原则。设疑，首先要明确问题的来源。广泛收集教学中的重点、难点和易混淆、易疏忽之处，或典型的错解，以此为基础并经适当"改造"构成的问题，能针对学生普遍存在的困惑与知识缺陷，一举中的。

案例研讨

> 因俯视或仰视引起的滴定误差方向，学生往往难以辨清，此时可设计问题：用容量瓶配制 NaOH 标准溶液，再用此标准溶液滴定未知浓度的盐酸溶液，在三种情况下：① 容量瓶用仰视定容；② 碱式滴定管用俯视读数；③ 前后两次均用仰视定容。则盐酸的理论浓度与实际浓度之间可能出现的偏差情况如何？通过上述设疑，鼓励学生从多个侧面思考，从而总结出当实验者视线发生偏离时，不同量器的初读数或终读数引起的溶液体积误差及其对滴定结果的不同影响。

(2) 诱发性原则。所设问题表现出较大的"磁性"，以促使学生产生"悬念"，造就一种"愤悱"情境，有助于学生积极、主动地探索知识。

案例研讨

> 原子核外电子的排布内容是高中教学的难点，由于内容抽象，泛泛讲解难以帮助学生建立清晰的电子运动的微观图像和掌握电子能量与排布的关系。此时，可通过一系列设问逐级推出问题，在层层悬念中诱发学生的思维：引入新课时先设疑"既然原子核带有正电荷，电子带有负电荷，异性电荷之间有静电吸引力，原子核的质量又远大于电子，那么电子为什么不被吸进原子核？"(反证得出，电子高速运动并且吸引和排斥作用相对平衡)继而设问"电子绕核的运动和地球绕太阳的运动本质上是否相同？"(引出电子运动的特殊性和"电子云"概念)进一步设问"钠原子核外有 11 个电子，它们是堆成一团在核外某一处运动，还是分散在核外不同距离处运动？"(引出核外电子的分层运动或称分层排布)，最后设问"Na 的核外电子排布由里向外为什么一定是 2、8、1，而不是 2、7、2 或 2、9？"(引出排布的一般规律和能量最低原理)上述疑问，不少学生在初三学习时曾有过考虑，但悬而未决，再度刺激，使之重新构成悬念，并诱发产生强烈的解疑动机，从而为理解新的学习材料创设良好的心理条件。

(3) 中介性原则。在课堂设疑与启发解疑过程中，面对学生知识与技能方面的障碍，教师适时点拨，铺设"跳板"，作必要的提示，能化难为易，使学生茅塞顿开，幡然领悟到问题的关键所在。因此，用组合式问题构成台阶，有助于降低学习难度，理顺学生的思路，排除思维障碍。

[①] 王祖浩,刘知新.化学教学系统论[M].南宁:广西教育出版社,1996:73—77.

案例研讨

在讲电解原理时，直接结合实验设疑"为什么通电时 $CuCl_2$ 分解成 Cu 和 Cl_2，而水不分解？"对只具备电解感性认识而无系统理论知识的学生而言，往往表现出惑而不解，显然跨度太大。如改成系列问题：① 通电前，$CuCl_2$ 溶液中有哪些离子？其运动情况如何？② 通电后，溶液中离子的运动情况有何变化？③ 在两个电极附近，分别聚集有哪些离子？它们的"放电"倾向如何？④ 在阴、阳两极，最易"放电"的分别是哪一离子？为什么？⑤ 两极的电极反应和总反应怎样表示？等等。由于作了"降级"分解，增加了问题的直观性和具体性，降低了难度，学生不难通过对上述中介性问题的分析，顺利过渡到理解电解原理之目的。

（4）适时性原则。绝妙的设疑，常常表现在课题的引出和结尾上。讲前布疑，有时胜过千言万语，能收到意想不到的效果；结尾如能承上启下提出新问题，将学生的思维引入新的境界，富有召唤力，就能激起学生的求知欲，为进一步的学习做好积极的心理准备。适时性还要求教师在学生的思维活动处于最佳时刻设疑并作适当的诱导，使学生从"疑无路"走向"又一村"。

案例研讨

讲解乙醛的氧化反应时，教师先演示银镜反应的实验，学生观察到试管内壁附着的一层光亮的金属银时，顿时思维集中，希望知道银是怎样生成的。抓住学生此时的心态和思维表现，教师提问："硝酸银与氨水反应生成银氨络合物，在水浴条件下其中+1价的银转变成单质银析出。想一想，乙醛应具有什么性质？"在这种情境下，学生容易得出正确的结论。

（5）熟境性原则。在不失科学性的前提下，如能从学生感兴趣的日常生活事例和熟悉的情境入手，巧妙地结合化学问题，营造一个激趣求知的良好学习氛围，学生就会从中"顿悟"问题之关键，加深对有关知识的理解。

案例研讨

讲解"气体溶解度"时，教师往往列举汽水瓶、啤酒瓶打开瓶盖时的现象，要求学生解释原因。又如，通过设问"铝是活泼金属，为什么可用铝制成各种生活用品，如铝锅可用来烧水做饭呢？但为什么家用铝锅不能长期存放酸性或碱性菜肴？"引出铝和氧化铝的有关性质。再如，面对问题"当你喝下一口盐水时，胃部有无不适之感？"学生茫然，一时不知所问之缘由，教师进而再问"体内有无氯气产生？"接着从容写出食盐水电解的反应方程式，学生一见哗然，顿时从紧张转为轻松，但在笑声中却领悟了一个实质性问题：只有在"通电"这一强烈条件下，稳定的食盐水方可发生氧化还原反应。

（6）量力性原则。根据学生的潜在水平和表现水平之间的最近发展区所设计的问题，才是推动教学和学生心理发展的强大动力。换言之，教师的设疑必须把握恰当的难度，不用思考即可回答的简单问题和深奥玄虚即使教师提示也无法说清的复杂问题，均不足取。有价值的设疑往往是通过学生的积极探索和教师的适当引导两方面的努力，最终能圆满解决的。鉴于学生基础知识和能力发展的不平衡，在充分考虑学生整体水平设疑的同时，应适当兼顾"两极"学生的需要，尤其对学习能力较弱的学生，应由易到难设计问题的台阶，从鼓励学生的学习积极性入手，逐步引导他们独立地解决较复杂的化学问题。

（7）自发性原则。学生主动发问，比教师设疑、学生解疑更有意义，是学生学习过程中的一个飞跃，是积极思维的结果。在化学课堂教学中如何启发学生设疑并处理好"问"与"教"的关系，是一个值得研究的课题。首先,教师要善于激疑,注意创设有助于发现问题的情境。如启发性强的演示实验极易将学生引入新的求知境界,在对现象的思考中必然会有所突破。

案例研讨

> 胶体内容是教学难点,因内容本身较难引起学生的兴趣,以教师为主的叙述式讲授常常难以奏效。为改变这一被动局面,有的教师尝试实验激问的教学思路,收到较好的效果。讲授新课前,先要求学生写出 KI 溶液与 $AgNO_3$ 溶液混合反应的化学方程式,结果学生无一例外地均写出 AgI 沉淀,这时教师设问:"上述反应在任何情况下是否都有黄色沉淀生成?"学生的回答基本是肯定的。随后教师演示教材中的实验,得到的都是浅黄色的液体,学生大为不解,纷纷提问:"既然有 AgI 生成,为什么见不到沉淀?"此时,教师从学生的发问中即可顺势引出胶体的定义,并向纵深发展。

随堂讨论

> 对于课堂提问的原则,除了上面提到的提问原则外,还有很多。不同的教师有不同的理解,比如有的教师归纳为"目标性原则、有趣性原则、有效性原则、启发性原则、层次性原则、全体性原则、实践性原则",还有的教师总结为"合理性原则、科学性原则、全面性原则、典型性原则、激励性原则",还有"适时性原则、适度性原则、全面性原则、灵活性原则、激励性原则",等等。你认为在化学教学过程中,提问的原则有哪些?并说明原因。

4.3.2 教学提问的技巧

在课堂教学中许多学生会害怕回答问题,这是因为他们担心自己的回答可能不符合教师的要求。因此,在设计问题时,应掌握提问的技巧。

(1) 提问内容要具有思考价值。设计提问内容要多编拟能抓住教学内容的内在矛盾及其变化发展的思考题,为学生提供思考的机会,并能在提问中培养学生独立思考的能力,尽量少问非此即彼的问题。提问要能引导学生到思维的"王国"中去遨游探索,使他们受到有力的思维训练。要把教材知识点本身的矛盾与已有知识、经验之间的矛盾当做提问设计的突破口,让学生不但了解"是什么",而且能发现"为什么"。同时,还要适当设计一些多思维指向、多思维途径、多思维结果的问题,强化学生的思维训练,培养他们的创造性思维能力。

案例研讨

> 在讲铝及其化合物时,可以设计以下问题:以铝为原料制取氢氧化铝,你能想出几种办法?写出化学方程式。从反应物种类、操作要求及节约原料角度考虑,哪种方法更佳?

(2) 提问内容要有趣味性。提问内容的设计要富有情趣、意味和吸引力,使学生感到在思索答案时有趣而愉快,在愉快中接受知识。教师要着眼于教材或知识点结构体系,巧妙地构思设计提问,以引起学生的好奇心,激发他们强烈的求知欲望,促使学生在生疑、解疑的过程中获得新的知识和能力,并因此体味到思考与创造的欢乐、满足。

案例研讨

> 学习氮气的性质时,因为 N_2 分子中存在牢固的 $N\equiv N$ 叁键,要破坏它需要较高的能量,因此氮气的化学性质不活泼,通常情况下很难发生化学反应,所以大气中 N_2 和 O_2 可以共存。如果我们设置这样一个逆问:"假如 N_2 分子中不存在 $N\equiv N$ 叁键,世界将是怎样的景象?"这样一问,立即触动学生的思维,引发起广阔的想象:N_2 的化学性质很活泼,跟 O_2 化合生成 NO,又迅速转变为 NO_2。世界将变成红棕色的气体世界,毒雾弥漫,生命将不复存在……这种假设从逆向思维角度,加深了对 N_2 分子的结构和性质的认识,激发了学生的奇异联想。

(3) 提问内容要有预见性。提问能事先想到学生可能回答的内容,猜想学生回答中可能的错误或不确切的内容以及可能出现的思维方法上的缺陷,据此设计解答的方案。值得注意的是每堂课都有一个主题,即这堂课的主要内容,在设计课堂提问内容时应该紧紧围绕着主题构思。

案例研讨

> 在"化学反应条件的优化——工业合成氨"一节中,在分析了合成氨反应的限度以及合成氨反应的速率之后,提出:根据合成氨反应的特点,应分别采用什么措施提高反应的平衡转化率和反应速率?请将你的建议填入表 4-4。并尝试为合成氨选择适宜条件。
>
> 表 4-4
>
> | 提高反应的平衡转化率 | | 提高化学反应速率 | |
> | --- | --- | --- | --- |
> | 反应特点 | 措施 | 反应特点 | 措施 |
> | 反应可逆 | | 活化能高 | |
> | 放热 | | 低温时反应速率低 | |
> | 分子数减小 | | 原料气浓度增加能提高反应速率 | |
> | | | 氨气浓度增加能降低反应速率 | |
>
> 预计学生在填写上述表格时一般不会遇到困难,但是在为合成氨选择适宜条件时,要达到高转化率和高反应速率所需要的条件有时是矛盾的,比如温度以及氮气和氢气的物质的量之比等。此时就要引导学生分析、综合各反应条件,还应考虑原料的价格、未转化的合成气的循环利用、反应器的钢材质量、反应热的综合利用等问题。最终顺利得出工业合成氨的适宜条件。

(4) 低水平问题与高水平问题相结合。衡量提问效果的关键是,提出的问题能帮助教师最有效地实现教学目的。教师需要不同水平的问题,需要向不同的学生提问,并通过不同的提问技巧来促进教学目标的实现。低水平问题与高水平问题的主要区别是,前者仅限于对信息的回忆,后者则要求学生对信息有一定程度的加工。一节课中,所提问题都是低水平的问题,学生会感觉了无生趣,不能激发学生(特别是绩优生)积极的思维;而如果所提问题都是高水平的问题,则学生苦于思索,因此,教师提出的问题的难易程度要与学习者的特点和学习内容相适应。在这一前提下,不管是高水平问题还是低水平问题,都是重要的。

案例研讨

> 如何理解"氨气的喷泉实验"的实质?这里涉及多个知识点,教师可设计几个层次不同的小问题让学生思考与讨论:(1)喷泉实验成败的关键是什么?还能否用其他装置代替?(2)喷泉实验中的压强差如何计算?(3)具有多大溶解度的气体才能形成喷泉?(4)喷泉实验中不用水而采用其他溶液行吗?(5)Cl_2、CO_2、SO_2 等气体能做喷泉实验吗?如果能,还需什么药品?学生通过思考、讨论、计算和实验,加深了对喷泉实验实质的理解,促进了教学目标的实现,同时拓宽了知识面。

(5)调节好提问的密度。虽然提问是课堂教学的常用手段,但是提问并非越多越好,即使是非常具有思考价值的问题也并非多多益善,"满堂问"和"满堂灌"同样是不可取的。课堂提问的成功与否,并非看提了多少个问题,而是看提问是否引起了学生探索的欲望,是否能发展学生较高水平的思维,让学生学会分析问题、发现问题。如果提问过多过密,学生忙于应付教师的提问,精神过度紧张,容易造成学生的疲劳和不耐烦,不利于学生深入思考问题;提问过少过疏,则使整个课堂缺少师生间的交流和互动,并且不利于教师了解和调控学生的状态。所以,课堂提问要适度适时,既不要太多,也不要太少,要把握好提问的时机,使提问发挥最好的效果。[①]

(6)要发挥好教师的教学机智。教师能够机智灵活而又恰当地处理教学进程中的偶发事件,是其聪明才智、教学经验、应变能力、课堂教学艺术的集中体现。课堂是鲜活的,预先设计的提问在教学过程中总会出现这样那样的问题,比如预先设计的问题过难或过易,学生难以回答或者激发不起学生的求知欲望;学生没有按照教师设计的思路回答提问;学生提出了一些始料未及的问题,教师一时难以回答的局面等。这就需要教师要有应变能力,要有高超的教学技巧和灵活的教学机智。如果发现预设的问题太容易,不能激发学生积极思维时,可追加问题;如果预设的问题过难,要适当变换角度或适当补充铺垫,放缓思考的速度;学生回答教师的提问有错误是正常的事,教师应能对学生的答案错在哪里,为什么会错,迅速而准确地作出判断,针对学生的问题症结采取针对性措施,或者提出针对性更强的新问题;学生在课堂上提出的问题不属于本节课所学内容时应予以回避,教师可以婉转地加以说明,扭转学生的思维方向,避免节外生枝纠缠不清,喧宾夺主,影响教学任务的完成。对于学生感兴趣但与教学内容关系不大的问题或者因教学时间不够解决不了的问题,可告知学生课后再共同探讨解决,在此过程中要注意保护学生的求知欲。这是教师应变能力的反映,是充分发挥教师主导作用的表现。

4.4 教学提问技能的评价

核心术语

◆ 提问技能的评价   ◆ 评价内容   ◆ 评价方法

教师的课堂提问是否成功,是有很多评价依据的。可利用表 4-5 对提问技能进行评价。

[①] 高敬,毕华林.关于化学课堂提问的思考[J].化学教育,2004(9).

表 4-5 课堂教学提问技能量化评价表

日期：_____　　任课教师：_____　　课题：_____

评价项目	权重	评价等级			得分
		优	中	差	
① 提问目的明确，紧密结合教学内容、学生实际	0.12				
② 创设的问题情境有利于学生自主发现和提出问题	0.10				
③ 问题具有启发性和趣味性，能激发学生的兴趣和思维	0.10				
④ 提问时机得当，提问方式多样化，促进学生创新思维	0.10				
⑤ 问题表述清楚准确，问题设计具有层次性	0.10				
⑥ 提问面广，照顾到各类学生	0.08				
⑦ 提问后有停顿，给学生思考时间	0.08				
⑧ 提问过程中介入、启发、诱导、引申得当	0.12				
⑨ 对答案能客观分析、评价、引导	0.10				
⑩ 课堂气氛好，能鼓励学生主动参与教学、积极思考	0.10				
总分					
您的补充意见或建议：					

本章小结

1. 提问用于教学由来已久，现在仍是课堂教学中普遍采用的教学方法。课堂教学提问是教师创设良好的问题情境，引发学生的认知冲突，与学生共同提出问题，启发引导学生自己经过思考，对所提的问题进行探究并最终解决问题的过程。提问具有目的性、趣味性、科学性、启发性、层次性、全员性、发散性等特点，对集中学生注意力、激发兴趣、促进其掌握新知识、发展思维、提高交流和语言表达的能力、培养学生问题意识、调控课堂等方面具有不可低估的作用。

2. 提问的类型依据不同的标准有不同的划分。根据教学提问的水平可分为六类：知识水平的提问、理解水平的提问、应用水平的提问、分析水平的提问、综合水平的提问、评价水平的提问。

3. 提问的过程（提问的构成要素）包括问题的设计与构思、问题情境的创设、问题的提出、停顿（候答）、问题的回答、介入诱导、评价核查等几个阶段。每个阶段都有各自不同的技巧，需要精心设计，把握好提问的时机，恰当地介入，客观地评价等。

4. 提问技能的评价可从是否具有目的性、启发性、趣味性、科学性、全员性、层次性，是否有一个和谐宽松的课堂氛围，是否能发展学生的思维能力和创新能力，是否能够恰当地启发诱导，是否能够客观地评价等方面进行评价。师范生必须加强训练，积累经验，灵活应变，以提高提问的质量和水平。

思考与实践

1. 化学教学过程中的提问有哪些特点和功能？提问的过程包括哪几个阶段？

2. 在化学教学过程中，如何把握好提问的难度、梯度、密度、广度和角度？如何采用不同的提问形式充分发挥提问的各项功能？

3. 选择新教材中的一节课（比如氧化还原反应、硫和氮的氧化物、化学反应的限度等），或一节课中的某个片段，精心设计教学提问的方案，并进行实践练习。在练习过程中体会提问的技能及其应用。

4. 结合微格教学，在小组内进行提问技能训练，然后用提问技能评价表进行评价和讨论。

参 考 文 献

[1] 阎立泽.化学教学论[M].北京:科学出版社,2004.
[2] 杨承印.化学教学设计与技能实践[M].北京:科学出版社,2007.
[3] 王祖浩,张天若.化学问题设计与问题解决[M].北京:高等教育出版社,2003.
[4] 胡志刚.化学微格教学[M].厦门:厦门大学出版社,2007.
[5] 王祖浩,刘知新.化学教学系统论[M].南宁:广西教育出版社,1996.
[6] 李远蓉.化学教学艺术论[M].重庆:西南师范大学出版社,1996.
[7] 李如密.教学提问艺术的功能和类型[J].教学与管理,1995(1):22—23.
[8] 高敬,毕华林.关于化学课堂提问的思考[J].化学教育,2004(9):20—23.
[9] 段志贵.优化课堂提问的六个策略[J].教学与管理,2003(8):48—50.
[10] 王后雄.化学教学"问题链"类型及教学功能[J].教育科学研究,2009(8):41—44.

第 5 章　课堂教学中的调控技能

> 不论教育者怎样地研究教育理论,如果他没有教学机智,他就不可能成为一个优秀的教育实践者。
>
> ——乌申斯基

本章学习目标

通过本章学习,你应该:
1. 认识课堂教学调控的含义及教学调控的特点和作用;
2. 理解课堂教学调控的种类及课堂教学调控系统的内容要素设计;
3. 通过实践训练掌握化学课堂教学中的调控技能及其应用;
4. 了解化学课堂教学中调控技能的评价原则及其应用;
5. 选取新课程教科书中的某一课时内容,设计一份教案,说明如何进行教学调控,并在全班或小组进行教学实践,听取教师或同学的评价意见。

5.1　教学调控技能的含义

核心术语

- ◆ 课堂教学中调控技能　　◆ 教育控制系统　　◆ 教学失控　　◆ 教学控制
- ◆ 调控技能的分类　　　　◆ 课堂教学调控的作用　　◆ 课堂秩序

良好的班级秩序和学习环境的构建,是实现有效课堂教学的必要条件,它可以促进教师和学生的良性互动,形成和谐的教学环境,促进学生养成积极的学习态度,对自己的行为负责,实现自我指导,提升教学效能。[①] 在化学课堂教学中,教师要想实现其在课前教学设计中制定的有关知识与技能、过程与方法以及情感态度与价值观三个维度的教学目标,必然要求良好的班级秩序和学习环境。但是,由于学生个性的差别以及教学环境等因素的不同,课堂教学常常呈现出多变性。因此,无论教师的教学设计多么周密,课前准备多么充分,都必须根据当时的实际状态,对课堂教学进行调节和控制,以保证教学目标的具体实现,实现课堂教学的最优化。

---

① 王晞等.课堂教学技能[M].福州:福建教育出版社,2008:245.

5.1.1 教学的控制论原理

按照系统科学的观点,教育系统是一个控制系统。在学校,教育控制系统是由学校管理部门(有关机构)和与其相联系的控制对象构成的。学校里的教育控制系统通常是指由学校的校长—教务(导)处—班主任(教师)所构成的管理系统(学校的各级管理机构)。但由教师与学生构成的教育系统也是教育控制系统,因为由教师与学生构成的教育系统要实现其教育功能也要实行控制,也要以控制为保证。学校教育是一种以课堂教学为主的教育,因此,课堂教学过程实际上是一个由教师、学生和知识信息三个要素构成的控制系统,只有通过反馈信息,才能实现对系统的控制。从信息加工的观点来看,课堂教学调控过程,是教师有效传输信息、引导学生接受信息和及时处理学生反馈信息的过程,课堂教学过程不仅是一个信息传递的过程,也是一个信息转化的过程。要取得优秀的教学效果,不但要求教师具有渊博的知识,还要求教师能时刻把握教学的动态,从学生身上获得反馈信息,对各种教学事件及时进行调控。

5.1.2 教学调控技能的含义

关于课堂教学调控,人们从不同的角度给出了不同的解释。迄今为止,主要有以下两类观点:

(1) 认为课堂教学调控是对课堂失控行为的调控。所谓课堂教学失控,是指课堂教学中由于教师主观因素的影响,使教学机制不能正常运行,导致课堂教学没能达到预期的目标。而课堂教学调控就是针对课堂教学失控行为进行调控的行为。[1][2] 为了避免其他因素影响教学,就需要教师平时多问勤学,不断提高自身的业务素质和教学艺术技巧,不断加强教学中应变能力的培养。所以课堂调控需要教师经验的积累和自身素质的提高。

资料卡片

5-1 课堂教学失控

课堂教学失控大致体现在以下几个方面:[3]

① 量的失控:是指教师在安排课堂教学内容的数量和质量方面引起的教学不足。教学中教师因教学内容的数量安排的密度过大或过小,习题的质量超越本课目的要求或太容易,使学生无法解答或感到乏味,这些因素的存在都会影响正常教学。

② 度的失控:是指教师在课堂教学要求的程度(即教学速度和训练强度)方面引起的教学不足。有时因教学速度太快或太慢,训练的强度太大或太小,使学生无法承受或太轻松,导致学生掌握新知识不扎实,囫囵吞枣,巩固练习处处卡壳。

③ 法的失控:是指教师在课堂教学中由于教育、教学方法方面的因素而延误教学的正常运行。教学中因个别学生违纪,教师教育方法不当,使学生产生消极对抗情绪,这种师生矛盾阻碍教学;有时因教法不当,该演示不演示,学生对新知识掌握不熟;有时因操作时间过长影响巩固练习;有时因传导信息的媒体单调使学生厌学,这些因素都会对正常教学产生不良影响。

④ 情的失控:是指教师在调控课堂教学情境方面的因素时出现的教学"失态"。教学中因教法单调、枯燥、缺乏教学艺术和技巧使学生情绪低沉;有时因教师课前心情不佳影响教学气氛,使

---

[1] 本书编委会.新课程教师课堂技能指导.北京:中国轻工业出版社,2006:166.
[2] 胡志刚.化学微格教学.厦门:厦门大学出版社,2007:138.
[3] 本书编委会.新课程教师课堂技能指导[M].北京:中国轻工业出版社,2006:165—166.

学生情绪受到极大压抑,在"急风暴雨"随时而来的特定环境中,提心吊胆地度过短暂却又漫长的45分钟,无心学习。

⑤ 知的失控:是指教师在传授知识方面的因素所引起的教学"脱轨"。教师在教学中对教学信息加工、处理的失误和教学演示及操作的失误将会导致课堂教学的严重失控。这类失控对教学的危害极大,后果严重。究其原因,主要是由于教师对教材理解不充分和课前准备不充分,导致临场应变能力较差而造成课堂教学失控。

上述观点是对教学经验的总结,对教学调控活动有一定的指导意义。但是,这种为了应对"教学失控"而进行的"教学调控"只描述了教师进行教学调控被动的一面。事实上,在实际的课堂教学中,许多教师往往不等教学出现失控就主动进行调控,以保证课堂教学过程的最优化。例如,某教师在准备讲授二氧化碳的相关知识时,为了增加趣味性,他本想以关于二氧化碳的有趣故事导入新课,然而,当他进入教室,面对一个由许多求知欲很强的优秀学生组成的班级时,突然觉得讲述那些故事简直就是浪费宝贵的教学时间。于是,他临时改变了主意,直接从分析严肃的环境问题入手,把学生引入探究新知识的过程。显然,该教师不是由于发生了"教学失控"才进行"教学调控"的。

(2) 认为课堂教学调控应纳入课堂教学的管理范畴,属于学校管理的微观层面。持此观点者认为,"课堂教学活动中同时存在着两种活动:一是教学,二是组织、调控"①;或"课堂教学过程中同时存在两种活动:一是教学活动,二是组织管理活动"。② "组织管理活动是开展教学活动的保证。教师要对课堂教学活动加以组织与调控,建立良好的纪律,集中学生的注意力,激励学生努力学习,保证教学活动的顺利进行,以实现本节课的教学目标"。"搞好课堂教学中的组织与调控是一项重要的组织教学艺术"。③

上述观点实际上是把教学过程分解为教学认识过程和教学组织管理过程,并把课堂教学调控归为后者。课堂教学管理通常是指课堂环境(包括物理环境和心理环境)的调控与优化、课堂行为管理、课堂时间管理。④ 这种观点容易使人片面地理解为,课堂教学调控的主要目的就是创设优质的教学条件、维持良好的课堂秩序和保证合理的教学节奏。事实上,在实际的课堂教学过程中,除上述方面的调控外,教师对教学认识过程的调控也至关重要。在当前的新课程背景下,对教学认识过程的调控越来越引起广大教师的重视。

资料卡片

5-2 学校教学管理

学校教学管理由学校行政系统对教学的管理(宏观)和教师对课堂教学的管理(微观)两个层面构成。学校行政系统对教学的管理主要来自课堂的外部,是一些宏观的、制度性的管理;教师对课堂教学的管理则直接与学生面对面,也更具体、更微观、更现实。

(杨承印.化学教学设计与技能实践[M].北京:科学出版社,2007:202.)

---

① 杨承印.化学教学设计与技能实践[M].北京:科学出版社,2007:202.
② 李淑媛,童祥贞.课堂教学的组织与调控[J].教育探索,1996(3):14—15.
③ 李淑媛,童祥贞.课堂教学的组织与调控[J].教育探索,1996(3):14—15.
④ 李定仁,徐继存.教学论研究二十年[M].北京:人民教育出版社,2001:303—322.

所谓的教学认识过程,是指学生在教师的指导下掌握认识的方法,以最科学、最准确、最经济的途径去认识客观世界,从而得到全面发展的过程。[①] 换言之,教学过程不同于科学研究过程,它是教师引导学生进行认识的过程。在教学认识过程中,作为认识主体的学生不是一个单一的个体,而是由若干个体组成的集体。教师作为课堂教学过程的领导者,为了达成预定的教学目标,既要以不同的认识途径和方法主动地对教学认识过程进行调控,又要根据具体的课堂状态对教学管理进行调控。因此,教师的课堂教学调控,应该依据控制论原理,将课堂教学视为一个整体的系统,综合调控各种相关因素以达到教学效果的最优化。

关于课堂教学调控技能的含义,由于相关研究还不深入,目前尚未形成统一的定义。

根据国内学者杨承印[②]、王克勤[③]等的分析,并综合考虑课堂教学的实际情况,课堂教学调控技能的含义可理解为:教师以课前教学设计为基础,自觉运用控制论原理,从学生的认知结构、能力条件出发,针对课堂教学的实际状态,依据教材的具体内容和学生的反馈信息,为保证课堂教学有序和高效的进行而做出的一系列调节与控制,即教师通过对教学目标、教学内容、教材等要素的控制,节奏的调节,使课堂教学呈现张弛有度、和谐自然、意趣盎然的生动格局的行为方式。

化学课堂教学与其他任何学科的教学一样,也要通过反馈信息才能实现课堂调控。首先,化学课堂教学有一定的教学目标,教师必须通过反馈信息及时掌握教学现状和教学目标之间的差距,并以此为依据改进教学。其次,获得反馈信息对于有效调控课堂教学,保证教学过程处于最佳状态具有重要意义。在教学过程中,教师可以依据学生反馈的信息(如课堂提问、实验操作、课堂练习以及面部表情变化等),改变教学方法和调节教学节奏,对教学进行有效的调控。因此,教师应注意采取多种方式方法,引导学生及时提供正确的反馈信息,迅速而有效地调控教学,保证课堂教学过程的信息流处于最佳传输状态,获得最有效的教学效果。

5.1.3 教学调控的作用

课堂教学调控的作用主要表现在以下几个方面:[④]

1. 调动学生的积极性

研究表明,要使化学教学过程处于最佳状态,一个重要的问题是要充分给予学生表达他们看法、想法的机会,增强学生的成就感和自信心,培养和不断发展他们对化学的学习兴趣,唤起他们日益增强的求知欲;另一个重要的问题是任何一节化学课必须有适当的信息量,有活跃学生思维的教学因素,通过运用观察、操作等手段实现手脑并用、眼耳并用,同时要有适当的调控。这两个问题是化学课堂教学需要认真研究和实践的问题,关键是在教师的组织与调控之下使学生最大限度地参与自主的教学活动,主动接受来自多种媒体的教学信息,通过各种感官的交替使用和思维的活跃,保持高昂的情绪和浓厚的兴趣。如果简单地把课堂教学调控理解为组织课堂纪律,使学生老老实实地听课,不能自主活动,其结果必然使课堂教学变成单一的教师讲述甚至是"满堂灌",学生只能被动地接受单一形式的"灌输",整个教学过程背离最佳状态的要求。只有深刻理解课堂教学调控的含义,才能科学地调控教学过程,灵活运用各种教学方法和教学手段,合理变换教学形式,使教学信息的传递多样化和多向化,并使学生始终处于主动的学习状态。

2. 维持良好的课堂秩序

化学课堂教学过程是一个可控的有序的过程。学生的主动参与和教学信息传递多样化,不等于

---

① 北京师范大学教育系《教学认识论》编写组.教学认识论[M].北京:北京燕山出版社,1988:28.
② 杨承印.化学教学设计与技能实践[M].北京:科学出版社,2007:202.
③ 王克勤.化学教学论[M].北京:科学出版社,2006:184.
④ 胡志刚.化学微格教学[M].厦门:厦门大学出版社,2007:138—139.

课堂教学杂乱无章,学生任意而为,甚至从事与本课无关的活动。无论课堂气氛怎样活跃,学生怎样讨论甚至争辩,都必须围绕教学目标展开,都必须有利于任务的顺利完成。因此,良好的课堂教学秩序与和谐的教学环境是化学课堂教学的基本保证。如前所述,维持课堂秩序绝不能依靠教师的威慑甚至惩罚。建立师生和谐的教学环境依赖于师生之间和同学之间的情感交流,而课堂教学调控可以有效解决这些问题。通过向学生提出正当合理的要求和交代课堂常规,可以唤起学生的有意注意。通过正面提醒和巧妙利用提问、演示等技能,可以交替引起学生的有意注意和无意注意,使学生将注意力集中在教学主题上。通过分析原因和启发诱导,实事求是、合情合理地纠正违反课堂纪律的现象,尤其是及时肯定学生的进步和优点,鼓励学生的自信心和进取心,有利于克服学生的不良习惯。

3. 提高课堂的教学效率

化学教学过程是一个特殊的认识过程。它要求学生在规定的时间内做好意向准备,形成良好的动机,对特定的客观事物进行充分的感知,运用科学的思维理解事物的本质联系,并将获得的知识保持在记忆之中,同时在新旧知识之间建立必要的结构联系,以供随时提取应用。在一节课当中,需要有这样一个总的过程和围绕每一个知识点展开的具体过程,也就是说从意向开始到应用结束的认识过程可能要反复多次。化学课堂教学过程又是化学教学系统的组成部分。因此,化学课堂教学过程是一个由各要素相互作用的具体特殊结构和基本环节组成的整体,是一个有序的与外界有信息交流的开放系统,是一个能够通过畅通的反馈渠道进行调控的过程。化学课堂教学过程所具有的特殊认识规律和系统性特点最终是通过课堂教学结构的完善与否表现出来的。

随堂讨论

教学调控是课堂教学活动达到既定目标的保证。举例说明课堂教学调控如何达到这一目标。

5.1.4 教学调控技能的分类

课堂教学是个较为复杂的控制系统和特殊的认识活动。作为控制者的教师是教学认识过程的主导者,而作为控制对象的学生却是教学认识过程的主体。教师和学生均具有自身的主观能动性,他们在课堂教学中的表现都会对教学效果产生直接的影响。此外,还有许多客观因素也会对教学效果产生不同程度的影响。因此,近年来广大教师在理论和实践研究中从不同的角度提出了许多课堂教学调控的技能。然而,迄今为止,关于课堂教学调控技能如何分类尚未形成统一的认识。

目前,纵观各种相关论著和教材,对课堂教学调控类型的提法使用较多的是将其分为:① 教法调控;② 兴趣调控;③ 语言调控;④ 情绪调控;⑤ 反馈调控;⑥ 机智调控。[1] 也有人在上述提法的基础上又加入"注意调控"[2]。这种分类方法建立在经验的基础上,具有一定的实用性。然而,这种分类方法的提出或使用均未说明分类的标准是什么。从上述各种调控的内容看,教法调控、语言调控、反馈调控以及机智调控主要是针对教师主导作用方面的调控,而兴趣调控、情绪调控以及注意调控则主要是针对学生主体作用发挥的调控。显然,上述各种课堂教学调控的类型不是根据同一标准分类的结果。这不符合分类方法的要求。

---

[1] 本书编委会.新课程教师课堂技能指导[M].北京:中国轻工业出版社,2006:168—171.
[2] 王克勤.化学教学论[M].北京:科学出版社,2006:185—186.

除上述分类方法外,关于课堂教学调控技能还有以下提法:①① 教学内容调控、教学速度调控、课堂气氛调控、疏密相间与思维流量调控;② 氛围调控、节奏调控、意外情况调控;③ 速度的调控、难度的调控。

在这些关于课堂教学的调控技能中,有的从教学调控的原理入手,如反馈调控;有的从课堂心理环境入手,如情感调控、氛围调控、情绪调控;有的又从课堂时间的调控入手,如节奏调控、速度调控;还有的从课堂行为的调控入手,如意外情况调控,这种形式的调控更多地被作为教学机智来加以研究。以上关于课堂教学调控技能的分类大都以研究者个人经验的总结为主,缺乏系统化和整体性。

针对上述弊端,有研究者从课堂教学管理的角度出发,按照调控的内容不同,把课堂教学的调控技能分为以下几个方面:课堂物理环境与心理环境的调控、课堂行为的调控、课堂时间的调控、课堂教学内容与方法的调控等。② 这种分类方法具有很强的实践指导意义。

1. 课堂环境的调控

课堂物理环境调控和心理环境调控合起来可以称做课堂环境的调控。课堂物理环境指作用于课堂教学活动的因素,如温度、光线、声音、气味、色彩,以及课堂座位的排列等。这些因素一方面可以引起教师和学生在生理上的不同感觉,一方面在心理上也会产生不同的情绪,影响学生学习动机、课堂行为,甚至对课堂心理气氛产生影响,从而影响教学活动的开展。教师应注意物理环境的布置,良好的课堂氛围的形成离不开整洁、舒适的课堂物理环境。教师应组织同学有特色地布置本班教室,注意座位的编排情况、良好的通风、适宜的温度、合适的光线等。③

课堂心理环境可分为课堂人际关系与课堂心理气氛两类。教师在课堂活动中应克服权威心理,主动与学生沟通;对学生要有积极的期望;同时引导学生之间相互信赖、相互关心,使生生之间的人际交往健康发展,并进一步形成具有共同目标的学习集体。建立起良好的师生关系,处理好生生关系,同时帮助班集体形成良好班风。课堂心理气氛指班集体在课堂上的情绪、情感状态,是师生在课堂上共同创造的心理、情感和社会氛围。可分为民主性气氛、专制性气氛、自由放任性气氛。课堂心理气氛既受到校风、班风的影响,也受到教师权威、教师领导方式的影响。教师在对课堂心理气氛进行调控时应转变观念,树立全面、正确的角色意识,尽量采取民主的领导方式,讲究教学的艺术,保持愉快、振奋的心理,合理解决冲突。

2. 课堂行为的调控

课堂行为可分为课堂积极行为与课堂问题行为两种,教师首先明确学生在课堂上的行为属于什么类型。积极行为应及时得到强化和鼓励,对问题行为则应慎重对待。有研究者将课堂问题行为分为两类:扰乱课堂秩序的行为和影响学生自身学习效果的行为。前一类包括交头接耳、传递纸条、高声笑谈、敲打作响、互相指责、攻击、故意违反纪律等,教师应加以制止和削弱。后一类行为表现为上课发呆、注意力不集中、胆小害羞、不主动参与课堂教学活动等,需要教师给予注意和适当引导。此外,教师还应具备处理突发事件的能力,一些本来属于问题行为的事件,如果处理得好,往往会变成使教学活动生动起来的契机,教学内容也可借此得以深化。

3. 课堂时间的调控

课堂时间的调控包括课堂教学时间的分配、节奏、速度等。课堂教学的时间可分为分配时间、专

---

① 杨承印.化学教学设计与技能实践[M].北京:科学出版社,2007:203.
② 杨承印.化学教学设计与技能实践[M].北京:科学出版社,2007:203—205.
③ 李定仁,徐继存.教学论研究二十年[M].北京:人民教育出版社,2001:304.

注时间和学科学习时间,这三种时间依次递减,分配时间属于具体分配的课堂时间,是最长的,而除去教师组织教学后剩下的是专注时间,学科学习时间最短,它是学生真正进行学习的时间。[①] 教师应在对课堂的有效控制下尽量减少组织教学的时间,同时把握最佳时域,提高课堂教学有效性。有研究指出,开课后 5~20 min 是课堂教学最有效的时间段,也有研究者认为上课后的 20~25 min 是学生注意力最稳定的时间段,教师根据具体授课内容不同等因素的影响可能会有不同的结论,但教师要善于抓住最佳时域,突出重点、突破难点、完成主要的教学任务。[②③] 从课堂教学的节奏看,每一节课的进行实际上都是波浪式的,学生的注意力会随着新内容的出现不断转移和集中,形成课堂教学的自有节拍。节奏慢的地方往往是教学难点、重点、学生易产生问题的地方,节奏快的地方则可使学生养成快看、快写、快说、快思的习惯。总之,教师要善于从学生的反馈中得到信息,调整教学速度,把握教学节奏,使课堂教学既能行云流水,又能有张有弛,与学生生理、心理特点相吻合。[④]

4. 教学方法的调控

教师在课前已制订出一定的教学计划,上课后虽然可以适当增加或删减一些细节,但一般还是按照教学计划来进行教学。这种情况下对教学内容的调控更多的是指教师在教学过程中如何更好地把握教材,处理教材,从而更好地完成教学任务。此外还应注意教学方法的选择。教学方法具有针对性、相对性、综合性以及多样性。固守单一的教学方法容易使教学显得呆板、千篇一律,更重要的是不能适应不同教学内容的要求。课堂教学的调控,在很大程度上就是刺激学生集中注意力,调动学生的学习积极性。从美学的角度讲,引起人们审美注意的一个重要因素,是客观对象的新颖性和多样性。因而,课堂教学方法是否新颖、是否多样,是决定能否有效实施课堂教学调控的重要因素之一。教师选择教学方法要注意适应学生心理特征及认知规律,避免教学方法单一化、机械化。此外,新一轮基础教育课程改革后,化学教材中的实践性环节有所增多,教师在教学方法的选择上也应注意学生的参与度,掌握如何指导好研究性学习、探究性学习与基于问题的学习的教学方法。好的教学方法应该是与学生的学习方法相适应的,教的目的是为了不教,教法与学法的统一间接体现了教与学过程的内在统一。

随堂讨论

不同学校、班级存在着差别,化学教学调控如何适应这些差别?

5.2 教学调控技能的设计

核心术语

- ◆ 导课过程中的调控设计
- ◆ 主体过程的调控设计
- ◆ 结课过程的调控设计
- ◆ 教学时间的调控
- ◆ 教学氛围的调控
- ◆ 教学机智的调控

当教师将备课时设计好的教学计划付诸实施时,常常需要根据实际的课堂教学状态,如教师自身

---

① 白益民.课堂教学的时间变量及其控制策略研究[J].沧州师范专科学校学报,1999(3):60—65.
② 李介.成人课堂时间的优化管理策略[J].继续教育研究,1996(5):72.
③ 李淑媛,童祥贞.课堂教学的组织与调控[J].教育探索,1996(3):14—15.
④ 吴文胜,盛群力.有效利用教学时间的教学策略[J].当代教育论坛,2004(12):39—44.

的临场发挥状态、学生当时的学习积极性、教学环境的变化等,对教学过程的各个环节进行调控,以达到教学的最优化。这不仅要求教师具有扎实的教学理论基础和丰富的教学实践经验,而且要求教师要有较高的课堂教学调控技能,要有随机应变、因势利导、综合运用各种教学技巧的能力。为了系统地分析课堂教学调控的设计,下面将按照课堂教学的时间进程,分别对课堂教学中的导课过程、主体过程和结课(即结束课)过程这三个阶段进行分析。

5.2.1 导课过程的调控设计

导课作为课堂教学的起始环节或开场,承担着吸引学生注意力、激发学生动机、复习相关旧知识、指明教学目标、酝酿情绪、渲染气氛等作用,直接影响着整个课堂教学的质量。精彩的开场有赖于教师根据实际情况进行有效的教学调控。在实际的课堂教学中,教师的主要任务就是,利用各种教学媒体,通过师生和生生之间的多边交流活动把加工后的教学内容作为有效信息传递给学生。信息传递是否有效及其效率的高低在很大程度上取决于作为教育控制者的教师能否引起学生的注意。在实际教学中,如果教师按照课前拟定的导课设计方案没能引起学生的注意,师生之间的信息传递就会出现效率低下甚至中断的状态。这样的课堂教学属于低效或无效教学。因此,教师必须掌握多种导课技能,以便在实际的课堂教学中进行有效的调控。

化学课堂教学既具有一般教学的共性又有其自身的特点,其导课有多种形式,包括明确目标和内容引入(如直接引入、明确目标引入、明确知识价值引入)、通过激活已有知识引入(如复习引入、对比引入、经验引入)、通过文字材料引入(如故事引入、事例引入、现象引入)、通过活动引入(如实验引入、游戏引入)以及直观引入等。[①] 在具体的课堂教学中,同一种导课方式可用于不同的教学内容;同一种教学内容也可以采取不同的导课方式。上述多样化的导课方式为教师在导课阶段实施教学调控提供了较大的选择空间。此外,教师在导课时要把握好导课的时间,导课的内容不可喧宾夺主,不宜占用过多教学时间。导课的过程较短,这就要求教师既要充分调动学生的积极性,又不能太过偏离教学主题,要善于将学生跳跃的思维片段纳入到与教学内容有关的思维中来,要让学生爱学、乐学,做好正式课前的"热身"。[②] 因此,教师在熟悉各种导课方式的前提下,要根据实际教学内容的特点、学生的特点以及课堂教学当时的情境,适时地选择最适合的导课方式,从而保证课堂教学有一个最优化的开端。

案例研讨

关于金属钠的教学,可以有多种导课方式,例如:

(1) 直接引入:教师通过语言直接向学生讲述,人类已经发现 110 多种元素,其中约 4/5 是金属元素,由此足以看出金属元素在元素世界的重要地位。金属作为一种材料的出现对推动人类社会文明的发展作出了巨大贡献,青铜器时代和铁器时代给人类历史留下光辉的篇章,铝合金、钢铁的大规模应用则成为工业化时代的基础,金属在生产、生活中有着广泛的应用。这一章我们就将研究金属及其化合物的性质,本节课将学习钠的性质。(PPT 展示相应画面)

(2) 事例引入:首先,教师向学生介绍 2001 年 7 月 9 日的新闻报道。

[①] 袁孝凤.化学课堂教学技能训练[M].上海:华东师范大学出版社,2008:46—58.
[②] 李淑媛,童祥贞.课堂教学的组织与调控[M].教育探索,1996(3):14—15.

据中新社广州七月八日电,广州市珠江河段上,近两天惊现神秘"水雷",六个白色来历不明的铁桶漂浮在水面上,有三个发生剧烈爆炸,另外三个被有关部门成功打捞,期间无人员伤亡。一位目击者说,早上十时多,石溪涌中突然冒起一股白烟,从漂在水面上的一个铁桶内窜出亮红色的火苗,紧接着一声巨响,蘑菇状的水柱冲天而起。直到中午,这个铁桶又连续爆炸多次,爆炸腾起的白色烟雾足有十米高。经专家初步认定,铁桶内装的是遇水极易燃烧的金属钠。据现场的消防队员证实,共发现了六枚装满金属钠的"水雷"。昨天下午五时多,消防队员将未爆炸的三桶金属钠打捞出水,并送到安全地点。据此间《广州日报》称,这些钠原本是存放在仓库内的,可能是由于连日暴雨,将它们冲进珠江,也可能是由一艘私人小船运输,在经过广州时遇到大风翻沉。

然后向学生提问,金属钠是一种什么样的金属?具有什么性质?为何具有如此威力?出现上述事故该如何处理呢?我们通过对钠的结构和性质的了解就会解决这些问题。

(3)实验引入:向学生演示趣味实验——"滴水点灯"(酒精灯的灯芯里事先藏有一粒金属钠),打破"水火不相容"的传统观念。激发学生的好奇心和探究热情,从而引出本节课题——钠。

研讨问题:联系上述案例,谈谈你对导课过程中调控设计的看法。

5.2.2 教学主体过程的调控设计

在实际的教学过程中,无论教师在导课阶段的效果怎样,课堂教学的进程都要进入其下一个阶段,即课堂教学的主体阶段。教师在按照课前拟定的教学设计方案组织教学过程时,要根据导课的效果和当时课堂中的物质环境和心理环境等因素对教学过程进行合理的调控,以确保教学目标的实现。

1. 教学内容的调控

教学内容是教师在课堂教学中的主要调控对象之一。教学内容的调控是指教师在课堂教学中对教学内容的数量及其深广度的调整与控制。从教学内容的数量调控来看,每节课安排的教学内容要适量,要注意选择与取舍,做到详略得当。课堂教学的难度调控,即教师和学生在教学过程中对知识的理解、运用、表达等的难易程度的调控。这里主要是指学生学习时的难易程度。过难,学生可能不会理解;过易,既降低了教学要求,又可能挫伤学生的学习积极性。由于课堂教学的时间是有限的,作为教学认识主体的不同班级的学生又是有差别的,因此,教师在确定具体教学内容时,不仅要遵循化学教学认知规律,还要考虑不同班级学生的具体认知水平。为了有效地控制课堂教学,教师必须把握学生的最近发展区,对教学内容的调控应建立在学生的最近发展区上。这样,学生就能较轻松地在原有认知结构的基础上,经教师的指导,扩展自己的认知结构,获得学习上的进步。

资料卡片

5-3 最近发展区

苏联教育心理学家维果茨基(Lev Semenovich Vogotsgy,1896—1934)的研究揭示:教育对儿童的发展能起主导作用和促进作用,但需要确定儿童发展的两种水平:一种是已经达到的发展水平,表现为儿童能够独立解决的智力任务;另一种是可能达到的发展水平,表现为"儿童还不能独立地解决任务,但在成人的帮助下,在集体活动中,通过模仿,却能够解决这些任务"。这两种水平之间的距离就是"最近发展区"。把握好最近发展区,能加速学生的发展。

2. 教学目标的调控

课堂教学的目的就是为了实现拟定的有关各种教学内容的教学目标。正如美国教育心理学家布卢姆(B S Bloom,1913—)所说,有效的教学始于准确地知道所期望达到的目标。按照我国教育部颁布的化学课程标准,要求学生达到的目标包括"知识与技能、过程与方法以及情感态度与价值观"三个维度。因此,教师在具体制订教学目标时,要以此为参照,充分考虑学生的全面发展。在具体的化学教学过程中,教师还要根据当时的实际教学状态对教学目标进行调控。一方面,教师要控制好教学进程,确保三维目标的达成,使学生在课堂教学中得到全面发展;另一方面,也要根据具体的教学状态对原有教学目标进行适当的调控,使教学目标具有"层次性、开放性、发展性、甄别性、社会性和互动性"[①],从而使教学过程适合于各种类型学生的发展。

案例研讨

> 同一班上的学生,使用着相同的教材,聆听着同一老师的声音,但他们的学习方式并不相同。这就要求教师对教学目标的调控要有层次性,以便使全班学生均能受益。
>
> 例如,在讲授 Na_2O_2 与 H_2O 的相互反应时,教师首先按教材要求演示了把水滴入少量盛有一定量 Na_2O_2 固体的试管中,用带火星的木条放在试管口,检验生成的气体,再向试管中滴入少量酚酞试液,检验生成的溶液,得出了其发生反应的方程式,然后设问:你是怎么知道产物是 NaOH 和 O_2 的? 不少学生的回答是从实验现象想到的,也有同学说这是 Na_2O_2 与水发生了离子间的互换生成的 H_2O_2 不稳定分解后生成的。显然,后者是从本质上去把握这一反应的。由此可见,前者主要运用的是视觉—空间智力,而后者侧重于逻辑—数学智力的运用。这种智力多元性的客观存在,要求教师不能用单一的观点确定目标,目标的层次性、目标的多元性的合理体现,可使具有不同智力体现的学生在同一空间获得合理的发展,这样的化学不但能使学生感到是科学的化学,肯定还能体会到是人文的化学。这会使化学获得更大的发展空间,受到更多人的关注与更多学生的热爱。[②]
>
> 研讨问题:联系上述案例谈谈你对教学目标调控的看法。

3. 教学方法的调控

化学课堂教学的调控机制,在很大程度上是刺激学生集中注意力,调动学生的学习积极性。从心理学的角度讲,引起学生注意的一个重要因素,是客观对象的新颖性和多样性。因而,课堂教学方法是否新颖、多样化,是决定能否有效地实施化学课堂教学调控的重要因素之一。首先,运用教学方法对化学课堂教学加以调控,教师要克服教学方法刻板化的倾向,追求教学方法的新颖性,以新颖的形式激发学生的求知欲,使之保持稳定的注意力。必须改变"教师讲,学生听"的"注入式"陈旧方式,建立以学生主动参与活动为主的新模式,确实把学生置于教学的主体位置。教师重在引导、诱导、指导学生,让学生积极活动、主动参与,培养学生的自学、思考、训练、实践等多种能力。其次,教师不能总是固守某种单一的教学理论和方法,要广泛采用现代教育教学理论精华,不断用变化的信息去刺激学生的接受欲望,使之形成持久的注意力,从而达到提高教学效率的目的。[③] 化学课堂教学要追求教学方法的灵活性和多样性,就要注意在一定的教育学习理论指导下,创造多样化的教学方法。按照人本主义的学习观,教学必须以学生发展为本,在充分尊重学习者尊严、价值、创造性及自我实现的前提下

---

① 舒继青. 从多元智力理论谈化学课堂教学的目标调控[J]. 化学教育,2003,(12):23—24.
② 舒继青. 从多元智力理论谈化学课堂教学的目标调控[J]. 化学教育,2003,(12):23—24.
③ 王克勤. 化学教学论[M]. 北京:科学出版社,2006:186.

组织学习。据此,可以采取同伴教学、分组教学、探索式训练程序教学、自我评价等方法进行教与学。

 随堂讨论

在课堂教学中,针对同一教学内容,教师可采用不同的教学方法。试以高中化学新课程教材"电解质的电离"(鲁科版《化学1》第2章第2节)的教学过程为例,分析讨论如何进行教学方法调控以实现课堂教学的最优化。

4. 教学时间的调控[①]

时间调控指的是课堂上那些与时间控制相关的调控因素。总体看来,如果要让整个课堂节奏处理得当,教学进度快慢相宜,可以从调控教学速度和思维流量两个维度来把握,这两者直接影响到教学效率的高低。

首先是教学的速度。它是指单位时间内所完成教学任务的一定量,教学速度的快慢意味着在恒定的单位时间里接受信息量的多少。现代心理学家研究证明:人类接受信息量是以"组块"为单位,要想长期记忆一个组块,最低需要显示8s的时间,但要真正理解掌握应用,则一节课只能完成4~20个组块。因此判断教学速度是否适当的标准是极难确定的,一般以学生的接受水平为依据。教师要善于捕捉和及时捕捉学生的反馈信息,当大部分学生能够目不转睛紧随教师的思路的时候,说明此时教学速度是合适的;当学生低头不语、东张西望、目光游移,或者虽认真听课但却眉头紧蹙时,教师就要根据自身经验并综合学生平时的状况作出正确判断,如果属于速度过快或过慢引起的,就要及时调整。

其次是思维流量,即课堂教学的密度。它是指单位时间内完成教学任务的一定质的程度。课堂教学传授的新知识越多,教学密度也就越大。如果一堂课结构松散,内容简单,没有足够的思维流量,就会造成课堂教学效率的低下。学生的思维得不到训练,分析和解决问题的能力得不到大的发展,教学的效果就大打折扣。教学改革的实验表明:课堂教学中采用学生实验、问题讨论、探究式学习等方法,让学生通过动脑动手、动笔动口进行学习,使各种感观受到刺激,一堂课上有较长的有意注意时间,能够改变大脑的兴奋点,促使大脑对各种感官的信息进行综合分析,形成概念,这样的课堂教学的思维密度是比较高的。

课堂教学的速度与密度并非简单的机械的组合在一起,好的课堂必然是节奏得当、快慢相宜的。理想的课堂状况是波浪式的,学生的注意力和思维会不断随着新的教学内容的出现而转移,这些都需要教师通过反馈信息进行有效调控。

 随堂讨论

课堂教学必须有合理的速度和适当的密度才能保证其效率。试从课堂教学时间调控的角度,分组讨论高中化学新课程教材"氧化还原反应"一节(人教版《化学1》第2章第3节)的教学应分为几个课时?每课时应包含哪些教学内容?如何控制教学速度?

[①] 杨承印.化学教学设计与技能实践[M].北京:科学出版社,2007:200—201.

5. 教学氛围的调控[①]

课堂教学的对象是活生生的学生,课堂教学的氛围对学生学习效果有着直接的影响。心理学研究表明,学生在愉悦、活泼的气氛中,其智能操作活动的效率明显比在压抑、焦虑的气氛中高。所以创造快乐、活跃的课堂教学氛围,使课堂教学焕发出生命的活力应是化学教师追求的目标。教师对教学氛围的调控一般是通过调节学生的情绪状态来完成的。通常可采取以下策略:

(1) 精心组织教材,让教学内容本身打动学生。在化学课堂教学中,调动学生学习的积极性和主动性,使整个教学过程高潮迭起的有效办法之一是用教学内容打动学生。这要求教师精心组织教材,通过不断地创设问题情境和组织问题解决使教学内容活化,使学生的认知需求得到强化,从而使学生沉浸在积极探索和交流的愉悦气氛中。教师调控教学氛围的目的并非是要在整整一堂课的进程中都使学生处于群情激奋的情绪状态之中,一堂课中既要有学生好奇心、求知欲得到充分激发的高潮阶段,同时教师又要根据认知内容的复杂程度的不同来调控学生的激奋水平,使学生的激奋水平与认知对象的复杂程度相匹配。

案例研讨

> 有位老师在复习碳酸盐与酸反应的原理时,首先给了学生如下情境:向装有 10 mL 2 mol/L Na_2CO_3 溶液的试管中边振荡边逐滴滴加 2 mol/L HCl 溶液至 15 mL,最终可收集到 CO_2 气体多少毫摩尔(设产生的 CO_2 全部逸出)? 问题出来后,绝大多数同学根据 Na_2CO_3 跟 HCl 生成 CO_2 的反应方程式知道反应中 Na_2CO_3 过量,按 HCl 的有关数据可求得 CO_2 15 毫摩尔。此时,教师没有评价结果的正确与否,而是让学生动手做如下实验:向 Na_2CO_3 溶液中边振荡边滴加 2 mol/L 的 HCl 溶液,注意观察现象。实验过程中学生发现,开始滴加时并无气泡产生(这与原来的设想恰好相反);后来随着加入的 HCl 溶液量的增加才有气泡产生。这个与原来假设相去甚远的实验现象情不自禁地引发了学生的议论,并达成了共识:由于此实验中 Na_2CO_3 跟 HCl 首先按 1:1 反应生成 $NaHCO_3$,再跟 HCl 按 1:1 反应生成 CO_2。此时,再让学生回过头来研究前面的问题情境,大家一致认为此计算应按两步反应进行,可收集到 CO_2 为 10 毫摩尔。教学过程这样的处理使学生对 Na_2CO_3 跟 HCl 反应(实质是 CO_3^{2-} 与 H^+ 的反应)原理有了深刻的理解。接下来这位老师又要求学生用刚刚实验中用到的两种溶液进行如下实验:在不加振荡的情况下向 Na_2CO_3 溶液中快速滴加 HCl 溶液,观察实验现象。结果大家发现实验刚开始时就有气泡产生了。此时学生的表情由原来的好奇变为惊奇:此结果不是与我们刚刚得出的反应原理相矛盾吗? 接下来的师生共同活动,使学生理解了产生这一现象的原因:由于实验过程中不振荡溶液和盐酸的快速滴加,使反应物不能充分混合,从而 HCl 在反应中局部过量,故在反应一开始就发现有气泡产生。通过对两个实验的对照,使学生感受到:即使对于同样反应物的化学反应,由于实验操作方法的不同,其结果也可能是不同的。
>
> 研讨问题:请分析上述课堂教学过程中教师是如何对课堂教学氛围进行调控的。

(2) 引导学生参与,变学生学习的直接兴趣为间接兴趣。依靠学生对教学内容的直接兴趣激发的学习积极性是不稳定的、短期的。教师在教学中应当用适当的方法变学生对化学学科中某一教学内容的直接兴趣为对化学学科本身的兴趣——间接兴趣,亦即使学生把对某些化学内容的好奇、积极探究的情绪内化为对所有化学材料(无论是有趣的还是平淡无奇的)都感兴趣的,指向化学学科的积极、稳定的情感。当学生形成了这样的情感后,良好的课堂教学氛围的建立便会水到渠成。为了实现

[①] 杨卫国. 化学课堂教学气氛的调控[M]. 化学教育,2000(3):31—33.

这样的内化,教师必须设法增强学生的化学学习能力,因为化学学习能力差的学生很难对化学有浓厚的兴趣。从化学教学的角度看,可以在教学活动中让学生共同参与设计探求新知识的方案或实验步骤,并参与寻求真理的实践活动,从而得到自己的感受和评价(在此过程中教师要及时做好引导和调控)。通过这样潜移默化的教学过程,可使学生感悟出探求和掌握新知的一般方法,并由此获得化学学习所必需的能力。

(3) 师生分担与共享,构建课堂教学中新型的人际关系。课堂教学中的人际关系包括师—生、生—生关系。建立合理的课堂教学中的人际关系的目的是使人与人之间能够相互理解、相互包容,从而在课堂内形成一种"支持型气氛"(而不是学生对教师的"防卫型气氛")。课堂教学中的人际关系应该是分担与共享的关系。分担是指集体中每个成员应当分担他人在学习过程中遇到的障碍和情感负担,真心实意地帮助其越过这种障碍,消除这种负担,并从中认识到人与人之间的合作远比竞争有意义。共享是指分享他人在学习上获得成功和进步的喜悦,并由衷地在言行中表露出来,同时也共享他人获得成功的成果。在这样的分担与共享关系的作用下,课堂教学气氛一定是宽松、愉悦的。同时人与人之间分担与共享关系可以帮助学生逐渐形成与他人合作共同开展某项工作或事业的能力。

(4) 创造美的氛围,给学生以美的体验。课堂教学的最高境界是美的境界,这是每个教师都向往的境界。化学教学中的美可分为两个方面:一是看得见的外在形式的美,如教师的语言美、仪态美、板书美、教学设计美、化学实验美以及学生的积极参与之美,甚至还有教室的环境美等;另一种是课堂教学中最难达到的也是最有价值的内在美,这种美是人与人之间心灵碰撞的结果,可以是学生在探求新知寻找规律时获得意外成功的惊喜,也可以是在山重水复疑无路之后突然产生的灵感所带来的惊叹等。这种美是人的心灵深处的一种体验,只有身临其境的人才有此感受。

6. 教学机智的调控

教学机智是指教师在教学过程中顺乎教学情境迅速、敏捷、准确灵活地作出判断,及时反应,使教学保持平衡的能力。① 在具体课堂教学中,没有一个教学模式可以适应所有的教学需要,往往会出现各种突发教学事件,干扰教学。教师必须具备处理突发教学事件的智慧和技能,拥有必要的教学机智,才能正确应对课堂上的种种状况,将教学工作调整到原来的轨道上,保证教学的顺利进行。

首先,教师应做到临"危"不乱,处变不惊;其次,做出反应要及时,当机立断;再次,对课堂突发事件的判断要正确,要分清楚学生课堂行为的种类,不一味追求课堂秩序的整齐划一,不轻易打击积极思维的学生,尊重学生,采取的处理措施要恰当、慎重,这样有利于整个班级形成良好的学风。如此才能化被动为主动,有效地控制课堂教学。

教师可具体采用的方法有:① 解答释疑法,即正面回答学生突然提出的"古怪"问题;② 因势利导法,即从学生的思路出发将其引导到教师所熟悉的知识块,在回答某一个学生问题的同时,也使全体学生受到教育;③ 众议排除法,即对学生忽然提出的问题,教师组织课堂上所有成员一起讨论,师生共同给出一个答案,从而表现出一种教学机智;④ 目标转移法,即当课堂上在预定的教学内容之外出现了意外因素的干扰,或是人,或是物,或是一种信息时,教师可以直接利用这些"干扰"因素,化被动为主动,将原先的教学内容转换成新的内容。制约课堂教学效果的因素还有很多,教师具备一定的教学机智对处理课堂突发事件具有积极作用。

---

① 王克勤.化学教学论[M].北京:科学出版社,2006:186

案例研讨

> 关于淀粉碘化钾溶液与氯水的反应的教学,某教师采用边讲学生边实验的形式,强调滴加适量氯水,但学生多加了一些,出现了先变蓝后褪色的现象,褪色涉及的反应显然是原有的教学任务中不要求做的,碰到这种情况应该如何处理呢?
>
> A 教师认为:此现象涉及的知识是不做要求的,讲得过多会加重学生负担,而且掌握这些没必要掌握的反应对解题反而有负面影响。此时,可交代一句"感兴趣的同学可以在课后去研究这一问题"即可转入下一教学环节。对这种易出现意外的反应,最好还是采用教师演示的方式而不要让学生去做。
>
> B 教师认为:适当渗透一点要求之外的知识不一定有那么多负面影响,而且学生既然有了"疑",就要解决。我觉得还是应该告诉学生这儿发生的反应,跟学生讲清楚平时一般不考虑就行了。我也认为应该避免出现这一意外,还是改用教师演示的方式更好。
>
> C 教师认为:我觉得不如先让学生说说看是什么原因,给他们充分的时间去思考、讨论。我上课时,学生提出了两种可能的原因:一是认为氯水有漂白性,蓝色物质被过量的氯水漂白了;二是认为过量的氯水把单质碘进一步氧化。持第一种观点的人明显要多。在争论的时候学生很自然地想到通过实验验证,设计方案时有学生想到再加入单质碘,结果发现又变蓝,证明第一种观点是错误的。还有的学生想到可以加入过量的淀粉,加入后不变蓝,证明溶液中不存在碘单质。因此证明第二种观点是正确的。说实话,备课时我没考虑这些,所以预设的教学内容没有完成。但整个后半节课我感到学生都很投入,处于一种积极的思维状态中,我觉得还是值得的。另外,我也部分同意 A 和 B 老师的看法,准备实验要充分,要尽可能避免出现意外。但若真的出现了意外,还是应该尊重事实,引导学生分析。
>
> D 教师认为:C 教师的处理方法当然很好,但并非所有的意外现象在课堂上都能被完善地解决。例如铜和浓硫酸反应时,总能观察到少量黑色固体,而且试管底部的固体不是纯白,而是灰白色,这一现象在课堂上很难通过探究来解决,只能避而不谈。
>
> 评论:意外的出现使学生处于"问题状态"之中,四位教师提出了处理意外的四种方法:第一种是巧妙搁置型,把学生从教师认为不必要的问题状态中"解救"出来,让课堂教学的进程能按老师设想的"套路"进行,能一直处于老师的控制之中,新问题在诞生之前就被扼杀,意外被搁置。第二种是自动解决型,意外是通过教师直接告诉学生答案而自动解决的。学生虽然知道了结果,过程却被忽略,新问题被扼杀在摇篮中,学生则总也逃不出"如来佛的手心"。第三种是因势利导型,教师引导学生提出问题、分析问题,并在解决问题的过程中生成新的问题。意外的出现自动生成了"为什么会出现先变蓝后褪色"这一问题,在分析问题的基础上又生成了"如何通过实验验证哪一种分析是正确的"这一问题,课堂上学生始终处于积极的思维状态中,这难道不比完成预设的教学任务更有价值?第四种是视而不见型,引导学生观察"应该"观察的现象,对"多余"的现象视而不见、避而不谈。这的确使课堂教学符合知识任务的要求,但学生却被忽视了,平时强调培养能力,此时却是有意识地限制学生的观察。
>
> 研讨问题:如果你碰到上述情况该如何处理呢?
>
> (刘前树,李广洲.有关化学课堂教学意外的讨论与思考[J].化学教学,2006(3):14—16.)

5.2.3 结课过程的调控设计

结束课是在下课前几分钟所进行的概括性教学过程,具有复习知识、总结要点、归纳结构、建立体系、反馈信息、传授方法、陶冶情操、升华思想、设置悬念、拓展延伸等功能。

结束课的方式,也不可一成不变,给学生以机械、单一的印象,而要因人、因课而异。对同一课时的结束课过程进行设计,可以进行归纳,提示要点,便于学生总结、加深记忆;可以设置疑点,埋下伏笔,给学生留下一个悬念,拓展思维;可以检查练习,课堂反馈,使学生巩固知识,加深对知识的应用、理解;也可以布置预习,提出要求,培养学生的自学能力;还可以进行总结,进行鼓励,激发学生的学习积极性等。多样化的设计为结束课过程根据学生实际发展状况进行调控,奠定下坚实的基础。

5.3 教学调控技能的应用

核心术语

- ◆ 教学调控的方法   ◆ 认知调控   ◆ 情感调控   ◆ 学生自控
- ◆ 教师调控   ◆ 宏观调控   ◆ 微观调控   ◆ 前馈调控
- ◆ 反馈调控   ◆ 教学调控的原则

5.3.1 教学调控的方法与技巧

新课程由国家课程、地方课程、校本课程三部分构成。课程管理上的分权使教师拥有了一定的课程权利和教学控制自由,但这对长期以国家课程权威为支撑并习惯于局部改变的传统教学控制法的教师来说将是一个很大的挑战。

教学控制是一个激发学生创造性的过程。在新课程中,教师将是学生的朋友、引导者和促进者,教学控制的原则是平等、引导。在新课程中,教师课堂教学调控的方法主要包括几种:[1]

(1) 表情示意法。当教师授课时,发现某个学生讲话或做小动作,可用自己的目光或严肃的表情示意、警示学生把注意力集中到学习上来,从而使学生意识到老师已发现他没有专心听课。

(2) 走动示意法。教师上课时注意到有的同学在低头看其他书籍或什么东西,用表情示意又不能起作用时,可以边讲课边走到这个同学跟前突然站住,这样,学生便会发现并迅速意识到老师在提醒自己要注意听课或积极思考问题。

(3) 手动示意法。有时课堂上发现个别或几个学生昏昏欲睡,甚至自觉不自觉地睡着了,教师可以边讲课边轻轻拍拍这个同学的肩或头,提示学生进行自我控制,克服睡意并集中注意力到学习上来。

(4) 变音示意法。众所周知,教师在课堂上的音量不宜过大或过小,而以全班每个同学都能听清楚最为适宜。语速的快慢和音量的高低要根据实际授课的需要来确定。当发现学生走神或看到窗外去了,或受到窗外噪音的影响时,教师可结合表情示意,放慢或加快语速;或突然停顿 1~2 s;或用提高音量压住室外噪音等方法,示意注意力"分散"的同学。

(5) 提问示意法。在实际教学中,经常会注意到这样一些现象,有的学生看样子是在听课但心思根本不在课堂上;有的学生没听懂或根本不懂却装出清楚的样子;有极少数学生不耐烦,心神不安;有的"南郭先生"在集体回答问题时善于蒙混过关等。为此,教师在讲解过程中可以及时提出一些简单问题,让上述这些学生复述或解答教师讲过的个别简单的内容或重复教师刚刚提出的问题,这样能使学生专心听讲,提高教学效率。

5.3.2 处理好教学调控中的四种关系

课堂教学是一种多因素、多变量的动态系统,只有对课堂教学实施有效调控,才能优化教学过程。

---

[1] 本书编委会. 新课程教师课堂技能指导[M]. 北京:中国轻工业出版社,2006:176—179.

要实施有效的教学调控,教师必须正确认识和处理好教学调控中的四种关系:[1][2]

1. 认知调控与情感调控

教学活动不只是教与学的简单认知过程,它还融合了师生在教学活动中的各种情感变化,是由学生的认知活动和情感活动构成的一个特殊的、复杂的系统。学生的认知系统主要承担着对知识信息的接受、贮存、加工、处理的任务;情感系统主要承担对学习行为的启动、调节、维持和定向的任务。两个系统相辅相成,协调发展。教学调控基本内容就是通过对学生的认知系统和情感系统进行的双重调控,使二者互补协同、平衡发展。

在课堂教学中,对学生进行认知调控,教师要善于从各种渠道及时收集反馈信息,以实现认知信息的调控,优化认知信息的传输过程。教学中常用的反馈信息有教师对学生行为的观察、课堂提问、课堂练习、学生质疑问难、相互讨论、当堂检测等。例如,在课堂教学中,对于一些重要的概念和原理,有时尽管教师讲得很透彻,但可能有些学生还是不能准确地掌握。如果教师当堂提问,或者让学生当堂完成几道有关这些概念或原理的习题,就能发现学生中存在的问题,进而对教学过程作出正确的评价,并采取校正和补救措施,以促进教学目标的达成。

通常,教师会自觉地重视认知调控,但对教学中的情感调控却往往缺乏足够的认识。现代教学论认为,课堂教学中师生的情感交流十分重要。教师的情感直接影响着学生的情感,也是影响学生注意力的重要因素之一。因此,教师在课堂教学中,要注意将自己的情感调整到最佳状态,以影响、感染学生,从而达到调控学生情感的目的。

教师在课堂教学中始终都应情绪饱满,精神抖擞,目光有神,满怀激情,对上好课充满信心。这样,学生势必受其潜移默化的影响和教师情绪的感染,从而精神振奋、情绪高涨。如果教师上课无精打采,情绪低落,两眼无神,则学生也会情绪低落,甚至睡意蒙胧,对教师的讲授充耳不闻。此外,教师在讲解不同的教材内容时,可以表达出不同的情感。例如,用热情自豪的神情抒发自己对美好事物的热爱,用严肃忧虑的神情表达对当前人类面临的种种危机的担忧等。这样,学生就会情不自禁地与教师的喜、怒、忧、乐发生共鸣,达到以情激情、情感调控的目的。

教师对课堂教学的心理环境,师生交流的情绪、气氛的调控能力是不容忽视的,教师自身的状态也是影响学生产生最佳心理状态的先决条件之一。在轻松、愉快、和谐的教学氛围中,教师教学生动活泼、思路流畅,学生学习情绪饱满、思维活跃,认知活动才能顺利开展并取得良好的效果。

2. 学生自控与教师调控

课堂教学效果如何在一定程度上要取决于课堂调控的方式与力度。教学调控可以是以教师为调控主体而实施的教师调控(通常状况下这是教学调控的主要方式),也可以是具有一定主体自控能力的学习主体的自我调控,即学生自身的自控行为。这两种调控都对课堂教学的效果有很大影响,在一定程度上一节富有成效的课正是这样一个由教师的有效调控与学生的成功自控所形成的。

传统教学常常片面强调教师的外部调控,而这种外部调控也更多是在教学维度、认知维度上的调控,即通过教师控制教学目标、教学方法、教学过程、教学进度等来实现的。教师按照教学目标,制定出实施教学的方案,把教学信息传输给学生,再对教学结果进行反馈评价。教师的主导作用被过分夸大、强化,形成了教师决定、掌握、控制整个课堂教学的局面。这种教师外部控制虽然有时能促进学生认知目标的达成,但其缺陷也是显而易见的。它常常有片面性,难以做到因材施教,更不利于学生主体性的发展。因此,突破教师外部调控的局限,重视课堂教学调控中学生的主体地位,对于优化课堂

---

[1] 袁维新.实施有效教学调控应处理好的四个关系[J].甘肃教育学院学报(社会科学版),1998(1):69—71.
[2] 杨承印.化学教学设计与技能实践[M].北京:科学出版社,2007:200—201.

教学的调控十分必要。

事实上,在教学调控系统中,学生并不是被动的受控对象,而是一个有自我意识的人,具备认识自己的行为的能力。学生的自控活动始终贯穿于学习的全过程,如制定计划、选择方法、管理时间、执行计划、控制感情、自我评价、反馈补救等自主控制活动。事实证明,学生的自控具有以下优势:第一,学生自控是随时通过对比性体验来检测学习过程进展情况的,它所依据的学习目标是内在的,被自我认可的,因而,是可以保证监控的系统性和科学性的;第二,在学生主体自控中,形成性评价占有较大成分,其评价过程能与发展性、动态性较好结合;第三,学生主体自控能及时反馈,包括不断地矫正学习中的各种偏差,具有可行性和实效性;第四,学生主体自控是主动的,有意识的、自觉的、具有较高的针对性和目的性。

强调教学调控中的主体自控,但不能忽视二者的内在联系和协同。学生的自控能力受自身年龄、素质的影响,也受环境因素的影响,当学生的学习出现偏离学习目标的失控现象,比如疲倦、情绪低落时,教师可以增强教学语言的幽默感和生动性,以引起学生的学习动机;当学生学习中遇到困难时,教师要给予必要的点拨。学生的自控能力也不是天生的,也需要受到教师有目的的培养与指导。

教师的外部调控与学生主体自控之间应避免出现二者消极对立的状况,二者应达成互补,形成积极的协同。以教师的他控来促成、发展、决定和最终实现学生的主体自控,是教学调控所追求的目标。

3. 微观调控与宏观调控

微观与宏观的划分更多的是出于教师对课堂教学影响因素的把握来考虑的。协调好课堂教学的微观控制与宏观控制的关系,是实现有效控制的基本保证。

从宏观上看,全部教学工作,都是根据课程标准(或教学大纲)的目标要求进行的,具体可体现为教学计划。这个目标一直贯穿于整个教学过程中,一般不会发生变化,具有一定的稳定性。教学过程就是通过课堂教学实现这个目标,这个过程可称之为教学的宏观调控。教学的宏观调控的要点是把教学计划(大目标)分解为各个单元计划(小目标),每个小目标的达成为下一个小目标的实现创造条件。通过小目标与教学效果的比较,发现差别,及时调整教学措施,从而保证小目标得以实现,最终顺利完成教学计划(大目标)。在课堂教学中,一般在一个单元教学结束后,进行一次形成性测验,发现教学中的问题并采取对策,改进教学,促进单元目标的达成。

从微观上看,统摄于课堂教学的总体目标这个目的之下,还有许多影响教学效果的因素。首先,要控制好课堂教学气氛。教师要从调适自身的心理状态入手,为形成良好和谐的课堂心理氛围奠定基础。教师还可以用各种非语言行为(手势语、体态语等)来辅助调节课堂气氛。其次,要调控好学生的参与度。教师要充分调动学生眼、耳、口、脑的共同参与,使学生在教师的引导下,真正进入角色,以求得最佳的课堂教学效果。第三,要调控好课堂教学的节奏。注意张弛结合,不可长时间地使学生处于紧张状态,造成疲惫感,教学节奏要主次分明,详略得当,避免单调枯燥或琐碎零乱。第四,要控制好课堂教学方法,要克服教学方法的教条化、单一化的倾向,根据教学内容、教学目标和学生的具体情况,设计多种方法,以不断地刺激学生的求知欲。

微观调控是宏观调控的基础,实施教学的宏观调控,离不开教学的微观调控,但没有宏观调控,课堂教学也会失去方向和目标。所以,从整个教学过程看,必须实现宏观调控与微观调控的有机协调、和谐统一。

4. 前馈调控与反馈调控

教学离不开反馈调控。但反馈信息的收集往往受一些因素的影响而需要一定的时间,有滞后性,进而影响教学效率和质量。如果教师能够在发生偏差之前,根据预测的信息,采取相应的措施,对教学系统实施前馈调控,就能减少教学失误和偏差。

反馈调控是以信息反馈为调控的关键环节。传统教学把学生看成是接受信息的容器,教师讲、学生听,教师通过巡视学习情况或学生的情绪反应与学生保持单向信息交流。这种单向反馈方式,教师输出的信息量大,而学生反馈的信息量小。教师对学生的学习情况心里没底,教学过程的调控也容易处于盲目状态。因此,要对课堂教学实施有效的反馈调控,就要不惜改革教学方法,加强教学信息反馈。

现代教学重视学生的主动参与,重视师生、生生的多边活动,为教学信息反馈开辟了新的渠道,如通过提问、练习、合作学习、小组讨论等多种方式,使师生、生生之间发生多向信息交流,形成教学信息的双向、多向和网状反馈,从而能及时从学生那里获得大量反馈信息,教师据此做出精辟、深刻的分析,以了解学生对教师输出信息接受和理解的程度,弄清哪些已达目标,哪些还有差距,从而及时调控教学进程,达到最佳的教学效果。

5.3.3 教学调控的原则[①]

1. 积极主动

教师的课堂教学调控应该是积极主动的,只有掌握了调控的主动权,才会达到教学的最佳效果。因此,在教学实施之前,教师应事先预计教学中可能发生的问题,做好充分的应对准备。教学中教师还应针对教学的反馈信息,积极主动地对教学加以调控,把握教学的方向和主动权。

2. 及时准确

教学中,教师及时获得教学反馈信息,准确调整教学活动,对完成教学任务、达成教学目标十分重要。从某种意义上说,课堂教学是否能获得最佳成效,很大程度上取决于能否对教学进行及时的、科学的、准确的调控。

3. 方法得当

教学调控中使用恰当的方法能起到事半功倍的效果。因此,教师应该选择那些适合教学环境、学生特点、突出自身风格的调控方法,有效地控制教学,使其向着预定的教学目标进行。

4. 教书育人

教师的职责就是既传授科学文化知识,又对学生进行思想品德教育。因此,在进行教学调控时,教师要尊重学生、热爱学生,既解决问题又不伤害学生的自尊心和自信心,将课堂教学调控作为教育学生的一个新的契机,做到既教书又育人。

5. 自我调控

让学生明确学习目标,调动其学习的积极性,实现自我反馈、调节和控制,与教师的调控产生"教学共鸣",从而达到一种教和学的更高境界。

5.3.4 教学调控的案例示范

案例1 可预测事件的课堂教学调控[②]

化学教学过程是一个由教师、学生、教学内容构成的复杂系统。影响化学教学的因素众多,要使教学始终处于最优化状态,教师一方面要不断地依靠反馈信息来调控教学,另一方面也要注意通过课堂教学来积累这方面的丰富经验。下面是一些化学课堂教学的教学过程调控技能举例。

[①] 王克勤. 化学教学论[M]. 北京:科学出版社,2006:186—187.
[②] 杨承印. 化学教学设计与技能实践[M]. 北京:科学出版社,2007:218—219.

1. 讲授步骤的调控

讲授步骤的确立主要是由两个因素决定,即教材内容的结构和学生的接受状态。前一因素几乎在课前和课中没有大的变化。学生的接受状态则不然,教师在课前只能是预想学生的反应和接受状况。当教师教学经验丰富,十分了解自己的学生时,这种预想就会比较准确。新教师则容易出现忽略对学生的接受状态进行预想的步骤,或者出现课前的设想和学生实际反应不一致或者相悖的情况。

当然,无论是新教师还是经验丰富的教师,都不可能保证在任何情况下都能在课前就十分准确地预想出学生在课堂内的反应。因此,预先设计教学步骤的时候就要考虑到可能会发生的变化,使教学步骤具有相当的灵活性。如教师能够根据课堂上的实际情况对教学步骤的先后次序进行重新安排,或对各个具体步骤的实施中用时多少进行调整、增加或取消一些具体步骤。

例如,对于 $4NO_2+O_2+2H_2O \Longrightarrow 4HNO_3$ 反应配合演示实验的习题课教学,从知识的设计上来看,先从课本基本反应 $2NO+O_2 \Longrightarrow 2NO_2$,$3NO_2+H_2O \Longrightarrow 2HNO_3+NO$ 推导出上述总反应,再设计一试管中盛 4/5 体积 NO_2 和 1/5 体积 O_2 的混合气体,倒立于水槽中达到足够时间,液面最多上升到何处,通过计算说明水全充满于试管。思维再逆过来,设计 NO_2 和 O_2 的混合气体溶于水,液面充满试管,求原混合气体中 NO_2 与 O_2 的体积比等。最后设计一道练习题,通过学生的计算过程来了解学生对这一知识的掌握程度。

上述设计,教师甲为了体现这种意图,利用演讲式教学方法,完成了教学任务,课堂气氛看起来还算可以。课后通过征询学生意见,只有少数人掌握了老师的这种方法,应该说未完全达到教学目标。

教师乙利用启发式教学,双边活动,教学主线脉络清晰,大多数学生能够实现教师的教学意图,然而,在一节课里将整个设计全部完成看来是不可能的了。要么前松后紧,即前用启发式,后用演进式赶进度,要么,砍掉部分内容,调整教学次序。教师乙采用了后者,即设计了 4/5 体积 NO_2 和 1/5 体积 O_2 混合于试管,然后倒立于水槽,当水几乎充满时引导到反应:

$$2NO+O_2 \Longrightarrow 2NO_2$$
$$6NO_2+2H_2O \Longrightarrow 4HNO_3+2NO$$

两方程相加,得

$$4NO_2+O_2+H_2O \Longrightarrow 4HNO_3$$

然后提出:如果液面未充满,则原混合气体的体积比如何?要求只讨论不做定量计算。学生展开热烈讨论,提出这是一类过量问题的计算。最后设计学生练习时,将难度大的问题降低难度,仅求装有混合气体的试管倒立于液面,剩余气体为 O_2 时的情况。

通过上述调控,师生满意,达到预期目标。

课堂教学中还会出现一种情况,就是教学过程中因遗漏某个知识点造成设计步骤的混乱。当这种混乱影响到教学的科学性时,应当机立断,向学生道歉,重新按照预先的设计进行。当这种混乱无关大局时,可做到不动声色,一边教学,一边思考过渡性语言,接上它。当在教学将要结束,进行小结时才意识到,那就在小结时进行强化处理,让学生听后觉得此知识点就该在这里出现。

2. 讲授方法和技巧的调控

教师的讲授方法和技巧常常根据所讲材料的不同而预先有所设计。例如,教师在讲授一个概念、介绍一章或者一节内容时,事先会设计一种讲授方法和技巧,即使用演绎法,或归纳法,或是否需要组织活动来进行强化等。有些教学方法和技巧不一定尽善尽美,当在课堂教学实际中发现问题时,就应及时调整。有人根据少量金属钠、钾保存于煤油中,就断言碱金属都应保存于煤油中,忽略了锂比煤油轻,应保存于液态石蜡中的事实。还忽略了工业上实际保存于密封容器里的事实。还有人根据 Cl^-、Br^-、I^- 和 Ag^+ 的反应,就断言 $AgNO_3$ 是检验卤离子的特效试剂,忽略了 AgF 是可溶的这一点。上述这些以偏概全的"归纳",错误的根源在于教学设计,最终体现在教学过程中,因此对这种失误在方法和技巧上进行调控就显得十分必要。

案例2　化学课堂"突发事件"的处理艺术①

在课堂上,意想不到的"突发事件"时有发生。教师巧妙机智地因势利导,常使"山穷水尽"演变成"柳暗花明",收到事半功倍的效果。化学教学中处理这类事件可以采取以下方法和技巧。

1. 借机施教巧探究

在课堂教学中完全依照教学设计的方案去实施的做法是很少的,很多时候都可能因偶发事件而要做一些适当的调整与改变。如果教师对这些偶发事件把握得好,就可能从错误中引出正确结论,使大家认识更深刻,从而变被动为主动,化腐朽为神奇。例如,一位教师在课堂上讲到:钠在空气中燃烧发出黄色的火焰,接着便做演示实验。由于一时疏忽,未将钠表面的煤油擦净,结果将钠点燃后一开始就冒出了浓浓的黑烟。同学们愕然了。教师不动声色地请大家继续观察实验现象,然后问道:为什么烟的颜色会发生变化呢?全班同学立刻从惊愕变为活跃,就这一问题展开讨论、探究。因为实验事故反倒使学生对钠的物理性质及保存方法的认识得到了进一步加深,并得到了科学思想与科学方法的熏陶。又如,一位教师在实验室指导学生做氯酸钾受热分解制氧气的实验。当演示二氧化锰受热不能放出氧气时,伸入带火星的木条,木条却未燃烧。学生感到很惊奇,教师另取少量二氧化锰仔细观察发现,未加热的二氧化锰不是很黑,其中有细小的白色晶体,而使得颜色呈灰白色。于是意识到很可能是上一个班级的学生没有遵守取用药品的实验操作规则,把氯酸钾混到二氧化锰中了。教师灵机一动,将实验内容改为探究二氧化锰中混有什么物质。然后组织学生讨论,提出各种假设……一次实验意外,经过教师的机动处理,变成了一节有声有色的探究教学课。

2. 伺机而动巧控制

教师的课堂教学机智还表现在能够洞察学生的心灵,捕捉学生情绪的微妙变化,及时果断地调整自己的教学方法、教学容量和教学环节,并注意将教学内容巧妙地与当时的环境氛围相联系,形成情境交融之势,使教学活动始终不偏离教学目标。例如,一位教师在做白磷与红磷着火点高低的实验时,将切割白磷的小刀用滤纸擦干净后,把滤纸放在桌边,准备实验完毕后处理。不料,实验中滤纸突然着火燃烧了起来。教室里响起一片惊叫声。上课的教师因势利导,启发学生分析讨论,不仅使课堂趋于平静,而且使学生明白了其中的原因,加深了学生的记忆,激发了学生思维,进而深化了学生对教材内容的理解。

3. 机智幽默巧说理

前苏联著名教育家斯维特洛夫认为:"教育家最主要的也是第一位的助手,就是幽默。"一旦教师发生语言失误或学生发问及回答出乎意料时,教师可转换话题,把学生的话题转移开去,在新的情景下,采用幽默的方法加以解决。此法应用得好不仅可以化解尴尬与窘境,也可调节课堂气氛。例如,一位教师在介绍浓硫酸对有机物有强烈的腐蚀性时,一名学生突然问道:浓硫酸被人喝下去后有何感受?对这一怪问,若正面回答则显得枯燥乏味,偏离教学目标,同时又不足以引起学生的重视,而且上课的教师也讲不出具体的感受。于是这位教师笑着说:没有喝过,不过我想它喝起来一定不怎么清甜爽口,喝下去后也绝不会让人感到多舒服。这一回答让学生在幽默轻松的气氛中感受了事态的严重性。这样既活跃了气氛,保护了学生的好奇心,又言简意赅地回答了问题,使课堂增添了艺术的魅力。对学生在学习中出现的失误,教师如果注意把握分寸,师生间有比较融洽的师生情感,则可采取幽默的语言加以纠正。例如,一位教师正在实验室指导学生做氯气的制取与性质实验,忽然听到实验室的一角传来阵阵的咳嗽声,原来是有两位做实验的学生吸入了没有按要求处理的尾气。于是教师笑着说道:"原来你们是想体验吸入氯气后有什么感受,环境保护这根弦看来绷得还不紧呀!也说明环境保护确实是利人更利己的事。"学生在教师善意的提醒中完善了自己的实验装置,同时也缩短了师生间的心理距离,融洽了师生感情。

4. 随机应变巧启发

现在的学生视野开阔、思维活跃、反应灵敏,遇事善于分析,敢于亮出自己的观点。学生的这种积极主动的求索创新精神,给我们的课堂教学加大了难度。它要求教师要灵活机智地抓住有利时机及时给予引导、启

---

① 刘霖.化学课堂"突发事件"的处理艺术[J].教育艺术,2006(2):42—43.

发,圆满地组织课堂教学。例如,一位教师在做电解水的实验时,讲到阴、阳极产生的气体体积比为2:1。坐在前排的学生观察到产生的氢气与氧气的体积比大于2:1,于是提出质疑。教师及时肯定了学生细致的观察能力和敢于提出问题的精神,并启发学生分析原因。又如,一位教师在指导学生做氨气溶于水的"喷泉"实验时,一学生提出只要多通一会儿氨气,即使没干燥的烧瓶也能保证实验获得成功。教师及时肯定了他的想法,并鼓励他按设想开展实验。这两位教师及时肯定学生肯动脑筋的学习精神,既培养了学生的问题意识和解决问题的能力,又深化了学生的认识,锻炼了学生的思维。

5. 明断暗收巧迁移

课堂上对喜欢出风头、恶作剧的学生,教师要以足够的爱心和善意去理解他们的行为,要充分尊重学生的生活感受,肯定他们的长处。只要能达到目的,就要不计学生过失,吸收他们的合理见解,这样更有利于提高教学质量。例如,一位教师在引导学生复习乙酸乙酯的性质时,谈到乙酸乙酯可做调味剂,一位学生说道:"老师你讲得不对,乙酸乙酯不能做调味剂。"教师请学生说明理由,该生谈了他的"亲身实践"。原来,在上新课时有几个"调皮鬼"见演示实验中乙酸与乙醇发生反应生成的酯的气味很诱人,再加上教师讲如果在炒菜时加了食醋后再加点料酒,这样炒出的菜味道更鲜美,就趁课间教师没注意的时候,取了些乙酸乙酯试剂。吃饭的时候,他们兴致勃勃地将这些乙酸乙酯拌在了买来的菜中,准备美餐一顿,结果根本无法下咽,害得差点饿肚子。教师听后一边肯定他们有将学到的知识用到实际生活中的良好愿望和敢于实践的精神,一边引导学生从食醋、料酒的成分以及炒菜时的用量,炒菜时的反应条件与酸和醇生成酯反应条件的比较等方面进行分析,使学生不仅明白了他们做法不合理的原因,更加深了对酸、醇、酯的性质和化学反应条件、化学平衡及物质的量等知识的理解与应用。这位教师面对"意外"情况,能够理智冷静地控制自己的情感,抑制情绪的激动,从而主动积极地找到了解决问题的办法。

5.4 教学调控技能的评价

核心术语

◆ 效果性原则　　◆ 整体性原则　　◆ 自评与他评相结合原则　　◆ 及时性原则
◆ 客观性原则　　◆ 校本性原则　　◆ 课堂教学调控评价量表

随着新课改的进行,新型的师生关系逐渐形成,课堂教学中的不可预知的因素也逐渐增多,这使课堂教学的调控显得日趋重要。课堂教学调控,既会遇到内容上的现场调控问题,这关系到教师如何为学生创新能力的发展提供时间和空间;还会遇到教学技能能否与现场相适应的问题,这关系到教师如何能使自己的引导照顾到每一个学生,如何使自己的教学语言所传递的内容与学生的思维、行为及情绪相匹配等。课堂教学调控技能是教师以理论为指导在教学实践中逐渐形成和发展的。通常,资深教师大都通过长期教学实践的经验积累,不同程度地掌握了适合于各种教学情境的教学调控技能。因此,新教师应注意吸取前辈的经验,并在课堂教学实践中探索适合自己个性的各种调控技能。为了促进教师课堂教学调控技能的发展,必须进行相应的评价。客观、科学的评价,能帮助教师提高课堂教学调控的能力。

5.4.1 教学调控评价的原则

(1) 效果性原则。无论教师采用什么样的课堂教学调控,都是为了使课前的教学设计能适应实际的教学情境,使课堂教学达到最优化的状态。因此,评价课堂教学调控必须考察其实际的教学效果。面对不同的教学情境,不同的教师会根据自己的教学风格采用不同的教学调控方法或手段。这些方法或手段本身没有优劣之分。对课堂教学调控的评价主要看教师能否巧妙地使用这些调控方法或手段使自己与学生之间能和谐地互动,并高效地完成教学任务,达到教学目标。

(2) 整体性原则。课堂教学过程是个复杂的控制系统,为达到教学的最优化,教师常常需要对多种因素进行调控,如教学口语、体态语、书面语、提问、导入、化学演示、多媒体技术以及课堂管理等。因此,评价教师的课堂教学调控应从课堂教学系统的整体考虑,全面地进行评价。我们希望每位教师在每一个教学环节都达到最优化的调控,但这只是个理想的状态。在实际教学中,教师难免在个别的教学环节的调控中出现这样或那样的不足,但只要他能及时地在整个教学进程中以辅助的调控手段或方法弥补不足,并保证三维目标的达成,其教学过程仍然可被认为是成功的。

(3) 自评与他评相结合原则。教师的课堂教学调控技能会随着自身经验的不断丰富而逐渐加强。从心理学的角度看,各种教学调控技能在长期的实际运用中会逐渐内化为影响教师进行课堂教学调控的个性心理特征,即形成了稳定的课堂教学调控能力。这种能力的形成可以是教师无意识的经验积累,也可以是教师有意识地不断评价自己的调控技能,不断总结提高的结果。显然,我们提倡后者,希望教师重视对自己课堂教学调控技能的自我评价。然而,自我评价难免会出现主观性和片面性,因此,对课堂教学调控技能评价时还必须考虑他人评价的结果。只有将自我评价与他人评价有机结合起来,才能形成客观、公正的评价,才能促进教师课堂教学调控技能的不断提高。他人评价主要包括同行评价、学生评价。同行与自己有着共同的工作范畴,他们从自身的感受和经验出发提出的评价意见对被评教师教学调控技能的提高有重要的价值。学生是教师实施教学调控的对象,他们是教师最直接的反馈信息源,因此,学生的评价意见往往直接影响教师将要采取的教学调控行为。

除上述原则外,对课堂教学调控技能的评价还要遵循对大多数课堂教学调控技能进行评价均遵循的原则,如及时性原则、客观性原则及校本性原则等。

5.4.2　教学调控技能评价量表

为了对化学课堂教学调控技能进行量化评价,可采用表 5-1 进行评价。

表 5-1　课堂教学调控技能量化评价表

日期:＿＿＿＿＿＿　　　任课教师:＿＿＿＿＿＿　　　课题:＿＿＿＿＿＿

评价项目	权重	评价等级			得分
		优	中	差	
① 教学内容注意质与量的统一	0.08				
② 教学目标注意全面与个性的统一	0.08				
③ 教学方法与学习方法的内在统一	0.08				
④ 课堂气氛民主、自由,课堂秩序良好	0.12				
⑤ 课堂时间分配注意教学速度与思维流量的匹配	0.10				
⑥ 对学生课堂行为及时鼓励或纠正	0.12				
⑦ 对于突发事件应变能力强、处理方法得当	0.12				
⑧ 结课方式结合课堂实际,灵活多样	0.08				
⑨ 能够调动学生积极性,主动参与课堂调控	0.10				
⑩ 调控做到教书与育人的有机结合	0.12				
总分					
您的补充意见或建议:					

本章小结

1. 根据相关研究,并综合考虑教学的实际情况,课堂教学调控技能的含义可理解为:教师以课前教学设计为基础,自觉运用控制论原理,从学生的认知结构、能力条件出发,针对课堂教学的实际状态,依据教材的具体内容和学生的反馈信息,为保证课堂教学的有序和高效做出的一系列调节与控制,即教师通过对教学目标、教学内容、教材等要素的控制,节奏的调节,使课堂教学呈现张弛有度、和谐自然、意趣盎然的生动格局的行为方式。
2. 课堂教学调控的主要作用表现在以下方面:(1)调动学生的积极性;(2)维持良好的课堂秩序;(3)提高教学效率。
3. 从课堂教学管理的角度出发,按照调控的内容,可将课堂教学调控技能分为:(1)课堂环境的调控;(2)课堂行为的调控;(3)课堂时间的调控;(4)教学方法的调控。
4. 课堂教学调控技能的设计可以从导课过程、主体过程、结课过程三个阶段进行分析。
5. 课堂教学调控主要有表情示意法、走动示意法、手动示意法、变音示意法、提问示意法等;在运用调控技能时,要处理好认知调控与情感调控、学生调控与教师调控、微观调控与宏观调控、前馈调控与反馈调控的关系,并把握积极主动、及时准确、方法得当、教书育人、自我调控的原则。
6. 课堂教学调控技能的评价原则为:效果性原则、整体性原则、自评与他评结合原则,基于这些原则,设计合适的量化评价表。

思考与实践

1. 举例说明什么是课堂教学调控技能,其理论依据是什么?
2. 结合新课程改革,谈一谈课堂教学调控技能的重要性。
3. 常见的课堂教学调控技能主要有哪些?各有什么特点?
4. 结合具体的案例,讨论如何在课堂教学中实施调控技能。
5. 选取化学新教材某一课时设计教案,在小组内进行调控技能的实践训练,用课堂教学调控技能量化评价表打分。

参 考 文 献

[1] 王晞等.课堂教学技能[M].福州:福建教育出版社,2008.
[2] 李诚忠,王序荪.教育控制论[M].长春:东北师范大学出版社,1986.
[3] 本书编委会.新课程教师课堂技能指导[M].北京:中国轻工业出版社,2006.
[4] 胡志刚.化学微格教学[M].厦门:厦门大学出版社,2007.
[5] 杨承印.化学教学设计与技能实践[M].北京:科学出版社,2007.
[6] 李定仁,徐继存.教学论研究二十年[M].北京:人民教育出版社,2001.
[7] 北京师范大学教育系《教学认识论》编写组.教学认识论[M].北京:北京燕山出版社,1988.
[8] 王克勤.化学教学论[M].北京:科学出版社,2006.
[9] 袁孝凤.化学课堂教学技能训练[M].上海:华东师范大学出版社,2008.
[10] 李淑媛,童祥贞.课堂教学的组织与调控[J].教育探索,1996(3):14—15.
[11] 吴文胜,盛群力.有效利用教学时间的教学策略[J].当代教育论坛,2004(12):39—44.
[12] 刘前树,李广洲.有关化学课堂教学意外的讨论与思考[J].化学教学,2006(3):14—16.

第6章 课堂教学中的强化技能

> 对于学生来说,由于受到表扬和鼓励而引起的喜悦、快乐、得意等积极情绪,可以促进其智力发展。
>
> ——哈洛克

本章学习目标

通过本章学习,你应该:
1. 认识强化技能的含义及其在课堂教学中的重要性;
2. 了解三种常见强化技能的特点及区别与联系;
3. 掌握化学课堂教学中强化技能的应用原则;
4. 选取新课程教科书的某一课时内容设计教学活动,在活动中合理使用强化技能,听取教师和同学的评价意见。

6.1 教学强化技能的含义

核心术语

◆ 强化　　◆ 操作性条件反射　　◆ 语言强化　　◆ 活动强化　　◆ 标志强化

6.1.1 教学强化技能的概念

强化是一个心理学概念:使有机体在学习过程中增强某种反应重复可能性的力量称为强化。强化是塑造行为和保持行为强度不可缺少的关键。

强化技能是教师主要依据"操作性条件反射"的心理学原理,对学生的反应采用各种肯定或者奖励的方式,使教学材料的刺激与希望的学生反应之间建立稳固的联系,帮助学生形成正确的行为,促进学生发展的一类教学行为。[1] 一旦学生出现正确的反应,教师就给予肯定或表扬即强化,学生就会在以后的学习中重复那些受到肯定的反应,而终止没有得到肯定的反应。因此它有很强的引导作用,又被称为导向技能或表扬技能。

---

[1] 林维秋.微格教学教程[M].哈尔滨:哈尔滨地图出版社,2003:151.

资料卡片

6-1 操作性条件反射

美国心理学家斯金纳于1953年提出"操作性条件反射"的概念,他把一只饿鼠放入实验箱内,当鼠偶然踩在杠杆上时就能得到食物,为强化这一动作,经多次反复,鼠即会自动踩杆而得食。这类必须通过自己的某种动作(操作)才能达到一定目的而形成的条件反射,称为"操作性条件反射",强化只同反应(操作)有关,并出现在反应之后。后来从对鼠的研究转到人,并在20世纪70年代具体运用到课堂教学实践中。

6.1.2 教学强化技能的作用

强化是促进学生学习的重要因素,是成功教育的支撑点。强化技能在课堂教学中主要具有以下作用:

(1) 激发并巩固学生的学习动机,引起并保持学生的学习兴趣。课堂上适当而及时的强化,使学生在学习中所做的努力和取得的成绩得到及时的肯定,从而使学生在心理上得到满足,进而产生继续学习的热情和取得更好成绩的愿望。这不断被激发并巩固了的学习动机,使学生感到学习是有趣的,能体现自身的价值。因此强化对于学生的学习动机和兴趣有直接的效应。[①]

(2) 促使学生将注意力集中到教学活动上。在教学过程中,学生可能同时接收到多种媒体传递的信息,包括与教学内容和教学活动有关或无关的信息。为防止无关信息对学生学习的干扰,教师可运用强化技能促使学生集中注意力,对认真听讲的学生给予表扬、对学生的正确反应给予很好的评价等方式,都能促使学生将注意力集中到教学活动中来,指向教学主题和教学目标,并使这些注意力得到长时间的保持。

(3) 激励学生主动参与教学过程。教师的主导作用不仅体现为他是知识的传授者,更是学生及教学活动的调动者和组织者。因此教师在课堂上对学生的积极肯定,就会调动学生进一步参与教学活动的积极性。尽管有的学生作出的反应不一定正确,但教师对于他们参与教学活动的行为给予肯定和鼓励,就会促使更多的学生学习和效仿,从而调动全体学生积极主动参与教学。

(4) 巩固学生的优良行为。强化是教师对学生出现自己所希望的行为时予以肯定,使其朝着更有利于此种行为出现的方向发展;而当出现与所希望的行为相反的行为时予以负强化,使之受到抑制。因此,承认学生的努力和成绩,有利于学生优良行为的形成和巩固。

(5) 促进师生的情感交流,创造和谐的课堂气氛。教师对学生的真挚情感和热情关怀,是开启学生心扉的一把钥匙。利用课堂强化,教师可以对学生的点滴成绩和微小进步给予肯定和奖励,或者对学生存在的缺点和不足给予耐心细致的帮助,从而体现教师对学生的关心、爱护和尊重,促进师生之间的情感交流,融洽课堂气氛。

随堂讨论

在当前课程改革的新时期,如何重新审视强化技能的价值、丰富强化技能的内涵?

---

① 胡志刚.化学微格教学[M].厦门:厦门大学出版社,2007:153.

6.1.3 教学强化技能的类型

强化技能主要有语言强化、活动强化、标志强化等类型。

1. 语言强化

是指教师用语言评论的方式(如表扬、鼓励、批评)对学生的反应或行为作出判断和表明态度,或引导学生相互鼓励来强化学习效果的行为。一般有三种形式:口头语言强化、书面语言强化、体态语言强化。

(1) 口头语言强化。指教师对学生在课堂上的反应和表现以口头语言的形式作出针对性的确认、表扬或批评,以达到强化的目的。例如:当学生在课堂上正确回答教师的提问时,教师赞许地说:"很好,学习就应该这样勤于思考,把知识活用。"一句话就把学生的心里说得乐开花,不仅使回答问题的学生享受到成功的喜悦,得到心理上的满足,而且也为其他同学指出了发展的方向,具有较大的激励作用。

(2) 书面语言强化。它是通过教师在学生的作业或试卷上所写的批语,而对学生的学习行为产生强化的一种方式。例如:一个对作业从不认真的学生,经教育后有所改进,不但字迹工整了,错误率也下降了。教师在学生的作业本上写出恰当的批语:"态度认真,错误较少,大有进步,如果继续努力一定会有更大的进步!"经过多次反复的鼓励强化和引导,这个学生对待作业的态度就会有较大的改变。

(3) 体态语言强化。指教师运用非语言因素的身体动作、表情和姿势,对学生在课堂上的表现表示教师的态度和情感。一个有教学魅力的教师,往往可以通过他的体态语言和学生进行非常默契的信息交流。常用的体态语言有手势、目视、点头或摇头、接触等。例如:当学生做实验时,教师在一旁注视他的操作,学生抬头后,用赞许的目光、微笑、点头给予肯定。

资料卡片

6-2 表扬对学生学习的影响

在对学生进行语言强化时,应该坚持以表扬为主的原则。心理学家哈洛克做过一个实验,把成绩相等的学生分成四个组,给第一组上课前先表扬作业优良者,对该组以表扬为主;给第二组上课前先批评作业不好者,对该组以批评为主;给第三组上课时对作业既不表扬也不批评,但把第一、二组每天的作业情况告诉他们;给第四组上课时不表扬不批评,而且也不让他们知道其他三组的情况。经过5天以后,各组的进步情况如图6-1所示:

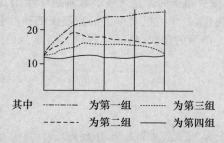

图6-1 表扬对学生学习的影响

(郭友.新课程下的教师技能与培训[M].北京:首都师范大学出版社,2004.152.)

2. 活动强化

学习是一种艰苦的脑力劳动,硬逼着学生去学,就会使他们对学习感到枯燥、厌烦,觉得学习是一件苦差事。如果把学生的学习活动本身作为强化因子,即把容易引起学生兴趣的活动放在难度较大的学习活动之后,做到先张后驰,就可以强化难度较大的学习。例如:在概念理论教学中,学生经过一段紧张的思维活动之后,初步形成了相关概念之后,教师就可以提出一些生动有趣的问题,让学生通过解决这些问题来深化、巩固所学理论。教师还可以设计一些学生感兴趣的活动,如让学生做"小老师"或演示实验,让他们通过自我参与相互影响,起到促进学习强化的作用。

案例研讨

[教师]"我们先来一起阅读题目:用 CH_4 催化还原 NO_x 也可消除氮氧化物的污染。例如:

$CH_4(g) + 4NO_2(g) \rightleftharpoons 4NO(g) + CO_2(g) + 2H_2O(g)$;$\Delta H_1 = -574$ kJ/mol

$CH_4(g) + 4NO(g) \rightleftharpoons 2N_2(g) + CO_2(g) + 2H_2O(g)$;$\Delta H_2 = \underline{\qquad}$

若 1 mol CH_4 还原 NO_2 至 N_2,整个过程中放出的热量为 867 kJ,则 $\Delta H_2 = \underline{\qquad\qquad}$,下面开始做题。"

[学生]思考,解题。

[教师]巡视,发现有的学生两式相加,有的学生两式相减;两式相加的学生中也只有个别学生注意了题目给定 CH_4 为 1 mol。"我发现李翔算得又快又准,请李翔同学把解题过程写到黑板上,并为大家讲讲你的思路。"

[李翔]板演并说明自己的思路。

[教师]站在一旁认真地听,并不时点头,表示赞许。

---

3. 标志强化

指教师用一些醒目的符号、色彩的对比来强化教学活动。例如:学生在黑板上书写、演算后,教师用彩色粉笔在黑板上打钩,或者写上评语;在讲解重点、难点等关键地方时,加彩色圆点或线条等进行板书,以引起学生的注意;在演示实验中,在观察的重点处加标志、说明等,强化实验目的;还可以在教室墙上展示学习成绩突出、进步快的学生的试卷或者对某问题有独特见解的作业等。

随堂讨论

结合新一轮基础教育课程改革对教师专业化发展的要求,试讨论上述三种强化技能的适用范围及各自优缺点。

6.2 教学强化技能的应用

核心术语

- ◆ 应用原则
- ◆ 目的性
- ◆ 及时性
- ◆ 恰当性
- ◆ 多样性
- ◆ 情感性
- ◆ 间歇性

6.2.1 教学强化技能的应用原则

应用强化技能是一门艺术,恰到好处的应用强化技能一般应遵循以下原则:

(1) 目的性原则。运用强化技能时,一定要将学生的注意力引到学习上来,提高学生参与教学活动的意识和兴趣,帮助学生采取正确的学习行为,并以表扬为主,促进学生的学习动机。

(2) 及时性原则。当所期望的行为一经出现,教师就应当抓住时机给予奖励,力求得到强化。对于学习行为或纪律行为较差的学生,要注意强化他们的微小进步。

(3) 恰当性原则。运用强化技能应注意合适、自然、恰到好处,如采用体态语言强化时,过分频繁地走动和接触学生会引起全班学生的反感。同时,还要顾及强化对象的年龄、个性、能力及行为程度等。

(4) 多样性原则。单调会引起学生乏味,故强化的方式要根据所授内容的特点灵活变化,使用的语言也要经常变化,并富有幽默感。

(5) 情感性原则。教师的态度应该是客观的、真诚的,对学生充满希望、关怀和信任,这样才能对学生的情感产生积极的影响,使学生受到鼓励。

(6) 间歇性原则。当期望的某种行为已经巩固到一定程度后,要逐渐减少强化的次数,直至最终每间隔一段时间后偶尔给予强化。这种间歇性的强化对于保持已养成的行为,比经常强化更有效。[1]

6.2.2 教学强化技能教案案例

表 6-1 化学教学强化技能量化评价表

课题:化学反应限度(平衡状态)的判断 讲解时间:10 min 年级:高一

教学目标	(1) 通过习题的讲解,让学生进一步了解化学平衡的特征,认识化学平衡的相对性; (2) 掌握化学反应达到限度(平衡状态)的判断方法。			
时间分配	教师活动	应用的强化技能	学生活动	教学媒体
0′	同学们,学习了"化学反应限度"后,习题中经常碰到化学平衡状态的判断问题,你们是不是觉得解这类题有一定的难度?		是,对这部分知识掌握得不熟,所以在判断时有些犹豫不决,希望老师给我们详细讲一道例题。	幻灯片
2′	好,我们来看这一道题目: 一定条件下的密闭容器中,能表示反应 $X(g)+2Y(g) \rightleftharpoons 2Z(g)$ 一定达到化学平衡状态的是(　　) ① $n(X):n(Y):n(Z)=1:2:2$ ② X、Y、Z 的浓度不再发生变化 ③ 容器中的压强不再变化 ④ 单位时间内生成 n mol Z 的同时生成 $2n$ mol Y A. ①② 　B. ②④ 　C. ②③ 　D. ③④ 下面大家根据课堂所学的知识讨论一下,看看哪个是正确选项。	体态语言强化(微笑、环视、走动等)	学生讨论,得出结论	

---

[1] 朱嘉泰. 化学教学艺术论[M]. 南宁:广西教育出版社,2002:82.

续表

时间分配	教师活动	应用的强化技能	学生活动	教学媒体
5′	好,同学们停下来,这道题选哪个答案?有人选B,也有人选C,还有其他答案吗?看来大家意见不统一,那好我们来共同分析一下。 请徐思同学回答,首先恭喜你选择正确,你能给大家说说你选C的理由吗? 很好,分析得非常清楚,抓住了问题关键。	口头语言强化; 体态语言强化(注视、点头、竖大拇指等)	回答:B、C 徐思回答:我选的是C。因为②X、Y、Z的浓度不再发生变化是反应达平衡的主要标志之一;该反应全部是气体参与前后化学计量数改变,③容器内压强不再发生变化表明X、Y、Z的物质的量不再发生改变。	
7′	那我们再来分析①、④两项究竟错在什么地方,陈刚说说你是怎么考虑的? 边听边点头,并不时根据陈刚同学的回答在黑板上标注出要点。	体态语言强化(微笑、倾听、点头等); 标志强化	陈刚回答:①X、Y、Z的浓度之比为1∶2∶2并不代表它们的浓度就不再发生变化了;由于Z和Y的化学计量数之比为1∶1,所以④单位时间内生成 n mol Z 的同时生成 $2n$ mol Y 的状态并不是平衡状态。	
9′	好,分析到这里,我们再回头来看一看判断一个可逆反应是否达到平衡状态有哪些依据?抢答开始! 补充一条:对于有颜色的物质参与的反应,体系颜色不随时间发生变化。	活动强化	学生A: v(正)=v(逆)。 学生B:各组分的物质的量浓度、体积分数或物质的量分数保持不变。 学生C:全是气体参与的前后化学计量数改变的反应,压强不变。 学生D:全是气体参与的前后化学计量数改变的反应,平均相对分子质量不变。	
10′	看来,通过讨论,大家对此类问题有了更深刻的认识,下面这道题目作为补充练习,留待课后思考。(题目略)			幻灯片

6.3 教学强化技能的评价

核心术语

◆ 评价内容　　◆ 评价项目　　◆ 评价等级　　◆ 权重

根据强化技能的作用和应用原则,课堂教学强化技能的评价内容和标准参见表6-2。

表 6-2　课堂教学强化技能量化评价表

日期：_____　　　任课教师：_____　　　课题：_____

评价项目	权重	评价等级			得分
		优	中	差	
① 对学生的行为及时给予强化	0.12				
② 强化对学生注意力、课堂参与的作用	0.12				
③ 强化方法是否符合学生的表现	0.08				
④ 强化方法是否符合学生的年龄特征	0.08				
⑤ 强化方法是否符合学生的个性特征	0.08				
⑥ 是否恰当运用体态语言(表情、眼神、手势等)强化方法	0.08				
⑦ 强化时教师是否热情、真诚	0.12				
⑧ 鼓励较差学生的微小进步	0.12				
⑨ 内部强化为主,促进主动学习	0.10				
⑩ 正面强化为主,不用惩罚方法	0.10				
总分					
您的补充意见或建议:					

本章小结

1. 强化技能是教师主要依据"操作性条件反射"的心理学原理,对学生的反应采用各种肯定或者奖励的方式,使教学材料的刺激与希望的学生反应之间建立稳固的联系,帮助学生形成正确的行为,促进学生发展的一类教学行为。

2. 强化技能的主要作用:(1)激发并巩固学生的学习动机,引起并保持学生的学习兴趣;(2)促使学生将注意力集中到教学活动上;(3)激励学生主动参与教学过程;(4)巩固学生的优良行为;(5)促进师生的情感交流,创造和谐的课堂气氛。

3. 强化技能主要有语言强化(口头语言强化、书面语言强化、体态语言强化)、活动强化、标志强化等类型。强化技能的应用原则:目的性原则、及时性原则、恰当性原则、多样性原则、情感性原则、间歇性原则。

4. 通常根据强化技能的应用原则,设计合适的评价内容和评价标准。

本章思考题

1. 举例说明什么是强化技能,它的心理学依据是什么?
2. 讨论强化技能在课堂教学中的重要性。
3. 强化技能有哪些类型?如何合理应用强化技能?
4. 设计一段教学活动(5~10 min),在活动中正确使用强化技能。
5. 用课堂教学强化技能量化评价表评价上述教学活动设计。

参 考 文 献

[1] 林维秋.微格教学教程[M].哈尔滨:哈尔滨地图出版社,2003.
[2] 胡志刚.化学微格教学[M].厦门:厦门大学出版社,2007.
[3] 朱嘉泰.化学教学艺术论[M].南宁:广西教育出版社,2002.

第7章　课堂教学中的变化技能

> 变化技能是教师运用变化信息的传递方式及教学活动的形式等手段,改变对学生的刺激、引起学生的注意和兴趣、减轻学生的疲劳、维持正常教学秩序的一类教学行为。
> ——朱嘉泰

本章学习目标

通过本章学习,你应该:
1. 认识变化技能的含义、作用及其功能,理解变化技能的不同类型及构成要素;
2. 通过案例学习、实践训练掌握课堂教学中变化技能的应用,了解变化技能的评价方法;
3. 选取一份化学教育期刊上新课程的教学设计,分析其中变化技能的应用,并尝试对其进行完善;
4. 将完善后的教学设计在全班或小组内进行实践,力求恰当表现出设计中的变化技能,并听取教师或同学的评价意见,再进行改进。

7.1　教学变化技能的含义

核心术语

- ◆ 变化技能　　◆ 教学艺术　　◆ 注意　　◆ 学习兴趣
- ◆ 信息传输　　◆ 变换方式　　◆ 铺垫　　◆ 师生交流

　　化学课堂教学不仅是一门科学,也是一门艺术。形成化学课堂教学艺术的因素很多,其中最主要并且容易观察、训练的就是教学活动方式的变化,即变化技能。"文似看山不喜平",教学也是如此。枯燥乏味的课堂细细考究起来往往都是因为授课人只是用单调的声音讲个不停,很少有面部表情的变化,缺乏恰当的手势,使听者感到单调乏味,不自觉就走了神。而优秀教师在课堂教学中会灵活地根据教学情境变换对学生的刺激方式,抓住学生的注意力。不同的活动方式,不同的教学媒体,甚至只是语调的轻微变化,在恰当的时刻都能取得引人入胜的效果。听这样的课是一种享受,而教师本人投入其中也感到非常愉悦。

　　变化技能在丰富教学过程,引起并保持学生兴趣方面有独特的不容忽视的作用。变化技能更是形成教师教学个性、教学风格的重要因素,作为师范院校的学生对此项教学技能进行学习和训练是非常必要的。

7.1.1 教学变化技能的含义及功能

教学变化技能是教师运用变化信息的传递方式及教学活动的形式等手段,改变对学生的刺激、引起学生的注意和兴趣、减轻学生的疲劳、维持正常教学秩序的一类教学行为。

教师在化学课堂教学中运用变化技能,主要有以下几方面的功能:

(1) 激发并保持学生对教学活动的注意。注意是心理活动对一定对象的有选择地集中在教与学方面的一种现象。教师在课堂上组织好学生的注意,是教学成功的重要条件之一。引起并保持学生的注意就必须给学生一定的刺激,它与刺激物的强度、新异性、刺激物的变化等因素相关,变化技能正是运用了这一原理达到激发和保持学生注意的作用。

注意分为无意注意和有意注意,教师可以根据需要选择不同的刺激方式。比如,教师讲课时声调的抑扬顿挫、演示所呈现出的鲜明现象以及教学活动方式的灵活多样等,都可引起学生的无意注意,使他们的注意力集中稳定。当讲到重难点或关键处时,教师采用一定方式进行强调和提醒,可以唤起学生的有意注意,使他们的注意有明确的指向。在课堂上,学生只靠无意注意学习,难以完成学习任务,但过分要求他们依靠有意注意来学习又容易引起疲劳、导致注意涣散,这就要求教师运用变化技能引导学生的两种注意有节奏地交替转换。①

(2) 激发学生的学习兴趣,提高信息传输效率。"变化是兴趣之母",多样化的教学方式和学习活动能够激发学生的学习兴趣,驱动学生主动学习。对奇妙化学现象的感知能使学生充满好奇地步入化学学习的殿堂,迫不及待地想要寻找答案,化学学习的这一特点决定了教师要按照感知规律提高学生的感知效果。信息传理理论表明,与人的感官相对应的每一种信息传输通道,传递信息的效率不同,记忆效率也不相同(见资料卡片7-1)。根据这一理论,教师在化学教学中运用变化技能适当变换信息传输通道,不仅可以激发学生的学习兴趣,还可以科学有效地传输信息,帮助学生高效地记忆和理解所学知识。

 资料卡片

7-1 感官效率和不同学习方式的记忆效率

感官效率	味觉	1.0%
	触觉	1.5%
	嗅觉	3.5%
	听觉	11.0%
	视觉	83.0%
通过各种感官获得信息的记忆效率	"读"	10%
	"听"	20%
	"看"	30%
	"听"、"看"结合	50%
	理解后的表达	70%
	动手做及描述	90%

(孟宪恺. 微格教育基本教程[M],北京:北京师范大学出版社,1992.)

---

① 章志光. 心理学[M]. 北京:人民教育出版社,1985.

(3) 为不同水平的学生创造参与教学活动的条件。从传统的启发式教学到新课程提倡的探究性教学,各种教学改革与探索的根本出发点就是要真正体现学生在教学活动中的主体性。实现积极参与、主动建构、体验探索这些学生活动的前提是教师呈现给学生的教学内容必须能引发学生的思考和反应。而学生在认知水平和学习能力上存在着差异,不同的学生对各种信息传递方式的易接受程度是不相同的。教师在向学生呈现教学内容、传递信息时,只有运用变化技能有针对性地对不同水平的学生采取不同的表述方式,才能使全体学生比较顺利地接受信息,进行思考并作出反应。比如,让学生主动建构甲烷分子的空间构型时,对于程度较好的学生给出键长、键角等信息,他们即可推导出正四面体的结构,而程度稍差的学生空间想象力不是很好,则可以把火柴和橡皮泥发给学生,让他们模拟球棍模型来探索甲烷的结构。采用灵活变化的方式进行教学,可以调动更多的学生成为课堂教学活动的主体。

(4) 有助于形成生动、愉快、和谐的课堂气氛。化学教学过程并不完全是一个生动活泼、轻松愉快的过程,应该说是一个艰苦的脑力劳动过程,需要依靠教师熟练运用变化技能去营造轻松的课堂气氛。如何调动学生积极参与教学活动,不畏困难地去学习,是对化学教师的一大挑战。变化技能的恰当运用可以很好地解决这一问题,使化学课堂也变得充满生气。这样既能显示出教师的学识和能力,又能体现循循善诱、诲人不倦的师德,还有利于师生间的感情交流,形成愉快、和谐的课堂气氛。学生即使失败,也能及时从教师友好的语言、微笑里,感受到关心和鼓励,学生会从爱教师、进而延伸到爱上教师的课。

 随堂讨论

与传统教学相比,在新课程实施过程当中,变化技能的运用具备什么新功能?能否帮助教师贯彻新课程理念?如果你认为可以,请举例说明。

7.1.2 教学变化技能的构成要素

成功的化学教学离不开优秀的教学设计,然而,无论教学设计多么精妙详尽,教师都不可"刻舟求剑"式地死背照搬,必须根据教学现场的状况,采取相应的变化策略,因势利导,才能保证教学方案顺利实施,达到预期的教学目标。教师在课堂上所采用的变化方式,有的是在课前设计好的,有的则是在教学过程中根据具体情况采取灵活变化。不论在什么情况下,只有明确了变化技能的构成要素,才能精心设计,灵活运用。一般认为,变化技能的构成要素主要有如下几个方面:

(1) 做好铺垫。当教师要改变教学方式时,要做好铺垫,使变化的出现流畅自然,而不是突如其来的。这样,既能引起学生的注意,又保持了教学活动的连续和一致。在以下的案例当中,教师在演示实验、学生实验和播放实验录像这几种教学方式变化之前都做好了铺垫,过渡非常流畅。

案例研讨

师:这里有一烧杯泥水悬浊液,如何分离泥水中分散质和分散剂?
生:用滤纸。
师:很好,那如果在泥水中混有淀粉胶体和氯化钠溶液时,我们又该如何来分离呢?
生:用滤纸试试看。
(教师演示实验。)

> 师：从滤出的液体我们可以看出泥水中分散质和分散剂已经分离了。有什么方法可以检验还有没有淀粉和氯化钠？
> 生：用硝酸银溶液和碘水。
> （学生实验，在混合液中滴加硝酸银溶液和碘水。）
> 师：这个实验的结论是什么？
> 生：滤纸不能使胶体与溶液分离。
> 师：所以滤纸只相当于刚才我们画的筛子中的大筛子。那么有没有一种筛子能使胶体的分散质与离子、小分子分开呢？这种筛子是有的，叫做半透膜。日常生活中有许多半透膜，比如鸡蛋内膜、羊皮纸、动物肠衣、玻璃纸等是常见的半透膜，我们来看一段录像。
> （学生观看渗析实验的录像。）
> 师：这种使离子或分子从胶体里分离出的操作叫做渗析。通过渗析可以净化、精制胶体。
>
> （陈寅."胶体"教学设计[M].化学教学，2007(5)：45—47.）

（2）变换方式。在特定的教学环境中，根据教学内容和学生的听课情况，教师变换信息传递方式或教学活动形式进行教学。有的是为了引起学生的注意，如停顿、手势、目光接触等；有的是为了充分调动学生的感官、帮助学生领会学习内容，如教学媒体的变化；有的是为了活跃气氛、调动学生参与，如相互作用形式的变化等。变换方式是变化技能的主要行为。

（3）师生交流。教师在课堂上所采用的变化方式，应当得到学生的回应。在进行变化时，教师要注意学生的反应，一定要加强师生间的交流，这样才能发挥应有的作用，达到预期的目的。

7.2 教学变化技能的类型

核心术语

- ◆ 教学口语　　◆ 语音　　◆ 语辞　　◆ 体态语
- ◆ 目光语　　◆ 表情语　　◆ 手势语　　◆ 身势语
- ◆ 距离语　　◆ 传递通道　　◆ 教学媒体　　◆ 师生相互作用

在化学课堂教学实际中，教师经常交替运用各种变化技能，但一般缺乏理论指导，降低了教学行为的科学性和有效性。为了能给师范生和教师提供一个学习和参考的依据，将变化技能大致分为四类：教学口语的变化、体态的变化、教学媒体的变化和相互作用的变化。

7.2.1 教学口语的变化

在现代教学技术手段广泛运用的今天，教学口语仍然是教师向学生传授知识以及互相进行思想交流的最基本工具。教师不仅要重视教学口语的科学性，更要体现其艺术性，而资深教师正是运用恰到好处的变化来提升教学口语的艺术魅力。教学口语的变化主要包括语音和语辞两个方面的变化。

1. 语音的变化

语音的变化包括语调、音量、节奏和语速的变化，这些变化的配合使用对于营造生动活泼的课堂气氛，吸引并保持学生的注意力具有显著效果，可以使学生更主动地参与到课堂的教学活动中来。

单一平缓的语调会使课堂变得异常沉闷，而抑扬顿挫的语调则使讲解更加生动、富有感染力。课堂教学中音量的大小需要根据教学内容以及教室环境的状况而变化，当讲述重点内容或是某种外界环境干扰了学生的注意力时,都可以适当增大音量。教学中节奏和语速的变化非常重要,或缓或急、或讲或停,应适当安排,交替变化。在讲授重点或难点内容时,应放慢语速,节奏清晰,让学生利用时间去思考,吸收消化。然而,新教师往往将语句间的停顿视为教学空白,极力避免,殊不知停顿在特定的情况下也传递着一定的信息,是集中注意或引起思考的一种有效方式。尤其是在难点比较集中的课上,语句间的停顿十分必要,这种停顿变化的刺激有利于学生在安静的气氛中迸发出思维的火花。停顿还可以在课前和课程内容转接时使用,用于汇集学生的注意力,领悟或巩固所学的知识,为新知识的学习作好准备。当课堂秩序出现问题时,短暂的停顿比高声强调学生要遵守纪律效果更好,可谓是"此时无声胜有声"。停顿的时间根据需要可长可短,一般以不超过 5 秒钟为宜,时间过长会使气氛沉闷、令人难以忍受。

可见,恰当运用语音的变化还具有一定的心理暗示作用:比如加大音量、放慢语速并配合体态语言能及时突出重点内容,引起学生重视、加深印象;降低音量、改变语速可暗示学生不要分散注意力。但变化过于频繁容易使学生产生烦躁的情绪,因此,教师讲课时应根据教学的内容,正确把握语音的变化,力求营造出清晰悦耳、节奏明快、舒适宜人的语音效果。

2. 语辞的变化

灵活优美的教学口语仅仅依靠语音的变化是无法形成的,丰富多变的语辞才能使教学口语鲜活生动起来,吸引和感染学生。翻来覆去总是用少量的几个词来串联所讲的内容,或总是用一种陈述的口语形式,总是用一种赞美词评价学生的发言,都会显得语言非常乏味。

案例研讨

> 【教师】如何设计出更加"公平"的"比赛"方案呢?
> 【学生讨论并交流】使它们均溶解在有机溶剂中,并且浓度相等。
> 【教师】很好!为了给"比赛"增添气氛,我们还请了特约嘉宾:苯甲醇和乙醚。只可惜考虑到实验的安全性,我们不能看到比赛现场了,但同学们也不要遗憾,老师为你们拍了实况录像。
> (杨砚宁."苯酚的性质"(第二课时)课堂教学实录与评析[J].化学教学,2008(1):43—45.)

讲授化学知识时,教师一般采用严谨的叙述式教学语言,保证知识传递的科学性。当转入实验方案设计时,教师变化口语类型,使用拟人化的语言描述,使学生觉得生动有趣,提高了他们对实验的关注度。课堂教学中应根据教学方法的交错使用变换教学口语的类型,根据教材内容和学生的差异选择运用各种语言修辞方法,让学生在化学课堂上也能得到艺术的享受和情感的熏陶。

7.2.2 教学体态语言的变化

教师的体态语言是指教师在教学中的面部表情、手势动作和身体态势等,是教师在运用口语进行教学时情感的自然流露,既是有声语言的补充和延伸,也是教师教学热情和感染力的外在体现。体态语言是非语言表达中最丰富的一种语言,它的变化细腻生动,而且不需要任何辅助工具就可以实现,以其独特的魅力成为教学中不可忽视的辅助手段。

随堂讨论

你喜欢老师在上课时使用丰富的体态语言吗?如果你是一名教师,你会使用哪些面部表情、手势动作和身体态势将特定的意义传达给学生?

1. 目光语的变化

眼睛是心灵的窗户,目光语是人与人之间信息和感情交流的重要方式。在讲课时,教师要面对全班,运用环视全班和注视部分学生相结合的方法尽量与每个学生都有目光接触,使大家都能感受到老师的关心和鼓励。环视多用于导入新课之前、提问之后、教学的重难点处,而注视则用于与部分或个别学生的细致交流,尤其在进行因材施教时要特别注意用好这种交流。目光语可以表达教师对学生的期待、鼓励、探询、疑惑等情感,也可表达对学生的暗示、警告和提示。从目光接触中教师还可以获得反馈信息,了解学生的兴趣和理解程度。但教学中切忌目光游移不定,眼珠不停滴溜乱转,教师的目光语既要丰富,又要恰到好处。关键是要与表达一致,使学生从教师丰富明快的眼神变化中领悟到教师语情语感的起伏,使眼神成为一条重要的信息传输渠道,以收到最优的教育教学效果。

2. 表情语的变化

表情语即面部表情,是指目光语之外的面部表情,主要由嘴、眉、脸颊、鼻等器官和面部肌肉运动变化而构成。教师的表情语向学生传递着信息和情感,学生也能实时获取教师对自己的评价反馈信息,这种教育的情感特征以及中小学生的心理特征决定了教师面部表情的基调:亲切和蔼。亲切的表情是教师进入学生心灵世界的"通行证",但这并不意味着教师对学生就要一味地微笑,一味地亲切,有时必须借助严肃的表情警醒和教育学生。而课堂教学中,表情语更应该根据教学需要,以关注、满意、疑问等多种方式进行变化,以最能让学生接受的方式传递信息。

3. 手势语和身势语的变化

课堂上教师的手势和身势是教态美在三维空间的延伸,展示着教师的素质修养和精神风貌。手势和身势的恰当运用对渲染课堂气氛有很好的效果,能把学生带入"角色",仿佛身临其境。大量研究证明,敞开手掌是一种能让他人感到你在讲科学真理的象征性手势,而在微观或抽象性内容教学时要使用描摹性的手势,对学生的学习行为要及时用评价性手势进行肯定和赞扬。而当教师和学生彼此了解时,会意性手势则能让双方"心有灵犀一点通"。教师的身势语要庄重大方,应该端庄平稳地面对学生。当学生回答问题时,教师身体应微微前倾,以示关注。当需要阐述分析时,可稍离讲桌或自然走动。当学生埋头记笔记或做练习时,教师可以用手撑住桌沿,短暂休息。

一成不变的手势和身势会使教师显得呆板僵硬,但过于丰富夸张不仅不自然,甚至会影响学生的注意力。双手切忌胡乱摆放,如叉腰、抱在胸前、背后等,更不要做小动作,如摆弄粉笔、玩板擦、衣袖等,双腿不可不停抖动。

4. 距离语的变化

教师在课堂上与学生间距离的变化也有助于师生情感的交流和信息的传递。一项研究表明,教师在距离学生 2~3.5 m 时,会产生一种控制效应,教师可以据此以及教学情景的不同调整站位。面对全体学生讲授时,教师身体位置一般以讲台中央为主,以黑板边宽为度,是学生关注的焦点。学生分组讨论时,教师应巡回到小组,参与讨论,及时指导。做试管演示实验时,教师可以在教室慢慢走动,便于学生观察。学生上台板演时,教师应离远一些或走下讲台,避免对学生造成心理压力。课堂提问时,应离回答问题的同学稍远一些,因为此时对话的主要目的是进行班级教育。个别同学注意力分散时,教师可以走向他给以暗示性的批评,既达到教育的目的,又不影响上课。教师在课堂上的走动要轻而缓,姿势大方自然,以不分散学生注意为宜。

需要指出的是,在实际教学过程中,教师的体态变化往往是上述各种变化的综合运用,力求落落大方,稳重自然。

7.2.3 信息传递通道和教学媒体的变化

在化学教学中,教师运用不同的教学媒体适当地变换信息传输通道可以提高传递教学信息的效率,也有利于学生对信息的接受。

1. 视觉通道和媒体

化学教学中视觉教学媒体是多种多样的,有实物、板书、挂图、模型、投影片、幻灯片、录像片、演示实验及计算机教学电脑软件等。视觉通道是各种感官中效率最高的,视觉媒体具有直观、形象、生动、易懂的特点,很能吸引学生的注意、激发他们的兴趣。但长时间只使用一种视觉媒体容易使学生感到疲劳,应注意变换及配合。

下面是一位老师关于"葡萄糖结构和性质"的教学设计片段,根据不同教学内容的需要选择运用了不同的视觉媒体,包括幻灯片、实物、投影、实验和动画显示,丰富而合理,值得我们学习和借鉴。

案例研讨

> 【介绍】葡萄糖对大家来说并不陌生,今天我们来研究葡萄糖。
> 【幻灯片】电视广告"蓝瓶的,好喝的。哈药六厂 三精葡萄糖酸锌口服液"
> 【展示】葡萄糖的实物。
> 【过渡】葡萄糖对于每个同学来说并不陌生。葡萄糖是什么样的物质,它的结构是怎样的?今天我们就来研究这种有机物。
> 【引导思考】研究有机物的一般步骤:通过燃烧等方法测定其组成;提出结构假设;通过实验验证确定结构……
> 【投影】一、确定分子式
> 【资料信息】称量1.8克的葡萄糖晶体,在燃烧炉中加热……
> 【引导讨论】确定分子式完成了研究有机物的第一步。根据有机物分子式确定有机物的结构简式。根据有机物的分子式和该分子的不饱和度,结合我们前两章的学习,推测葡萄糖中能含有的官能团。
> 【提问】如何通过实验验证上述官能团?
> 【实验探究】实验1:将溴水滴入葡萄糖溶液中,观察溴水是否褪色。
> 实验2:……
> 【讨论】葡萄糖的结构式……
> 【投影总结】研究葡萄糖的一般过程……
> 【动画显示】葡萄糖环式结构的形式……
>
> (龚国祥."葡萄糖结构和性质"的教学设计[J]. 化学教学,2008(6):46—48.)

2. 听觉通道和媒体

听觉通道传递信息的效率虽不如视觉通道高,但学生不易疲劳,且能为学生展开想象留下余地。听觉通道在教学中使用率最高,通常占中学课堂的70%。在教学中,将一些视听媒体与教师的讲解、提问交替使用能取得很好的收效。在化学课上,有些听觉的变化可以给学生留下难以磨灭的印象,以下案例就是一个非常具有化学特色的听觉变化实验。

案例研讨

> 教师在讲"点燃氢气前必须验纯"的道理时,做一系列演示实验:
> ① 点燃纯净的氢气,氢气安静燃烧;
> ② 试管中是纯净的氢气,将试管口靠近酒精灯火焰,可听到轻微的"噗"声;
> ③ 试管中是不纯的氢气,将试管口靠近酒精灯火焰,听到尖锐的爆鸣声;
> ④ 点燃氢气和空气的混合气,发生爆炸,发出巨大的响声。
> 然后教师再解释上述现象,尤其是爆炸的原因。这四个实验产生不同的听觉效果,尤其是剧烈的爆炸声,无疑会给学生留下极深的印象。教师再强调"点燃氢气前必须验纯",指出"点燃可燃性气体和空气的混合气有巨大的危险性"后,学生一定会牢记。
>
> (朱嘉泰,李俊. 化学教学艺术论[M]. 南宁:广西教育出版社,2002:86.)

3. 触觉、嗅觉通道和媒体

触觉和嗅觉感官能获得其他感官所不能获得的信息,而化学学科的特点使这两种通道在化学教学中扮演不可替代的角色。学生使用这两种感官可以直观感受并认识物质的某些特殊性质,记忆深刻。比如,让学生通过触觉感知化学反应或物质溶解中的放热或吸热现象,让学生通过嗅觉感知一些具有特殊气味的气体等。这也是现在提倡某些演示实验改为学生分组实验的原因,既加深记忆和理解,又培养了学生的动手能力。

7.2.4 师生间相互作用的变化

在课堂上,教师、学生、教学内容三者之间存在着相互作用,而相互作用的形式又是多样的,一般存在教师与全体学生、教师与个别学生、学生与教师、学生与教学内容、学生与学生等作用方式。相互作用的变化即教学形式的变化,主要有师生交流方式的变化和学生活动方式的变化。

在教学中,教师应采用多种方式与学生交流,如让学生回答问题、发表见解、提出疑问等,了解学生的想法和问题,以便获得比较客观和全面的反馈信息。教师还应根据需要安排一定的时间用于学生的个别学习、小组讨论和做实验等,以激发学生的学习主动性,培养他们的多元智能和合作精神。

案例研讨

> **探究活动1(探究溶液的形成过程)**
> (1) 学生实验:向实验桌上盛有 20 mL 水的小烧杯中,加入 1 药匙蔗糖或食盐(主要成分为氯化钠),用玻璃棒搅拌(教师巡回指导)。
> (2) 师生活动1(建立溶液的概念)
> ① 学生汇报所配制的溶液的名称。
> ② 引导学生从宏观、微观的角度分析两种溶液形成的原因。
> ③ 模拟动画演示:氯化钠溶于水形成氯化钠溶液的过程。
> ④ 引导学生分析(体验)两种溶液的特征。
> ⑤ 由蔗糖、食盐溶液的形成过程及特征,推出溶液的初步概念。
> ⑥ 学生设计实验,证明"几种物质也可以分散到另一种物质里,形成均一、稳定的混合物"。
> ⑦ 学生自己建立溶液的完整概念。

> **探究活动 2（探究溶解的影响因素）**
> （1）学生实验：在 1、2、3 号试管中做 3 个实验——分别将 1～2 粒碘、高锰酸钾、4～5 滴植物油加入到 2～3 mL 的水中。
> （2）学生汇报实验结果。
> （3）师生活动 1：引导学生对比自己所做的 3 个实验，总结得出——不同溶质在同一种溶剂中的溶解情况不同。
> （4）教师实验：将 1～2 粒碘、高锰酸钾、4～5 滴植物油加入到 2～3 mL 的汽油中。
> （5）师生活动 2：对比学生实验和教师演示实验（媒体）。
> （陆子君. 一堂化学优质课的教学设计意图[J]. 化学教育，2007(7)：32—35.）

变化技能的应用要注意以下几个方面：

（1）要有明确的目的。所有变化技能的运用都应当是有目的的、必要的、为实现教学目标服务的。过多的或盲目的变化不仅不能促进学生的学习，反而会起干扰作用。

（2）要有针对性。要针对学生的认知水平、能力、兴趣以及教学内容和学习任务的特点选择恰当的变化方式。

（3）要适度，注意分寸。教师运用变化技能要适度、有分寸，不宜夸张。授课不同于表演，尤其是教师教态变化的强度和幅度都要恰当，否则会喧宾夺主，产生消极作用。

（4）做好计划和灵活运用相结合。在教学中采取的主要变化方式要在课前做好计划，但有时还需要根据课上的具体情况，即时灵活自然地运用变化技能，帮助学生理解知识或解决疑难。

7.3 教学变化技能的评价

核心术语

◆ 教学变化技能评价　　◆ 评价项目　　◆ 权重　　◆ 评价等级

教师教学变化技能的应用总是伴随其他教学技能，要想准确客观地评价这项技能的难度也就特别大。评价项目可以依据表格 7-1 制定，但评价者对变化中"度"的把握需要多加训练才能达到客观性要求。

表 7-1　课堂教学变化技能量化评价表

评价项目	权重	评价等级			得分
		优	中	差	
① 变化方式恰当、新颖	0.15				
② 注意了多种变化技能之间的配合使用	0.15				
③ 变化的强度和幅度掌握得当	0.10				
④ 变化前铺垫得当，过渡流畅自然	0.10				
⑤ 通过变化激发并保持了学生对教学内容和教学活动的注意	0.10				
⑥ 关注学生差异，为不同水平的学生创造参与教学活动的条件	0.10				
⑦ 师生交流充分，课堂气氛和谐、活跃	0.15				
⑧ 教师关注学生的反应，并据此灵活调控自己的教学方式	0.15				
总分					
您的补充意见或建议：					

本章小结

1. 变化技能是教师运用变化信息的传递方式及教学活动的形式等,改变对学生的刺激、引起学生的注意和兴趣、减轻学生的疲劳、维持正常教学秩序的一类教学行为。随着化学课程的改革与发展,这项技能在实现学生主体性方面的作用逐步凸显,其应用也逐渐科学化。

2. 明确了课堂教学中变化技能的构成要素,才能灵活应用。其构成要素主要有：做好铺垫、变换方式和师生交流。

3. 课堂教学中变化技能大致分为四类：教学口语的变化、体态的变化、教学媒体的变化和相互作用的变化。

4. 变化技能在课程教学中的应用要点主要包括：明确的目的、针对性、适度性和做好计划和灵活运用相结合。

5. 对教学变化技能的评价主要从变化技能的构成要素和应用效果两方面出发。考查铺垫、变化方式、师生交流的完成对教学活动的支持状况,并着重从学生反应的角度来衡量变化技能的应用是否科学有效。

思考与实践

1. 什么是教学变化技能？在化学新课程教学中变化技能具有哪些功能？
2. 教学变化技能主要有哪几种类型？试举例说明。
3. 观摩一节化学教学课录像,对录像中教师所运用的变化技能要素进行记录、分析,总结优点和不足。
4. 在新课程初、高中教科书中各选取一段教学内容,设计两份变化技能的应用教案。
5. 组织2~5名学生,利用已设计好的教案,进行变化技能的微格训练,运用评价量表进行评价,总结应用中需要注意的问题。

参 考 文 献

[1] 朱嘉泰.中学化学微格教学教程[M].北京：科学出版社,1999.
[2] 孟宪恺.微格教学基本教程[M].北京：北京师范大学出版社,1992.
[3] 胡志刚.化学微格教学[M].厦门：厦门大学出版社,2007.
[4] 朱嘉泰,李俊.化学教学艺术论[M].广西：广西教育出版社,2002.
[5] 杨承印.化学教学设计与技能实践[M].北京：科学出版社,2007.
[6] 李亚文.谈教师教学的变化技能[J].沈阳教育学院学报,2000(1)：62—65.

第8章 课堂教学中的演示技能

> 可以为教师们定一则金科玉律,在能力范围内,一切事物都应该尽量地放在感官跟前。
> ——夸美纽斯

本课学习目标

通过本章学习,你应该:
1. 认识课堂教学的演示技能的含义及其功能,理解课堂教学的演示技能的构成要素及其种类;
2. 通过实践训练掌握课堂教学的演示技能及其应用,了解课堂教学的演示技能的评价原则及评价方法;
3. 选择新课程教科书的某一课时内容,设计一份演示技能微格教案,并在全班或小组进行说课实践,听取教师或同学的评价意见。

8.1 教学演示技能的含义

核心术语

◆ 教学演示技能　　◆ 教学演示技能的功能　　◆ 示范操作　　◆ 实验操作技能

直观性教学原则是化学教学原则之一,要求教师在教学中应该将那些学生没有生活体验、没见过或了解较少的知识,以某种形式生动、鲜明、形象地展示在学生面前,让学生直接去接触、感知,丰富学生的感性经验,满足学生从具体到抽象的认知需求,以支持学生的思维活动。教师要真正切实贯彻直观性原则,提高教学水平,就需要具有较高的演示技能,尤其是化学实验的演示技能。

 资料卡片

8-1 中学生思维的特点

教育心理学指出,中学生对知识的理解,总是建立在对事物感知的基础上。由于他们缺乏直接的经验,又由于他们这个年龄阶段的心理特点,是处于由以具体形象思维占优势向抽象逻辑思维占优势发展的阶段,在学习中,就容易出现脱离实际的毛病。

8.1.1 教学演示技能的含义

教学演示技能是指教师根据课堂教学和学生学习的实际需要,恰当地运用直观教具进行实际表演和示范,把事物的结构、形态、变化过程等内容展示、模拟出来,给学生以直观感知的认识,指导学生观察、分析、总结、归纳的一种教学行为方式。

演示有时在新知识讲解之前,有时在讲解之后,但多数是学生观察与教师讲解紧密结合。无论采取哪一种形式,对教学都有直观强化的作用。有时也成为一种课型,叫做演示课。化学是一门实验科学,研究对象是物质,外到物质的宏观变化,内到粒子的微观运动,因此演示在化学教学中起着极为重要的作用,几乎每一种类型的化学教学内容都需要通过演示帮助学生理解。演示技能是中学化学教师教学水平和能力的重要标志。因此对教师或者职前化学教育专业师范生进行演示实验技能训练是必要的。

8.1.2 教学演示技能的功能

演示技能是教师进行演示操作,并指导学生进行观察、分析、归纳的行为。教师掌握娴熟的演示技能,可以使学生获得感性认识,形成学生认识化学的基础,对于学生"双基"的形成、能力的培养、课堂教学效果的达成,都有重要的作用;演示有时也用于提出问题、分析问题和验证化学知识,因此能够激发兴趣、明确目的,帮助学生理解、巩固、深化知识和加强记忆;教师的示范操作,对学生有"言传身教"、"潜移默化"的影响,这对于学生实验操作技能的培养,严肃认真的工作作风和实事求是的科学态度的形成,同样也具有重要的作用。

(1) 激发学生的学习兴趣。"兴趣是第一导师",现代教育心理学理论和教育教学的实践经验证明,教学效果和学习质量的好坏,直接取决于学生在学习过程中的态度和情绪,而良好的学习心态的前提是兴趣。演示是调动学生学习兴趣和学习热情的方法之一。教师正确地运用演示技能就可以把抽象的语言信息转化为具体生动的形象和画面,给学生以直观的感受和印象,从而产生认知兴趣;通过演示,可以把抽象的理论以形象化的方式逐步展示出来,增强理解和认识的兴趣;通过演示,还可以模拟宏观变化或微观粒子的运动,增强学生投入和参与的兴趣。

案例研讨

> 在讲解"浓硫酸脱水性"时,可以做一个"黑面包实验",让学生在令人惊奇的发现中体验到获得知识的乐趣;在讲解"铁的性质"时,可以做"茶水变墨水"、"墨水再变茶水"的实验,让学生在强烈好奇心的驱使下体会化学知识的魅力。

(2) 加深学生对学习内容的理解,强化记忆。演示教学所涉及的具体教学内容,往往是化学教学中的重点和难点,是学生难于理解或不易把握的问题。通过具体形象的演示,可以把抽象的概念事理具象化,如利用醋酸钠等盐的水解实验来揭示盐类的水解的实质;把瞬息万变的过程固定化,如利用Flash动画展示化学反应过程中粒子的重组;把虚幻想象的事物现实化,如利用图片展示电子轨道;如此等等,从而加快、加深学生对相关学习内容的认识和理解,达到生动形象、通俗易懂、深入浅出、事半功倍的效果。

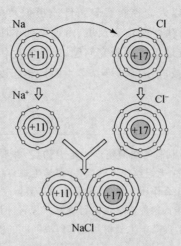

图 8-1 氯化钠形成示意图

(普通高中课程标准实验教科书《化学1》(必修)[M].北京:人民教育出版社,2004:34.)

图 8-1 在教学中可以发挥什么样的功能?如何才能使这些功能得到发挥?

在课堂教学过程中,具体直观、生动形象的演示活动,更容易吸引和调动学生的注意,给学生留下鲜明深刻、经久难忘的印象,从而强化学生的记忆能力,提高学生对相关学习内容的记忆水平,促进学习效率和学习成绩的提高。

8-2 记忆的特点

有关科学测试显示:单从视觉获得的知识能够记忆25%,单从听觉获得的知识能够记忆15%,而如果视听觉同时作用,知识的记忆程度可高达65%。

演示方法虽然不以提高对知识的记忆程度为目的,但是它的形象性、直观性特点,特别是有待进一步开发运用的多媒体全方位演示方式,无疑对提高学生的记忆水平和综合智能起着积极的促进作用。

(3)培养学生的观察能力、想象能力、创造能力等思维能力及科学态度和科学方法。观察能力是学生接受外部信息,认知外在世界,不断丰富自己的感性知识和经验阅历的基本能力。想象能力则是把握不同事物之间的联系,认识新事物、探究未知世界的重要能力,是理解和创造能力的基础。创造能力是人所具有的运用一切已知信息产生出某种新颖、独特、有价值的产品的能力。

演示教学有助于学生观察能力、想象能力、创造能力等思维能力的培养。演示教学强调突出感性和直观性,它以实物、模型、图片和实验等形象手段直接作用于学生的感官,刺激学生的感官,要求学生通过观察把握对象的状态和特征,并进一步领会其含义或象征意义,在这一过程中,学生的观察能力得到了直接的锻炼。同时,通过具体形象的演示,也可以使学生产生相关的联想和想象,刺激学生的形象思维,激发学生的创造意识,从而使想象能力、创造能力得到充分的发挥和锻炼。

而在实验演示过程中,教师可以人为控制实验条件或模拟某些现象,使这些现象反复出现,突出主要研究内容,排除次要因素,使学生学会由表及里、由现象到本质全面辩证地认识问题,同时运用归纳、分析、比较、抽象、概括、判断、推理等方法研究问题,启发学生积极思考,理解化学现象的本质和规律。因此,在化学教学中运用演示技能还可以培养学生的科学态度和科学方法。

案例研讨

> 在做醇氧化实验时,让学生拿一根铜丝在酒精灯火焰上灼烧,并要学生观察后思考:火焰为什么呈蓝色?铜丝为什么变黑?然后,又让学生把铜丝伸入内焰,并要学生观察后继续思考:铜丝为什么由黑变紫红色?内焰中有什么物质?铜丝起了什么作用?最后,请学生设计要除去铜丝表面的氧化物在加热或不加热的条件下各应插入哪一种试剂中最佳?这种让学生进行观察—思考—设计的方法,不仅能激发学生的观察兴趣,鼓励学生积极思维,而且有利于提高学生分析问题和解决问题的能力。

(4)提供正确的示范操作,有利于训练学生的实验操作技能。实验技能是中学化学课程标准要求学生掌握的重要技能之一。演示实验对培养学生掌握正确的实验操作具有示范作用。因此,在演示实验时,教师要操作准确、规范,教师每一个细小动作都应成为学生操作的榜样,让学生学到正确的实验操作技术和方法。

8.2 教学演示技能的设计

核心术语

- ◆ 演示媒体
- ◆ 展示演示
- ◆ 实物演示
- ◆ 标本演示
- ◆ 模型演示
- ◆ 电化演示
- ◆ 图片演示
- ◆ 图表演示
- ◆ 环境演示
- ◆ 录音演示
- ◆ 投影演示
- ◆ 录像演示
- ◆ 实验演示

教学演示技能通常可以从多个维度分为多种类型,每种类型的教学演示技能均有其独特特征,与此同时也存在设计上的共同点。

8.2.1 教学演示技能的构成要素

任何类型的演示都有一个过程,一般都是开始于演示媒体的选择,结束于对演示结果的记录和整理,其间经过出示媒体、指引观察、操作控制等几个步骤,总体构成了演示的程序。

(1)演示媒体的选择。演示是借助于模型、图像、实物等教学媒体,向学生展示或模拟美术的形态或特征,发出声、光、色、形等信号,让学生认识化学知识的结构、特征、原理和规律。因此,演示是否有效,很大程度上取决于课前的准备。教师要花很大的工夫去选择恰当的演示媒体,安排演示步骤和方法,精心制作各种演示教具。

资料卡片

8-3 演示媒体的特点

演示媒体具有以下特点：第一，演示媒体是人体的延伸，使人体器官得到扩展。例如人眼的视觉分辨率为 0.1 mm，速度快于 0.1 s 的运动物体人眼很难辨认。听觉的音频在 16～20 000 Hz，但利用摄影、录音、录像可以记录下人的机体不能获得的信息。如摄像机是人眼的延伸，计算机是人脑的延伸等。第二，演示媒体改变了人体器官的平衡，单一的媒体传递信息会使一种感官凌驾于另一种媒体之上，例如只听，视觉就要减弱，听觉也会疲劳。因此，应注意多通道传递信息，提高信息传递的质量和效率。第三，演示媒体强迫学生按照教师预定的方式接受信息。第四，没有万能的演示媒体，每一种媒体延伸了人体的一种感官，各种媒体不能代替，但可以互相补充。教师应熟悉各种化学教学演示媒体的特性，充分发挥每种媒体的作用，选择最有效的手段体现演示的功能和价值。

选择演示媒体应适合教学内容。由于化学教学活动的综合性强，各个学习领域的学习方式多样，在进行教学时，可交互使用各种演示媒体。如在进行元素化合物教学时，可以采用以实验与实物演示为主的方式，在进行化学原理知识的学习时，可以图表、实验、多媒体动画为主要演示媒体，在进行有机物教学时，可以模型、图表、实验为主要演示媒体。

选择演示媒体还要依据学生的认知水平，年龄越低的学生对形象的演示媒体越感兴趣。因此，给初中学生上课应增加图片、示意图、实验、多媒体动画的演示形式，以引起学生的兴趣，从感性认识入手，边观察边分析，逐步提高学生形象思维和抽象思维的能力。

（2）演示的引入。在一定的问题情境下提出要演示的内容，使学生的注意力集中到演示上来。例如教师在进行"钠"的教学时，可以设计如下导入语：有没有一种物质能与水迸发出火花？有没有一种金属可以浮在水面？有没有一种金属软得甚至可以用小刀任意切割？一连串违背生活常识的设问，将牢牢抓住学生对于即将观察的金属钠的好奇心。

（3）出示和介绍媒体。将演示所用的媒体出示并介绍给学生，为观察做好准备。主要有：出示所用的试剂，介绍它们的形状；出示所用的仪器、设备，介绍它们的功能、使用方法和进行观察的方式等。

例如，演示"化学反应中的能量变化"实验时，向学生出示镁条、砂纸、盐酸、塑料薄膜袋、氢氧化钙、氯化铵晶体、温度计等仪器和试剂。指出用温度计测量烧杯、塑料薄膜袋中的物质在反应前后的温度变化，进而可以看出化学反应中的能量变化。

（4）指导观察。结合教学内容，有计划、有步骤地指导学生观察，向学生介绍演示的主要程序，提出总的和每一步的观察任务，在演示过程中引导学生的注意集中到应观察的现象上，演示后让学生确认所看到的现象。这样就能为思考问题打下基础。

例如，钠单质放在滴有酚酞试液的蒸馏水中，观察反应过程时，有的学生只注意到有节奏的"嗞嗞"响声，有的学生则将注意力集中到水面上迅速游动的闪亮小球上，一般不会觉察出小球已呈液态。也有的学生只注意到溶液显红色是由局部到全部，由浅到深。若教师在实验前给学生进行明确的指导，列出观察提纲，就可避免观察的片面性：① 钠与水的密度比较，谁大？② 反应时钠是如何运动的，发出了什么声音？③ 钠与水反应前后状态是否一致？④ 溶液的颜色变化过程怎样？又如，压强改变化学平衡移动的影响实验，在注射器中装有 NO_2 和 N_2O_4 的混合气体，当注射器迅速压缩时若有的学生注意力还停留在注射器的外形上，则气体颜色的变化会被忽视，实验目的就未达到。为此，教师在实验前，务必把观察重点指明。

(5) 操作控制。操作是教师进行教学演示的主要行为。在教学演示时,教师须有意识地控制自己的操作,应做到规范、准确、熟练,快慢适当,便于学生观察和模仿。演示教具的摆放应考虑有明显的直观效果:如实验装置要朝向学生,颜色要与背景色有明显的区别,高度合适,让全班学生包括最后一排和旁边的学生都看得清,光线明亮,挂图、屏幕的位置要合理配置等。

案例研讨

> 演示离不开手势的配合,用手势指明观察的位置,用手势表示运动的方向和趋势,用手势强调观察的重点等。演示时教师的站位应不影响操作,不遮挡学生的视线,如教师右手拿指图棍时应站在图的左侧,左手拿指图棍时应站在图的右侧等。
>
> 由于课堂教学是一种有计划的活动,所以必须对演示的速度加以控制,以保证学生能有效获取信息的同时能按计划完成一定的教学内容。如在进行"氢气的实验室制法"的教学时,教师应事先测试稀硫酸的适宜浓度,以保证实验进行的速度便于学生观察。在做炭还原氧化铜的演示实验时,教师要事先研究采用何种类型的反应物、选择何种加热装置,保证课堂演示时间的恰到好处。
>
> 演示还应注意时机,当学生有了求知的愿望但不知答案是否正确时,再去演示效果是最好的。例如,在学习"钠的化合物"时,先设问:碳酸氢钠与碳酸钠在等质量的情况下与等量的盐酸反应,谁的速度快?面对学生各种各样的大胆猜想,及时展开实验演示,将给学生留下极为深刻的印象,并促进他们对知识的理解。
>
> 演示还应注意次数,如"NO 与 NO_2 的转化"的教学,可以利用针筒作为反应仪器,利用稀硝酸与铜片作为反应物制取 NO,在产生无色 NO 气体后,吸入空气可以观察棕红色 NO_2 的生成,再吸入水、振荡,可观察到无色 NO 的再次生成,如果需要该实验可以反复进行 NO 与 NO_2 的转化,让学生对转化的条件产生较为深刻的认识。当然演示不一定越多越好,刺激强度过大,易引起学生的感官疲劳,所以演示还应与启发学生的思想相结合。

(6) 说明和启思。在演示时,教师要对所采取的方法、步骤或呈现出的现象加以说明和解释;还要提出问题,启发学生在感知的基础上进行思考,引导他们运用已有的知识认识新事物,或者为理解概念、原理做好铺垫。

案例研讨

> 如在演示铁的氢氧化物的实验中,先在试管里注入少量新制的硫酸亚铁溶液,再将吸有氢氧化钠溶液的胶头滴管插入试管里溶液的液面下,逐滴加入氢氧化钠。即可看到有白色絮状沉淀生成,并迅速变成灰绿色,最后变成红褐色沉淀。这个实验变化多,有独到之处,所以必须及时提醒学生注意,如硫酸亚铁为什么必须用新制的?在通常的实验中是禁止把滴管接触溶液的,而这个实验则与众不同,要把滴管端插入溶液的液面下,为什么?最后生成的红褐色物质是什么?要想使它加速转变为红褐色,可采取什么简单措施?这启发学生主动地对化学实验进行分析,认识各种变化的关系,激发探索知识的兴趣,这种由学生思而后得的兴趣,往往会成为他们学习化学的持久兴趣。

在示范操作的演示中,教师不仅要介绍操作的方法和顺序,还要讲清操作的要领和原理,让学生知道应该做什么、怎么做以及为什么要这么做。

随堂讨论

根据人教版普通高中课程标准实验教科书《化学1》(必修)第16页实验1—5内容,在进行"一定物质的量浓度的溶液配制"实验时,教师应做哪些说明?可以设置哪些问题启发学生思考?

(7) 整理和小结。对演示呈现的现象或得到的实验数据做必要的记录和整理是不可缺少的,这也是对学生的示范。本步骤也可利用提问等活动检查学生是否理解了所观察的现象,掌握了现象中所反映出的知识。通过演示初步得出结论并和有关知识建立联系,为进一步讲解或讨论做好准备。

例如,演示用已知浓度的酸去滴定待测碱的"中和滴定",要记录每次滴定取用的待测碱的量、滴定管中酸溶液在滴定前的读数、酸溶液在滴定后的读数,算出酸的消耗量,再计算出待测碱的浓度。数据的记录和整理是这个演示实验的重要内容。

又如,讲"为什么有些物质的水溶液能导电"这一课题,要演示不同种类、不同状态的物质的导电性,有必要列出表格,教师边演示(让学生确认观察的现象),边在表格中记录演示结果。这样既利于学生有目的地观察,又有利于进行对比分析。通过实验,教师可引导学生归纳出电解质、非电解质这两个概念。在学生获得感性认识的基础上,进一步讲解"为什么电解质在水溶液或熔化下能够导电"的问题。

8.2.2 教学演示技能设计的类型

教学演示的方法多种多样,要根据不同的标准和教学需要进行设计。教学演示技能可以从不同角度进行分类。以演示手段为依据可以做如下划分:

$$
\text{教学演示}\begin{cases} \text{展示演示}\begin{cases} \text{实物演示} \quad \text{标本演示} \quad \text{模型演示} \\ \text{图片演示} \quad \text{图表演示} \quad \text{环境演示} \end{cases} \\ \text{电化演示}\begin{cases} \text{录音演示} \quad \text{投影演示} \quad \text{录像演示} \\ \text{计算机演示} \end{cases} \\ \text{实验演示}\begin{cases} \text{实验操作技能示范演示} \\ \text{获取新知识的实验演示} \\ \text{验证、巩固知识的实验演示} \end{cases} \end{cases}
$$

8.2.2.1 实验演示

在化学课堂教学中,演示实验是最主要的演示,它使学生对教学内容有更直观、更感性的认识。课堂教学演示从目的上可以分为实验操作技能示范演示、获取新知识的实验演示和验证、巩固知识的实验演示三种。

(1) 实验操作技能示范演示。在进行化学实验操作技能的教学时,学生通过观察教师的示范,把动作要领形成动作印象保存在头脑中。教师的示范为学生的模仿提供了正确的模式,并能帮助学生养成认真严谨的习惯。学生要观察教师的示范操作,并认真体会操作要领和原理。

(2) 获取新知识的实验演示。这种实验演示以学生获取新知识为目的,教师演示的方法即通常所说的"边讲边演示"。从逻辑上看,这是由特殊到一般的教学过程。在演示时,教师要先详细说明实验的各种条件,当学生看到一个现象或全部现象之后,要启发、引导学生对所见到的现象进行解释,并得出正确的结论。

在演示实验时,学生并没有掌握有关实验的理论知识,他们的观察往往忽视最关键的地方。因此,教师要努力引导学生仔细观察实验现象和详细过程,注意实验的条件和产生的主要现象,使学生看懂实验。这是演示实验中学生学习的感性认识阶段。实验结束后,教师应当启发学生对实验结果试做结论,解释实验现象。这样可加深他们对知识的理解,有利于知识的巩固,培养思维能力。这是实验演示的理性阶段,或称归纳阶段。最后,应当让学生用文字或图表形式把实验结果记录下来,以便巩固知识。这是演示实验的巩固阶段。另外,对于学生还没有使用过的仪器设备,演示前应当说明它的操作方法及注意事项。这对训练学生的基本技能是有帮助的。

案例研讨

"原电池"微格教案

创设情景——提出课题

【展示】干电池(1号、5号、7号等)、纽扣电池、铅蓄电池、摄像机电池、手机电池。

【演示】投影演示以下 6 个装置(如图 8-2)中是否会产生电流。

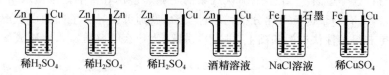

图 8-2

【问题1】上述装置中,哪些能够产生电流,即哪些装置构成了原电池?

【问题2】从电极材料、电极连接方式、电解质溶液三方面分析,构成原电池的条件有哪些?

【学生活动】通过观察、对比分析、相互讨论,自由发言,总结构成原电池的条件。

【师生概括】构成原电池的条件:两块相连接的活动性不同的金属或金属和非金属导体(如石墨)同时浸入电解质溶液中。

设计意图分析:通过日常生活中电池的展示,拉近化学和生活的距离,使化学学习发生在真实的问题情景中,提高学生的化学学习兴趣和主动参与意识;通过学生对精心设计实验的观察、分析、讨论、归纳,使他们体验"由特殊到一般"的思维过程,掌握科学的学习方法。

【分组实验】1:利用导线、灵敏电流计、钥匙(铜质、铝质)等验证西红柿的果汁中含有电解质。

设计意图:学以致用,巩固原电池的构成条件,还可以提高学生学习化学的兴趣。

[相佃国.新课程·新理念·新方法——三次执教"原电池"的实践与思考[J].化学教育,2005(10).]

---

(3)巩固知识的实验演示。这种实验演示以验证和巩固知识为目的,即通常所说的先讲解后演示的方法。从逻辑上看,这是由一般到特殊的教学过程。在上课时,教师先讲述或用各种直观教学手段辅助新知识的讲解,学生掌握了以后,再进行实验演示,以验证和巩固所学的理论知识。采用这种方法,可以培养学生的演绎推理能力。在进行以验证和巩固知识为目的的实验演示时,学生在已有理论知识指导下进行观察,他们能预见到实验的结果。因此,教师可采取灵活多样的方法。在演示前,教师向学生说明要做什么实验,然后,引导学生运用刚学过的理论预测将产生什么结果,再进行实验。实验完毕后让学生说明为什么会产生这样的结果,用所学的理论来解释实验现象。

案例研讨

> **"乙醛的性质"实验演示**
>
> 讲完银镜反应,我带学生阅读乙醛与新制 $Cu(OH)_2$ 反应的实验方案,揭示实验成功的关键是碱必须过量(反应要在碱性环境中才能完成),分析 $Cu(OH)_2$ 必须新制的原因,然后一改演示实验由老师做、学生看的办法,把学生请上讲台,我只作指导,这一改,学生由"观众"变成了"演员",老师由"演员"改当了"导演"。课堂气氛一下子由严肃变得活跃起来。
>
> 不光实验由学生上台做,而且也请学生上讲台像我分析银镜反应一样分析乙醛与 $Cu(OH)_2$ 反应机理。接着,我趁着学生做实验的余兴未尽,又进一步提出以下问题:乙醛既有氧化性又有还原性,且以还原性为主,如能被银氨溶液和 $Cu(OH)_2$ 等弱氧化剂氧化,那么能否被我们熟知的 $KMnO_4$ 酸性溶液和溴水等强氧化剂氧化呢?学生异口同声地回答道"能",我拿出药品,请同学自己上讲台验证,随着 $KMnO_4$ 溶液和溴水的褪色,课堂气氛又进入一个新的高潮。接着,我在黑板上写下了以下 2 个未配平的化学离子方程式,留待有兴趣的学生下课后去练习配平:
>
> $$CH_3CHO + Br_2 + H_2O \longrightarrow CH_3COOH + H^+ + Br^-$$
> $$CH_3CHO + MnO_4^- + H^+ \longrightarrow CH_3COOH + Mn^{2+} + H_2O$$
>
> (杨大可.融"有机""无机"知识于一体——讲好"乙醛"[J].化学教育,2001 (1):21—22.)

另一种方法是在实验演示之前,向学生说明要做什么实验,打算得到什么样的结果。然后,让学生讨论做这个实验需要什么样的条件,怎样做才能产生预期的结果。在讨论中,学生就会充分运用刚刚学过的知识,精心地对实验进行设计。最后,教师对学生的方案修改完善后进行实验。这样,不但学生学习的兴趣浓厚,而且能展开积极的思维,有利于巩固和运用所学过的知识。

8.2.2.2 展示演示

(1) 实物、标本的演示。在教学过程中,演示实验、标本的目的是使学生具体感知教学对象的有关形态和结构的特征,以便获得直接的感性认识。学生对这些直观材料往往很感兴趣。为了使学生的观察更有效,教师需要正确掌握所观察的内容。例如纯净的苯酚晶体,软得可以任意切割的单质钠,具有刺激性气味的气体 NH_3、SO_2、H_2S 等。

(2) 图片、图表、模型的展示。应用图片、图表、模型等教具的作用属于模像直观,其特点是可以人为突出事物的特点,揭示事物的本质或内部结构,有利于学生对知识的理解。在化学教学中图片演示大有用武之地:描述微观理论的,如在"化学反应速率"一节中可以用图片演示解释化学反应发生的条件;在"烷烃"一节,为使学生建立同分异构体的概念,在讲授丁烷分子结构时,可以展示丁烷的结构式、相应的模型、图片进行演示。有些实验需很长时间、有的还具有危险性,不适合课堂演示,实验图片可以很好地解决这个难题,如甲烷的取代反应。在对学生进行国情教育(如材料、能源、资源、环境)、生产实践学习时,需要学生走出课堂,但由于条件的限制,很难走出校园,教师可以提供图片,如:无机非金属材料简介、能源的利用与人类进步、一些环保知识等。[1]

利用数据型图表,能引导学生对实验数据进行分析、判断、综合,可逐步发展他们的思维能力和创新意识,提高他们的思维品质。例如,一些氢化物的熔沸点的图中,为什么 H_2O、HF、NH_3 的熔沸点在同一族元素的氢化物中不是最低?说明 H_2O、HF、NH_3 的分子间存在什么特殊的作用力?为什么 H_2O、HF、NH_3 的分子之间会存在氢键?这与 H—O 键、H—F 键、H—N 键有什么关系?学生通过

---

[1] 边雅莉.谈新编高中化学教材图片的运用[J].化学教育,2003(10):12—14.

层层分析、探究,进一步理解分子结构与分子间作用力的内在关系,掌握分子晶体熔沸点规律。所以,利用数据型图表有利于学生掌握知识和规律,激发探究欲望,培养探究能力。这也改变了学生的学习方式,使学生能像科学家一样学习。教学时,还可以把我国工业废水中几种污染物的最高允许排放浓度的数据型图表与《水污染防治法》相结合,把空气质量日报与《大气污染防治法》相结合。这样做既是"三五"普法教育的需要,也突出了数据型图表的利用与环境保护的联系,是中学化学教学义不容辞的责任。①

8.2.2.3 电化演示

幻灯片、投影、电影、录像以及多媒体辅助教学等电化教学手段的演示是运用了现代科技的模像演示。这种演示的优点是可以突出事物的细部、结构和特征,提高学习效率,增强直观性。在化学教学中有利于学生对化学微观反应的理解。如氢气还原氧化铜实验,先加热,再通入氢气,可用 Flash 制作实验动画,边演示其结果边指导学生观察,对错误操作后产生爆炸进行 2 次演示,使学生牢记其实验后果,有助于学生更好地掌握实验步骤及注意事项,有利于新教材的教学。在微观领域,可以利用多媒体的动态效果模拟粒子(分子、原子、离子、电子等)的运动特点,把肉眼无法看清的微观粒子形象化,变微观为宏观,使学生印象深刻,更易掌握。对于分子晶体、原子晶体、离子晶体在计算机中可以分别用可动的不同质点表示,说明不同类型的晶体其组成微粒及其作用力的不同。用 Flash 制作外力作用于石墨晶体的动画过程,在外力作用下层间结构被破坏,而内层结构完好。通过观察使学生对石墨具有润滑作用及铅笔为什么能写字有了一定的认识。除了课件的应用外,还可以扫描或者下载一些生活中与教学相关的化学图片,如使用能源造成的大气污染,温室效应,臭氧层空洞,酸雨所造成的环境污染等图片及动画。在展示过程中对学生进行爱国主义教育,可以达到事半功倍的效果。不胜枚举的应用例子正是计算机多媒体在化学教学中的突出表现,也是传统的教学方式所无法媲美的。但电化教学演示不能代替学生实验和教师演示实验,只有两者有机的结合,才能更好地发挥各自的优势,扬长避短,达到最佳教学效果。②

8.3 教学演示技能的应用

> **核心术语**
>
> ◆ 演示的基本原则　　◆ 演示的注意事项　　◆ 演示的技巧

8.3.1 教学演示的基本原则

教学演示可以激发学生的学习兴趣,提高学生的学习效率,调动学生学习的主动性和积极性,并能发展学生的观察力和思维能力。因此,教师演示的成功与否,直接影响到教学效果。教师要保证教学演示的效果,演示应遵循以下原则:

(1) 目的性原则。演示的设计,首先要有明确的目的,要有利于突出教学内容的重点和突破难点;有利于提高学生掌握概念、理论等知识的效果;有利于培养学生的能力,总之有利于教学目的的实现。在教学过程中,教学演示该用则用,不该用不可滥用,应反对盲目地进行演示,避免无目的地演示为教学带来的不良后果。

---

① 雷范军.新课程理念下数据型图表的利用[J].化学教学,2006(4):18—19.
② 曾懋华,庄淑玲.计算机多媒体在化学新教材教学中应用的调查与分析[J].化学教育,2007(6):44,59.

(2) 针对性原则。教师在进行演示设计时,应该先了解学生,要针对学生的心理特点、已有的知识基础和生活经验来设计教学演示;还应该根据教学内容和本校的教学条件,选择恰当的演示方法。

(3) 规范性原则。正确、规范的操作是演示成功的基础,也是提高演示效率的前提,同时还直接影响学生实验技能的培养。教师进行演示时,要一丝不苟,给学生做好良好示范,使学生获得正确的知识,掌握规范的操作方法,养成严肃认真、实事求是的科学态度。

(4) 适用性原则。这个条件是指教师设计演示时,要根据具体情况采用不同的演示方法,以使演示收到最佳效果。在教学中,没有一种最有效的演示方法,只有根据具体情况而变化,灵活地运用演示,效果才可能是最好的。

(5) 形象性原则。根据心理学关于感知的刺激物要有一定的强度,感知的对象与背景差异越大知觉就越清晰的规律,教师要考虑被演示物体的形象大小、颜色明暗、声音的强弱,要以全班学生都能看得清、听得见为标准。

(6) 讲演结合原则。演示要注意语言与动作的配合,使学生有准备、有目的地观察,并引导学生进行积极的思维活动。可根据情况采取先讲后演示、先演示后讲、边讲边演示的方法。只有把演示和讲解相结合才能达到演示的目的。

(7) 实事求是原则。在演示时发生意外的现象或结果时,要做科学的分析和解释,一时无法解释的,要根据事实说明情况,课后再探究,不要轻易地做出粗糙的结论。演示实验万一失败时,如果时间许可,教师又能很快找出原因,应立即重做;否则应在适当时间内补做。必须以实事求是的科学态度对待失败,切不可随意推诿于试剂不纯。还可以把实验中可能出现的困难,事先告诉学生。

(8) 安全性原则。演示实验要确保安全,例如,检查一些仪器中带较高电压的接头是否牢固,仪器绝缘部分是否因损坏而带电,腐蚀性强的药品是否放置妥当等。严格按照实验操作要求做,注意防毒防火,防爆炸,防触电,确保师生安全。还要有处理意外情况的准备和措施。

8.3.2 教学演示的技巧[①]

(1) 展示适时。捷克教育家夸美纽斯说过:"智慧的开端当然不仅只在学习事物的名目,而在真正知觉事物的本身。"在课堂上进行实物演示是为了使学生"真正知觉事物的本身",那么在什么时候展示实物等教具呢?实物教具应在讲到与教学内容有关部分,需要让学生观察时再把教具展示出来。若过早或过晚展示教具,都会分散学生听课的注意力,降低教学效果。

(2) "讲"、"演"结合。单纯的讲解往往太抽象,单一的演示往往又欠深刻。因此,教师的演示往往要求与讲解密切地配合,教师可以边讲边演示,也可以先讲后演示,还可以先演示后讲述,或叫学生回答问题,带着问题观察演示。这既可激发学生的学习兴趣,又能发展其观察能力和思维能力。教师的讲解要准确精练,要依据教学内容及学生的特点,对观察方法、操作规程、本质特征、学习的重点等进行讲解或提出适当的要求,这样才能使内容与"讲"、"演"同步。

(3) 唤起想象。在演示过程中,要充分利用学生原有的知识经验,通过描绘、比喻、联系实际等方式唤起学生丰富的想象力,间接地去感知所学对象。正如苏霍姆林斯基所说:"教给学生能借助已有的知识去获得知识,这是最高的教学技巧之所在。"如在化学教学中,教师要使学生通过对物质结构模型的观察而唤起对微观世界微粒的基本构成的想象。只有这样,学生的思维才能突破时间和空间界限,在想象中翱翔。同时,教师面对演示模型,要讲清其与实际事物之间的比例关系,要使学生的思维又重新回到现实中来,以免发生偏差,产生错觉。

---

① 王晨.课堂教学技能[M].北京:中国文史出版社,2005.

(4) 全面感知。首先要使学生"博观"。能让学生感知的一定要让其感知,能让学生多感知的一定要让其多感知。正如《文心雕龙·知音》中所说:"凡操千曲而后晓声,观千剑而后识器,故圆照之象,务先博观。"只有在广博的"闻"与"观"的基础上,才能"晓声"和"识器";才能增长知识,产生"智慧"。其次要使学生多方面感知。在运用某些直观教具时要充分调动学生的各种感觉器官,使之进行多方面的感知,获得深刻印象。要使学生通过眼看、耳闻、鼻嗅、舌尝、手摸而心想、意会。再次要让学生反复观察。英国科学家波义耳常说:"要想做好实验,就要敏于观察。"因此,对那些重要的部分或变化较快的部分,教师要尽量反复演示,或作必要的停顿,这样才能让学生在反复观察中学到"真知",获得"灼见"。

8.3.3 教学演示的注意事项

(1) 熟练掌握演示操作的内容、程序和步骤,做到胸有成竹,这是演示教学成功的前提和关键。特别是对于比较复杂的演示活动和过程,应做好充分准备,课前进行必要的试验和演练,以减少和避免偏差与失误,保证演示操作的顺利进行,取得理想的演示效果。

(2) 充分发挥教师自身的才能和特长,努力创造最佳的演示效果,提高演示教学的质量。演示教学是最能够成分展示教师素质和才华的教学方式之一,教师的表演才能可以在演示教学中得到展现和发挥。反过来,教师出色的表演和演示,也会将演示教学推向更高的境界,给学生留下深刻难忘的印象。

(3) 充分调动学生的学习兴趣和热情,调动学生的积极性,营造良好的课堂教学氛围。学生的积极配合和参与也是成功进行演示教学的重要前提和保证,教师的演示活动是针对学生进行的,演示教学的实际作用最终也必须通过学生的理解认识来实现,因此演示教学必须为学生所接受和认同,必须充分发挥学生的积极性、主动性和参与性,充分体现学生在学习过程中的主体地位,提高演示教学的效果。

(4) 有效调控演示教学的进程。教师在演示教学的进行过程中,还应该根据课堂教学的实际情况,不断地、及时地对具体演示进程加以有效的调整和控制,调控的具体对象包括演示内容、方法、速度、节奏、程度以及学生状态、课堂气氛、方向倾向等各个方面。

8.3.4 教学演示的案例示范

科目:化学　　　课题:"氯气实验室制法"[①]　　　学校:_____　　教师:_____

教学目标	(一)知识目标:掌握在实验室中制取氯气的基本原理和方法及氯气相关的化学性质。 (二)能力目标:(1)组织学生分组讨论,动手参与,培养学生设计实验、动手实验的能力;(2)通过引导学生观察、分析创新实验的现象,培养学生的观察和分析问题的能力。 (三)情感目标:(1)通过创新实验,激发学生的学习兴趣,培养学生热爱化学的情感;(2)激发学生透过现象探究本质的兴趣。尊重科学,以发展的眼光看待科学。				
顺序	教师行为	应用技能	学生的学习行为	教学媒体	时间分配
1	【引导】复习回忆上一节氯气的化学性质相关内容。	提问	复习回忆		1′
2	【讲述】给同学们讲瑞典化学家舍勒如何发现氯气的故事。	讲解演示		课件	1′

---

① 案例改编自 欧邵平.对"氯气实验室制法及氯离子检验"课堂设计的探讨——关于在湖南省2005年化学年会所上示范观摩课的反思[J].化学教学,2006(6):48—50.

续表

顺序	教师行为	应用技能	学生的学习行为	教学媒体	时间分配
3	【提问】① 实际的工业生产中需要大量的氯气，要将化合态的氯转变成游离态的氯，结合舍勒的发现，实验室中制取氯气会用什么药品和反应条件呢？ ② 二氧化锰在反应中起什么作用？ 【小结】很好，因此氯气的实验室制法的原理就是用氧化剂将浓盐酸中负一价的氯转变成零价。	提问讲解	【回答】① 用二氧化锰和浓盐酸加热。 ② 氧化作用。		3′
4	【提问】知道了原理，要完成制取，就要用一定的仪器并用仪器组装一套制取装置。大家学过制取的气体有哪些呢？还记得这两套装置吗？ 【演示】制氧气、二氧化碳（或氢气）的两套装置图。 【提问】这两套是气体发生装置，一套完整的制取装置还有哪些？ 【提问】那么实验室制氯气能用课件上这两套装置吗？为什么？ 【教学组织】好，请同学们看书，等会儿让两名同学上台来组装实验室制氯气装置。其他同学注意观察他们的操作，如有不对，可及时指出。 【指导点评】两名学生进行，教师对安装过程中出现的问题予以指导，实验结束后点评。	提问演示	【回答】制氧气、二氧化碳（或氢气）。 【回答】收集和尾气处理装置。 【回答】不能。因为这反应是固体和液体在加热情况下反应。 【演示实验】组装实验室制氯气装置。	课件 实验	8′
5	【讲解】实验室制取氯气的一个最大毛病就是需要制取多瓶氯气，在更换集气瓶时氯气会逸出，造成环境污染；另外，收集完氯气应先撤酒精灯，想一想为什么这样就容易发生倒吸。 【演示与讲解】（展出氯气实验室制法改进的实物装置）这里有一套改进装置，大家看看与刚才两位同学组装的有什么不同？ 【提问】如何改进？这里只用到一个三通管，一个气球，一个止水夹。 【引导】在课件上引导学生分析装置改进的原理和操作方法。	讲解演示	观察与思考	实物 课件	5′

氯气实验室制法装置改进

$$4HCl + MnO_2 \xrightarrow{\Delta} MnCl_2 + 2H_2O + Cl_2$$

气球
T型三通管
止水夹

请同学们思考分析并选择仪器安装。

续表

顺序	教师行为	应用技能	学生的学习行为	教学媒体	时间分配
6	【演示】改进装置制取氯气 【提问】我现在往一瓶氯气中投入一小块红纸片,同学们看看有什么现象?说明了什么? 【提问】除了水蒸气外,还可能有什么?为什么? 【课件演示】收集到的氯气不纯的探究。	演示提问	【观察】 【回答】红纸片褪色,说明氯气中有水蒸气。 【回答】氯化氢,因为浓盐酸有挥发性。	实验课件	5′
7	【讲解】考虑到装置的改进及气体的净化、干燥及有毒气体封闭式收集,所以对课本上的实验装置进行改进和优化。 【课件演示】氯气实验室制法装置改进与优化的整合(可对仪器进行拖动、组装)(图略) 【组织教学】让一名同学上来进行模拟组装好吗?	讲解演示	【课件操作】一名学生对氯气实验室制法进行改进与优化的模拟组装并说明理由。	课件	4′
8	【小结】很好,今天我们学习了氯气实验室制法的原理——用氧化剂将浓盐酸中负一价的氯转变成零价,还学习了装置的安装,另外对装置进行了改进及优化。 【课件演示】本课知识小结和知识拓展(略)	讲解演示		课件	1′

8.4 教学演示技能的评价

核心术语

◆ 量化评价表　　◆ 评价项目　　◆ 权重　　◆ 评价等级

教学演示技能评价应当用科学的态度、科学的理论和技术去评价客观事实,把教学演示技能测评从经验型水平升华到科学型的水平。演示技能的评价项目全部由演示的原则决定。根据重要性的程度,演示的直观性和科学性的权重最大,其次是学生的参与程度,评价项目如表8-1。

表8-1 课堂教学演示技能量化评价表

日期:＿＿＿＿＿＿　　　任课教师:＿＿＿＿＿＿　　　课题:＿＿＿＿＿＿

评价项目	权重	评价等级			得分
		优	中	差	
① 目的性:演示目的明确,解决教学重难点	0.10				
② 针对性:媒体选择符合学生特征,适合教学内容和本校条件	0.15				
③ 规范性:演示操作规范,示范性好	0.15				
④ 适用性:根据具体情况采用不同的演示方法,使效果最佳	0.15				
⑤ 形象性:演示效果明显,直观性好	0.15				
⑥ 讲演结合:演示与讲解结合,启发性好	0.10				
⑦ 实事求是:对演示现象和结果做科学的分析和解释	0.10				
⑧ 安全性:演示确保安全	0.10				
总分					
您的补充意见或建议:					

本章小结

1. 教学演示技能是指教师根据课堂教学和学生学习的实际需要,恰当地运用直观教具进行实际表演和示范,把事物的结构、形态、变化过程等内容展示、模拟出来,给学生以直观感知的认识,指导学生观察、分析、总结、归纳的一种教学行为方式。

2. 教学演示技能具有四个功能:(1)激发学生的学习兴趣;(2)加深学生对学习内容的理解,强化记忆;(3)培养学生的观察能力、想象能力、创造能力等思维能力及科学态度和科学方法;(4)提供正确的示范操作,有利于训练学生的实验操作技能。

3. 教学演示技能的七个构成要素:(1)演示媒体的选择;(2)演示的引入;(3)出示和介绍媒体;(4)指导观察;(5)操作控制;(6)说明和启思;(7)整理和小结。

4. 演示的基本原则:目的性原则、针对性原则、规范性原则、适用性原则、形象性原则、讲演结合原则、实事求是原则、安全性原则。

5. 化学教学演示的技巧:展示适时、"讲""演"结合、唤起想象、全面感知。化学教学演示的注意事项:(1)熟练掌握演示操作的内容、程序和步骤,做到胸有成竹;(2)充分发挥教师自身的才能和特长,努力创造最佳的演示效果,提高演示教学的质量;(3)充分调动学生的学习兴趣和热情,调动学生的积极性,营造良好的课堂教学氛围;(4)有效调控演示教学的进程。

思考与实践

1. 举例说明什么是课堂教学演示技能,其功能是什么?
2. 结合课堂教学实际,谈谈教学演示技能的构成要素。
3. 实验演示、展示演示、电化演示各自的特点和要求是什么?
4. 结合具体的案例,讨论如何在课堂教学中运用演示技能。
5. 选一段演示技能的教学录像,说出在演示过程中,教师是如何指导学生观察分析的,并用课堂教学演示技能量化评价表进行评价。

参 考 文 献

[1] 胡志刚.化学微格教学[M].厦门:厦门大学出版社,2007.
[2] 张学敏.课堂教学技能[M].重庆:西南师范大学出版社,2005.
[3] 郭友.新课程下的教师教学技能与培训[M].北京:首都师范大学出版社,2004.
[4] 刘春慧,刘自匪.板书技能 演示技能[M].北京:人民教育出版社,2001.
[5] 王晨.课堂教学技能[M].北京:中国文史出版社,2005.
[6] 杨大可.融"有机""无机"知识于一体——讲好"乙醛"[J].化学教育,2001(1):21—22.
[7] 边雅莉.谈新编高中化学教材图片的运用[J].化学教育,2003(10):12—14.
[8] 雷范军.新课程理念下数据型图表的利用[J].化学教学,2006(4):18—19.
[9] 王后雄,尹文静.中外化学实验网络资源的现状分析与优化策略[J].中学化学教与学,2009(4):61—63.

第9章　课堂教学中的体态语言技能

> 做教师的一定不能没有表情,不善于表情的人就不能做教师。只有在学会在脸部、姿态和声调的运用上能用20种风格韵调的时候,才能成为出色的教师。
>
> ——马卡连柯

本章学习目标

通过本章学习,你应该:
1. 了解教学体态语言的含义及其特性,认识教学体态语言在课堂教学中的重要性;
2. 了解各种教学体态语言技能的设计要求,掌握教学体态语言技能的应用原则;
3. 选取新课程教科书的某一课时内容设计教学活动,在活动中恰当使用体态语言技能,听取教师和同学的评价意见。

9.1　教学体态语言技能的含义

核心术语

- ◆ 体态语言　　◆ 面部表情　　◆ 眼神　　◆ 头姿　　◆ 手势
- ◆ 坐姿　　　　◆ 站姿　　　　◆ 走姿　　◆ 仪表　　◆ 距离

9.1.1　教学体态语言技能的含义

体态语言指的是人们在交际过程中人体任何一个部位辅助语言交流的表情、行为或举止。说得更直白一些,所谓体态语言是指人们在交际过程中,用来传递信息、表达感情、表示态度的非语言的特定身体姿势,这种特定的身体姿势既可以支持、修饰或者否定语言行为,又可以部分代替语言行为发挥独立的表达功能,同时又能表达语言行为难以表达的感情和态度。简言之,体态语言是用表情、手势、姿势等来表达某种意思的无声语言。[1]

教师在教学中运用的面部表情、手势动作和身体姿态等称为教学体态语言。教学体态语言技能,是教师有效地运用面部表情、手势动作和身体姿态等传递信息、交流情感的体态语言行为技能,是一切教学活动的最基本的行为技能。课堂教学是人类交流的一种特殊形式,是师生互动所形成的一种

---

[1] 庄锦英,李振树.教师体态语言艺术[M].济南:山东教育出版社,2000:5.

双边活动,教与学不仅仅是单纯的知识传递,更是思想的沟通和情感的交流,因此教师不仅要有广博的知识、丰富的内涵、全面的素质,同时还要具备组织和驾驭课堂的能力,教学体态语言正是以其独特的魅力成为课堂教学中不可忽视的辅助手段,也越来越受到人们的广泛关注。

资料卡片

9-1　信息交流的总效果

美国心理学家梅拉宾(A. Mehrabian)指出:人们之间信息交流的总效果,7%来自语言(文字),38%来自语调,而55%来自动作表情。

9.1.2　教学体态语言的分类

在跨文化交际中最常见的是根据人体各部位动作进行体态语言分类,萨莫瓦(L. A. Samovar)等采用体态行为这一术语,将体态语言分为面部表情语、眼神语、接触语、姿势语、副语言、气味语等。贝克(K. W. Bark)于 1977 年在其主编的《语言与交际》一书中将体态语言分为无声的动姿、无声的静姿、有声的类语言,细分如下:[①]

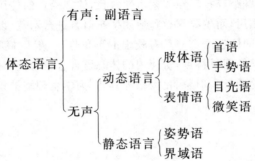

本书按照化学教学的一般习惯,将体态语言分为面部表情语言(眉毛、眼神、嘴型、脸部肌肉)、姿体动作语言(头姿、手势、坐姿、站姿、走姿)、仪表语言(服饰、发型、美容化妆)和距离语言四大类。

随堂讨论

想一想自己在平时的交流或课堂教学中,经常使用哪些体态语言?

9.1.3　教学体态语言的特点

教学体态语言是教师在面对学生群体进行教育、教学的特定环境下使用的语言,所以它除了具有一般体态语言的特点(直观性、辅助性、民族性、真实性)外,还具有如下特点:

1. 有意性

研究表明,教师有意识地对体态语言进行设计并在实际应用中恰当调控,就能够收到良好的教学

[①] 许涛.略论体态语与体态语交际[J].武汉科技大学学报(社会科学版),2000(2):84—87.

效果;反之,对体态语言放任自流、不加约束,则会大大影响讲授效果。教学体态语言的"有意性"主要体现在以下两个方面:

(1) 课前精心准备。大多数教师在备课时都能结合课程内容确定自己的体态语言基调,并对一些重要的体态语言预先进行设计或练习,这种准备保证了课堂教学中口授与体态的最佳结合,是一个教师驾驭教学走向成熟的标志。

(2) 随时加以调控。高兴时喜笑颜开,沮丧时垂头丧气,生气时横眉冷目,悲哀时眼中含泪……这些常人的体态反应,在教师身上有时却要根据教学需要有意识地随时加以调控,不能听任情绪通过体态语言随意流泄,以免对学生造成不好的影响。

2. 情境性

教师的体态语言表达如果没有一定的课堂教学情境,不结合具体的知识教学过程,则会变得令人难以理解,这就是它的情境性。要想搞清楚体态语言的具体含义,就必须把它们放在特定的情境中理解,一般而言,体态语言的情境性在教学实践中,主要用以模拟形象、再现情境和渲染气氛等。教师合理地运用这一特征,可以及时、高效、自如地调节学生的情绪,创造出活泼、轻松或者专注的课堂气氛,把抽象的知识内容变成活生生、有趣味的教学图像,从而提高课堂教学效果。

3. 学科性

不同性质的学科、不同教学内容,需要运用不同的体态语言,因此,教师的体态语言又具有较突出的学科性。一般来说,体育、舞蹈等技巧性或艺术性科目,体态语言的使用频率最高,在这类科目中口头语言有时仅起提示、说明作用,而主要靠教师运用体态语言进行示范,以供学生模仿、学习;语文、历史、德育等文科科目,所使用的体态语言多具有较强的形象性,一般以模拟形象、再现情境、演示情节为主要特点;数学、物理、化学等理科科目,所使用的体态语言有较为突出的说明成分,以展示原理、说明事物为主,其主要作用是化抽象为形象、化概括为具体,为学生理解抽象事物铺路搭桥。①

随堂讨论

平时生活中使用的体态语言和课堂教学体态语言有什么区别与联系?

9.1.4 教学体态语言的作用

教师进行教学时,在运用有声语言的同时,常常伴随着相应的表情、眼神、手势等体态语言。适时运用体态语言能增强教学的表达效果,它和语言表达相辅相成,可以提高课堂教学的信息容量和准确性,使教学生动形象,激发学生学习的兴趣,加强师生之间的情感交流等,从而达到预期的教学目的。

(1) 辅助口语表达,传递教学信息。教师在课堂教学中用体态语言辅助口语表达,能使口语更明白,更富有说服力和感染力。通过体态语言的辅助表达,教师要赞成什么、反对什么,跃然于形体之上,达到口语所不能起到的作用。体态语言在特定的教学情境中,将学生的"视"和"听"有机结合起来,用视听两个方面的刺激作用于学生的感官,提高学生的信息接收量和接收效果。

(2) 使教学生动形象,调动学生积极性。因为体态语言比语言更具有生动形象的特点,因此能使教学内容更加生动形象。例如:化学实验中"振荡"的基本操作,如果用语言很难叙述清楚,只能描述

---

① 杨承印. 化学教学设计与技能实践[M]. 北京:科学出版社,2007:81—82.

为手腕晃动,而对如何晃动学生难以理解,如果教师配以振荡的手势动作,就能生动形象地说明振荡的基本要求,使学生轻松掌握其要领。同时,生动形象的体态语言,有利于学生集中注意力,活跃思维,从而调动学生学习的积极性。

(3) 突破教学重难点,调控教学进程。课堂教学中,教师通过体态的模拟和比划,促进学生大脑皮质的兴奋,帮助学生突破难点、掌握重点,从而提高课堂学习效率。例如:一些难以用口语表达清楚的物质运动状态、物质微粒的空间关系等,通过教师的体态语言就能较好地表现出来,对学生具有启发思维、促进理解的作用。教师还可以通过观察学生体态语言所反馈的信息,诊断教学问题所在,及时调控教学进程,使课堂活动向着更加有利于学生发展的方向进行。

(4) 增进师生情感,创造良好的课堂气氛。教师体态语言的表达体现着教师的个性、意志和情感,对于培养学生情感、激发学生进取心和师生情感交流具有不可替代的作用。例如:学生从教师的微笑里感受到亲切、关心、爱护和理解,教师的情感就会激发学生相应的情感,他们会爱老师,进而延伸到爱听老师的课,欣然接受老师的要求和教育。同时,课堂上师生之间的情感交流又是创造和谐课堂气氛的重要因素,可有效提高课堂教学效率。

随堂讨论

根据新课程改革理念,如何重新审视教学体态语言的价值?

9.2 教学体态语言技能的设计

核心术语

◆ 面部表情语言 ◆ 姿体动作语言 ◆ 仪表语言 ◆ 距离语言

9.2.1 面部表情语言技能设计

面部表情是指教师通过自己的眉毛、眼睛、嘴巴等器官和脸部肌肉运动来表达或辅助表达有关课堂教学内容信息的活动。教师不仅通过语言向学生传递教学信息,而且凭借面部表情向学生表达自己的思想感情,启迪学生、引导学生、感染学生。因此,教师在学生面前应保持和蔼、亲切、开朗、精神饱满的面部表情状态,以达到预期的教学效果。

资料卡片

9-2 人的面部表情的变化

有人统计过,人们通过面部肌肉的变化、五官在一定程度的位移和面部色彩的变化,可以做出2500多种表情,包括快乐、郁闷、高兴、热情、痛苦、生气、害怕、沮丧、讨厌、惭愧、不满、严肃、嘲笑、感兴趣等,即"喜怒哀乐,形之于色"。

(1) 眉毛。眉毛是脸部表情的重要组成部分,在人际交往中起着重要的作用,有关眉毛的形容词有"眉飞色舞"、"扬眉吐气"、"愁眉苦脸"、"眉开眼笑"、"挤眉弄眼"等。在课堂教学中,教师如果双眉上翘、双眉舒展可以传达满意、欣慰之情;双目下垂、双眉紧锁可以传达失望、愤怒之意。

(2)眼神。眼睛是脸部表情中最为活跃的组成部分,人们常常把眼睛比作"心灵的窗户",表明眼睛是人与人沟通中最清楚、最正确的讯号。有研究表明:人在兴奋时,瞳孔会比平时放大四倍并显得闪烁发光;相反,在生气或者情绪低落时,瞳孔会收缩到很小。在课堂教学中,教师和学生的眼神时不时发生碰撞,传递着极为丰富的教学信息,眼神交流可以分为以下四类:

① 眼神内容。教师的目光既可以传递赞扬、鼓励、满意、喜悦等正向的情感,也可以传递失望、不满、反感、愤怒、厌恶、警告等负向的情感。在课堂教学中,教师应该尽量使用正向的目光,少用负向的目光。

② 注视对象。在课堂上,教师注视的对象应视情况而定,可以时而环视全班学生,时而注视部分学生或者个体学生,要将教师的目光公正、均匀地分配给每位学生,让每位学生都能"沐浴"在教师温暖的目光中,感受到教师的关注,从而整堂课始终保持较高的兴奋水平和警觉状态。

③ 注视部位。在课堂教学中,教师通常注视学生的脸部,但教师注视学生脸部的不同部位,具有不同的含义和效果:如果教师注视学生两眼与额头中间所组成的三角区域,表示对学生的严厉;注视学生两眼与下颌所组成的三角区域,表示对学生的亲密。此外,当学生做小动作时,教师可以把目光移向学生的手以示警告。[①]

④ 注视时间。教师根据教学要求可以长时间地注视学生,也可以迅速扫视学生,或者给学生一瞥。有研究表明:在交谈时,如果你对对方的注视时间超过全部谈话时间的三分之二,表示你对对方的谈话感兴趣,并且信任对方;如果不到三分之一,表示你对对方的谈话不感兴趣,或者你紧张、羞涩、不信任对方。所以,教师的目光应该坚定,不能飘忽不定,否则容易给学生造成紧张、不够自信的感觉。

案例研讨

根据对眼神语言技能的分析,讨论图9-1中的两组图片中教师注视正确与否,为什么?

图9-1　教师注视

[①] 郭友.新课程下的教师技能与培训[M].北京:首都师范大学出版社,2004:152.

(3) 嘴形。嘴形在教师脸部表情中起着十分独特的作用,如果教师嘴角上翘、嘴唇微启,表示对学生的赞许、肯定;如果教师嘴角下垂、嘴唇紧闭,或者上齿紧咬下嘴唇,表示对学生的愤怒、不满等。

(4) 脸部肌肉。当教师生气、愤怒时,脸部肌肉僵硬;当教师高兴、满意时,脸部肌肉舒张,微笑是其中最常见的一种表情。教师的一个微笑能够传递对学生的信任、赞许之情,拉进教师和学生的距离,消除师生之间的矛盾,缓解师生之间的紧张关系,营造宽松和谐的课堂气氛。

随堂讨论

相互练习不同的面部表情(比如:高兴、满意、欣慰、惊喜、愉快、鼓励、期待、信任、赞许、关切、仁慈等正向表情;失望、冷淡、怀疑、迷惑、厌烦、不满、愤怒、威吓、警告等负向表情),从同学或老师的反馈来检验自己的面部表情是否准确地传递了所要表达的情感,并及时调整。

9.2.2 姿体动作语言技能设计

姿体动作是指教师通过自己的头部、躯体和四肢动作来传达或辅助传达有关课堂教学内容信息的活动,主要包括头姿、手势、坐姿、站姿、走姿。姿体动作语言在信息交流和表达思想中占有十分重要的位置,能以生动形象的动作表现教学内容和教师情感,有助于学生理解和掌握教学内容。

(1) 头姿。头姿就是在课堂教学中教师的头向、头的姿势,它在师生交流中发挥着特殊的作用。例如:教师点头表示首肯、赞成;教师摇头表示反对、失望;教师低头表示沉思;教师仰头表示叹息;教师侧耳倾听表示对学生的关注;教师扭头表示对学生的不屑一顾等。当然,教师头部运动不可过分频繁,否则会给人摇头晃脑、不够稳重之感。[①]

(2) 手势。手势是指用手指、手掌、拳头、手臂的动作和造型来传递信息和情感的一种教学行为。教学过程中教师的手势应严格地与讲授内容相一致、与有声表达及其他辅助教学手段相协调,应当体现对学生人格的尊重和学生情感上的融洽。按照手势的表意功能将其分为五类:

① 象形性手势。用手势模拟事物的形象、性状、特征等,引起学生联想,给以具体明确的印象。例如:用手势比划事物的性状(圆的、方的)、大小、高低等,前述模拟"振荡"操作的手势也属于象形性手势。

② 象征性手势。通过手部动作表示某种抽象事物或概念的手势。例如:教师在鼓励学生好好学习时说:"同学们,你们是祖国的未来",可以将右手向前方伸出,以示未来。

③ 指示性手势。即指人说人、指物说物,往往可以用来指示视觉可及范围内的具体对象。例如:用手指指点上、下、左、右、前、后、这、那,以及你、我、他等;用手指指着黑板上某概念要求学生重点理解,手掌心向上邀请同学回答问题等。

④ 情意性手势。这种手势主要表达教师内心的思想情感,常见的有:挥拳表示激动或下定决心,紧握双拳或者拍案而起表示愤怒,手拍胸脯表示敢作敢当等。教师在对学生进行科学性、肯定性内容的表达时,常借助情意性手势来增强表达效果。

⑤ 评价性手势。是用来判断行为价值高低的手势,如:教师竖大拇指以赞扬学生学习活动中的突出表现,对学生有很强的激励作用;当学生获得成功时,教师往往带头鼓掌表示祝贺,这既是对学生

[①] 肖锋.学会教学——课堂教学技能的理论与实践[M].杭州:浙江大学出版社,2004:263.

行为价值的肯定,又是一种"奖励"。

资料卡片

9-3 常见手势技巧

1. 手指势语

跷起大拇指——表示称赞、钦佩

伸出食指——向前指,特指某人,也指命令、斥责;向上指,表示一件事、向这看

手指逐一屈或伸——表示计算数目、列举次数

大拇指和食指相捏——表示细小事物、捏拿

伸出小指——表示卑下、轻视、低劣

五个手指由外向里收拢——表示力量集中、事物相聚

五个手指向下用力收拢——表示控制、抓握

右手食指垂直顶着左手掌心——表示停滞、暂停

其他手指紧握,食指在空中运动——表示事物的运动轨迹、或过程、或方向、或速度

2. 手掌势语

手掌心向上前伸,臂微屈——表示恭敬、请求、赞美、欢迎

臂微屈,手掌心向下屈——表示反对、否定、制止

手掌挺直、用力劈下——强调果断的力量和气势

两手掌由胸前向外推出——表示拒绝或不赞成某种观点

两手掌由外向胸前收回——表示接受、聚集

两手掌由合而分,向上摊开——表示消极、无奈、分散

两手掌由外向内,由分而合——表示团结、联合

3. 手臂势语

摊开双手,向前上方展开双臂——开放性手臂势语,表示颂扬、称赞

双臂交叉、后背——防御性手臂势语,表示高傲、冷漠、权威

(杨承印.化学教学设计与技能实践[M].北京:科学出版社,2007:89—90.)

(3) 坐姿。在课堂教学中,教师一般以站立为主,但有时也可以坐下参与学生的讨论,以示与学生的平等。教师坐姿的一般要求应当是:头正、肩平、胸挺、背正、腿并拢、脚放平、身体自然坐直,不应瘫坐或仰坐在椅子上,亦不宜趴在讲台上。女教师坐着的时候双膝必须靠拢,方向可略斜一侧,两腿可在小腿处交叉,双手放在膝盖或大腿上,不能跷二郎腿,如有扶手最好只搭一只手,入座和起座时不可借力于扶手,脚尖不能摇动,鞋跟不能抖动,双腿不能晃动;男教师双膝可分摆至肩宽,双手可分别放在双腿上,也可都放在扶手上,不可绷直膝盖、将双脚拉开成八字形、前俯后仰,或将头缩至靠背以下等。

(4) 站姿。教师良好的站姿会让学生在教学中获取一定知识的同时得到一种形象美的熏陶,有利于学生良好的仪态行为的培养与形成。教师站姿有很多种:可以是双腿并拢,或者双腿平行分开;可以是左腿前右腿后,或者右腿前左腿后;可以是重心在左腿,或者重心在右腿等,基本的要求是:稳重自然、落落大方、优雅得体。对于以讲授为主的课堂教学,教师最佳的站位应该是讲台的中央;当需要阐述、描述或者分析时,教师应站在学生中间,让学生听清楚同时感受到教师的亲切;如果学生回

答问题时,教师身体应微微前倾,以示教师的注意力都集中指向学生。

(5) 走姿。如果教师整节课站在一个地方一动不动,会让课堂显得单调而沉闷。因此,教师应适时地在学生面前走动,课堂就会变得有生气,还能激发学生的兴趣,调动学生的积极情绪。教师在课堂上的走动大体有两种:一种是教师在讲课时适当地在讲台周围走动,另一种是在学生做练习、讨论、实验时,教师在学生中间走动。走动要有控制,不能分散学生的注意力,为做到这一点,教师在课堂上走动时应注意:适当控制走动的频率、控制走动的速度、走动时姿势要自然大方、走动范围要均匀分布等。

随堂讨论

根据化学学科的特点,模拟教学体态语言以表达下列信息:

嘘,小声点!继续说。对,是这样做的。这样做不太好。夸赞。行!不同意。怎么办?没有了?分别说。向学生敬礼。思考。数数。听不见,大声点儿。停一下。看这里。请注意。上课、下课、起立、坐下。为什么?什么现象?观察。拿捏试管。手持酒精灯。烫手。看液面……

9.2.3 仪表语言技能设计

仪表指教师的服饰、发型、美容化妆,虽然在大多数的教学情境中它不直接传达与教学内容相关的信息,但它是影响教学活动和教学效果的一个潜在的、不可忽视的因素。因此,教师的仪表必须与其职业相称,具体要求如下几个方面:

(1) 服饰搭配。服饰包括衣、裤、鞋、帽、袜、围巾、领带、手套及胸花、胸针等。各种服饰的搭配要求是:

① 整洁卫生、美观大方、朴素典雅。这是对教师着装的整体要求,也是最起码的要求。教师无论穿什么服装,都要经常清洗和保养,以求外观整洁。衣服的颜色和款式既不奇特古怪、艳丽花哨,又优雅不俗。使学生产生一种充实感、信任感和崇高感。

② 适合自身条件。教师应综合考虑自己的体形、年龄、性格等多种因素,穿出自己的风格和个性。例如:体形较胖的教师宜穿颜色深、带竖条纹的服装以使体形显得匀称,瘦高的教师宜穿颜色浅、带横条纹的服装可使体形显得壮实;青年教师朝气蓬勃,充满活力,服饰选择应以活泼明快为主,可与流行色泽款式适当靠近,年长的教师德高望重,沉稳通达,衣着上应以端庄为主,适当选择一些既稳重大方、色泽款式又比较清新的服饰。

③ 与环境协调。一定的社会环境,一定的服饰潮流,不可避免地要影响到教师。因此,教师的服饰要做到与社会环境协调,还应注意使自己的服饰适合群体文化意识,即"入乡随俗",以能被群众接受。

(2) 发型选择。体态语言专家研究表明,抢先采纳流行发型的人,对环境的适应能力强;经常变换发型的人,具有不稳定的性格,易受他人影响,蓬松的发型、爆炸式发型扩大了头部的范围,意在突出自我,吸引他人注意。教师在课堂上的发型一般就是生活中通常保持的发型。教师在选择发型时,一是要考虑自己的面部特征和体形,自己的文化气质和精神风貌,二是要考虑学校的环境气氛。男教师不应留披肩长发,女教师的发型不要过于新潮,不宜染鲜艳的颜色,发饰不要过于复杂和新异。

（3）女教师化妆。女教师适当的化妆，可以使其在课堂教学中保持良好的精神状态。教师上课时的化妆应属于生活妆中的日妆范围，总体要求是：淡雅、自然、适当。①

9.2.4　距离语言设计

教师在课堂上与学生之间合适的距离也有助于师生情感的交流和信息传递，因此，教师应根据课堂活动的内容不断调整自己的位置。如：当学生上台板演时，教师应该把讲台让给他们，自己走到台下离学生不远的位置，这样既避免分散学生的注意力，又使学生在心理上感觉与老师很接近；如果某学生思想不集中，教师可以在讲课过程中不经意间走到他面前，给其暗示性的提醒；当学生进行分组讨论或者实验时，教师可以走到某一组中间，参与他们的讨论，给以指导，以了解学生的活动情况；当教师与个别学生交谈时，要注意保持一定距离，过远难以保证声音的清晰，过近则有可能引起学生的反感，等等。

案例研讨

根据对距离语言技能的分析，讨论图9-2两幅图片中教师距离把握正确与否。

图9-2　教师距离

9.3　教学体态语言技能的应用

核心术语

◆ 应用原则　　◆ 善意尊重　　◆ 协调统一　　◆ 稳定性
◆ 共意默契　　◆ 美感性

9.3.1　教学体态语言技能的应用原则

作为教师，对何种情况下采取何种类型的体态语言应该有清醒的认识。一般而言，课堂教学体态语言的应用应遵循以下原则：

（1）善意尊重原则。善意尊重原则是指教师运用体态语言时应该以肯定、鼓励、尊重为主，而不

---

① 胡淑珍.教学技能[M].长沙：湖南师范大学出版社，1997：160.

应随意使用否定性体态语言,更不能使用蔑视甚至敌视性体态语言。例如:对学习较差的学生白眼相待,对犯错误的同学横眉冷对,对各方面表现平平的学生视而不见……这些表现不仅严重伤害了学生的自尊心和自信心,同时也影响了教师形象,恶化了师生关系。因此,教师要真诚对待学生,哪怕是学生的点滴进步,也要运用体态语言予以充分肯定和表扬,以激发学生的上进心。

(2) 协调统一原则。首先,教师的表情、眼神、手势、姿态、服饰、距离等必须相互配合,协调一致;其次,教师的体态语言要与有声语言所表述的情、境、形协调一致,相得益彰;最后,教师在课堂教学活动中所采用的体态语言,必须与教学内容、课堂气氛、课堂情境、学生反应等具体情况协调一致。只有这样,才能发挥体态语言的最佳作用。

(3) 稳定性原则。教师课堂教学中的基本体态行为应当是稳定的,如果没有规律地加以变化,会让学生难以适应,不利于组织教学。例如:教师在教学活动中的表情状态应该和颜悦色、亲切自然、相对稳定,假如教师一会儿面带微笑、和蔼可亲,一会儿又面色峻厉、凛然可畏……这种表情状态的不稳定会对学生造成伤害,妨碍师生之间的情感沟通,阻碍教学的顺利进行。

(4) 共意默契原则。由于体态语言的含义具有模糊性和随意性,因此教师在运用体态语言时,应尽量让学生充分地、精确地理解其含义,达到彼此心领神会、配合默契的状态。这就要求在教师在使用体态语言的初期,配以语言简介和说明,随着彼此熟悉、了解和接受,语言说明可以逐渐减少直至不用。

(5) 美感性原则。美感性原则是指教师在教学活动中所作出的动作、姿势应当优美、规范。教师体态语言虽然与演员在舞台上的表演不同,但是追求的效果却是相同的,即给学生以美的享受和熏陶。因此,教师在课堂上的举手投足,都应当准确恰当、优美大方,而不矫揉造作、扭扭捏捏。

9.3.2 教学体态语言技能应用案例

课题:过氧化钠的性质探究[①]

教学环节	教学程序	体态语言技能
组织上课	上课铃响,教师登上讲台,饱满的精神,自信的站姿。用亲切的目光扫视全班以示致意,响亮而友好的宣布上课。	得体的仪表、自信的姿态、亲切的表情。
创设情景,引入新课	【问题情境】回忆 Na_2O 能与 H_2O、酸性氧化物(CO_2)等反应的性质。 教师在等待学生思考差不多后,用目光锁定一名学生的面孔,待对方会意后,向全班宣布:"请李媛同学上台发言,大家欢迎!"同时舒展双臂,发出邀请的手势,将讲台让给对方,自己走到学生中间。在李媛发言过程中,面带微笑地注视她,不时点头表示赞许,并和全班同学进行眼神交流。待发言完毕,率领全班鼓掌,直至李媛回到座位。	微笑的表情、鼓励的眼神、邀请、点头、鼓掌等。
提出问题,分组讨论	【提出问题】Na_2O_2 也能与 H_2O、酸性氧化物(CO_2)等反应吗? 当教师陈述完问题后,用疑惑的眼神和学生交流,仿佛在问:能不能反应呢? 如果从学生的反馈信息中发现他们拿不定主意,就建议学生分组讨论一下。在学生讨论过程中,教师在学生中间走动,倾听学生的意见,适当地给以评价、指导。如果发现有不积极参与讨论或者过于大声喧哗的同学,走到他面前去,用眼神给以提醒。	启发的眼神、微笑、点头或摇头、手势、走姿、距离等。

---

① 陆军.研究型化学教师教学行为的几个特点[J].化学教学,2003(11):20—21.

续表

教学环节	教学程序	体态语言技能
猜想假设，实验验证	【猜想与假设1】比较 Na_2O_2 和 Na_2O 的组成和结构，提出 Na_2O_2 也能与 H_2O、CO_2 等反应，但反应产物可能有所差异的假设。 【实验及现象1】将少量水滴入盛有 Na_2O_2 固体的试管中，有能使带火星的木条复燃的无色气体产生，把试管中的反应混合物用水稀释，滴入酚酞试液，溶液呈红色。 【猜想与假设2】比较 Na_2O_2 和 Na_2O 与 H_2O 反应产物的异同，提出 Na_2O_2 也能与 CO_2 发生反应，反应产物为 Na_2CO_3 和 O_2 的假说。 【实验及现象2】在U型管中相应位置（如右图）装入少量大理石、玻璃棉和 Na_2O_2，然后从U型管的左管口注入少量稀盐酸并塞上橡皮塞，片刻后带火星的木条在U型管的右管口能够复燃。	根据教学活动具体情况综合应用表情、眼神、头姿、手势、走动等体态语言技能。
形成结论，迁移应用	【结论1】Na_2O_2 能与 H_2O 反应，$2Na_2O_2+2H_2O=4NaOH+O_2\uparrow$ 【结论2】Na_2O_2 也能与 CO_2 的反应，$2Na_2O_2+2CO_2=2Na_2CO_3+O_2$。在 Na_2O_2 与 H_2O、CO_2 等反应中 Na_2O_2 既是氧化剂，又是还原剂。 【迁移应用】完成 Na_2O_2 与稀盐酸反应的化学方程式 教学进行到此环节，教师应和学生一起分享得出结论的喜悦，对学生的优秀表现给以充分的肯定，并鼓励学生完成迁移应用。喜悦的表情、跷大拇指赞扬、鼓励的眼神等。	

9.4 教学体态语言技能的评价

核心术语

◆ 评价内容　　◆ 评价项目　　◆ 评价等级　　◆ 权重

根据教学体态语言技能的分类和应用原则，教师课堂教学体态语言的评价内容和标准可参见表9-1。

表9-1　课堂教学体态语言技能量化评价表

日期：_____　　任课教师：_____　　课题：_____

评价项目	权重	评价等级			得分
		优	中	差	
① 表情：和蔼可亲，随语言讲述恰当变化	0.12				
② 眼神：注重眼神交流，会管理和引导学生	0.12				
③ 头姿：肯定或否定及时、适度	0.08				
④ 手势：以手势帮助表达，没有多余的动作	0.12				
⑤ 站姿：站立姿势端正、自然大方	0.08				
⑥ 站位：正面面对学生，而不是侧身或者面向黑板	0.08				
⑦ 走姿：适当走动、快慢合适、停留得当	0.08				
⑧ 仪表：着装发型得体，身教言传并重	0.10				
⑨ 距离：随教学活动合理调整与学生的距离	0.10				
⑩ 配合：各种体态语言配合恰当、自然、适度	0.12				
总分					
您的补充意见或建议：					

本章小结

1. 体态语言是指人们在交际过程中人体任何一个部位辅助语言交流的表情、行为或举止。教师在教学中运用的面部表情、手势动作和身体姿态等称为教学体态语言。
2. 体态语言的分类有很多种。本书按照化学教学的一般习惯，将体态语言分为面部表情语言（眉毛、眼神、嘴型、脸部肌肉）、姿体动作语言（头姿、手势、坐姿、站姿、走姿）、仪表语言（服饰、发型、美容化妆）和距离语言四大类。
3. 教学体态语言具有：有意性、情境性、学科性等特点。其作用表现为如下四点：辅助口语表达，传递教学信息；使教学生动形象，调动学生积极性；突破教学重难点，调控教学进程；增进师生情感，创造良好的课堂气氛。
4. 课堂教学体态语言技能的应用原则：善意尊重原则、协调统一原则、稳定性原则、共意默契原则、美感性原则。
5. 通常根据教学体态语言技能的分类和应用原则，设计合适的评价内容和评价标准。

思考与实践

1. 举例说明什么是体态语言，相对于一般体态语言教学体态语言有什么特性？
2. 结合新课程改革，讨论体态语言技能在课堂教学中的重要性。
3. 教学体态语言有哪些类型？各种教学体态语言技能的设计有什么要求？
4. 设计一段教学活动（10～20 min），在活动中恰当使用教学体态语言技能。
5. 用课堂教学体态语言技能量化评价表9-1对上述教学活动设计进行评价。

参 考 文 献

[1] 庄锦英,李振树.教师体态语言艺术[M].济南：山东教育出版社,2000.
[2] 杨承印.化学教学设计与技能实践[M].北京：科学出版社,2007.
[3] 郭友.新课程下的教师技能与培训[M].北京：首都师范大学出版社,2004.
[4] 肖锋.学会教学——课堂教学技能的理论与实践[M].杭州：浙江大学出版社,2004.
[5] 杨承印.化学教学设计与技能实践[M].北京：科学出版社,2007.
[6] 胡淑珍.教学技能[M].长沙：湖南师范大学出版社,1997.
[7] 许涛.略论体态语与体态语交际[J].武汉科技大学学报（社会科学版）,2000(2)：84—87.
[8] 陆军.研究型化学教师教学行为的几个特点[J].化学教学,2003(11)：20—21.

第 10 章　课堂教学中的多媒体教学技能

> 由于多媒体具有图、文、声并茂甚至有活动影像这样的特点,所以能提供最理想的教学环境,它必然会对教育、教学过程产生深刻的影响。这种深刻影响可以用一句话来概括:多媒体技术将会改变教学模式、教学内容、教学手段、教学方法,最终导致整个教育思想、教学理论甚至教育体制的根本变革。
>
> ——何克抗

本章学习目标

通过本章学习,你应该:
1. 了解多媒体教学的发展及特点,领会多媒体教学技能的含义;
2. 了解和学习多媒体教学资源的软件及其特点;
4. 学习并尝试在化学教学中运用多媒体教学的基本方法;
5. 了解评价多媒体教学技能的指标内容,知道如何避免多媒体教学中经常出现的问题。

10.1　多媒体教学技能的含义

核心术语

◆ 教学媒体　　◆ 多媒体教学技能　　◆ 多媒体教学设计　　◆ 多媒体教学实施

10.1.1　多媒体教学的发展

媒体(Media),意为两者之间。现在,一般赋予媒体两种含义:一是存储信息的载体,如磁盘、光盘、磁带、半导体存储器等,中文常译作媒质;二是指传递信息的实体,如数字、文字、声音、图形等,中文译作媒介。以传递教学信息为目的,并用于教学活动过程的媒体称为教学媒体。[①]

教学媒体经历了语言媒体、传统媒体到现代媒体的发展过程。传统媒体主要是指实物和模型、参观旅行和展览、图片与图示材料、黑板以及文字印刷材料等。现代教学媒体的发展是从 19 世纪末开始,教学媒体开始出现电子化和现代化的特征,随着电子化媒体的问世及应用,推动了教学媒体由视觉媒体、听觉媒体向视听结合媒体发展;从 20 世纪 60 年代至今,电子技术、通信技术、信息处理技术

---

① 胡志刚.化学微格教学[M].厦门:厦门大学出版社,2007:224.

飞速发展,教学媒体由视听结合媒体发展到多媒体综合运用,由单项传递发展到交互作用,并结合计算机向高智能、大容量、快速度、多功能等方向发展。20世纪90年代以后,由于网络技术的发展,出现了多媒体网络教室、计算机远程教学等网络教学形式。多媒体综合运用于教学不仅改变了传统的教学模式和教学方法,也改变了师生的角色及师生关系。

资料卡片

10-1 多媒体教学与计算机辅助教学(CAI)

多媒体教学在上个世纪80年代已经开始存在,但当时是采用多种电子媒体如幻灯、投影、录音、录像等综合运用于课堂教学。这种教学技术又称多媒体组合教学或电化教学。

20世纪90年代起,随着计算机技术的迅速发展和普及,利用数字化技术将各种信息,如图、文、声、动画、视频等集成在一起统一处理,出现了多媒体计算机。多媒体计算机已经逐步取代以往的多种教学媒体的综合使用地位。因此,现在我们通常所说的多媒体教学是特指运用多媒体计算机并借助于预先制作的多媒体教学软件来开展教学活动。它又可以称为计算机辅助教学(computer assisted instruction,即 CAI)。

[谢小粮.浅析多媒体教学与CAI课件开发的辩证关系[J].中国现代教育装备,2006(11).]

多媒体教学(Multi-media teaching)指在教学过程中,根据教学目标和教学对象的特点,通过教学设计,合理选择和运用现代教学媒体,以多种媒体信息作用于学生,并与传统教学手段有机组合,形成合理的教学过程,达到最优化的教学效果。①

10.1.2 多媒体教学的特点与作用

多媒体教学作为现代教学技术手段具有如下几个主要特点:其一,丰富性,多媒体技术本身是一种大容量的知识库,可容纳非常丰富的教学信息资源;其二,交互性,多媒体技术具有便捷的人机交互、机机交互的特点;其三,灵活性,教师可以灵活设计教学方法,以图、文、声、像、影并茂的方式把知识传授给学生;其四,开放性,通过计算机网络将促进课堂教学对外开放,多媒体远程教学系统使相距遥远的老师和学生能进行异地相互沟通,多媒体教学拓展了课堂教学的内容和形式。

多媒体技术所具有的特点,使多媒体教学具有传统教学媒体不可比拟的作用,表现在教学手段、教学内容、教学方法以及教学观念等各方面都发生了质的飞跃。多媒体的主要作用有:

(1) 有利于提高学习效果。多媒体教学的特点是具体、形象、生动。它可以多角度,直观地展示各种图文声像,为学生营造出形象、逼真的学习环境,激发学生的学习兴趣,提高学生的观察效率,拓展学生的思维空间,充分传达教学意图,从而有利于解决教学中的重点和难点问题,提高学习效率。如利用计算机的三维图形功能模拟物质结构、化学反应历程、微观粒子的运动变化。利用动画或录像模拟演示电池和电解池的原理、石油的裂解等重要的化学实验。

---

① 钟志贤.信息化教学模式——理论构建与实践例说[M].北京:教育科学出版社,2005.

（2）有利于丰富和充实教学资源。利用多媒体网络系统，可以实现网上多媒体信息传递和网上多媒体信息。资源共享，网络提供的学习资源远远大于任何教师、任何教材，甚至任何一个图书馆所能提供的信息量。比如有关环境问题的教学资源，在网络上即可以搜索到酸雨、赤潮、沙尘暴、臭氧空洞、厄尔尼诺现象、温室效应、光化学烟雾、二氧化硫污染、粉尘污染等相关的视频素材、PDF 文档、电子书籍、动画演示和专题网站等多种形式的信息资源。

（3）有利于促进教学方法的改进。教学方法是课堂教学中实现教学目的和教学任务的有效保证。多媒体技术应用于课堂教学，可以为教和学创造多层次的需求。飞速发展的信息技术扩大和丰富了传统教学手段和方式方法，新出现的 WebQuest 教学模式、情景化教学模式、网络协作学习、基于电子学档的教学模式等为学生提供了新的学习方式和学习体验；[1]也极大地促进了教师教学理念、方法的更新和发展。

（4）有利于提高教学效率。多媒体教学利用课件中编辑的文字、图表、示例、公式推导等直接投影于屏幕，教师不必花费大量时间用于黑板板书，能够从容地对教学内容进行充分阐述说明，能增大教学容量，同时可以留出时间与学生交流互动，从而提高教学效率。

（5）有利于体现学生在学习中的中心地位。多媒体教学采用以学生为中心的教学模式，教师的主要作用是根据学生的学习需要，选择教学媒体，开发教学资源，提供交互式的学习环境，创造亲切、愉快、宽松、和谐的教学氛围，促使学生积极、主动地参加教学活动。

10.1.3 多媒体教学技能的含义

多媒体教学技能应包括多媒体教学资源的采集与管理、多媒体教学设计、多媒体教学实施、多媒体教学评价四个方面。

多媒体教学资源的采集与管理是指教师能够分析鉴别信息，根据教学目标和学生的实际情况，对图像素材、声音素材、视频和动画素材进行采集和加工处理，并对信息进行分层管理，以适应不同层次学生个性发展的需要。例如：利用 Powerpoint、Authorware 等多种软件制作多媒体课件；利用 Flash、Photoshop、Sound Forge、3DS Max 等软件进行图形、图片、声音和动画制作与处理；使用 ISISDraw、ChemDraw、ChemWindow、ChemSketch 等软件进行二维分子和三维分子结构制作。

多媒体教学设计从确定教学目标，设计多媒体课件，设计教学结构模式几个方面来进行。课堂演示型多媒体课件的设计要与整个教学过程的教学设计紧密结合起来，把课件的内容纳入整个教学过程设计之中，按照其特定的用途进行整体设计，使其为课堂教学提供丰富和形象直观的教学信息。自主学习型多媒体课件通常用于学生的个别化学习过程中，可分为系统学习型、训练复习型、教学游戏型和模拟实验型等几种类型。此外还要根据教学内容和教学目标的要求，确定教学形式和教学方法，安排师生活动形式及活动程序。

多媒体教学实施是将教学设计应用于实践。教师在教学中适时呈现多媒体课件内容，创设教学情景，指导学生分析思考，发挥他们的想象力和创造力。此外还要随时收集和分析学生反馈的信息，及时调整教学策略，指导学生学习。

多媒体教学评价是教学优化的一个重要环节，教学效果的测量和评估应以教学目标为依据，以客观资料为基础进行价值判断。

---

[1] 陆宏，孙月圣.信息技术与课程整合的理念与实施[M].北京：首都师范大学出版社，2007：38—39.

10.2 多媒体教学资源的开发

核心术语

◆ 搜索引擎　　◆ FTP 资源　　◆ 论坛资源　　◆ 教学资源库

多媒体教学资源可以通过从网络下载、从资源光盘或资源库中获取、从电视节目中录制等方法获取。网络是当今最大的资源库,大量的多媒体教学素材都可以从网络上搜索到。

10.2.1 搜索引擎

目前使用最普遍的搜索引擎有谷歌、百度等门户网站,其搜索的简单技巧是键入关键字,关键词加限制词或符号。搜索引擎覆盖面大,但精确度不是很高。通过对一些专题资料网站进行搜索,能够在一定范围内得到更多更精确的资源。如:涵盖范围广泛的"中文搜索引擎指南",http://www.sowang.com/link.htm。

如视频素材可以通过"CCTV 视频搜索"http://vsearch.cctv.com/ 和"谷歌视频搜索"http://video.google.cn/来获得。前者提供中央电视台各频道电视节目片段,特别是科技探索、科技人物、历史史实视频都是制作精美、详尽可信的上乘之作。后者包含数百万个已编制索引并可观看的视频,可以从整个网络搜索并观看数量不断增加的一系列电视节目、电影剪辑、音乐视频、纪录片、私人作品和其他视频。如:氯气的实验室制法在新课程教材《化学1》中,是以课后习题的形式出现的,教师可以采取视频演示来让学生认识实验室制取氯气的装置和过程。利用谷歌视频搜索查询"氯气实验室制法",有 16 个结果符合要求。

资料卡片

10-2 常用的中英文搜索引擎

搜索引擎名称	网址
中文 Yahoo!	http://www.yahoo.com
搜狐	http://www.sohu.com
网易	http://www.163.com.cn
新浪	http://www.sina.com.cn
百度	http://www.baidu.com
Google(中/英文)	http://www.google.com.cn
化学资源导航系统 CHIN	http://chin.icm.cn
化学导航	http://wwwchina.edu.chinaren.com
化学数据库搜索引擎	http://www.chemfinder.camsoft.com
化学资源索引	http://library.xsu.edu.cn/hxzy.htm
Chemie.De	http://www.chemie.de

10.2.2 FTP 资源

FTP 资源是 File Transfer Protocol 的缩写,是存放各类文档的服务器,一般是教育科研单位的内部资源库,资源丰富,专业化程度较高。北大天网 FTP 搜索,可以检索国内外 FTP 服务器上的文件,包括 PowerPoint 文档、Word 文档、Flash 动画、视频文件、音频文件、图片等。

10.2.3 论坛资源

定位于专门领域的论坛致力于集中本领域各行各业的发展动态,行业资源,为专业人士提供交流学习的平台。

(1) 化学及相关专业论坛:小木虫,零点花园,国研论坛,丁香园等理工、医学生物领域的专业论坛都开辟化学化工、应用化学、制药等行业的专版,丰富的专业资源、专业技术和方法交流不断更新。

(2) 中学化学课程与教学网站:"化学课程网"是由北京师范大学化学教育研究所创办的,主要目的是在新课程背景下为化学教师提供交流和成长的平台,让广大化学教师学习、实践、交流和研究化学新课程、新教材和化学教学。该网站资源丰富,重视参与性研究,集中了全国各地区化学教师在线研究化学新课程教学。此外还有中国基础教育资源网,K12 中国中小学教育教学网是最早建立的中小学综合教育网站,其中的化学版块有备课素材、考试研究、教学研究、多媒体素材、学习指导等栏目,是化学教师交流、分享化学问题和资源的活动园地。

(3) 特色类:"中国多媒体教学学报(网络版)化学"是第一个国家级的光盘期刊,化学分刊包括化学与生活、基础理论、晶体世界、精品推荐、考试研究、科技前沿、课程改革、模拟化学实验室、名师点评、化学俱乐部等。此外,根据内容特点,还有很多化学专题网站,比如有关水资源,能源化学、绿色化学、化学实验的专题网站,化学科普网站、化学网站大全——化学之门等。

 资料卡片

10-3 化学教学资源的常用网站网址

网名	网址
K12 化学栏目	http://www.k12.com.cn/
中国基础教育网(化学频道)	http://www.cbe21.com/subject/chemistry
人教社中学化学	http://www.pep.com.cn/
中国化学课程网	http://chem.cersp.com/
中学化学资源网	http://www.chemsky.net/
网上化学课堂	http://www.tanghu.net/classroom/
化学在线	http://www.huaxue.net
香港科大教育资源	http://www.edp.ust.hk/
台湾大学化学系高中化学教学咨询网	http://www.chemedu.ch.ntu.edu.tw/main.htm
美国化学学会化学教师资源中心 ChemCom	http://www.lapeer.lib.mi.us/chemcom/index.html
加拿大 Simon Fraser 大学化学系 ChemCAI	http://www.chem1.com/chemed
英国化学资源指南	http://www.chemdex.org

要延展多媒体教学资源内容,教师在日常工作中除了要留意搜集相关素材,还要建立一个以化学教学内容为主的资源库。基本内容包括：图片和音像、软件和课件、专业资料、教学研究等。各种数字资源的调用和合理使用是化学课堂、教材和教学内容的延伸。

如何从网络上获取自己所需要的资源,谈一谈你的检索经验。请说出2～3个你经常浏览的化学专业网站,介绍它们的功能特点。

10.3 多媒体教学的方法与技巧

核心术语

◆ 多媒体教学方法　　　◆ 多媒体课件制作　　　◆ 课件制作软件　　　◆ 脚本设计

10.3.1 多媒体教学的基本要求

教师备课首先要确定教学内容,明确教学目标。在认真钻研教材的基础上,精心设计教学过程,撰写脚本,制作课件。对多媒体教学课件进行创新设计和制作要善于理念创新,多媒体辅助教学得以迅速发展,与20世纪90年代以后建构主义学习理论的指导密不可分。以建构主义学习理论为指导的多媒体课件开发,充分考虑学习情境设计,促进学习者进行协作学习,提供方便灵活的人机交互途径,为学生最终完成意义建构服务。

教师熟练掌握一些软件的功能,是制作教学课件的基本条件。这些软件包括：

(1) 制作课件的基本软件：PowerPoint、AuthorWare。Powerpoint操作方便,有强大的幻灯片制作功能和多媒体素材插入功能,可以制成包括声音、文字、图像、动画或视频剪辑片段的多媒体文件。其缺点是如果插入较多的动画和视频,运行速度会减慢,交互性较差,不能实现灵活控制。AuthorWare是一种可视化多媒体课件开发工具,它提供了直观的图标控制界面,利用对各种图标的逻辑结构布局,实现整个系统的制作。它的突出优点是提供了几十种交互方式供使用者选择,用户只需要几个简单的图标就能完成灵活、丰富的人机交互。运用AuthorWare,无须使用复杂的编程语言,便可以制作出具有专业水平的作品。[①]

(2) 图像处理软件：Photoshop、ACDsee能广泛应用于图片的获取、管理、浏览、优化甚至和他人分享。

(3) 动画制作软件：Flash、Director、Animator Studio等。

(4) 声音处理软件：Sound Forge、Freehand、超级解霸。

(5) 视频处理软件：最优秀的是Premiere,它集视频的采集、录制和创作于一体,不仅能对视频素材进行创建、录制、非线性编辑与合成,还可以增加各种特技效果、字幕和音效。

---

① 张军.多媒体教学的回顾与思考[J].电化教育研究,2004(10)：32.

（6）化学化工常用软件：ChemOffice、ISISDraw、ChemDraw、ChemWindow、ChemSketch。其中美国剑桥公司最新版本 ChemOffice Ultra 2004 具备强大的应用功能，是一款优秀的化学软件。ChemOffice Ultra 2004 包括 ChemDraw Ultra、Chem3D Ultra、ChemFinder Ultra 等一系列完整的软件。

10.3.2　多媒体教学课件制作流程

多媒体课件是一种软件产品，它的设计、制作要规范，但是多媒体课件必须符合教学规律，以最大限度地发挥多媒体课件的优越性，获得最大的教学效益。一般多媒体课件开发的流程如下：

1. 教学设计

多媒体教学课件设计的主要内容是：① 确定课题，明确具体的任务和要求；② 确定教学目的；③ 列举学习内容；④ 学生现状分析；⑤ 选择教学方法或教学模式；⑥ 选择教学活动和教学资源。

2. 脚本设计

脚本的设计是利用多媒体技术对教学内容进行整合。在课堂教学内容设计的基础上给出课件制作的具体方法，如页面的元素与布局、人机交互、跳转、色彩配置、文字信息的呈现、音乐或音响效果、解说词、动画及视频的要求等。首先课件中的情境创设、动画、视频、影像都是营造学习情境的理想途径。其次，直观的动画演示也是突破教学难点的最佳方式。课件制作中，不仅要用到文字、图片、声音，还要有更多的视频、影像和动画情景，只有综合运用多种媒体，才能使课件达到更好的学习效果。此外，一个突出的问题是在使用课件的过程中，学生和教师的情感交流少了。在教学中引入真人、真事、学生活动，利用课件使情境真实化，能明显提高学生的学习激情，扩展学生的视野，打破时空界限，将课堂教学和社会实践紧密结合。

3. 制作课件

多媒体课件的内容由图、文、声、像四大要素构成。"图"即静态图片，形象直观，缺点是无法传达准确的深层含义；"文"即文字，有明确的含义，擅长表达思想，但不够形象直观；"声"即音频，包括有声语言和音乐，其中声音除具有与文字一样的优势外，还具有更多的个体性、灵活性与抒情性；"像"即动态视频或动画，其优势是生动直观、擅长表现运动和事物发展过程。这四种要素有机组合，互相取长补短，是构成多媒体课件的基础。而超链接是将这四种要素组织成具有一定风格特点和内容层次的重要手段。[①] 制作课件主要包括多媒体素材的采集加工，运用素材库中的多种素材进行加工处理，包括文本制作、图像收集与加工、动画制作、视频制作、音频设置等，这是多媒体课件制作中最重要的环节。制作多媒体课件，选择恰当的制作软件，建立文件、制作素材、导入或链接事先做好的各种多媒体素材，设计交互，制作效果或打包等。测试、修改、优化，在正式使用之前，一定要通过静态调试来纠正错误，校正图形显示效果，通过动态调试检查逻辑错误、运行是否流畅等来不断完善、修改、优化课件。

10.3.3　多媒体教学方法的选择

多媒体教学中教学方法的选择需要依据以下原则：① 要根据具体的教学目标和任务，选择适当的媒体，有所侧重地呈现；② 要以发展学生的智力和能力为出发点；③ 突出教学的情意性，强调学生的非智力因素的培养；④ 强调教法和学法的统一，突出教学的双边活动。

---

① 张勇，唐冬生.采用多媒体教学存在的问题与对策[J].教学研究，2005(28)：3.

案例研讨

表 10-1　"卤素世界探秘"网络化多媒体教学设计探究

课题名称	知识点	教学内容 内容层级	教学目标 学习水平	课件应用模式
卤素世界探秘	物质性质：单质的物理性质 卤素单质的化学性质 Cl_2 与氯水的区别	事实 概念、原理 技能、原理	识记 识记、理解 识记、理解	探究学习 操作练习 模拟观察 探究学习 问题求解
	物质制备：Cl_2 的制取、$CuCl_2$ 的制备 练习	技能、原理	理解、应用	模拟观察 探究学习
	卤族元素性质递变规律	技能、原理	理解、应用	探究学习
	趣味话题	事实	识记	探究学习
	学法指导　相关网站	事实　技能	识记　应用	探究学习

教学过程设计

1. 内容结构的多媒体教学设计

"卤素世界探密"是通过网页用超链接的方式组织起来的教学微课件（教学微课件一般用网页、多媒体或Flash动画等表现。不再是以线性方式组织的教科书文本，而是以超文本方式组织的多媒体教学内容。为了有效地实现发挥多媒体教学的优势，需要设计相配套的"学习资源库"，本节教材的资源库包括：讨论题、疑问及解答！如学习指导、课程辅助资源（如趣味话题）、测验试题、自主学习活动（如相关网站）等，以有效促进学生的自主思维以及思维深度和参与度。

2. 设计教学活动形式和相关资源

本课设计一系列自主性的"教学活动"形式，如验证氯气和氯水的关系的实验，让学生归纳实验室制取氯气的原理、装置、除杂、收集、检验等规律和方法。

3. 设计教学交流方式

(1) 预备问题：即在学习新材料前有针对性地提出知识性问题，以便引导学习者有意识地探究，使意义建构更有效。

(2) 解答与说明：对学生的疑难问题进行必要的解释，通过师生、生生的互动学习，提高课堂学习的效率。

(3) 学习建议：这些学习建议的设计最重要的就是要有针对性，重视对知识、技能、方法、探究过程的学习提出建议。

4. 设计在线交谈话题

设计这些内容的目的是促进师生之间、学生之间的相互交流，主要采用讨论、辩论题的形式。

5. 设计课程资源

网络课程设计应该是一种基于资源的课程设计，它有两个并列的主体：课程的主体教学内容和极其丰富的课程教学（学习）资源。

(张雪莉.论多媒体语言研究的若干核心问题[J].电化教育研究,2009(4)：15.)

10.4 多媒体教学技能的评价

核心术语

◆ 多媒体教学技能　　◆ 评价　　◆ 评价项目　　◆ 评价等级　　◆ 权重

表 10-2　多媒体教学技能量化评价表

日期：_____　　任课教师：_____　　课题：_____

评价项目	权重	评价等级			得分
		优	中	差	
① 媒体选择与教学目标和教学内容的适当性	0.10				
② 媒体运用的熟练性	0.15				
③ 软件设计的科学性、教学性、技术性、实用性	0.15				
④ 媒体运用中教学方法和教学模式的优化	0.15				
⑤ 媒体选择的经济性	0.10				
⑥ 媒体多种方法的结合	0.10				
⑦ 媒体运用中教学方法和教学模式的优化	0.15				
⑧ 媒体运用的教学效率和教学质量	0.10				
总分					
您补充的意义或建议：					

本章小结

1. 多媒体教学(Multi-medial teaching)指在教学过程中,根据教学目标和教学对象的特点,通过教学设计,合理选择和运用现代教学媒体,以多种媒体信息作用于学生,并与传统教学手段有机组合,形成合理的教学过程,达到最优化的教学效果。多媒体教学具有丰富性、灵活性、开放性和交互性的特点。多媒体教学技能包括多媒体教学资源的采集与管理、多媒体教学设计、多媒体教学实施、多媒体教学评价四个方面。

2. 大量的多媒体教学资源都可以通过搜索引擎、化学及相关专业论坛、FTP 及专题网站搜索下载。但是教师在日常工作中除了留意搜集相关素材,还要建立一个以化学教学内容为主的资源库,以便于选择合适的资源和媒体用于课堂教学。

3. 多媒体课件开发的流程是：教学设计、脚本设计、制作课件。教师熟练掌握一些软件的功能,是制作教学课件的基本条件。

4. 多媒体教学的评价指标大体可以分为媒体的评价、教学过程的评价和教学效果的评价三部分。

思考与实践

1. 简要说明几种常用课件编著工具的特点,请尝试使用课件制作所需要的软件,如：PowerPoint,AuthorWare,Photoshop,Flash,Premiere,ChemOffice,ISISDraw。

2. 举例说明如何根据教学目标和教学内容设计相应的教学课件。

3. 以一节中学化学课为内容,设计一个化学多媒体课件,进行教学录像并作评价。

4. 关于多媒体教学要研究的问题很多,除本章讨论的问题外,你觉得还有哪些研究课题？并就你感兴趣的课题开展进一步研究。

参 考 文 献

[1] 胡志刚.化学微格教学[M].厦门：厦门大学出版社,2007.
[2] 钟志贤.信息化教学模式——理论构建与实践例说[M].北京：教育科学出版社,2005.
[3] 陆宏,孙月圣.信息技术与课程整合的理念与实施[M].北京：首都师范大学出版社,2007.
[4] 张军.多媒体教学的回顾与思考[J].电化教育研究,2004(10)：32.
[5] 张勇,唐冬生.采用多媒体教学存在的问题与对策[J].教学研究,2005(28)：3.
[6] 张雪莉.论多媒体语言研究的若干核心问题[J].电化教育研究,2009(4)：15.
[7] 漆文胜等."卤素世界探秘"网络化多媒体教学设计探究[J].中国电化教育,2003(12)：54.

第 11 章　课堂教学中的结课技能

> 好的结束课技能可以高效率地帮助学生巩固和深化所学的知识,帮助学生把新旧知识联系起来,形成良好的知识结构,特别是适合学生自己认知水平的知识结构,并且还能够使学生通过特有的知识结构进一步领会科学方法和发展智能。
>
> ——杨承印

本章学习目标

通过本章学习,你应该:
1. 认识结课技能的含义、功能、原则及构成要素;
2. 了解结课技能的设计类型,掌握结课技能的设计方法;
3. 通过实践训练掌握结课技能及其应用,了解结课技能的评价方法及其应用;
4. 选取新课程教科书的某一课时内容,按照结课技能设计原则和技巧进行结课设计,在小组进行实践联系,并用课堂教学结课技能量化评价表进行评价。

11.1　教学结课技能的含义

核心术语

◆ 结课技能　　◆ 结课的功能　　◆ 同化　　◆ 结课的原则　　◆ 结课的要求

结课与导入互为呼应,是导入的延续和补充,导入的内容与问题在课堂结束时应该有一个完善的交代和解答。教师在课的导入时已激发了学生的学习兴趣并进入了课堂的学习,在课的结束时应该使这种兴趣升华为对知识的理解、技能的掌握。使学生及时地系统化、巩固和运用所学的知识和技能,使新知识被有效地纳入学生原有的知识结构中。富有新意、恰到好处、精练的结课,会起到统揽全局、画龙点睛的效果,并给学生留下深刻的印象。因此,很有必要将结课作为一种教学技能来研究,以期提高课堂教学效果和教学质量。

资料卡片

11-1　结课艺术

结课的好坏,也是衡量教师教学艺术水平高低的标志之一。许多优秀教师都很讲究恰到好处地"结课"。或归纳总结,强调重点;或留下悬念,引人遐想;或含蓄深远,回味无穷;或新旧联系,铺路搭桥等,显示出了精湛高超的教学艺术。

(朱俊峰.谈化学教学中的结课艺术[J].化学教学,2006(1):22.)

11.1.1 教学结课技能的含义

结课技能是教师在一个教学内容结束或一节课的教学任务终了时,有目的、有计划地通过归纳总结、重复强调、实践等活动使学生对所学的新知识、新技能及时地进行巩固、概括、运用,把新知识新技能纳入原有的认知结构,使学生形成新的完整的认知结构,并为以后的教学做好过渡的一类教学行为。

从对学生知识掌握的心理机制的研究中也可以看出,学生获得了新知识的意义并不意味着认识活动的结束,为了使新知识能够保持和再利用,则必须将它纳入原有的认知结构中,这种纳入不是一个简单的知识相加过程,而要对信息进行进一步深入的加工和转化,这种加工和转化使新知识与原有认知结构之间建立起某种联系和区别,同时也使原有认知结构发生某种变化从而形成新的认知结构。结课技能的基本任务正是如此,即促进知识的保持和知识的不断分化和融会贯通。

11.1.2 教学结课技能的功能

结课技能的总体功能,从信息及其加工的角度看,是帮助学生对新知识学习中获得的信息进行提炼、筛选、简化,有重点地记忆、储存,并通过与原有知识信息的联系促进知识的结构化和知识的迁移运用。结课技能的主要功能有如下几个方面。

(1)概括功能。强调重要的事实、概念和规律,概括、比较相关的知识,使新知识和学生的认知结构建立联系,形成知识网络。明确所学新知识的重要性和重点,使学生学到的新知识更加清晰、简明、准确、系统。

(2)桥梁功能。通过教师提出下节课将要解决的问题,可建立起新旧知识的联系,使本节课与前后课之间架起一座知识的桥梁,更好地衔接起来。教师在结课时,提出新课题或主要内容,设置悬念,有利于引导学生思考,激发探求新知识的兴趣和欲望,起到一石激起千重浪的作用。

(3)导引功能。通过教师的设计,激发学生的情感和兴趣,使之理论联系实际,将所学的知识灵活运用,举一反三,创新实践。

(4)训练功能。以训练动作技能为目标的教学活动,在结束阶段,通过师生间或学生间的交流与观摩,使得基本技能更加熟练和完善,或将单个动作结合成整套动作,努力达到行为自主阶段。

(5)反馈功能。通过教师精心设计,有针对性的口头或书面问答、作业练习、课外思考等,使学生进一步巩固知识,有利于形成知识网络,它有利于检查教师的教学效果和学生的学习情况,了解学生对教学目标达到的程度。以期改进教学,使教与学相得益彰。[①]

11.1.3 教学结课技能的原则

好的"结课"能给人以美感和艺术上的享受,但这不是教师只凭灵机一动就能达到的效果,而应在平时的教学中增强对"结课"的设计意识。从"结课"这一环节的重要意义来分析,课堂教学中"结课"

---

① 周佳新,王铮铮.教学的结课技能与尝试[J].沈阳建筑工程学院学报(社会科学版),2002(4):58.

应遵循以下基本原则。

(1) 目的性原则。结课是为实现课时教学目标服务的。因此,教师必须以课时既定的教学目标为依据来确定"结束"的实施方式和方法。课堂结束要紧扣教学目标、教学重点和知识结构,针对学生的知识掌握情况以及课堂教学情境等采取恰当方式,把所学新知识及时纳入学生已有的认知结构中。结课要及时精要,有利于学生回忆、检索和运用。

(2) 启发性原则。充满情趣的结课能有效地激发学生的学习动机,使学生的身心得到放松,浓厚的兴趣得以保持。根据中学生的心理、生理的特点,教师每讲一节内容都要设计出新颖别致的结课形式,或者概括总结,或者提出问题,或者设置悬念,不能千篇一律而索然无味。不管怎样结课,都要给学生以启发,以激起他们努力探索的积极性,要"点而不透、含而不露、意味无穷",既巩固知识又余味无穷。

(3) 一致性原则。注意首尾呼应,使结课和导课脉络贯通。结课实际上就是对导课设疑的总结性问答,或是导课思想内容的进一步延续和升华。如果导课精心设疑布阵,讲课和结课中却无下文,或结课又是悬念顿生,另搞一套,则会使学生思路紊乱,难以集中精力进行探索。只有前后一致,主线清晰,才是一节完美的课。

(4) 多样性原则。结课的形式应多种多样,不同课型需要选择不同的结课方式。例如,对揭示概念的课型一般可采用画龙点睛、概括要点的结课形式;对定理、定律推广练习一类的课型,可采用讨论、总结、归纳的结课形式;对巩固训练的范例课型,可采用点拨、提示要点的结课形式。对不同年级的学生,应选择不同的结束方式。低年级一般采用"启发谈话,回顾复述"的结课形式,高年级一般采用"抽象概括、整理归纳"的结课方式;同时,还可以安排一定的学生实践活动,如练习、口答和实验操作等。通过思维训练和实践活动,启发学生积极思维,培养学生的抽象能力、概括能力和口头与书面表达能力。

(5) 适时性原则。结课要严格控制时间,按时下课,既不可提前,也不可"拖堂"。由于计划不周或组织不当,课堂教学节奏过快,给结课留的时间过多,学生无事可干,教师随心所欲,生拉硬扯一些与本节课毫无关系的杂事来应付,既浪费宝贵的教学时间,也会冲淡或干扰本课的主题,影响学习效果。总之,不论是提前下课还是拖堂延点,都是违反课堂教学结束基本要求的不正确做法,教师应该避免这两种情况的发生。

11.1.4 教学结课技能的构成要素

课堂教学中的结课技能是以"结"为主,是教学内容的巩固与应用,是对知识的一种深加工。为此,结课技能的构成要素有:提供心理准备、回顾与概括、组织练习、深化拓展、评价和激励等。

(1) 提供心理准备。一堂课的教学或一个问题的教学一般都可分为开始、中心和结尾三个阶段。其各阶段的教学内容、形式、功能会有所不同。从课的中心转向课的结束阶段时,为使学生的思维与教师的思维同步,首先必须克服学生原有的思维定式,集中学生的注意,尤其是有意注意,这样才会使学生发生结课时的选择性知觉。

教师在进入结课阶段时,应用一定的方式提示学生学习已达小结阶段,以此来集中学生的注意,为学生主动参与结课提供心理准备。教师往往通过语言直接向学生说明总结阶段的到来,并告之通过什么方式总结。例如:"好啦!现在我们已学完了本课时的内容,下面让我们一起来小结巩固所学知识!""为检查我们对所学知识的掌握情况,下面让我们来进行如下练习!""为了掌握好××新知识,让我们把它和××知识的异同和联系作比较",等等。然后稍加停顿,让学生做好结课的心理准备。

(2) 回顾与概括。结课技能的主要功能就是对新学知识的复习巩固,使知识系统化、结构化。回顾与概括就是及时引导学生回忆、概括、强调教学重点内容。回忆可以使习得的刺激——反应联结加强,减缓记忆的衰退,有利知识的保持。概括可以使知识系统化、结构化,有利新知识的同化与保持。

回顾与概括的主要方式有:再现重要事实、概念、原理并概括小结;与导入呼应,建立问题与结论之间,新旧知识间的联系,巩固新的认知结构;回顾解决问题的思路与方法等。回顾与概括要处理好"记"与"思"的关系,反对注入式,应引导学生主动参与,培养学生综合概括的能力;要处理好重点与全面的关系,抓主线,形成网,注意知识间的内在联系,不"炒旧饭"。

(3) 组织练习。学习原理告诉我们,知识的学习和巩固以及技能的习得离不开实践。学习的实践活动能使学生有效地感知、理解、巩固、应用知识。心理学的实践表明,组织学生运用刚学过的知识于新情境中,不仅能取得更好的巩固效果,而且能形成稳定的智力操作和实际操作的技巧。组织练习还可以为教师获取教学反馈信息,以便采取措施弥补不足。作为结课技能,组织练习理所当然地成为其重要的构成要素。

组织练习就是在教学的结束阶段,教师有目的、有准备地组织学生当堂进行练习,完成一定数量的习题或进行实践操作,巩固所学知识和技能;教师有选择地,适量布置各种类型的课外作业。对于组织练习的习题,一般应跟教学的知识、技能目标对应,跟目标能力水平一致;要突出教学的重点;分量适当、难度适中,有一定梯度;习题以形成性问题为主,突出应用性。

(4) 深化拓展。结课技能中的深化拓展,就是在结课时引导学生围绕所学知识结论的适用条件进行讨论和练习,使知识适当拓宽、引申、提高,或提出进一步学习的任务。结课阶段的深化拓展是新学知识巩固、应用的需要。因为在化学教学中新知识结论的获得,一般都寄托在为数不多的、条件有限的实验事实的基础上。今后随着学习材料的增多、条件的扩展,对知识理解的模糊性、弥散性就会暴露出来。如果教师在结课阶段能适当引导学生围绕结论的适用条件进行讨论和延伸,将使学生不局限于现有的知识,而有助于对知识全面、深刻的理解和掌握。

结课技能中的深化拓展也是课内学习延伸到课外学习、激发学生求知欲的需要。教师在课堂上不可能面面俱到,把涉及的问题都讲清楚,有些问题需要引导学生课后去思考、去探究。因此,在有些结课中,教师可把一些与教材内容紧密相连而堂上又不能解决的问题提出来,引导学生向课外延伸,开辟第二课堂,从而达到拓宽教学内容,发展学生兴趣、爱好,培养学生能力的目的。

(5) 评价和激励。一个教学内容的结束,不仅应该使学生达到应有的知识、技能和能力目标,还应该使学生因为学有所得而增强学习的成就感,从而增强化学学习的乐趣和志趣。

结课技能中,教师应结合回顾与概括、组织练习等活动,对学生的学习给予评价,充分肯定学生在知识掌握和学习方法上的成绩,恰如其分地指出存在的问题与不足,引导学生自我归因,激励他们继续努力。

11.1.5 教学结课技能的基本过程

在结束一个课题的时候,大体需要经过以下几个阶段:[①]

(1) 简单回忆。对整个教学内容进行简单回顾,整理认知思路。

---

① 杨承印.化学教育学[M].西安:陕西旅游出版社,2003:302.

(2) 提示要点。指出内容的重点、关键,必要时可做进一步的具体说明,进行巩固和强化。

(3) 巩固应用。把所学知识应用到新的情境中去,解决新的问题,在应用中巩固知识。

(4) 拓展延伸。把前后知识联系起来,形成系统,并把课题内容扩展开来。

11.1.6 教学结课技能的要求

在实际的课堂教学中,要充分发挥课堂教学结课的作用,圆满完成课堂教学结束任务,使之体现科学性、艺术性的特点,须遵循以下基本要求:

(1) 科学准确。结课要以科学为指导,向学生传授科学的知识和技能,并结合教材自然地进行思想教育,不可信口开河。

(2) 水到渠成。教师在课堂教学时,要严格按照课前设计的教学方案的顺序进行,使课堂教学的结课做到水到渠成,自然妥帖。教师在教学时避免出现两种弊端:① 课堂教学节奏过快,给结课留的时间过多,胡拉乱扯,使结课的精彩性黯然失色。②"拖堂",结果只好三言两语仓促结束课程,使学生无法总结课堂所学知识,无法消化理解,加重了学生的学习负担。

(3) 首尾呼应。首先在设计结课时,应重视在"趣"字上下工夫,尽可能设计得生动活泼,使学生乐学,切忌从头到尾简单重复。应从教材内容出发,紧扣目标和学生实际情况,采用恰当的方法,或从重难点点拨,或从智力开发、思想教育予以引导,针对性强,不可面面俱到不分主次。其次,结课时要适当地照应开头,使结语好似一条金线,能使学生将零散的知识串联起来,形成完整的知识结构,做到首尾相连、前后照应。

(4) 语言精练。结课应重点突出,紧扣本堂教学的中心,切中要害,画龙点睛恰到好处,语言精练干净利落。要给学生以启发,以精练的语言使一堂课的主题得以提炼升华,让学生的认识产生一个飞跃。

(5) 内外沟通。结课时,不能只局限于课堂本身。要注意把化学教学与化学知识在社会生产、生活中的应用相沟通,将化学课程与其他学科课程相沟通,这样有助于学生拓宽知识面,培养学生分析问题、解决问题的能力,提高学生素质。①

随堂讨论

通过本节课的学习,你认为结课技能的恰当运用在教学中能发挥哪些作用?

11.2 教学结课技能的设计

核心术语

- ◆ 结课技能的设计　　◆ 教学目标　　◆ 教学重点　　◆ 知识结构
- ◆ 教学情境　　　　　◆ 归纳总结　　◆ 设置悬念　　◆ 拓展引申

---

① 岳开建. 生物课堂教学结课艺术初探[J]. 新课程(教师版),2007(8):133.

11.2.1 教学结课技能的运用

资料卡片

11-2 如何结课

好的课堂结尾,应当从教材实际和教学目的出发,不但对该课有加深主旨的作用,而且对学生以后的学习也具有承前启后的益处。一般要做到三点:一是随机性。即能根据下课铃响时的教学情况,随机应变,使之恰到好处。二是承接性。即能给本课告一段落,又能开启下一节课,起承上启下的过渡作用。三是诱导性。即要意在言外,给学生留下充分思索的余地,以激发学生课外探究知识的兴趣。

（严先元编著. 教师的教学技能[M]. 北京：中国轻工业出版社,2007. 98—99.）

结课技能的设计要紧扣教学目标、教学重点和知识结构,针对学生的知识掌握情况以及课堂教学情境等采取恰当方式,把所学新知识及时纳入学生已有的认知结构中。在教学过程中,若能巧妙地设计出生动有趣又行之有效的课堂结尾,就能取得较理想的教学效果,达到以下目的：

(1) 重申所学知识的重要性或应注意之点。

(2) 概括本单元或本节的知识结构,强调重要事实、概念和规律的关键。

(3) 引导学生分析自己的思维过程,领会科学方法,培养概括表达能力。

(4) 检查或自我检测学习效果,通过完成各种类型的练习、实验操作、回答问题,进行小结、评价等,使所学内容和学生原有的认知结构联系起来。

(5) 可以设置悬念,进一步激发兴趣,促使学生的思维活动深入展开,诱发继续学习的积极性。[①]

11.2.2 教学结课技能的设计类型

(1) 归纳总结。是由教师、学生或师生共同对本节课的内容要求、知识结构和化学基础知识、基本原理、基本技能进行疏理、概括,讲重点、讲难点、讲思路、讲带有创建性的问题,从而结束本节课的一种结课形式。要求必须体现提纲挈领、全面准确、简明扼要和生动形象的特点,意在巩固和运用新知识。这种方式的结课,一般用于新知识密度大的课型或某一单元教学的最后一次新授课。这些知识的前因后果的逻辑关系如何,易错点在哪里？这些问题不捋顺,则学生对知识的掌握就会出现混乱。

(2) 分析比较。分析比较类型的结课,是指教师引导学生将研究对象(新知识和有关联的旧知识)的属性和特征分解为若干项逐一对照,揭示出它们的相同点、不同点及不同研究对象间的联系,通过辨析以强调重点,实现知识系统化和正迁移的结课方式。

分析比较可广泛应用于化学基本概念和原理的教学。在结束阶段,教师往往可将新学的概念与原有概念,或者将并列概念、对立概念、上位与下位概念和其他易混淆的概念加以比较,找出各自的本质特征或不同点,又找出它们之间的相同点或内在联系,可使对概念的理解更准确、深刻,记忆得更清晰、牢固。此外,在描述性化学知识的教学中,结课时也可将同类、同族或不同类、不同族元素及其重要化合物的组成、结构和性质等加以比较,帮助学生归纳、识记新学的知识,理解元素及其化合物性质

[①] 杨承印. 化学教学设计与技能实践[M]. 北京：科学出版社,2007：255.

变化的规律。

事物的属性是多方面的。在化学教学结课的分析比较中,教师应该紧紧围绕教学目标、重点、难点与关键,引导学生抓准从哪些方面作比较,然后逐项辨析,确定相同点、不同点以及相互间的联系。为了加强分析比较的效果和方便记忆,往往要辅以精当、鲜明的板书或概括凝练的语言。①

(3) 首尾呼应。首尾呼应又称前呼后应、回应式。它是结课时,用教学内容中的知识来回答导入新课时所设置的悬念、所提出的问题及所进行的假设。它是悬念的释然、问题的解决、假设的证实或否决。具有首尾呼应、浑然一体的效果。这种结课方式,既能巩固本节课所学到的化学知识,又照应了开头,因而使一堂课的教学形成了一个相对完整独立的系统,常用于相对独立的知识内容的教学。

案例研讨

学生散文诗——为钠奏曲

你是 Na 儿,我是 H_2O(儿),我承载着你的躯体,我是你游动的舞台,水面上有你翻滚的英(银)姿。虽然你刚遭凌迟的酷刑,接着又受无情的揉搓;但你的激情仍化作闪亮的小球,发出"嘶嘶"的欢呼……你散逸出最后一缕气体,便销声匿迹;而给你一滴单调无色的酚酞,你便又化作火红的喜庆。

你散发出黄光,穿透雾霭,指引航向。你使出你的杀手锏——强还原性,奋力将你的朋友——Ti(钛)等从牢笼中营救;你更是冒着酷暑,将你的长兄——K(钾)从集中营中释放;然后兄弟一起,又去给原子反应堆导热降温。一旦暴露,你便将氧化、水化、潮解、中和、风化尽收囊中。

好了,你不要太得意,更不能放荡不羁,静静地躺在煤油里,那儿才是你的自留地。

(杨承印.化学教学设计与技能实践[M].北京:科学出版社,2007.263.)

---

(4) 拓展引申。拓展引申结课就是在复习巩固所学知识的基础上,引导学生对新知识的适用条件进行讨论和延伸,使新知识适当的深化拓展,或针对与后续教材密切联系的内容,设置富有启发性的问题,造成悬念,借此激发学生的求知欲,使之盼望"下回分解"的结课方式。

这种结课,可以深化对新知的理解和应用,可以将对知识、技能的学习由课内引向课外,从而达到拓宽、发展教学内容,发展学生智能的目的。

案例研讨

"原电池"结课设计

一位教师在复习小结原电池定义及工作原理的基础上,这样结尾:本节我们认识了原电池及其工作原理,知道原电池是将化学能转变为电能的装置。现要求你们两人一组课后自制一个"水果电池",材料可用 Cu 片、Al 片、苹果或柑橘、导线、电流计或 1.5 V 小灯泡等,看哪一个组的制作更能表现原电池的功能?另外,你们有没有想到,电能是否能转变为化学能呢?如果能,其装置又是怎样的呢?这是一个很有实践意义的问题,下一节课,我们将一起学习、研究它。

这一结课,不仅将原电池的学习由课内引向课外,开辟了"第二课堂",从理论与实践的结合上深化了该知识的学习,而且激发了学生的求知兴趣,为下一节"电解和电镀"的学习作好了准备。

---

① 严先元编著.教师的教学技能[M].北京:中国轻工业出版社,2007:188.

(5) 练习巩固。练习作为教学过程中不可缺少的一环,在结课中尤为必要,因为是趁热打铁,会收到事半功倍的巩固知识的效果。针对教学的重点、关键内容适当地安排学生进行习题解答、测验、实验、讨论等实践活动作为结课,不仅可以强化所学知识,加强记忆,而且可以使学生在练习过程中发现学习中的问题,促使大脑认真回忆、思考、归纳、整理知识,使所学的化学理论、元素化合物等知识系统化、网络化,加深对知识的理解。同时也使知识得以应用迁移,并在应用的过程中培养能力、训练技能。另一方面,还可以使课堂教学效果得到及时反馈。

(6) 口诀记忆。在课的结尾,把本节课的主要知识通过整合、类比、归纳,编成一个口诀,朗朗上口,便于记忆。最好是启发引导学生自己来完成。

案例研讨

> **"盐类水解"结课设计**
>
> 在学习了"盐类水解"后,教师通过启发引导,由学生总结出盐类水解的规律:"有弱才水解,无弱不水解;越弱越水解,都弱双水解;谁强显谁性,都强显中性。"

这种结课方式,既有理性,又充满韵味,学生乐于去学去记,对知识掌握得更牢固。更重要的是让学生自己去构建知识,可以充分体会到学习带来的成就感,也培养了学生学习的自主性,有利于学生学习方式的积极转变,体现了奥苏贝尔的有意义学习。这种结课方式还比较适合于一些基本实验的操作问题,还有元素化合价等较有规律又需要记忆的教学内容。

随堂讨论

结合结课技能的范例,你认为应如何进行有效的课堂教学结课设计?

11.3 教学结课技能的应用

核心术语

◆ 结课技能的原则　　◆ 常用类型　　◆ 结课时机　　◆ 注意事项

11.3.1 教学结课技能的应用原则

1. 及时性。心理学研究表明,记忆是一个不断巩固的过程,由瞬时记忆到短期记忆再到长期记忆,实现这种转化最基本的手段是及时总结和复习巩固。因此,课堂教学中任何相对独立的阶段结束时,都要运用结课技能,对新学习的内容及时小结、巩固,以获得良好的教学效果。

2. 概括性。总结不是学习内容的简单再现或机械重复,而是对知识的提炼、升华的过程。运用结课技能时,一定要准确地把握要总结的知识的要点与本质,总结中的观点一定要鲜明,概括的结论要精练,使用的语言、板书等要认真推敲,切实贯彻少而精的原则。

3. 结构性。在总结、概括所学新知识时,要采取适当的形式,把新知识及时归纳到学生已有的认知结构中,通过运用结课技能帮助学生把零散、孤立的知识通过发掘其内在联系、精心加工而得出系统化、简约化和有效化的知识网络,以利于学生回忆、检索和运用。

4. 获得性。对导入提出的问题,在结束时一定要有所交代,使教学中导入、展开与结束环环相扣、浑然一体,共同实现本课题的教学目标。通过实施结课技能,落实所学的新知识,使学生体会到获得知识与方法和成功地解决问题的愉悦感,进一步增强学习动机。

5. 紧凑性。结课技能的应用务必突出重点,不要面面俱到,时间掌握要紧凑得当,不要拖沓和拖堂。①

11.3.2 教学结课技能的应用案例

案例研讨

生活中的常见有机物——乙醇

表 11-1 化学教学设计技能量化评价表

微格教学设计			
课题:生活中的常见有机物——乙醇		训练时间:7 min	
教学目标:掌握乙醇的主要化学性质		教学时间:7 min	
教学过程:			

分配时间	授课行为	结课技能的要素	学习行为	教学媒体
0	好!我们今天就先学到这里,接下来我们来总结一下。	给出信号	集中精力准备思考	
2.5′	本节课重点学习了乙醇的化学性质。 $$\begin{array}{c} HH \\ ||④ \\ H-C-C-H \\ ①||② \\ HO-H \\ ③ \end{array}$$ 在乙醇的化学性质中,各反应的断键方式可概括如下: 与金属反应——③断裂; 发生燃烧反应——全部断裂; 发生催化氧化——③④断裂; 发生消去反应——①②断裂。	提示重点	思考记笔记	板书
3.5′	接下来我们做两道练习巩固一下: 1. 下列醇可脱水发生消去反应生成烯烃的是: A. $(CH_3)_3CCH_2OH$ B. $CH_3CH(OH)CH_2CH_3$ C. $CH_3CH_2C(OH)(CH_3)_2$ D. $C_6H_5CH_2OH$	应用巩固	练习	幻灯片

---

① 严先元编著. 教师的教学技能[M]. 北京:中国轻工业出版社,2007:188.

续表

分配时间	授课行为	结课技能的要素	学习行为	教学媒体
4.5′	2. 能证明乙醇分子中有一个羟基的事实是（　　） A. 乙醇完全燃烧生成 CO_2 和 H_2O B. 乙醇能溶于水 C. 0.1 mol 乙醇与足量钠反应生成 0.05 mol H_2 D. 乙醇能脱水	应用巩固	练习	幻灯片
5.5′	通过这堂课我们对酒这种神奇的饮料有了全新的认识,不过同学们正处在身体发育的关键阶段,千万不可饮酒。	拓展延伸	注意听讲	
7′	李白,唐代大诗人,传说他非常爱喝酒,且酒后常诗兴大发,故有"李白斗酒诗百篇"之说。就是说,李白酒喝得越多,诗写得越多。其实喝酒,特别是大量饮酒,能刺激人的神经,使人处于一种不能自已的状态,往往表现为头昏脑涨、醉语连篇,严重者甚至昏迷、损伤大脑神经,哪里还能写诗！青少年正处于生长发育期,酒精的刺激会影响大脑发育,所以同学们一定不要饮酒,也应该劝告大人少饮酒。	拓展延伸	注意听讲	幻灯片

点评：本节课较好地体现了结课技能在课堂教学中的运用。教师先通过语言给学生一个进入总结阶段的信号,把学生注意力充分地集中到将要进行总结的知识重点之中。将乙醇的化学性质用键的断裂形式组织串连起来,把一堂课分散的知识结构化。然后用练习加深对知识的理解和应用。最后用"李白斗酒诗百篇"的故事使知识与生活相联系,激发学生对化学学习的兴趣。[①]

11.3.3　教学结课技能的常用类型

与导入新课一样,结束新课没有固定模式。既可以复习、巩固为主,也可以承上启下,为下一节做准备；既可以以一两个问题为重点,也可以从全面、系统的角度出发；既可以以本节内容为主,也可以联系以前学习的内容；既可以以教师为主,也可以以师生协同进行；既可以采取讲授法,也可以采用练习法、实验法、讨论法等。现将化学课堂教学结课的常见类型简介如下：

(1) 延伸式。有些课讲完后,不应是学生学习的结束,而应把结课作为联系内外的纽带,引导学生向课外延伸、扩展、开辟第二课堂,引导学生去观察、思索,加深对所学知识的理解和联系。如在"硝酸"一节教学中,知道了亚硝酸钠的用途和对人体的危害后,教师提出了"如果误食亚硝酸钠,人会有什么症状？"问题一出,学生纷纷抢答。趁学生兴趣浓厚之际,教师又提出一个问题：假如你是工地上的厨师,你用什么方法可以把工业用盐(含 $NaNO_2$)与食盐区别开来？要求学生积极寻找知识应用。这样就把学生从课堂上激起的学习热情延续到课外,鼓励学生走出课本探索生活中的知识。

(2) 悬念式。讲究教学艺术的教师一般都深知："下课是一节课的结束,但最忌的却是真的结束了。"所以,他们在"结课"时常常使用设立悬念的方法,使学生在"欲知后事如何"时,却戛然而止,从而给学生留下一个有待探索的未知数,激起学生学习新知识的强烈欲望,使"且听下回分解"成为学生的

---

① 胡志刚.化学微格训练[M].厦门：厦门大学出版社,2007：235—236.

学习期待。尤其当上下两节课的内容和形式均有密切联系时,更适用于悬念式结课。如一位教师在"葡萄糖"一节的教学中对葡萄糖的性质进行解析后,提出"葡萄糖的结构式中有醛基的存在,那么蔗糖、麦芽糖结构中有无醛基,用什么实验来证明呢?留待下节课学习"。学生一定想知道这里的奥秘,急切地等待下一节课,并在课下预习,研究验证实验,为上好下节课做好铺垫。

(3) 实验验证式。在教学中,有些内容难于理解,若能设计一些演示实验,作为课的结尾,这样的小结既可以突出重点克服难点,又有利于加深学生对教学内容的理解和记忆。如"原电池原理及其应用"一节难度较大,学生不易理解。教师在结尾时演示了这样的一个实验:利用原电池带动音乐卡,开始只能使音乐卡响起,而小灯泡不亮,最后引导学生思考利用学过的物理知识将两个原电池串联起来,从而使声、光效果同时产生。这样的结尾,学生觉得生动和直观,便于对"原电池的原理及其应用"的理解和记忆。

(4) 图表对比式。运用图表对比可以把知识内容叙述得简化、精练、醒目。相关知识的共性与个性写在表格上,可提高学生的逻辑思维能力,增强理解记忆。

例如,在学习了"铝和铝的重要化合物"后,可用图示来归纳它们之间的转化关系:

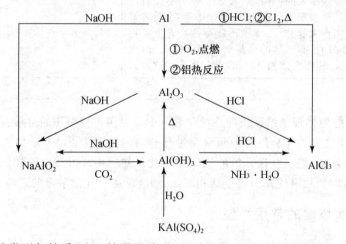

又如,在"晶体的类型与性质"这一结课设计时,可采用如下比较异同结课,引导学生完成表11-2:

表 11-2　晶体的类型与性质比较表

晶体类型		离子晶体	原子晶体	分子晶体	金属晶体
典型实例		氯化钠	金刚石、晶体硅	干冰	铁、钠
组成晶体的微粒		阳离子和阴离子	原子	分子	阳离子和电子
微粒间相互作用		离子键	共价键	范德华力	金属键
晶体间的物理特性	熔、沸点	熔点较高、沸点高	熔、沸点高	熔、沸点低	有的高、有的低
	导热性	不良	不良	不良	良
	导电性	固态不导电,熔化或溶于水能导电	差	差	好
	硬度	略硬而脆	高硬度	硬度较小	有的大、有的小

(5) 总结回味式。在一堂课结课时,用准确简洁的语言,以浓郁的色彩、艺术的含蓄,提纲挈领地把整节课的主要内容概括归纳,给学生以系统、完整的印象,可促使学生加深对所学知识的理解和记忆,培养其综合概括能力。用于总结的语言不是对所讲述的内容的简单重复,而是应有所创新,总结可由教师做,也可先启发学生做,教师再加以补充修正。前苏联教育家达尼洛夫和叶希波夫认为:

"通过总结学生在课上学习的主要事实和基本思想来结束一节课是有帮助的。"因为在他们看来,一节课的结束工作做得认真,合理而灵活,就会使学生感到一节课的完整性。总结回味的方式,可视具体情况灵活变化。

(6) 自由复习式。在结课这一环节中,从知识的理解、识记的规律上说,应当安排一点时间让学生自主整理这节课的内容,并且在理解的基础上加以记忆。需要强调的是,理科忌死记硬背,但理解也离不开记忆,与其抢着在最后几分钟讲一个例题,毋宁将这几分钟留给学生,让学习的主体们针对自己这一节的学习情况去活动、调整,让这一节课建立在大脑皮层的知识表象更清晰深刻,以尽量减少在接下来其他学科的学习中淡漠本节所学的知识。[1]

(7) 媒体浏览式。常用的总结归纳式结课,要求用准确简练的语言,提纲挈领地把整节课的主要内容概括归纳,给学生以系统、完整的印象,促使学生加深对所学知识的理解和记忆,培养其综合、概括能力。比如在初中化学"氢气的性质和用途"这节课结束时,教师利用互联网打开一家工业气体生产厂商的网站,该网站对于产品氢气作了详尽的描述和宣传。当丰富多彩的网页呈现在学生面前时,学生立刻活跃起来,于是教师要求学生浏览网页内容,搜寻并归纳有关氢气的物理性质和化学性质的信息,比较与本节课所讲内容的异同点,并关注课堂中没有讲到的更多的新知识。

(8) 畅谈式。布鲁纳说:"知识的获得是一个主动的过程,学习者不应是语言信息的被动接受者,而应该是知识获得过程的积极参与者。"课堂总结时,教师应该能为学生提供一个畅所欲言、展现自我的互动空间,让学生通过自主反思,回味出一堂课中究竟学到了什么。学生自然会积极思考,主动记忆,从而提高单位学习时间的效率。如教初中化学"水的组成"时,教师将自己的总结性语言适度转换:"请大家回想一下,这堂课你学到了什么?"这将会取得"一石激起千层浪"的效果。

(9) 自设作业式。德国教育之父洪堡认为:"教育必须培养人的自我决断能力,而不是要培养人去适应传统的世界,不是首先要去传授知识和技能,而是要去唤醒学生的力量,培养他们自我学习的主动性。"在结课时,教师如果让学生带着知识、经验、思考、灵感、兴致实际参与到作业的设计中,就能满足不同层次的学生对知识的需求,并能开发他们的学习潜能。如在学习"酸的性质"后,教师引导学生自己设计作业,学生设计的作业五花八门:有的想动手实验看看盐酸能否使家中的月季花改变颜色;有的想食醋也是酸,食醋是否跟盐酸一样和很多物质发生反应并尝试写出反应方程式;有的想探究酸、碱和盐的复分解反应到底存在怎样的规律。这种自设作业式结课,不但照顾了学生的个性差异,便于因材施教,还培养了学生的创新能力。

(10) 解疑式。子曰:"学而不思则罔,思而不学则殆。"一节成功的课必定是学中有思,学中有问。在课堂上,总有一些学生因为对课堂知识存有疑问而表现得较为沉默,他们的疑问往往就是课堂知识的重点和难点,教师在结课时请学生将这些疑问展示出来并由师生共同思考,引起更多学生的共鸣。让学生发质疑、述己理,以深化对所学内容的理解,凸显教学的要点,同时培养了学生的质疑精神。[2]

11.3.4 教学结课时机的把握

化学教学最佳时机可认为是"在化学教学中针对特定的教育者与教学对象的客观存在,可以获得最佳教学效能的一段时间中的一种机遇"。化学教学中的结课时机是化学教学最佳时机的一个重要组成部分,最佳结课时机包括结课时机的创设、结课时机的捕捉、结课时机的利用、结课时机的升华。如果说"良好的开端是成功的一半",那也就可以说"完美的结尾是成功的一半"。因此,精心设计最佳

---

[1] 朱俊峰. 谈化学教学中的结课艺术[J]. 化学教学, 2006(1): 22—23.
[2] 王庆成. 浅议"结课"[J]. 当代教育科学, 2006(22): 58.

结课时机,对于良好教学效果的巩固有着举足轻重的作用。

11.3.4.1 结课时机的创设

居里夫人说过:"智者创造时机,弱者等待时机。"教学中的时机不是等来的,等待时机如同守株待兔。因此在教学中,要主动地创造、寻找、设计、运筹、预测教育教学的时机。结课时机的创设就是创造结课的时机、设计结课的时机、运筹结课的时机、预测结课的时机等。

(1)在引趣时结课。引趣就是提出一些有趣的问题,培养学生对学习的兴趣。如鲁科版《化学1》第三章第三节"硫的转化"中"酸雨及其防治"的结课:"二氧化硫雨纷纷,环境污染愁断魂;借问寿星何处在,治理'三废'杏花春"。

(2)在游戏时结课。游戏就是在课堂结束时,安排一些与该课有关的游戏,使学生在游戏中进一步加深对所学知识的认识。如学习"碳的化学性质"后,可以用碳在氧气中燃烧的谜语:"说'冰'不是冰,雪状半透明,灼伤还制冷,升华影无踪"来结课。在讲完"二氧化碳"这节课时出这样一则谜语:"左侧月儿弯,右侧月儿圆,弯月能取暖,圆月能助燃,无毒无气味,氧化又可燃。"让学生根据本节所讲内容找出谜底。还可把上则谜语的后两句改一改:"左侧月儿弯,右侧月儿圆,弯月能取暖,圆月能助燃,有毒无气味,还原又可燃。"[①]

11.3.4.2 结课时机的捕捉

结课时机的捕捉就是在教学中时机没有出现时能够有意识主动地寻找或时机出现时能够及时地发现,并迅速作出选择和科学的行为决策,付诸行动。

(1)在设疑时结课。设疑就是提出有一定难度的问题,这个问题常常是在下节课(或后学知识)还要探讨的,让学生带着疑问结束一节课的学习。如鲁科版《化学2》"元素周期表和元素周期律"结课的时机:"请同学们发挥自己的想象力和智慧,自己编一张不同于课本的元素周期表。"这样既深化了课堂所学的知识,又留给学生继续探究和发挥兴趣的空间。

(2)在呼应时结课。呼应就是在一堂课即将结束时,解决课前提出的问题,前后呼应,使学生豁然开朗。如鲁科版《化学1》第一章第一节"走进化学科学"的结课,为了呼应课前提出的问题"你能否用简短的几句话或几个词语描述一下你心中的化学",可以这样结课:"通过今天的学习,我们深深地感到生活中化学无处不在,无时不有。化学已发展成为材料科学、生命科学、环境科学和能源科学的重要基础,成为推进现代社会文明和科学技术进步的重要力量,并且在为解决人类面临的一系列危机,如能源危机、环境危机和粮食危机等作出积极贡献。相信同学们一定特别想学好化学,也一定能学好化学,实现你心中的梦想,让我们一起来感受'化学在人类进步中的关键作用'。"

11.3.4.3 结课时机的利用

苏格拉底说过:"最有希望成功的,不是才华出众的人,而是善于利用每一次时机,全力以赴的人。"结课时机的利用就是选择具有可行性、可操作性的结课方法。

(1)在总结时结课。总结就是对一堂课的内容、知识结构、技能技巧或用提纲,或画表格,或写图式等方法加以概括总结,强调要点,使学生对整堂课有一个清晰的印象。如学习鲁科版《化学1》"铁及其化合物的氧化性和还原性"的结课,可用图示的方法(即铁三角)总结不同价态的铁(铁、氯化亚铁和氯化铁)之间的相互转化,写出相互转化的化学方程式,并指出每一个反应中的氧化剂和还原剂。

(2)在启导时结课。启导就是在一堂课结尾时,对作业的解题格式、完成时间提出一些要求,对有一定难度的作业给予一定的启发,对新课的预习给予指导等。这是常见的课堂结尾设计。如在鲁科版《化学2》第二章第二节"化学反应的快慢和限度"中,学习了化学平衡的影响因素:浓度、温度和

[①] 冯克诚主编.中学化学课堂教学方法实用全书[M].呼和浩特:内蒙古大学出版社,1999:293.

压强之后,给予学生一定的指导,再归纳出平衡移动的原理,从而结课。

11.3.4.4 结课时机的升华

结课时机的升华就是对一节课进行总结和对下一节课(或后学知识)进行引申和拓展,使学生站在更高的起点,学习后续知识。

(1) 在引申时结课。引申,就是根据所授内容,用种种方法把问题不断引向深入。为了巩固和应用课内所学的知识,激发学生的学习兴趣和求知欲望,培养他们的各种能力,教师可采用多种多样的活动操作方式来结束课堂教学,如在学习鲁科版《化学1》第三章第四节"海水中的化学元素"后,以问题"你对海水的综合利用有了哪些认识?"来结课,在完成此作业的过程中,要查找相关资料,并与其他同学交流,从而培养了学生的探索与合作的能力。

(2) 在伏笔时结课。伏笔就是在讲完知识后,留一个"尾巴"使学生感觉到言未尽,引起他们探讨"未尽"(新知识)的好奇心,为今后教学埋下一笔。比如在鲁科版《化学1》第三章第一节"碳的多样性",学习"碳及其化合物间转化",结束教学时可以说,"一氧化碳和二氧化碳是碳的氧化物家族的一对兄弟,相信大家对它们已经有了较深的了解。现在有一个挑战性的任务请同学们完成:请用拟人化的手法写一篇短文说说它们,比一比看谁写得生动形象,文体不限。"这样以布置作业的方式结课,可以激发学生的思维、想象能力,让学生在较为别致的作业中重新将二氧化碳和一氧化碳知识加以对比和吸收。

结课的方法很多。教学有法,教无定法,贵在得法。在教学中,教师通过创造性的劳动,科学准确地把握最佳的结课时机,用最少的时间得到事半功倍的教育教学效果,从而使教学活动画上一个完美的句号。[①]

11.3.5 教学结课技能应用的注意事项

结课,作为课堂教学过程的重要环节,一般都能受教师的重视,但从目前中学化学教学的现状看,真正发挥其教学功能的并不多。有的教师只作为一种摆设,平铺直叙;有的教师"一包到底",不厌其烦"炒旧饭"。为了充分发挥结课在教学过程中的作用,应特别注意如下事项:

(1) 对教学主要内容的回顾、重复、强调要言简扼要,变式重复。复习小结不应面面俱到,更不是对知识内容的简单重复。复习回忆要紧扣教学目标、针对重点、难点、关键知识内容进行变式重复。使学生对复习内容在有新鲜感的前提下达到强化、巩固的目的。

(2) 概括知识结构,深化重要事实、概念和规律。结课的根本目的是使新学知识有效地纳入学生原有的认知结构中,改组和扩大原有的认知结构。这样,结课也不单是所学知识的复习回忆,还应紧扣知识结构,在新旧知识间、新知识间建立有机的联系,形成系统化、简约化和有效的知识网络。帮助学生把零散的、孤立的知识"串联"和"并联"起来,加深对知识的理解,深化知识的学习。这样既便于学生对新知识的"同化"和"顺应",改组和扩大原有的认知结构,也便于知识的记忆与迁移。

(3) 充分发挥学生在结课中的主体作用,不包办代替。结课是在新学知识的基础上对知识巩固应用的阶段,因此,更离不开学生主体的参与。如何发挥学生在结课中的主体作用?首先,教师应引导和组织学生参与,充分发挥学生的积极性、主动性,让学生的思路与教师的思维引导协调同步。在此基础上加强学生在结课中的实践活动,通过实践活动来巩固、消化知识。

(4) 注意开放式结课的应用,把学习从课内引向课外。结课有封闭式和开放式。封闭式结课结论明确;开放式结课结论要学生课后去探索,或专门留下一定的时间让学生提问、质疑等。适当地使

---

① 胡志刚.化学微格训练[M].厦门:厦门大学出版社,2007:240—243.

用开放式结课,可以培养学生的探索精神和创造性思维,而且有利于知识向课外深化拓展。

(5) 布置适量的课后作业,按时下课。课后作业是知识的巩固、应用和拓展的需要。化学作业有多种形式,有练习题、实验题、观察题、讨论题等。但布置的数量要恰当,练习题一般是每课2~3题;作业题的内容要精选或设计好,应针对新知识的重点、难点,按教学目标精选或设计;习题的题型应多样化,能多角度、多层面地训练和考查学生。

结课应言简意赅,视教学内容和具体的教学实情,采用谈话、练习、提问、讨论、质疑、实验等方法的1~2种组合。时间一般5~8分钟。下课之前,一般应留下一定时间让学生质疑。应做到不拖堂,按时下课。那种下课铃响以后,教师还侃侃而谈的做法,对于早已"身在曹营心在汉"的学生来说,已起不到应有的效果,只能是教师形式上的教学任务的完成。

随堂讨论

在新课程教学中,如何发挥学生在结课中的主体作用?如何把握结课时机?

11.4 教学结课技能的评价

核心术语

◆ 结课技能评价　　◆ 评价项目　　◆ 评价等级　　◆ 评价依据　　◆ 评价量表

课堂教学结课技能评价(表11-3)包括评价因素和评价等级,它是对受训师范生或教师结束教学行为的准确、客观记录和评价的依据,从中可以发现问题,找出原因,进一步修正教案,逐步提高、完善结课技能。

表11-3　课堂教学结课技能量化评价表

日期:＿＿＿＿＿＿　　　任课教师:＿＿＿＿＿＿　　　课题:＿＿＿＿＿＿

评价项目	权重	评价等级			得分
		优	中	差	
① 结课目的明确,准确概括知识要点	0.15				
② 提示了教学重点、难点、关键点,与以往知识链形成系统	0.15				
③ 结课方式与教学内容相适应	0.10				
④ 使学生感到有启发、有收获	0.10				
⑤ 激发了学生对课程学习的兴趣	0.10				
⑥ 强化了学习方法,巩固了学习效果	0.10				
⑦ 全面反馈了学生是否达到学习目标	0.15				
⑧ 时间紧凑,效率高,不拖沓	0.10				
总分					
您的补充意见或建议:					

本章小结

1. 结课技能就是课堂教学即将结束时,教师为总结强化知识,激发学生求知欲望,指导实现知行统一而采取适当的策略来结束教学的技术和能力。结课技能广泛应用于一节新课完成,新知识、新概念以及实践活动的结束。富有新意、恰到好处的精练结课,会起到统揽全局、画龙点睛的效果,可以激发学生进一步的思考和学习活动,成为连接课内与课外或者连接前后两节课的纽带。

2. 结课技能的设计要紧扣教学目标、教学重点和知识结构,针对学生的知识掌握情况以及课堂教学情境等采取恰当方式,把所学新知识及时纳入学生已有的认知结构中。在教学过程中,若能巧妙地设计出生动有趣又行之有效的课堂结尾,就能取得较理想的教学效果。

3. 结课技能的恰当运用不仅能保证课堂教学结构的完整性,同时,可令人回味无穷,流连忘返,达到"剧终情不终"的艺术效果。结课的方法多种多样,在教学过程中,教师应通过创造性的劳动,科学准确地把握最佳的结课时机,用最少的时间得到事半功倍的教育教学效果,从而使教学活动画上一个完美的句号。

4. 结课技能评价包括评价因素和评价等级,它是对受训师范生或教师结束教学行为的准确、客观记录和评价的依据,以便从中发现问题,找出原因,进一步修正教案,逐步提高、完善结课技能。

思考与实践

1. 什么是结课技能?结课技能的功能有哪些?结课技能的过程如何?
2. 观摩结束新课技能教学录像,以中学化学教科书内容为蓝本,自己设计几种结束新课技能。
3. 结课技能有哪些常用类型?各类型的特点如何?试举例说明。
4. 对照评价量表,利用5min左右时间,实践自己设计的结课技能。
5. 观摩结课技能的示范教学录像,分析、研讨,并作出恰当的评价。

参 考 文 献

[1] 杨承印.化学教育学[M].西安:陕西旅游出版社,2003.
[2] 严先元编著.教师的教学技能[M].北京:中国轻工业出版社,2007.
[3] 杨承印.化学教学设计与技能实践[M].北京:科学出版社,2007.
[4] 胡志刚.化学微格训练[M].厦门:厦门大学出版社,2007.
[5] 冯克诚主编.中学化学课堂教学方法实用全书[M].呼和浩特:内蒙古大学出版社,1999.
[6] 赵彦改主编.中学化学教学艺术[M].北京:气象出版社,1995.
[7] 朱俊峰.谈化学教学中的结课艺术[J].化学教学,2006(1):22.
[8] 周佳新,王铮铮.教学的结课技能与尝试[J].沈阳建筑工程学院学报(社会科学版),2002(4):58.
[9] 王庆成.浅议"结课"[J].当代教育科学,2006(22):58.
[10] 张向东.结课的安排与处理[J].教师论坛,2006(5):11—12.

第 12 章　课堂教学中的板书技能

> 一幅科学优美的板书,既是教材的浓缩又是教师的微型教案。它以简洁的词语、分明的线索、清晰的条理、灵活的手法、醒目的符号表达着教学内容。因此,板书具有具体、生动、形象的特点,有利于学生理解和掌握知识。如果一堂课把板书与讲述、演示实验或模型展示等融为一体,互相补充,确能收到良好的教学效果。
>
> ——赵彦改

本章学习目标

通过本章学习,你应该:
1. 认识板书技能的概念、作用和特点,了解板书技能的分类及其构成要素;
2. 了解板书技能设计的目标、原则、依据、步骤等,结合实例掌握常用板书技能的设计;
3. 掌握板书技能的应用技巧,了解板书技能常见问题及对策;
4. 选取新课程教科书中某一课时内容,进行板书技能设计实践,并用课堂教学板书技能量化评价表进行评价。

12.1　教学板书技能的含义

核心术语

◆ 板书技能　　◆ 板书技能的作用　　◆ 板书技能的特点　　◆ 板书技能的分类

课堂教学的板书是一种无声的语言,是教师向学生传授知识的一种手段,是教学的"窗口"。它不仅能系统地体现教材的知识结构,表达教学程序,而且能启发思维,帮助记忆。教师板书的好坏,将直接影响教学效果的优劣。在电化教学不断发展的今天,板书这一传统的教学手段仍然发挥着其应有的、不可替代的作用。因此,板书技能是教师十分重视并致力研究的重要教学技能之一。

 资料卡片

12-1　板书艺术

教学板书艺术,是教师教学艺术的重要组成部分。可以说,高超精湛的教学板书艺术,是展现

> 教学内容的"屏幕",是进行课堂教学的"导游图",是打开学生智慧之门的"金钥匙",是教师教学风格的凝练和浓缩。研究教学板书艺术,对切实提高教学质量大有裨益。
>
> (胡象岭等. 教学板书艺术原理与技巧探微[J]. 教育探索,2001(3):47.)

12.1.1 教学板书技能的含义

板书技能是化学教师运用黑板、投影仪或多媒体以文字语言、图表、图画、动画以及符号等形式来传递化学教学信息的一种教学行为方式。板书技能既是化学教师应当具备的教学基本功,又是化学教师必须掌握的一项基本教学技能。

独具匠心的板书和板图,既有利于传授知识,又能开发学生的智力;既能产生美感,陶冶情操,又有助于学生培养良好的行为习惯;既能激发学生的学习兴趣,又能启迪学生的智慧,活跃学生的思维。精心设计的板书可称得上是形式优美、重点突出、高度概括的微型教科书。

12.1.2 教学板书技能的作用

板书是一种重要的化学教学辅助手段,它是化学课堂教学的有机组成部分,它和课堂教学的口头语言、体态语言或先或后或同步出现,相辅相成,丰富着课堂教学的表达力。其作用主要表现在以下几个方面:

(1) 突出教学重点。在化学教学中,板书如能紧紧围绕教学中心,抓住重点,画龙点睛,就便于再现事物的本质特征,突出教学重点,深化教材的思想内容。

(2) 控制教学思路。课堂教学中,教师往往是随着自己的讲解,将一些重点的内容板书出来,或展开对事物的描述,或对问题进行讲解,或进行演绎推理。学生看着黑板上的板书,听着教师的讲解和讲述,就会边听边思考着教师在黑板上所提示的课题,板书的内容就可以引导和控制学生的思路,使学生定向注意和定向思考。

(3) 理清教学脉络。每门学科的知识都不是杂乱无章的,知识与知识之间都有一定的内在联系,形成一定的知识结构,表现出一定的知识体系。这种知识体系如用口头语言表达就不太容易全面把握。教师用板书表达,既帮助学生理解知识,又能一目了然地看清框架,理清脉络。

(4) 帮助学生记忆。在课堂上学生接受知识信息的渠道有两个:视觉、听觉。板书使学生通过视觉获得知识信息,这是学生获得知识信息最简便最有效的渠道。在学生接受信息的视、听两个渠道中,通过视觉获得信息的保留时间,要比从听觉获得信息的保留时间长几倍。同时,教师边讲边板书,学生在听了讲解之后,又看到板书,再抄到笔记本上,这样一个过程调动了眼睛、耳朵、手等器官,容易在大脑中留下深刻印象,增强学生记忆效果。

(5) 促进学生思维。板书是一种直观教学的手段,好的板书提纲挈领,概括出了教学内容的要点和难点,体现出了教学内容的前后逻辑联系,有助于学生在听课中完成分析综合的思维过程,通过把板书内容比较、分类、抽象、概括,就有助于将感性知识上升为理性知识,从而提高学生分析问题、解决问题的能力,促进其思维能力的发展。

(6) 提高学习技巧。教师通过板书把讲的内容浓缩在黑板上,反映了教师的思维和讲解的方法。学生通过板书(特别是推导式板书),不仅学到了知识,也学会了如何抓要点、重点、难点,如何进行归纳、总结、论证、说明等学习方式、方法,从而掌握很好的学习技巧。

(7) 培养审美能力。板书与多媒体中幻灯片(PPT)的板式设计和字体布局是书法、绘图、制表艺术的综合表现,对培养学生的艺术审美感和表达能力有重要影响。从教师板书的过程和多媒体 PPT 的展示中,学生不仅可以学到化学知识,也可以得到美的熏陶。学生的书法、绘图、制表等表达能力的发展都与教师的板书水平有着很强的因果关系。

12.1.3 教学板书技能的特点

通过对大量的板书技能的考查,可形成以下板书技能表达特点:

(1) 直观性。教学板书以文字、符号、图表等具象性手段将教学内容直接作用于学生的视觉,丰富了学生的感知表象,有助于学生吸收和掌握知识信息。人们对眼睛暗示的注意力是对耳朵暗示的 25 倍。常言道"百闻不如一见",说的正是这个道理。

(2) 简洁性。教学板书的语言应是经过精心提炼的语言合金,符号与图像也应是精当节省的,既是概括精练的,又是准确适当的,能够深刻地反映出教学内容的本质。

(3) 启发性。教学板书的启发性往往来自板书本身的含蓄、蕴藉和富有弹性,不作一览无余的交代,而是注意给学生留下思考和想象的余地,这样才能充分调动学生思考的积极性。具有启发性的教学板书,对于发展学生的思维能力,培养学生的创造精神具有重要意义。

(4) 趣味性。教师在设计运用板书时,力求使板书新颖别致、妙趣横生。教学板书的趣味性,能有效地激发学生的学习兴趣,调剂课堂教学气氛和调整课堂教学节奏,师生间往往在会心的笑声中达到默契,实现心的交流。

(5) 示范性。教学板书具有很强的示范性特点,好的板书对学生是一种艺术熏陶,起到潜移默化的作用。教师在板书时的字形字迹、书写笔顺、演算步骤、解题方法、制图技巧和板书态度、习惯动作等,往往成为学生模仿的对象,给学生留下深刻的印象。

(6) 审美性。板书美学的要求是内容的完善美、语言的精练美、构图的造型美和字体的俊秀美。运用美学的方法能够设计出既有科学性又有艺术性的板书图示,在教学中可起到象形传神、激情引趣、益智增能的作用。

12.1.4 教学板书技能的分类[①]

(1) 按照地位,板书可分为主板书和副板书。主板书即主体板书,又称正板书、基本板书或中心板书,是教师讲授内容的纲要。它体现课堂教学的知识要点,反映教师的教学意图,表达教学目的。主板书要保持整洁、规范、不能随意擦掉,以留着课末小结之用。副板书又叫辅助式板书、附属性板书、注释性板书,它表现与教材有关的零散知识,或书写口语表达中学生不易理解的词语等,是对主板书的一种注释、说明和补充。是一种根据课堂教学需要,根据学生反馈,随机出现的板书,副板书可随写随擦。

(2) 按照发展,板书可分为传统板书和现代板书。传统板书也称通用板书,是指文字式、图示式等用传统粉笔在黑板上展示的板书,即人们通常所说的"黑板板书"以及用油彩笔写在白板上的板书。现代板书,又称电教板书,是指运用现代电教媒体展现的板书,包括投影板书、课件板书及多媒体中的 PPT 板书等。随着科技的进步,社会的发展,现代电教板书将发挥其越来越重要的作用,使板书逐步走上内容科学化、形式艺术化、手段现代化的道路。

(3) 按照呈现形式,板书可分为书写式、悬挂式及影像式板书。书写式板书又可分为现成的大黑板、预成的小黑板板书,现成式、渐成式、遮幅式板书等。悬挂式板书应事先准备内容,或张贴或悬挂,

---

① 彭小明.教学板书分类论[J].教育评论,2003(5):78.

可节省时间,增加信息量。影像式板书也即现代电教式板书。

(4) 按照表现手段,板书可分为板书与"板画"。文字式板书是指只用语言文字书写的板书,没有符号、线条、图表等配合,化学教学几乎很少用。符号式板书是指运用符号、代号、记号组成的板书,例如,化学专业用语元素符号、原子结构示意图、化学反应方程式、有机结构式等配合以文字组成的板书。表格式板书包括分层表格、分点表格、分项表格、分类表格等板书。它形象简明、内容扼要、对比强烈,由于效果好,教师常常使用。"板画"是指有图无文的板书。板画简洁、形象、直观、富有美感,是化学教学中常常应用的激发学生学习兴趣的手段之一。

资料卡片

12-1 电子板书

电子板书是利用电脑软件制作,经电脑投影仪在屏幕上进行反映的教学板书,它可以包含文字、表格、图形、动画及声像文件等多种表现形式。电子板书将声音、图像、文字、动画等全面引入到板书中,使得课堂教学板书图文并茂,变枯燥为生动,变抽象为形象,变静态为动态。这样就使整个教学更生动,更丰富,更有趣味性,更容易引起学生的兴趣。同时,电子板书的大信息量、大容量,节约了空间和时间。对教师来讲,就是在同样多的时间内,完成了更多的教学任务;对学生来讲,就是在同样多的时间内学到更多的知识。节省了教学时间,有利于教学精讲,学生多练,优化教学过程,提高教学效率。

但是,电了板书如果使用不当,也会出现一些新问题,如课堂讲授的内容过多,学生不易消化;公式的推导过程不够详细具体,学生思考分析的过程大打折扣等。因此,教师在进行板书设计时,要根据教学目标和教学对象的特点,通过教学设计,合理选择和运用现有的教学媒体,并与传统教学手段有机结合,共同参与教学过程,除了使板书达到"赏心悦目"的良好视觉效果外,还要注意使演示内容充实,有一定的逻辑条理性,不可盲目求多求快而忽视了学生思考的过程。

(郑长龙.化学课程与教学论[M].长春:东北师范大学出版社,2005.)

12.1.5 教学板书技能的构成要素

从课堂教学中板书的特性和功能出发,板书技能的构成要素一般有:书写和绘图、内容的编排、板面的布局、时间的掌握等。

(1) 书写和绘图。书写和绘图是板书技能最基本的要素。主要包括文字、化学用语的书写和化学仪器、装置简图、图像等的绘制。文字和符号是构成板书的主要成分,是知识信息的体现。准确的文字、符号是科学性的体现,是示范性的需要;清楚、工整的文字、符号和适宜的书写速度是学生学习与教师教学的需要;简洁的文字、形象的符号是学生记忆、保持的需要;富有美感的文字、符号给人以美的享受。

(2) 内容的编排。板书技能中内容的编排是指在黑板或投影片上呈现出经过加工、组织好的教学内容。从板书的功能和教学的需要看,内容的编排所呈现的教学内容,应该是高度概括化了的条理化、结构化的知识内容。心理学告诉我们:散乱的知识不仅不便于迁移,而且不便于记忆,而条理化的知识既便于迁移,又便于记忆。尤其是在课堂教学这个特定的时空条件下显得更加重要。要做到内容的编排条理化、结构化,教师必须深入钻研教材,明确知识的重点、难点和知识结构。在此基础上,结合备课精心设计,用简洁的文字、符号表达教学内容。

(3) 板面的布局。板书技能中的板面布局,是指板书的各部分内容在板面上的排列和分布,主板书、副板书的布局,以及黑板板书与挂板、挂图、投影屏幕的合理配置等。板面的布局应在备课时结合"内容的编排"设计好。板面的布局有三个原则,一是有利于全体学生的观察,板书的内容不相互遮挡;二是能体现板书内容的条理化、结构化、整体化,有利于学生知识的内化;三是简洁、明快,有利于学生的直观感觉和对知识的记忆与保持。心理学研究告诉我们,形象编码和语义编码的学习材料能持久保持。良好的板面布局既可做到形象编码,又可做到语义编码。

(4) 时间的掌握。板书技能中时间的掌握是指板书的呈现时机应与讲解协调一致,与其他教学活动有机配合。板书保留的时间应恰当,条件允许时,正板书一般要保留到结课,副板书保留到补充说明问题的结束,投影、挂图、挂板等用后应立即撤走。这是集中学生有意注意,避免无意注意的需要。板书的速度也应适中,在做到文字工整、清楚,绘图准确的前提下,尽可能迅速。当然,这就离不开平时有目的的训练。书写和绘图是板书技能的基础。作为一名教师首先应有较高的书写和绘图的技能,在这个基础上结合板书技能的其他构成要素,进行全面的学习和训练,这样才能更好地应用板书技能。

如果板书繁琐、字迹不清、条理性不好、颜色换得多,有何不好的后果?

12.2 教学板书技能的设计

核心术语

◆ 设计目标　　◆ 设计原则　　◆ 设计依据　　◆ 设计步骤

资料卡片

12-2 创新板书

教学板书是艺术,艺术是讲究创造的,是需要教师花心血进行构思、提炼、创新的。每一幅新颖别致、独具个性、富有美感的艺术板书的出现,都是教师创造性思维的结晶。我们提倡在教学过程中重视板书,更提倡教学板书的新设计和新创意。只有这样,教学板书才能更好地为教学服务。

(彭小明. 教学板书设计论[J]. 教育评论,2005(6):69.)

12.2.1 教学板书设计的目标

(1) 内容的科学化。内容的科学化是板书设计的首要标准。没有内容科学性的保证,一切板书设计都将走上"形式主义"、"唯美主义"的道路。

(2) 形式的艺术化。优秀的板书应该是内容与形式的完美统一。我们在尽力追求板书内容科学性的基础上,也应该追求形式的艺术性。

(3) 手段的现代化。电教化是现代化学教学的发展方向。板书与电化教学也有着天然的互通、互赖关系。教师设计好的"板书",可制成图片去投影,或制成"课件",通过电脑去传送,两者相得益彰。

12.2.2 教学板书设计的原则

板书设计要达到应有的教学效果,就必须按照一定的原则精心设计。这就是说,板书设计要书之有效,就得书之有方。所谓书之有方,指的是书之有用,书之有据,书之有度,书之有条,书之有时,书之有择。这样,板书设计才能达到科学、精当、醒目、规范、易记的要求,真正成为提高课堂教学效率的有效工具。板书设计应当遵循以下一些原则。

(1) 目的性原则。任何一则好的板书,都是为一定的教学目的服务的,离开了教学目的,板书设计就失去了意义。因此,设计板书之前一定要认真钻研教材,要在吃透教材精神实质的基础上,遵循形式为内容服务的原则,按照教学目的,有的放矢地进行设计。要突出重点,突破难点,体现教材的特点,达到预期的教学目的。

(2) 针对性原则。板书设计要书之有据,必须具有一定的针对性,切忌喧宾夺主。板书设计应针对不同的教材特点、课型特点和学生特点,从实际出发,做到因文制宜,因课制宜,因人制宜。

(3) 概括性原则。板书设计要书之有度,必须具有高度的概括性,切忌烦琐杂糅。板书设计的概括性有三个要求:一要注意紧扣教材,否则概括性就失去对象;二要挑选关键内容,否则概括性就没有根据;三要做到精练恰当,否则概括性就无法体现。这三个要求是互相联系的。

(4) 条理性原则。板书设计要书之有序,必须具有清晰的条理性,但切忌形式主义。板书设计要揭示教材内在事理间的逻辑联系,要便于学生记录和掌握,就必须讲究条理。板书的条理性应当体现在板书语言的组合结构上。尽管黑板上出现的词语并不多,但它们之间的内在联系应当有规可循,甚至显而易见。

(5) 计划性原则。板书设计的"计"指的就是计划性。教师上课之前,对于板书内容出现的先后、内容间相互的呼应和联系、文字的详略大小和去留、布局位置的调整、虚实的配合、符号的运用、板书与讲述的统一、板书与其他教学活动的配合等,都要事先进行周密的考虑,力求恰当、合理、顺理成章、水到渠成,避免随心所欲的自由主义倾向。

(6) 灵活性原则。板书设计要书之有择,必须具有适当的灵活性,切忌墨守成规。在课堂教学的师生双边活动中,常常会遇到原来设计的板书难以自然出现,不能"水到渠成"的情况。这时候,就要在不影响教学要求的前提下,适当地采取随机应变的措施,而不可墨守成规,一成不变。[1]

(7) 创新性原则。板书设计应从培养学生求异创新的角度出发,在传统板书模式的基础上,向多媒体等现代教育技术扩展,使板书形式丰富多彩、不断创新,能集新颖性、趣味性、多样性、灵活性于一体,达到书之有新。[2]

12.2.3 教学板书设计的依据

(1) 要依据教学目的。教学是有目的的行为,一切教学手段都是为教学目的服务的。板书作为一种最常见的教学手段,必须围绕教学目的展开,为教学目的服务,为完成教学任务服务。

---

[1] 王松泉.板书学[M].上海:上海交通大学出版社,1995:123.
[2] 胡志刚.化学微格训练[M].厦门:厦门大学出版社,2007:263.

（2）要依据教学情景。教学会因受到时间、地点、环境、学生、教具、教材等因素的影响而采用不同方法和手段。因此,板书设计也要因时而化、随机应变,做到计划性与灵活性相统一。

（3）要依据教材特点。由于教材不同章节的内容不同、结构有别,因此,教师在教学时要依据教材的特点,对不同的章节、不同的内容,要使用不同类型的板书。

（4）要依据学生实际。学生因年龄、民族、地域、受教育程度的不同而千差万别。他们爱好不同、心理不同、性格不同、思维不同、水平不同,因此,教师设计板书时也要考虑学生的实际情况。一般来说,初中生喜欢形象直观的图形、图表、图示类板书,高中生由于逻辑思维加强而喜爱概括简练的文字式板书。

（5）要依据教师特长。教师的年龄不同、性格各异、爱好有别、特长相异。有的擅长美术、有的爱好书法、有的喜欢语言表达。因此,教师板书或图,或表,或文字……各有千秋。只有扬长避短,板书才能尽善尽美。

12.2.4　教学板书设计的步骤

板书设计的步骤,是因教师的备课习惯、教学风格和教材的难易程度不同而有所差异的。但是,任何板书的设计都是在掌握教材的基础上进行的。教师只有在读懂教材,理出教材的结构层次、行文思路、主要内容等的前提下,才能设计出科学合理、美观实用的板书。设计板书的一般步骤有如下几点:[1]

（1）寻支点。根据教学要完成的任务,去逐部分阅读教材,确定出各个部分的主要知识点和能力训练点,进而寻找到教师讲授时的支撑点,作为板书的要点。

（2）找联系。用系统论的观点去分析教材章节顺序中的各部分讲授支撑点之间存在的关系,找出它们的联系点。然后,将第一步寻找到讲授的支撑点按这种联系组织起来,使之成为一个有机联系的整体。

（3）定形式。它是根据教师的教学风格和审美观念,从科学、美观的角度去品味自己已经组织起来的,具有一定内在联系的板书提纲,并着手从组合形式上加以反复修改润色,最终确定下一幅板书。

12.2.5　教学板书设计的要求

（1）文字要正确、清楚、美观。文字是板书的工具、媒介。教材的内容、教师的意图都是通过这一工具、媒介表达的。因此要求板书文字一要做到正确规范;二要做到端正清楚,不潦草难辨,不影响学生学习;三要做到漂亮优美,给人以艺术享受。

（2）语言要准确、简洁、生动。准确,是指语言能正确反映教材的内容和施教者的教学意图;简洁,是指语言概括精练,不拖泥带水、不啰嗦重复;生动,是指语言具体形象,富有趣味性。

（3）内容要科学、完整、系统。科学,是指板书表达的知识要正确、再现的信息要准确、反映的资料要无误、揭示的内容要客观,并且又能准确深刻地体现施教者的思想情感。完整,是指板书内容完备全面,体现教材的整体性。当然在整体性的前提下,要突出重点,做到整体性与重点性的统一。系统,是指板书内容内部联系紧密、系统有序、条理分明、逻辑性强。

（4）造型要直观、新颖、优美。板书的造型是指板书形式的安排,是体现板书形式美、外在美的主要手段。它要求板书图示的排列和组合在准确体现内容的前提下,力求生动活泼,给人形式上的美感。直观是指板书造型具体可感、形式可视,富有趣味性。新颖是指板书造型新鲜别致、独特新奇,富

---

[1]　严先元编著.教师的教学技能[M].北京:中国轻工业出版社,2007:139.

有创造性。优美是指板书造型符合美学规律、审美原理,富有强烈的艺术感。

(5) 结构要严谨、有序、巧妙。严谨是指板书布局合理、构思严密,内在联系缜密而富有逻辑性。有人说"板书是知识信息科学的系统的编码",这一编码便要求严谨缜密。有序是指板书内部联系有条有理、秩序井然,富有顺序性。这一点既体现了教材及编者有条不紊的思路,又表现了教师授课井然有序的教学思路,对指导学生的"学习思路"产生深刻影响。巧妙是指板书构思、构图自然巧合、妙趣横生,给人一种"出于意料之外,又在情理之中"的美感。

(6) 色彩要恰当、和谐。心理学研究表明,色彩能引起知觉,唤起味觉,兴奋大脑皮层,促进植物神经活动,和谐心理发展。因此,板书设计要追求色彩合理搭配,尽量做到恰当、蕴藉、和谐。恰当是指板书色彩搭配合理。板书有强调作用,白色外施加其他颜色可以突出重点、难点、疑点、要点、特点。蕴藉,是指板书色彩含义深刻,富有象征意味,起表情达意作用。和谐,是指板书色彩搭配谐调,有审美价值。

(7) 风格要具有多样性、创造性及个性。一个教师要形成自己独特的风格,首先要继承,要学习,要容纳各种风格流派,走多样化的道路。板书是每位教师根据自己对教材的理解进行的创造,是个人教学个性魅力的独特折射,因人而异,每个人都应该有自己的个性特征。

(8) 目的要明确、集中、合理。板书是工具,工具是用来为"目的"服务的。明确,是指板书为什么服务、为谁服务、怎样服务;集中,是指板书目的单一、"高度集中"地为一个目标服务;合理,是指板书目的定位合理、方向明确,符合教学总目标、总要求,不游离于整体教学之外,书之有理。这是板书设计者始终要考虑的问题。

12.2.6 教学板书常用的类型

板书的形式受教学内容、学生学习的需要、教师教学风格的影响。在化学课堂教学中,常用的板书类型有:提纲式、表格式、联系式、图示式、化学计算格式等。

(1) 提纲式。提纲式板书是用简明扼要的文字,提纲挈领地反映教学内容、教学过程的板书。这种形式的板书条理清楚、突出要点和关键,便于学生抓住要领、了解全部教学过程。一般是新知识学习的常用形式。

案例研讨

```
                    初中"分子"板书设计
   第一节  分子                    2. 分子是不断运动的
   一、分子概念                    3. 分子之间有间隔
   分子是保持物质的化学性质的最小粒子    三、纯净物和混合物
   二、分子的性质                  纯净物:由一种物质组成
   1. 分子的质量和体积非常小        混合物:由不同种物质组成
```

(2) 表格式。表格式板书是通过表格对有关概念、物质的性质、实验等进行归类、对比,从而认识其异同和联系的板书。表格式板书有化繁为简、对照鲜明的功能,因而便于学生对比或联系,加深对事物特点及其属性的认识。该板书还有利于学生分析、概括能力的培养。

类比是化学教学中常用的方法,表格式板书自然成为化学教学中常用的板书。表格式板书一般用于结课或一个问题结束后的归类、比较。

案例研讨

	物质的量浓度	溶质质量分数
	"物质的量浓度"与"溶质质量分数"比较的板书设计	
溶质的单位	mol	g
溶液的单位	L	g
计算公式	物质的量浓度(mol/L)=溶质的物质的量(mol)/溶液的体积(L)	溶质的质量分数=[溶质的质量(g)/溶液质量(g)]×100%
特点	体积和物质的量浓度相同的溶液,含有相同的溶质的物质的量	溶质质量分数和溶液量相同的溶液,含有相同质量的溶质
联系	物质的量浓度(mol/L)=1000(mL)×溶液密度(g/mL)×溶质质量分数/溶质的摩尔质量(g/mol)÷1 L	

(3) 联系式(网络式)。这种板书是指把有相互联系的零散、孤立的知识"串联"和"并联"起来,形成系统化、简约化的知识网络的板书。

案例研讨

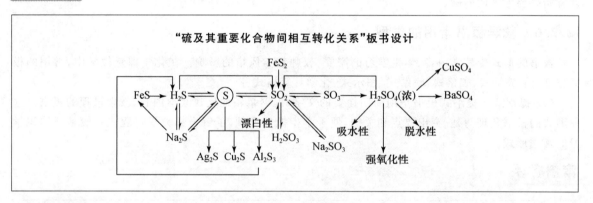

(4) 图示式。图示式板书是指用简笔画、示意图或图像来表达教学内容的板书。这种板书表达的内容简明形象,还可以把某些物质变化过程或物质间的数量关系直观地表达出来。因而有助于学生对知识的理解,还可以减少教师板书的时间。

案例研讨

"关于酸的性质"板书设计

此案例将酸的通性比喻为的人手的五个手指,手掌为酸,图示如右。这幅图很快引起了学生的兴趣,帮助学生记忆知识点。它的直观效果是非常突出的,记忆效果也是非常明显的。

(5) 化学计算格式。该板书是指在化学计算教学中的板书形式。该板书有其化学计算特点的基本格式，但并非一成不变。这种板书应该体现化学学科知识的特点、知识的逻辑关系和数学运算的逻辑关系。这样既有利于为学生提供解题示范，让学生掌握化学计算的基本格式，又有利于学生掌握解题的思路和方法。

随堂讨论

怎样才能设计出科学合理、美观实用的板书，使板书更好地为教学服务？

12.3 教学板书技能的应用

核心术语

◆ 应用要点　　◆ 板书类型　　◆ 应用技巧　　◆ 应用对策　　◆ 常见错误

12.3.1 教学板书技能的应用要点

(1) 紧扣教材和教学目标。板书的内容应体现教材的核心内容和知识结构。应从教学目标出发，选择有利于学生接受、有利于启发学生思维的板书形式。

(2) 注意内容的科学性。板书保留的时间较长，给学生留下的印象较深，如果出现错误，对学生产生的不利影响也较大，有的甚至难以挽回。因此，必须保证板书内容的正确，文字、化学用语、图示、表格所表达的意义应当准确，不失科学性。

(3) 系统性和概括性相结合。教师在备课时，要在深入钻研教材的基础上设计板书。在设计时，既要考虑到如何有条理、系统地反映教学内容，还要对教材加工、提炼，高度概括地表达教学内容。呈现给学生的板书既系统、又概括，才能充分发挥板书的作用。

(4) 注意工整、美观、简洁。书写绘图要在工整的基础上力求美观。还应注意板书的简洁，词语和图示要简练、直观，在用特殊颜色作强调标记时要注意适度，不可色彩斑斓，以免分散学生的注意。①

12.3.2 教学板书技能的应用技巧

(1) 写粉笔字技巧。身体与板面保持一定距离，以手臂书写自如为度。站立时头要放正，只有头正目光才正，目光正才不致使板书"上山下乡"或"游蛇出洞"。

(2) 写规范汉字。板书时，必须遵循汉字的书写规律，做到书写规范、准确。如果有些字拿不准，在备课时可翻一翻字典。恰恰在这一点上，有些人自以为是理科教师从而放松对自己的要求。恰恰是这一细节，会令学生对我们所传授的化学科学知识产生怀疑。

---

① 朱嘉泰主编.中学化学微格教学教程[M].北京:科学出版社.1999:54—55.

(3) 写规范化学用语。化学元素符号：如 Cu，不能将 u 写成 a，或者将 u 写得和 C 一样高，如 CU；Si 中的 i 是小写，不是下标，故不能写成 S_i；化学式板书出现笔误；化学方程式未配平就先划等线；方程式中的化学式左边不留空，配平以后再写数字像加塞一样很难看；有机物分子不是少碳，就是多氢。像这些问题细心的学生都会发现，我们把这些错误称为"明错"，还有一类错误，教师无法发现，其贻害就更加严重了，此即"暗错"。如 $S + O_2 === SO_2$，其条件没有"点燃"是不会反应的，且把"点燃"写成"燃烧"。①

(4) 板书出现的时机。板书一般都是总体设计，分步出现。而且只有在学生理解知识的关键处和思维的障碍处出现板书，才能突出教学重点。板书的出现必须符合教材和学生思维的逻辑顺序。做到与教学内容同步，与讲解的语言紧密配合。教师通过语言阐明板书的内容，学生则通过板书加深对教师语言的理解。板书出现的时机分为三种情况。

① 先写后讲。教师在讲课时先板书本节课的教学内容或本节要讲的几个主要问题，然后再一步一步讲解。每讲一个问题，把要板书的内容随即写在分述问题的后面。这种板书比较适合高年级学生或复习课，有利于学生对全课内容的掌握。

② 先讲后写。通常在教师利用板书帮助学生回忆所学过的内容要点或学生观察、讨论新内容后归纳总结时使用。这种板书能加深学生对所学知识的印象，特别是对知识的整体结构的把握非常有效，从而起到巩固、强化的作用。

③ 边讲边写。讲完一个内容后板书，或板书一个分题后讲解。这是一种最常用的形式。尤其适合于图示式、表格式、板图式板书。这种形式能较好地控制学生的注意力，使学生能够将使用教科书和听课记笔记结合起来。这种方法同样也可适于用 PPT 来呈现习题的题干、有机物分子结构以及适于 Flash 表达的图画等。

(5) 擦黑板技能。一手持板擦，另一手自然下垂，站立要稳。不能全身都在晃动，如头、肩、腰、臀左右摇摆，破坏课堂形象。

12.3.3　教学板书技能常见的问题

板书设计时不可能做到完美无缺，但是作为教师，我们应尽心尽力使其少些遗憾。同时，在板书设计时有些问题是常见的，经常被教师所忽略。

(1) 不板书或用省写、简写式。规范的课堂教学是教师一边讲课，一边板书，一节课结束，一版刚好写完。常见的问题是教师讲课时只注意口语表达而忽视了必要的板书。下课铃响了，黑板上只有寥寥几个字或者仅仅留下课题；或者写一些简略句子、简写式等。这样下来，一则学生课上似乎听懂，而课下难以巩固复习；二则学生模仿的不规范性很难纠正。例如有机化合物结构式很复杂，教师板书时只写碳架，不写完整的结构式或分子式，那么要求学生作业规范地写出烃的结构式就很困难。再如有的教师讲解化学应用题，最后完整的"答"写成："答：＿＿＿＿＿。"批改作业时会发现很多学生都如此效法。

(2) 满堂板书，几乎不与学生交谈。板书是作为教学口语的辅助手段而存在，是不能代替口语教学的。然而有些教师课堂上事无巨细，统统上黑板。教师一版一版地写，学生一版一版地抄，45 分钟的课堂，教师板书的时间长于双边交往的时间，学生手软腕酸，脑涨神疲，其实这是另一种"满堂灌"。

---

① 杨承印.化学教学设计与技能实践[M].北京：科学出版社.2007：125—126.

案例研讨

> 例如关于浓硫酸的物理性质,根据课时教学目标,它属于低层次要求的内容,可我们的新教师仍然不厌其烦地这样板书:
> 浓硫酸的物理性质:无色油状液体,难于挥发,可与水以任意比例互溶,溶解时放出大量的热,沸点为338℃,具有吸水性,可作干燥剂……

满堂板书常见于新教师,常担心学生把握不住自己所讲的内容;再者缺少课堂管理经验,把黑板当拐杖。对于其他教师出现这种情况有的是因为课前准备不足,用板书耗时间;还有的是因为普通话不过关,用书面语代替口语。

(3) 板书层次不清,逻辑混乱。黑板板书也要像书籍一样,讲究布局,上下左右以及分栏都要留有一定的空白。知识的逻辑层级关系用序号来表示。然而常见的问题就是板书的标题序号混乱,板书位置任意,或者总体看不出一个中心主题。前者表现为一节课内容既没有平列的序号,如:一、二、三……,又没有阶梯序号,如:一、(一)1.(1)①。层次不清,条例紊乱,破坏了整体内容的连续性、系统性。后者表现为板书随意,写了擦,擦了写,学生来不及记录,造成脉络不清,重点找不到,不便于课后小结。

出现上述情况的原因在于有些教师在认识上还没有把板书作为学生有效学习的指标之一,故课前备课不充分,特别是不做板书设计所造成的,对于新教师还有由于教学过程中精神过度紧张所致。

(4) 板书书写潦草,随意勾画。中国书法源远流长,其字体大致分为楷、隶、行、篆、草。教师的课堂板书作为基本功也是很讲究的,常用楷书或行书表达,以达到字迹工整,美观悦目的效果。如果板书字迹潦草、龙飞凤舞、含混不清,学生记笔记时就不得不花费相当精力去推测,或者相互询问订正,势必分散课堂凝聚力,削弱听课效果。

当然在黑板上对重点内容进行勾画,绘制图表,徒手画一些实验仪器装置图是必要的,但在强调重点时,对相关段落或文字信手加重或涂抹,或画一些很任意的图表(线不直)、装置图(线不直、不成比例),就显得很不雅致。

(5) 板书差错连连,颜色搭配不当。说普通话,写规范字,是化学教师的基本功。课堂教学的板书出差错是一大忌,最常见的有以下三种:① 书写不规范的字。也许有人认为,文字教学是语文老师的事,"我"不是教语文的,写几个不规范的字,没有多大关系。② 写错别字。③ 演算错误。演算失误的板书对学生的思维不仅起不到启发作用,反而会把学生的思路引入歧途,甚至导致课堂出现"乱哄哄"的局面,严重影响课堂秩序与教学效果,而且还造成了学生对教师的不信任感。诸如此类不严肃不认真的板书所结出的"果子"是极为苦涩的。

对于黑色板面,用白色和黄色粉笔书写最为醒目,接下来是红色粉笔,在适当处,用红色粉笔进行点缀,可以引起学生重视。至于白板、绿板用何种颜色书写,我们可在实践中慢慢摸索。

12.3.4 教学板书的常见错误

教师在课堂上的板书是信息传输和示范定型的重要渠道。在化学教学中,板书表述方式不正确、不规范主要有这样一些缘由:长期习惯性错误沿袭,继续沿用已废弃的旧教材中名称、量和单位的表示法,还有的是教师态度不严谨、不规范造成的失误(如表12-1)。

表 12-1　化学教师课堂板书常见错误分类[①]

错误归类	错误或不规范的板书	正确的板书
1. 旧教材习惯性的迁移	惰性气体 氧化——还原反应 pH 值 化学反应速度	稀有气体 氧化还原反应 pH 化学反应速率
2. 使用已废弃的旧名称	重量 比重 比热 原子量 分子量,式量 摩尔数 质量百分比浓度 体积百分含量 摩尔浓度	质量(m) 密度,相对密度 质量热容,比热容(c) 相对原子质量 相对分子质量 物质的量 B 的质量分数 $w(B)$ B 的体积分数 $\varphi(B)$ B 物质的量浓度 $c(B)$
3. 不恰当的简缩	标况、标态	标准状况
4. 使用非法定计量单位	气体在 1 atm 时 CO 体积含量 3 ppm	气体在 1.01×10^5 Pa 时 $\varphi(CO)=3\times10^{-6}$
5. 量符号使用了正体字母	$V(NH_3)=0.1$ mol/(L·s) $V(O_2)=2$ L $P=2\times10^5$ Pa $M(H_2SO_4)=1$ mol/L	$v(NH_3)=0.1$ mol/(L·s) $V(O_2)=2$ L $p=2\times10^5$ Pa $c(H_2SO_4)=1$ mol/L
6. 没有使用国际规定的符号	质量 W 阿伏加德罗常数：N_0,N 温度：t=230 K 或 T=98℃ 压强：P,P,p	m N_A $T=230$ K 或 $t=98$℃ p
7. 把化学元素符号当做量符号使用	体积比：$O_2:H_2=1:2$ 体积分数：$H_2S\%=20\%$ 质量分数：$MnO_2\%=51\%$	$V(O_2):V(H_2)=1:2$ $\varphi(H_2S)=20\%$ $w(MnO_2)=51\%$
8. 把中文名称当做中文量值使用(有达量值时,数值后面的单位必须用符号)	1 摩尔 2.0×10^{-9} 库仑 600 焦耳 800 帕斯卡	1 摩,1 mol 2.0×10^{-9} 库,2.0×10^{-9} C 600 焦,600 J 800 帕,800 Pa
9. 把量符号当做纯数来使用	物质的量为 n mol 温度升高(t-10)℃	物质的量为 n 温度升高 t-10℃
10. 热化学方程式新、旧教材表示有差异	$N_2(g)+3H_2(g)\rightleftharpoons 2NH_3(g)+Q$	$N_2(g)+3H_2(g)\rightleftharpoons 2NH_3(g)$ （正反应为放热反应）
11. 与电子有关的化学用语新、旧教材表示有差异	2e $H_2+CuO\xrightarrow{\Delta}Cu+H_2O$	2e$^-$ $H_2+CuO\xrightarrow{\Delta}Cu+H_2O$
12. 有机物结构简式键线连接,原子连接错误	NO_2—⬡—NO_2	O_2N—⬡—NO_2

[①] 王后雄.化学教师课堂板书常见错误分类例释[J].化学教育.2003(7—8)：46.

续表

错误归类	错误或不规范的板书	正确的板书
13. 有机物命名不规范	1—戊炔 1,2—二溴乙烯	1-戊炔 1,2-二溴乙烯
14. 错别字	胆矾为兰色，油酯 木碳，活性碳，金钢石 氨根，铵基，石腊	胆矾为蓝色，油脂 木炭，活性炭，金刚石 铵根，氨基，石蜡
15. 忽视了计算中单位的作用（即单位应参与运算）	计算标准状况下 0.2 mol NH_3 的体积：$V(NH_3)=0.2\times 22.4=4.48(L)$	$V(NH_3)=n(NH_3)\cdot V_m=0.2$ mol$\times 22.4$ L/mol$=4.48$ L
16. 单位重叠、混乱	设 CO 的体积为 VL …… 解得：$V=2$ L	设 CO 的体积为 V …… 解得：$V=2$ L

随堂讨论

如何处理好化学教学板书与多媒体电子板书的关系？

12.4 教学板书技能的评价

核心术语

◆ 板书技能的评价　　◆ 评价项目　　◆ 权重　　◆ 评价等级

板书技能的评价量表见表 12-2。

表 12-2　课堂教学板书技能量化评价表

评价项目	权重	评价等级			得分
		优	中	差	
① 板书设计与教学内容紧密联系，结构合理	0.10				
② 内容层次分明，条理清晰	0.15				
③ 文字书写规范、整齐、大小合适，布局合理	0.15				
④ 准确、简明、概括，激发学生兴趣和思考	0.15				
⑤ 重点突出，关键醒目，强化记忆	0.15				
⑥ 与讲解结合恰当，速度适宜	0.10				
⑦ 书写时机恰当，与多媒体呈现、演示实验呈现等恰当结合	0.10				
⑧ 主、副板书配合得好	0.10				
总分：					
您的补充意见或建议					

本章小结

1. 板书技能是化学教师运用黑板、投影仪或多媒体以文字语言、图表、图画、动画以及符号等形式来传递化学教学信息的一种教学行为方式。板书技能既是化学教师应当具备的教学基本功,又是化学教师必须掌握的一项基本教学技能。精心设计的板书可称得上是形式优美、重点突出、高度概括的微型教科书。

2. 板书设计要达到应有的教学效果,就必须书之有用,书之有据,书之有度,书之有条,书之有时,书之有择。教师只有在研读教材,理出教材的结构层次、行文思路、主要内容等的前提下,才能设计出科学合理、美观实用的板书,达到书之有新。

3. 板书的形式受教学内容、学生学习的需要、教师教学风格的影响。在化学课堂教学中,常用的板书类型有:提纲式、表格式、联系式、化学计算格式、图示式等。

4. 为了切实提高板书技能,教师必须注意克服教学板书中常见的问题,按照板书技能的基本要求,对照板书技能的评价量表,进行持续不断的严格训练。

思考与实践

1. 化学课堂教学对板书的总体布局和微观要求有哪些?
2. 随着现代信息技术的发展,有人说"教师不用再在板书上花工夫练习"。通过调查和走访化学教师说明这种看法是否正确。
3. 观看一段化学课(或看录像),对讲课教师的板书技能从类型选择、构成要素的完成质量、功能的发挥等方面进行评析。
4. 从板书技能的构成要素出发,设计一则板书,并对设计意图和使用作简要说明。
5. 板书技能的应用有哪些注意事项?结合自己的实践谈谈体会。
6. 选择中学化学教科书中一段内容,做 15 min 的课堂教学设计。然后用多媒体、现场板书同时并进式展现过程,完成后,同学之间进行交换并根据板书技能评价量表的指标进行评价。

参考文献

[1] 杨承印.化学教学设计与技能实践[M].北京:科学出版社,2007.
[2] 严先元编著.教师的教学技能[M].北京:中国轻工业出版社,2007.
[3] 胡志刚.化学微格训练[M].厦门:厦门大学出版社,2007.
[4] 王松泉.板书学[M].上海:上海交通大学出版社,1995.
[5] 赵彦改主编.中学化学教学艺术[M].北京:气象出版社,1995.
[6] 朱嘉泰主编.中学化学微格教学教程[M].北京:科学出版社,1999.
[7] 彭小明.教学板书设计论[J].教育评论,2005(6):69.
[8] 彭小明.教学板书分类论[J].教育评论,2003(5):78.
[9] 谢鸿雁.新课程理念下"板书技能"的转变研究[J].化学教学,2008(1):59—60.
[10] 王后雄.化学教师课堂板书常见错误分类例释[J].化学教育,2003(7—8):46—47.

第13章　化学教师的说课技能

> 说课是教师述说授课的教学目标、教学设计、教学效果及其理论依据的教学研究活动。具体是指教师在备课的基础上向同行或教研人员就某一课题,以讲述的方式系统地阐述教材分析、教学目标、教学重点难点、教学程序、板书设计以及意蕴的理论依据及个体创造等。
>
> ——戴汝潜

本课学习目标

通过本章学习,你应该:
1. 认识说课的含义及其特点和作用,了解备课、上课、评课和说课的区别及其关系;
2. 理解说课的种类及说课系统的内容要素设计,通过实践训练掌握化学说课技能及其应用;
3. 了解化学说课的评价原则及评价方法;
4. 选取新课程教科书的某一课时内容,设计一份说课教案,并在全班或小组进行说课实践,听取教师和同学的评价意见。

13.1　化学说课技能的含义

核心术语

- ◆ 说课　　◆ 说课的特点　　◆ 课前说课　　◆ 课后说课　　◆ 主题型说课
- ◆ 研讨型说课　　◆ 评比型说课　　◆ 评研型说课　　◆ 示范型说课

备课,是教师对自己的教学活动进行预先计划和准备的过程;上课,是教师灵活地执行计划实际展开教学活动的过程;评课,是教师本人或其他评课人员对学生的目标达成程度及教学活动质量作出价值判断和改进决策的过程;然而,仅有上述程序还是无法了解教师解剖自己的教学准备过程和教学实际过程——"怎样教"、"为什么这样教"。讲课只讲授教学内容,"怎样教"是不直接讲出来的,是表现在教的过程里的。"为什么这样教"不仅不讲,一般也难以从讲课中直接表现出来。同行和研究者要"知其然,知其所以然",全面地了解、评价一节课和一位教师,要听课,也要听相关课的说课。

资料卡片

13-1 说课的起源

说课源于我国教育界 20 世纪 50 年代初期即存在的"集体备课制"——先由同学科的教师独立备课,然后推举一位教师组内中心发言,讲述教学目的、教学重点难点、教学步骤、板书设计以及作业布置等,在此基础上,教师间互相交流,修改充实教学设计。1987 年 6 月底,河南省新乡市红旗区教研室要从本区的教师中选出几位参加市教坛新秀的评选。可当时临近期末,课已讲完,怎么办?这时,有人提议选几课,让有关的老师来说说他们的教学设计,以说"课"代替听课。结果发现说课同样能客观真实地反映出一个老师的教学业务素质,而且比听课更省时高效,更简便易行。联想到影视、戏剧导演的说戏,于是他们把这种新教研活动形式命名为"说课"。从此,现代教育词典增添了一个新名词——说课。

13.1.1 说课的含义

说课是教师以教育理论为指导,在精心备课的基础上,面对同行、领导或教学研究人员,利用口头语言和有关的辅助手段阐述某一学科课程或某一具体课题的教学设计或教学得失,并就课程目标的达成、教学流程的安排、重点难点的把握及教学效果与质量的评价等方面与听课人员相互交流、共同研讨,进一步改进和优化教学设计的教学研究过程。[①]

说课,是教师对备课、上课乃至评课诸方面的设计活动进行口头和书面呈示、阐释以及自我监控的过程。上课的对象是学生,内容是教学信息,目的是培养、教育学生,使学生在听课教学中接受到新的知识、技能,得到学习方法的启迪、思想品质的教育、情操的陶冶和智能的开发。说课要针对讲课的这些要素,就某一节课、一个单元或一个知识点,以讲述的方式系统地阐述教材分析、教学目标、教学难点重点、教学程序、板书设计以及其中意蕴的理论依据及个体创造等;让教学同行、教学研究和管理评价人员了解教学准备、设计和实施的依据、意图和实施状况。

说课至今已有 20 多年的发展历史。多年来,它对我国中小学教育教学的改革与发展起到很大的促进作用。它不仅能在"说"和"评"的双边活动中把教师个人备课、业务水平置于集体的监督之下,把个人经验和集体智慧有机地结合起来,并起到双向交流的作用;还具有促进教学改革深入发展和大面积提高教师素质的功能。因此,说课不仅已经成为许多教师积极参与以期自我提高的经常性研究活动,而且也已经成为许多省市教研部门培训及评价教师、促进教育科研的一种常规性教学研究活动。

随堂讨论

● 在当前课程改革的新时期,如何重新审视说课价值、丰富说课内涵?如何在说课中体现新课程的观念?

[①] 杨九俊主编.新课程说课、听课与评课[M].北京:教育科学出版社,2004.

13.1.2 化学说课的特点

说课活动的形式可以不拘一格,但不论是何种类型的说课,一般都具有以下特点:

(1) 说课要以口头语言为主要的表达形式,具有简便易行的特点。从说课活动所需的媒体或手段来看,它可以仅以教师口头表达方式进行,也可以利用实物、实验、现代教学媒体等手段辅助说课。由于说课不受时间、空间和人数的限制,因而具有简单易操作的特点,非常有利于在教学研究中推广。

(2) 说课要有时间限制,一般在15~20分钟内。说课的时间一般由组织者决定,说课者必须在规定时间内完成"说课"的全部内容,既不可拖延时间,又不可过早结束,这就要求教师有较强的时间观念,突出重点和创新点。

(3) 说课是一种教育理论与教学实践紧密结合的课堂教学技能训练的操作性研究活动。教师说课不仅要说"怎样教",还要说明"为什么这样教"的理论依据和实践需求。把课说清、说透需要教师积极主动地学习教育教学理论,认真反思教学实践活动,确立运用理论指导教学实践的意识,将教学理论和教学实践有机结合。此外,教师形成的教学设计也常常是依据教师的经验判断。而通过教师在说课中对教学的全面阐述,教师和教学专家就有可能从教学理论的高度来审视和评价教学。可见,说课活动较好地体现了理论与实践相结合的特点。

(4) 说课要面对同行(教师或专家)进行,强调听者与说者的双向互动。说课是一种集体参与、集思广益的教学研究活动方式,通过相互交流,每一位参与者都容易迸发出思想的火花。无论是教师同行还是教研人员,他们的每一种想法,每一个观点乃至一个小小的补充或提示,都是一种教学智慧。教师在相互评议与切磋中分享经验,在合作中共同提高,达到智慧互补。

此外,说课主体不同时,说课活动的侧重点也应有所不同。比如师范生是师范院校的在校学生,正在接受正规的师范教育,处在学习阶段,但他们又是未来的新师资,比普通学生更侧重于师范技能的学习与培训。正因为他们以这种特殊的双重身份来参与说课的,所以说课内涵得到较好的体现。

● 说课适用于教师教研活动、师资培训、师范生技能训练等,试说明以师范生为说课主体的说课有何特点。

13.1.3 说课的作用

说课能展现教师对大纲、教材的理解和把握程度,对学情的了解程度;展现教师备课的思维过程,显示教师的教育教学水平和能力,显示教师的教学基本功的扎实程度;能从中了解教师的教育观、教学观和学生观,及对现代教育教学理论和教学手段的掌握情况,因而说课能较全面地了解评价教师。说课着眼于提高教师的教学设计能力,达到减负增效和提高课堂教学质量的目的,对促进教师的成长有着重要意义。

说课是一种重要的教学研讨形式,是教学研究过程中的一项常规性内容,对于教师教学理念的更新与教学方法的转变具有重要意义。通过课前说课,能够发现教学设计中的不足之处,以便及时进行修改,从而使课堂教学更加科学、合理、有效;通过课后说课,对课堂教学中好的做法进行提炼和升华,以推广应用。说课能够在课堂之外解决课堂教学中的低效、无效和负效问题,促进教学反思,避免学生在课堂学习中成为教学设计失误的实验品和牺牲品。

说课给讲课教师提供了向听课、评课人员解说自己备课思维过程的机会,使讲课教师能处于和听课、评课人员平等的地位来研究讨论问题,能更主动地参与教学研究。可见,说课的目的在于更好地研究教学,评价教学过程和教师的水平、能力,促进教学质量和教学水平的提高,提升教学研究人员的水平,促进教学、教研的紧密结合。

13.1.4 说课的种类

说课作为一种"虚拟教学",是重要的教学辅助手段之一,也是教学过程中的一个重要环节。说课的类型有很多,依据说课与上课的时间先后关系,有课前说课与课后说课之分。

(1)课前说课。课前说课是预测性和预设性的说课活动。课前说课是教师在认真研读教材、领会教学目标、分析教学资源、初步完成教学设计的基础上的一种说课形式,是教师充分备课后进行的一种教学预演活动。通过课前说课,教师可以借助集体的智慧来预测课堂教学的效果,进而改进和优化教学设计。一般情况下,说课通常采取课前说课的形式。

(2)课后说课。课后说课也可以被认为是一种反思性和验证性的说课活动。它是教师按照既定的教学设计进行上课,在上课后由授课教师将自己在教学活动中的得失感受、体会、想法与听课教师、教学研究人员相互交流的一种说课形式。课后说课是建立在教师个体教学活动基础上的一种集体反思与研讨活动。通过课后说课讨论课堂教学中存在的问题,分析其产生的原因,并提出实质性的改进意见,可以使说课者和参与研讨的教师对教学的成败得失有更加清晰的认识,也为进一步改进和优化教学设计提供了可能。①

随堂讨论

● 结合具体实例,试就"课前说课"、"课后说课"的内容、形式和功能展开讨论。

根据说课活动的目的、要求的不同,可以将说课划分为研讨型说课、评比型说课、主题型说课、研评型说课、示范型说课等类型。

(1)研讨型说课。研讨型说课是指不同层次的集体备课中的说课。它以教研组(室)为单位,通常采取集体备课的形式。活动前,就某一课题大家进行充分准备,有时指定中心发言人;活动中,中心发言人或其他人先进行说课,为研讨提供素材,然后大家讨论,各抒己见;最后集中,形成一个最佳的教学方案。研讨型说课的优点是有利于将个体优势转化为群体优势,变个人智慧为集体智慧;有利于教师之间的相互交流,相互促进,共同提高。它是大面积提高教师业务素质和研究能力的有效途径。研讨型说课的规模可大可小,便于组织。它的不足是没有实践环节,不能及时看到实施效果;对具体某一个教师来说缺少针对性。

(2)评比型说课。评比型说课是指以说课方式进行的评比、竞赛活动,是纯粹的说课。它要求说课教师按照指定的教材、规定的课题,在限定的时间内写出说课讲稿,然后依次登台演"说",由评委评定比赛名次。说课为评比提供信息和依据,评比主要是评价教师运用教育教学理论的能力、理解课程标准和教材的实际水平、教学流程设计的科学性和合理性。评比型说课有时还要求说课教师将说课

---

① 胡志刚.化学微格教学[M].厦门:厦门大学出版社,2007:284.

内容付诸课堂实践,通过上课实效来评价说课质量,最后由评委决定比赛名次。评比型说课是树立典型、培养和发现骨干教师、促进教师专业化发展的有效途径。它的不足是背靠背评比,无针对性的信息反馈,无相互交流。

(3) 主题型说课。主题型说课是教师在教学实践的基础上,把实际工作中遇到的重点、难点或热点问题作为研究主题进行探索,以说课的形式向其他教师、专家和领导汇报研究成果的教育教学研究活动。主题型说课是一种更深入的问题研究活动,更有助于教育教学重点、难点的解决,有利于新的教学模式、教学理念等在教学中的应用,有利于促进教师教学反思能力的提高。

(4) 研评型说课。研评型说课是将说课纳入到整个教学研究活动过程中,突出研评结合,将其作为教学研究活动的一个环节来进行。具体可分为两种模式:

模式Ⅰ:上课—说课—评课模式。此模式是在上课、听课基础上,教师向同行说课,然后进行评课。此时说课是向同行阐述自己备课时的思考(设计、设想及理论依据),特别是提供上课不能反映出来的备课信息。这样评课人就得到了上课教师的理论和实践两个方面信息。在此基础上进行评课,针对性强、效果好。特别是对课堂教学中存在的问题能进行透彻的分析:是教学设计存在的问题还是教学实施存在的问题(如:教学经验不足,教学应变能力差等),是理论水平问题还是实际能力问题,是主观原因还是客观原因,通过分析使问题得到准确的判断或诊断。然后,有针对性地进行指导,是理论水平问题就加强理论学习,提高理论水平;是教学能力问题就要在提高能力方面下工夫;是教学经验问题就要加强学习,总结和积累教学经验,对症下药,真正解决问题。另外,通过说课还能拉近教师和听(评)课人认识上的距离,减少分歧和误解,使教学研究活动取得理想的效果。

模式Ⅱ:说课—研讨—上课—评课模式。此模式是上课前先进行说课,然后大家研讨,提出修改或调整方案;教师根据大家的建议,对教案进行修改,优化教学设计;之后付诸实施(上课),实施后再进行评价,找出成功与失败之处,对教学设计再进一步优化,如此反复就能形成最佳的教学方案。它的优点,一是能充分利用群体力量,发挥群体优势;二是理论和实践能紧密结合,理论指导实践,同时实践又能验证理论;三是对教师的指导直接、全面,针对性强,效果好。

此类说课与其他环节结合紧密,无论采用哪种模式,都能比较全面地反映一个教师的水平和素质,有理论方面的,也有实践方面的;同时又能全面、准确地评价教师教学的全过程;在指导上也非常直接和及时,针对性强,这是其他类型说课所不能比的。因此,此类型说课应该作为教学研究活动的主要形式,尤其是应该作为基层学校教学研究活动的主要形式。当然,此类型活动环节多,需要的时间长,投入的精力较大。在开展此类活动时要周密计划、科学安排,确保活动的质量和效果。

(5) 示范型说课。示范型说课是指由教育主管部门或学校组织,聘请专家、优秀教师、素质较高的中老教师作专题报告、经验介绍、上优质课后的说课等;或者将说课内容付诸课堂教学,组织听课教师或教研人员对说课教师的说课内容及课堂教学作出评价。同时,听课教师从"观说课—看上课—听评课"中,增长见识、开阔眼界。示范型说课是培养教学能手的重要途径。此类说课活动一般规模较大,示范性强,受益面广,是提高教师队伍素质的一条有效途径。示范型说课适用于在校内开展,也可以扩大规模在县(区)内或市内开展,每学期一般可以进行1~2次。

随堂讨论

● 结合新一轮基础教育改革对化学教师的专业化发展的要求,试讨论上述5种不同说课种类的适用范围及其各自的优缺点。

13.2 化学说课内容的设计

> **核心术语**
>
> ◆ 教材分析   ◆ 教学方法   ◆ 学习方法   ◆ 学情分析   ◆ 教学程序
> ◆ 教学重点和难点   ◆ 教学程序   ◆ 教学目标   ◆ 板书设计

说课可以在备课后、讲课后、评课后进行,说课的内容及侧重点随说课类型的不同而有所差别。一般来说,完整的说课应包括以下 4 个方面的内容要素。

13.2.1 说教材

教材是编者依据课程标准所编写的教学内容的载体,是一定学科知识与课程观念的物化形式。教材分析是指对教学内容所处的知识系统作出的系统分析。说教材,就是说课者在认真研读课程标准和教材的基础上,系统地阐述所选定课题的教学内容,本节内容在教学单元乃至整个教材中的地位和作用,以及它与其他单元或课题乃至其他学科的联系等。对每一节课的重点、难点做到心中有数,从而在课堂教学实施中做到循序渐进,要求得当,教法学法选择合理,对学生学习知识、方法、技能和建构认知结构提供最有效的帮助和指导。说课者在说教材时,应尽量阐明自己对教材的理解和感悟,以此展示自己对教材的宏观把握能力和对教材的驾驭分配能力。说教材应力求做到既"说"得准确又具有特色:既要"说"出共性,也要"说"出个性。说教材一般包括以下几个方面:

(1) 说课程标准。说出《课程标准》对本章节和本课内容教学的要求。《课程标准》是教学的依据,也是说课的依据,因此,必须说明《课程标准》对教学的总要求,以及所授的课如何体现《课程标准》的要求,教师必须认真深入钻研《课程标准》及教材,才能掌握课程标准及教材编写的思路和内涵,并将其变成自己的教学思路。

(2) 说教材的体系及结构。指说出授课的章、节及本课时教材在整体教材体系中的地位和作用,阐述本课时教材所在该章节、单元教学结构中的性质及其与其他相关知识的纵横联系等。分析教材应立足于课程理论层面上对教材内容具有的多重价值进行全面说明,而不仅仅局限于教材知识点之间的前后联系。

(3) 说教材的地位及作用。要分析教材在课程体系中的作用及教学的特点,研究教材所组织的知识、技能、方法对学生认知结构的构建、个性发展和能力培养的功能,以及在科学研究和科技与社会发展等方面的价值。要剖析教材所包含的智力、能力与方法教育因素,从而对教材地位进行确切的定位。

(4) 说教材内容分析。通过分析本部分内容在化学课程中所处的地位、学生已有知识结构及预期的变化说明教材的作用与意义;通过分析课程标准中关于教学的具体要求说明本课的教学目标;通过分析学生已有知识基础确立教学重点与难点并阐述相应的教学解决方案。

> **案例研讨**

人教版《化学 1》"化学计量在实验中的应用"教材内容分析

作为国际单位制中七个基本单位之一,"物质的量"起着联系微观与宏观物质世界的重要作用。对刚刚

> 进入高中阶段的学生而言,从初中阶段对分子、原子等微粒的定性认识上升为借助物质的量这一工具,从量的层次上理解、分析宏观与微观概念并加以运用,既是学生认识不断深化的必然路径,也是学生思维方式从以感性认识为主向以逻辑思维为主转向的具体表现,更是学生将来学习其他相关概念、进行化学计算以及相关实验的基础,故历次高中化学教材均将物质的量列为重要内容并要求在刚刚接触高中化学课程时就进行学习。新教材将原本独立为一章的这一部分内容并入"从化学到实验",并不是降低了这部分内容的重要性,而是进一步强调了"物质的量"作为高中化学的基础性、工具性价值。这就要求教师不能采用以往的从内涵到外延的概念学习方式,而应淡化这一概念的抽象表征意义,突出其作为化学学科的基础工具作用和方法论上的意义。
>
> (孟献华.新课程背景下化学说课的理论视角与实践[J].化学教学,2008(1):49—50.)

纵观课程变革历史,课程组织取向主要有以学科逻辑为依据,围绕学科结构组织的学科取向;以学生心理逻辑为依据,围绕学生兴趣和发展组织的学生个人取向;以适应或改进社会生活为依据,围绕社会主要问题组织的社会取向。每一次重大的课程变革均以谋求三种课程组织在更高层次上的统一为目的,面对新的课程标准与教材,从教学内容所具有的学科结构意义、学生个体发展的意义以及社会意义三方面分析教材的作用,以新旧教材对比的形式分析教学内容在教材中的承启地位以及内隐的教育教学观念变更,无疑会显示出教师对教材的实质性把握。

(5) 说教学目标。教学目标是教学总体设计的出发点和归宿。教学目标具体体现了教学设计预期的教育价值。新课程标准中的教学目标较之过去的教学大纲更多地体现出精确性、具体性、可操作性的行为目标特点。在说课中要着重阐述教学目标的依据,说明如何根据课程标准和教材内容、学生的知识基础和认知能力来确定目标。同一教材,对不同的学校、不同的班级可以有不同的目标,教师处理教材的方式不同,制定的目标也会有差异,如果说课者制定的目标与《课程标准》、教参不一致,应说明理由。

教学目标是对学生学习终结行为的具体描述。说目标将具体学习内容与各项目标有机地整合,应注意避免千篇一律地说"通过教学,使学生能……"一类的套话,而是将教学目标从认知性学习目标、技能性学习目标和体验性学习目标等方面进行分层化解,并阐述实现这些目标的途径与方法。

案例研讨

> **人教版《化学1》"化学计量在实验中的应用"教学目标的确定**
>
> (1) 知识与技能:从物质的量及其单位——摩尔的概念形成过程中,理解它们提出的重要性与必要性,能解释物质的量、物质的微粒数、物质的质量、摩尔质量之间的关系,能进行基本计算。
>
> (2) 过程与方法:通过从已有相似概念的迁移形成物质的量概念,在这一过程中,初步表现出演绎能力、逻辑推理能力以及用相关知识综合分析问题、解决问题的能力。
>
> (3) 情感态度与价值观:在多种问题解决的活动中,体会到化学微观表征的重要意义并在获得成功的过程中树立学习的信心与兴趣。
>
> (孟献华.新课程背景下化学说课的理论视角与实践[J].化学教学,2008(1):50.)

教学目标对学生具体的、外显的行为加以描述,这样制定的教学目标便于操作,能够客观地进行交流与评价。《课程标准》用行为动词明确提出这一要求,从而避免了模棱两可的、可随意解释的陈述性语言。

(6)说教学重点和难点。说课过程中对教学重点与难点的分析目的在于突出说课本身的特点,因为任何教学设计都是围绕重点内容的解决、难点问题的突破而展开的,它集中体现了教师个体的教学智慧,也是同行关注的焦点。抓重点、突破难点是不同的课堂教学结构取得最佳教学效果所采用的共同的方法。一节课的重点,就是达到本节教学目标的重要内容,往往和教材的中心内容密切联系,一般在分析了教材内容的内在联系和确定了教学目标之后就可以确定下来。教学重点的确立受制于课程目标,应从教学内容具备的学科与教材意义、学生的发展角度分析本课教学应着重解决的问题及其依据和解决途径;教学重点是在教材体系中联贯全局,体现出基础性、广泛性、发展性的内容,他对学生认知结构的建立起着核心作用,并对进一步学习起着重要的促进作用。

教学难点是学生已有的认知水平与教学目标间存在的现有矛盾造成差距的分化点。教学的难点除决定于教学内容外,还与学生的认知发展水平和生活经验等因素有关,不同的学生对学习难点感觉也是不一样的。对中学生而言,缺乏感性认识的抽象知识,逻辑性强的、应用时需考虑相关因素较多的、思维要求高的、思维跨度大的知识和难以记忆的知识等均属于难点。

说教材能够使教师依据教学内容确定教学的重点、难点,使教学活动主次分明、难点分散,解决"教什么"的问题;还能促使教师依据课程标准对学习内容的要求,将三维目标化解到具体内容的教学过程中,有利于解决"怎样教"的问题;更能够使教师从整体上把握教材,根据学生已有的学习经验和认知特点,循序渐进地设计教学活动,阐明"为什么这样教"。

13.2.2 说教法

说教法是根据学科特点、教学内容的特点、教学目标和学生学业情况,说出选用的教学方法和教学手段,以及选用的理论依据。教法分析要求说明教学过程中主要采用的教学方法、手段以及理论依据,对于重点部分的教法设计应阐述其中蕴含的教学原则、具体的操作模式以及与其他方法的权衡取舍。教学有法,教无定法。教师通常需要在教育教学理论的指导下,对常用的讲授式、直观式、启发式、实验式、演示式、掌握式、探究式、讨论式、合作式等教学方法进行合理选择,优化组合;根据教材内容、学生特点、教学媒体、授课时间和自身的教学风格等,采用适宜的教学方法。在说课中,教师应当说出采用的方法及相关的理论依据。

在我国实施新课改和推进素质教育的今天,教法改革成为课堂教学改革中最活跃的因素和最重要的课题之一。对于确定的教材和学生,选择不同的教法,会产生不同的效果。在选择教学方法之前,需要在分析学习需要、学习内容和学习者的基础上,根据教学条件、教学资源、教学思想和教学策略对教学内容作合理的调整和组织,然后才能按照一定的标准选择各环节适宜的教学方法并加以合成与整体优化。一般说来,选择、确定教学方法的依据包括:① 有利于完成既定的教学任务和目标;② 适合于教学的内容和学科的研究方法;③ 适应学生发展水平和心理等方面的需要;④ 教学起点符合学生知识、技能、态度等学习准备状态;⑤ 具有相应的教学环境、教学媒体、教学时间等;⑥ 有利于落实教学策略和教学思路;⑦ 教学方法与学法相适应,本身具有教育价值;⑧ 教师教学经验、能力以及教学风格,等等。说课时要阐述主张用多种方法进行最优组合的依据,以实现多元的最优的教学目标。

13.2.3 说学法

说学法应根据自己对教法和学习方式变革的认识与实践,针对学习内容的特点和学生的身心发展特点,说出采用何种学习方法,并对所用方法的利弊作简要分析。一节课的学习方法可以是多种方法的组合。如果运用多种学法,可说说几种学法的补偿效果、组合运用的方式等。

(1) 学情分析。在确定学法前也可先对学情作分析。如对学生作出起点知识与起点能力的诊断,分析学生的认识风格和学习习惯,初步估计学生在课堂上会发生什么情况,设计符合学情的学案,对学生完成课堂练习的情况进行反馈与诊断等。学生已有的知识和生活经验是学生学习新知识和技能的基础。把学生已有的知识和经验说出来,把打算如何利用这些知识和经验说清楚,有利于实现学生"旧知"向"新知"的迁移,解决教师"怎样教"的问题。

(2) 确定学法。学法是结合教学内容与教学设计,试图使学生采用的主要学习方式。它具有传递性、交互性的特点。《课程标准》以信息加工统摄比较、分类、归纳、概括等方法,以探究学习统摄发现问题、提出假设、寻求证据、互相交流、形成结论等方法,这种以整体的观点研究问题的思想为教法、学法的陈述提供了新的路向——教学方法在一定理论指导下,为达到教学目的而进行的一整套师生活动。在进行新知识教学时,认真分析并把握学生已有的学习方法和技巧,可以有针对性地指导学生从已有的学习方法和技巧体系中检索有用信息,用于当前知识的学习和问题的解决。说学习方法和技巧,就是要说出学生从已有学习方法向新的学习方法转化的切入点或途径,阐明学习新知识所适用的学习方法,有助于解决"怎样学"的问题。

确定学法的出发点是突出学生在学习过程中的主体地位,最大限度地发挥教师的主导作用、调控作用,营造生动活泼、平等、民主、和谐的教学氛围,促进学生的个性发展,从而落实课堂的教学目标。学法的选择是说课中的画龙点睛之笔。

 随堂讨论

● 以往的教学方法以将教学内容、教学目标、教学实施单独加以分析的方式割裂了课程与教学两者统一的过程,造成教法与学法分析的理论贫乏。试以新课程教材"金属的化学性质"(人教版九年级下册)或"离子反应"(人教版《化学1》)为例,对其教法与学法进行整体分析。

13.2.4 说教学程序

教学程序是教学活动的系统展开过程,它表现为教学随时间推移的活动序列,描述了教学活动如何发起,怎样展开,最终又怎样结束的过程。说教学程序是说课教师组织实施一节课的方案,是说课的一个重要环节。

说教学程序包括说出设计的教学思路、教学流程、教学媒体的运用、实验设计、板书设计等,体现了教师的教学安排是否合理、科学和艺术,反映了教师的教学教学思想、教学个性与教学风格。说教学程序应关注以下几个环节:

(1) 教学媒体准备。教学媒体准备是指教师为了提高教育教学活动的质量,根据授课内容或优化教学的需要,对诸如挂图、幻灯、投影、录音机、电视、计算机等教学媒体的选择与使用安排。如使用多媒体,要说一说课件的内容及特点,如说课件在为学生提供感性材料、建立共同经验,使抽象知识具体化,在事物或事物的发生转化中的作用;调动学生多种感官协同参与感知等方面的作用和意义。在说课中,这部分内容通常在具体教学环节中阐述,也可单独介绍。

化学是以实验为基础的学科,实验对知识的学习、能力的培养、方法的运用及学习兴趣的激发都有极其重要的作用。说课应对实验的器材要求、实验的目的及设计、自制教具的使用、实验的改进等作必要的说明。

(2) 设计思路。设计思路是对教学流程主要环节的概括。说设计思路,有助于听者更清晰地了解和把握说课者关于教学活动的整体安排,它既可以单独作为"说课"的部分,也可以隐含在教学流程中。

(3) 教学流程。说教学流程,就是围绕教学设计思路,说具体的教与学活动的安排及这样安排的理论依据。说教学流程不能像给学生上课那样详细讲解,而要力求详略得当,重点、难点详细说,理论依据简单说,使听者明白这节课要"教什么"、"怎样教"、"为什么这样教"就可以了。

(4) 板书设计。就是简明扼要说一说板书的内容、编排、个性化设计的特色,如何突出显示重点知识,有利于知识条理化、结构化、系统化,有利于学生理解和记忆;尽可能使学生享受逻辑与艺术之美,有助于打开学生智慧之门等。板书设计要求文字精练,说明板书的整体布局即可,有条件的可用多媒体直接呈现。一般而言,板书设计因教学内容、教学方法、教师风格和教学策略而异。

13.3 化学说课技能的应用

核心术语

◆ 说课的基本原则   ◆ 说课的技巧   ◆ 地位和作用   ◆ 教学目标
◆ 重点难点   ◆ 学情分析   ◆ 说课反思   ◆ 说课的注意事项

说课在教学工作程序中占有比较特殊的位置,说课的难度不亚于上课,故而必须遵循说课的基本原则,讲究说课的方法技巧。

13.3.1　化学说课的基本原则[①]

(1) 要根据说课内容的特点,注意完整性和突出重点相结合的原则。说课必须坚持"四问"(教什么、怎么教、为什么这么教、教得如何)和"五说"(说教材、说教法、说学法、说程序、说效果)的完整性,但不是平均使用力量,一定要根据具体情况具体分析,如根据教材的特点、学生的实际、办学的条件、说课的对象等来决定说课的轻重、详略,注意突出重点,因为有重点才会说出深度,说得精彩。

(2) 理论性分析要与课堂教学实际操作设计相统一的原则。说课必须展示出说课者"一桶水"的质和量,就是对教师理论水平的检阅。因为没有充分的理论分析,便没有说课的价值。但是,说课的最终目的还是为了讲好课,提高课堂的教学质量,因此,必须把理论与操作设计紧密地挂上钩,把理论通过操作变为实际的基本功清楚,显示出说课者运用理论的水平和能力。

(3) 要坚持现实性与发展性相统一的原则。说课一定要从教学现实的现状出发,不可好高骛远、夸夸其谈,应根据说课者自身对教学现实的了解及对所运用的教育教学理论理解的现状,坚持实事求是的原则,这样才会真正在教育教学改革中发挥作用。另外,说课不要局限于满足眼前的需要,不要为说课而说课,应顾及发展的需要,以使说课活动落到实处。

13.3.2　化学说课的技巧

1. 分析教材的地位和作用的技巧

说课内容之一是说教材的地位和作用。这一内容说得如何,能很好地体现教师对教材理解的程

[①] 胡志刚.化学微格教学[M].厦门.厦门大学出版社,2007:296—297.

度。那么如何分析教材的地位和作用呢？

案例研讨

鲁科版"电解原理的应用"教材的地位和作用说课稿

"电解原理的应用"是选修模块《化学反应原理》第1章第2节"能量转化为化学能——电解"第2课时的内容。教材在必修《化学2》第二章"化学反应与能量"和选修模块4中介绍了"化学反应的热效应"之后引入该节内容。因此，学生对于原电池和电解的原理已有一定的基础，可以进行简单的实验探究活动。

上述案例是一位老师对"电解原理的应用"课时内容的教材地位和作用的分析，这种分析模式在中学化学说课中具有一定的代表性。

随堂讨论

● 说明上文"案例研讨"中的说课稿对教材地位和作用分析够不够。如果不够，你认为应该怎样分析？请你说一说。

这种对教材地位和作用的分析显然是肤浅和不够的。关于说课内容在教材中的地位，并不是指说课内容处于教材的"地理位置"——处于哪一章哪一节。不可否认，说课的时候要点到这些，但将内容所处的"地理位置"作为教材的地位和作用来说，显然没有抓住要害。新课程提出的"一纲多本"凸显了本部分说课内容的多样性。即使面对相同教材，不同教师也会有不同的解读方式，而这一多样性正是听者的兴趣所在。分析教材的地位和作用应立足于课程理论层面上对教材内容具有的多重价值进行全面阐述。

教材的地位和作用应该理解为这节内容在教材体系中的意义以及该内容对学生的学习和终身发展及对科学技术和社会发展所起的作用。基于这样的理解，我们应该站在全局的角度来把握教材，然后综合分析教材的地位和作用。因此，对教材地位和作用的分析，至少包含以下两个方面：①

（1）内容所处的"地理位置"以及这样安排的意义。这就要求不仅要描述出该教材安排在哪里，更要分析教材是基于怎样的考虑将这一内容安排在这里的。在分析教材安排时，应该包括：前面已经安排了哪些知识与技能等；本课内容包含了哪些内容，它们与之前的内容之间有何关系；对之前内容的总结、拓展或应用；该课内容与之后学习的内容之间有怎样的联系或者在以后的学习中还有怎样的发展。

（2）内容所蕴含的教育价值及其意义。该课内容的学习需要让学生掌握哪些方面的知识、技能或者研究方法、发展学生哪些方面的能力；这些知识为学生的学习和终生发展有何重要的作用；对学生改变学习方式有哪些重要的意义；这一知识对人类生产、科技发展、资源环境等方面有何重要意义。

只有分析清楚这些内容，才能为教学目标的制定奠定基础，否则教学目标将成为无源之水、无本之木。下面是另一位老师对同样内容的说课稿，值得我们学习和借鉴。

---

① 杨梓生的博客.中学化学新课程网[EB/OL]. http://eblog.cersp.com.

案例研讨

鲁科版"电解原理的应用"教材的地位和作用说课稿

"电解原理的应用"为山东科技版普通高中课程标准实验教科书选修模块《化学反应原理》第1章第2节第2课时的教学内容。教材在前节课已经学习电解原理的基础上介绍了相关化工生产方面的应用,如电解食盐水、电解精炼铜、电镀铜等。安排了3个活动,一是[活动·探究]电解食盐水实验,二是[活动·探究]设计电镀铜的实验方案并进行实验,三是[交流·研讨]比较电解食盐水、电解精炼铜、电镀铜的装置、电极反应的异同及寻找电解原理应用的其他实例。其目的是为了帮助学生进一步理解巩固电能转变为化学能的条件和方法,加强对氧化还原反应的认识,深刻体会电能转变为化学能的实际意义,牢固树立理论联系实际的学风。

2. 描述教学目标的技巧

在认真分析教材的地位和作用后,就可以确定教学过程中要实现的教学目标了。然而,《课程标准》中这部分内容以"课程的基本理念"出现,如"使学生体验科学研究的过程,促进学习方式的转变",这种模糊的表达方式对教学活动并不具备现实性意义。在说课中,如何更好地描述教学目标呢?下面为某老师在"硝酸及其应用"说课中描述的教学目标。

案例研讨

"硝酸及其应用"教学目标说课稿

知识目标:让学生掌握硝酸的物理性质和化学性质,特别是硝酸的强氧化性,了解硝酸的用途。

能力目标:通过对实验现象的观察、分析和推理,培养学生的实验能力、观察能力、思维能力和自主创新能力,提高学生的化学素质。

情感目标:对学生进行由现象到本质、由特殊到一般以及内因和外因的辩证关系的教育,同时增强学生的环保意识。

 随堂讨论

● 上述关于"硝酸及其应用"教学目标的描述存在什么问题?你认为应该怎样合理地界定本课的教学目标?

《课程标准》中的"内容标准",是根据课程目标精选学生终身必备的基础知识和技能为建构具体的课程内容目标基础,从三维目标领域的观点出发,用尽可能清晰的行为动词所阐述的目标体系,是指令性的要求。因此,进行课时教学目标设计时,特别需要重点分析"内容标准"中有关"目标"、"标准"的陈述,结合教材内容的特点和学生当前的科学素养水平,合理地界定具体课时教学内容的基本要点及其所属的目标领域,确定学生需达到的课时目标水平层次,选择适当的表达方式,准确地将课时教学目标表达出来。

教学目标具有多维度、多层级的结构。教学目标是教师希望学生从该学科和每堂课中应该学到的东西,是教师为之努力达成的学生学习的成果或最终行动。因此,鲜明具体的教学目标的表述必须具备以下两个特征：① 必须详细说明目标内容，即学习或掌握什么；② 应当用特定的术语来描述，即目标掌握到什么程度，并用能对学生的行为作出直接观察的动词来表达，如说出……的名称、用自己的话说明……、对……进行解释、陈述……之间的关系等。根据上述分析，规范的目标应该如何编写呢？必须考虑以下四个方面的要素：① 谁（学习者）；② 做什么（完成的行为）；③ 做到什么程度（行为水平或标准）；④ 在什么条件下（行为的条件）。当然，在具体描述中，为了简洁，通常①和④被省略，因为这两部分内容通常是"学生"和"在学习（实验）之后。"

分析上述目标，明显可以发现行为主体定位就已经错了。应通过对《课程标准》和教材的分析揭示其显性目标和隐性目标，避免教学目标维度自身的缺失、目标层次的随意性。那又如何较为科学规范地描述上述目标呢？下面为另一个老师的说课教案中的描述。

案例研讨

"硝酸及其应用"教学目标说课稿

知识与技能：通过观察硝酸溶液及相关实验，准确描述硝酸的物理性质和化学性质——氧化性，并能对硝酸的强氧化性进行解释；通过具体实例，说明硝酸在工农业生产中的重要应用。

过程与方法：通过演示浓硫酸与铜反应的实验，提高学生观察、分析实验现象，得出正确结论的能力。通过对浓硫酸强氧化性的分析、推理及课堂练习的处理，学会研究物质性质的基本方法。了解外因与内因的辩证关系，学会透过现象看本质，提高学生分析问题、解决问题的能力。

情感态度与价值观：通过学习，进一步认识化学与社会、环境的广泛联系，激发学生的学习兴趣。培养实事求是的科学态度和勇于探究的科学精神。

这样的目标陈述，不仅仅在描述方式上存在差异，更体现了教学理念的转变：很好地扭转了"教师讲、学生听"的被动学习局面，把教学的立足点转移到学生学习上来，在教学中充分发挥学生学习的主动性，使学生生动活泼地学习。

3. 确立教学重点、难点的技巧

从某个角度来说，教学过程实际上是突出重点和突破难点的过程。因此，确立教学重点、难点成为教学设计的一个关键，也是说课活动必须阐述的一个内容。要确立重点和难点，就必须搞清什么样的知识是重点以及学习过程中的难点是如何形成的。下面为某老师在九年级化学"绪言"说课中确立重点、难点的说课内容：

案例研讨

九年级"绪言"教学重点、难点说课稿

绪言课是学生第一次接触的化学课，关键是要激发学生的学习兴趣，让学生认识化学的重要作用。由于物理变化与化学变化、物理性质与化学性质等概念是学生后续学习的基础，因此这一内容是本节的教学重点。

学生很难把物质变化中的一些现象与是否有新物质生成联系起来，头脑中的感性材料有限，因而判断物理变化和化学变化是本节的教学难点。

教学的重点主要是带有共性的知识和概括性、理论性强的知识。从化学学科来看，重点知识主要

包含核心知识、核心技能和核心的思想方法等。核心知识包括化学学科的基本概念、原理以及元素化合物知识,而核心技能主要包括化学实验技能和化学用语书写技能以及化学计算技能等,至于核心的思想方法则包括微粒观、运动观、分类观等化学的重要观念等内容。这些内容的学习和掌握不仅利于系统掌握相关化学知识、提高迁移应用能力等,同时对形成优化的认知结构有非常重要的地位和作用。

学习过程中难点的形成,主要有以下几个方面:① 学生没有知识经验基础或者知识经验基础很薄弱;② 学生原有的经验或者知识是错误的(如前科学概念或迷思概念);③ 需要思维视角转化的内容(如从宏观到微观);④ 内容抽象、过程复杂、思维跨度大、综合性强的内容。这些内容都将成为教学的难点。

必须说明的是,虽然在大多数的化学教学中,重点和难点是一致的,但有时难点内容不见得就是重点内容,但教学时必须突破难点才有利于重点的解决。此外,有时难点与重点无关(这种情况很少)。下面是另一位老师关于九年级化学"绪言"的说课内容。

案例研讨

九年级"绪言"教学重点、难点说课稿

由于绪言课是学生第一次接触的化学课,这节课的学习将直接影响着学生学习化学的兴趣、态度、动机等学习内驱力的形成,因此本节课的教学重点之一是激发学生学习化学的兴趣,形成良好的学习动机。物理变化与化学变化、物理性质和化学性质等概念是以后学习中不可缺少的知识内容,它将直接影响学生对元素化合物知识的学习,特别是化学变化是化学研究的核心,贯穿化学学习全过程,因此这一内容又是本节课教学的另一个重点。此外,本节学习是在通过对几个演示实验的基础上进行的,学生必须认真、有序地观察化学实验。良好的观察习惯的养成将为以后的学习奠定良好的基础,因此借助实验培养学生实验观察的目的性、有序性是本节课的第三个重点内容。

由于学生刚刚接触化学知识,头脑中的感性材料积累是有限的,这就使概念的形成过程——由感性经验上升为理性认识的过程有了障碍,故对学生来说,理解两种变化的区别,正确判断物理变化和化学变化具有一定的难度。所以,理解物理变化和化学变化的区别,准确判断是物理变化还是化学变化成为本节教学的难点。

4. 学情分析的技巧

深入分析课程标准和教材,目的是准确把握教学目标的内容,但仅仅把握教学目标和内容是不够的。因为学生是学习的主体,学生的基本情况制约着学习的开展和深入,影响着教学目标的达成。因此,研究学情也是说课必须关注的一个方面。那如何分析学情呢?下面是某老师在"硝酸的性质"(苏教版《化学1》)说课中对学情分析的描述:

案例研讨

苏教版"硝酸的性质"学情分析说课稿

在初中阶段的化学课学习中,学生已经初步接触到硝酸(主要是硝酸的酸性),而且学生已掌握了氧化还原反应的相关知识,学生具有相似的概念作为先行组织,为本课的学习奠定了迁移的基础,同时也具备了一定的实验观察技能和分析实验的能力。

仅仅分析学生已经具备的知识水平和能力状况够不够呢？显然是不够的。学习不仅受原有的知识基础和技能水平的制约，还受他们的认知风格、能力状况等的影响。因此分析学生状况应该从多个角度来分析。一个好的说课方案，应尽可能从学生的"已知"、"未知"、"能知"、"想知"和"怎么知"等五个方面全面分析学生的情况。[①]

（1）学生的"已知"。这里的已知是指学生已经具备的与本节内容学习相关的知识经验和能力水平等，明确这点很重要，它决定着学习起点的定位。

（2）学生的"未知"。"未知"是相对"已知"而言的，它包括学习应该达到的终极目标中所包含的未知知识，而且还包括实现终极目标之前，学生所没有掌握的知识。

（3）学生的"能知"。"能知"就是通过这节课教学，所任教班级的学生能达到怎么样的目标，它决定了学习终点（即学习目标）的定位。这是因材施教的基础。

（4）学生的"想知"。所谓"想知"，是指除教学目标规定的要求外，学生还希望知道哪些目标以外的东西。（注：学生学习中，往往会通过提出疑问来体现"想知"。当然，学生的"想知"可能会超出教学目标或者学生的认知水平。如果真是如此，课堂教学可不予拓展，但建议给学生一个提示性的交待。）

（5）学生的"怎么知"。"怎么知"反映学生是如何进行化学学习的，它体现学生的认知风格和学习方法、学习习惯等。

下面的内容是另一位老师的学情分析，是不是更加深入、更加全面呢？

案例研讨

苏教版"硝酸的性质"学情分析说课稿

在初中化学学习中，学生已经初步接触到了硝酸，并知道硝酸是一种常见的酸，具有酸的共同性质。在《化学1》的学习中，学生已经掌握了有关氧化还原反应的实质，并知道物质的氧化性、还原性和构成物质中心元素的化合价有密切的关系。这些知识为硝酸的氧化性以及浓、稀硝酸氧化性差异的学习奠定了基础。此外，经过前面章节的学习，学生已经建立起从物质属类和氧化还原反应的角度来学习元素化合物的知识，而且还掌握了通过实验探究来学习元素化合物知识的方法。这也是本节所要强调的通过学习和研究来学习元素化合物观点的方法。由于学生具有这样的知识基础、能力水平和化学观点方法，要掌握硝酸的氧化性是完全能够实现的。当然，本节内容只介绍"硝酸……发生氧化还原反应，其中＋5价的氮被还原"，但没有解释为何不同浓度的硝酸与铜反应得到的还原产物不同，不同浓度的硝酸的性质为何会存在差异等，这些内容将会成为学生的疑点。此外，由于受知识水平的限制，学生对教材中提到的硝酸"常用来制备染料、塑料、炸药……"也会感到迷惑。

---

5. 阐述教学流程的技巧

教学程序是指教学过程的系统展开，它表现为教学活动推进的时间序列。换句话说，就是教学活动是如何引发，又是怎样展开以及如何结束的。阐述教学流程是说课的重点，因为教学内容的处理、教学方法的选择、教学目标的达成等都是通过这个环节来实现的，而且教师的教学理念也是通过它来体现的。在说课活动中阐述教学流程主要包括以下几个方面的技巧：[②]

---

① 杨梓生的博客.中学化学新课程网.
② 杨梓生的博客.中学化学新课程网.

第一，根据学生学习活动的一般过程来规划教学流程。化学知识学习的一般过程为：感知(感知典型的化学事实)—加工(对感知结果进行分析综合)—形成(在加工的基础上形成初步的化学知识)—联系整合(将新学知识与已有经验取得联系，并纳入到认知结构中)—迁移应用(将所学知识应用于问题解决中，使知识系统得以稳固、修正和完善)。因此，可按照导入新课、新课研习、课堂小结、习题训练等程序来逐步阐述教学流程。当然，这里的新课研习包含多种内容在其中，说课时要根据不同类型的学习内容来进一步规划。

第二，必须根据学习过程的要求来阐述教学流程内容。由于学习经历定向、活动、反馈与调控等阶段，而这些阶段的任务分别为让学习者明确学习内容以及应该实现的教学目标，根据学习目标与内容开展相应的学习活动，获取(测量)学生学习效果以及调整学生学习活动等。因此，阐述教学流程时，必须注意以下主要内容：① 教学活动在怎样的情景下开展，怎样激发学生的学习兴趣，怎样体现新课导入和教学结尾相呼应。② 如何呈现相关材料，如何指导学生开展信息加工活动或者操作、领悟、体验等活动，如何指导学生开展学习内容的整合和巩固活动，怎样指导学生实现知识迁移并使学习内容进一步整合与内化。③ 采用怎样的手段来测量或评定学生的学习效果，通过哪些途径收集学生的反馈信息，如何根据学生反馈信息调控学生的学习活动等。

第三，在三维目标的指引下，从教师教和学生学两个方面阐述教与学双边活动的设计。在教师活动的设计方面，包括设计怎样的情景导入新课，如何呈现教学重点和难点，设计和指导开展哪些实验活动，选择哪些教学辅助设备，如何进行讲解，设计怎样的问题或练习供学生使用，如何进行归纳小结以及怎样板书等；在学生活动方面，围绕教师引导、指导开展有效的学习活动(如阅读什么材料、观察什么实验、完成什么练习、如何进行实验、怎样开展讨论、如何进行自我学习反馈、如何实现知识迁移等)。

此外，由于教学是围绕着教学的重点来进行的，而且教学的关键在于突破难点。因此在阐述教学流程时，必须在如何突出重点和如何突破难点方面多花笔墨；而且，学习者对学习的热情和兴趣制约着学习活动的开展和学习效果的高低。因此，教学设计的阐述也要体现如何引发学生的学习热情等内容。

6. 说课活动中反思的技巧

要搞好说课活动中的反思，要明确三个方面的问题：① 教学反思包括教学前、教学中和教学后三个阶段，不同阶段的反思具有不同的特点和内容。② 教学反思是教师以研究者的心态和视角审视、分析教学实践的过程。它包括两个方面：教师对教学中的缺点和错误进行反省与批判；对教学中的优点和长处的肯定和坚持。③ 教学反思是教师以自己的教育实践中发生的教育现象为反思对象。综合上述三个方面以及说课的特点，说课中的反思就是以说课活动中的教材分析、学生分析以及教学设计等内容为对象，剖析这些预设内容在教学实践中的可取之处以及存在不足的过程。因此，说课的反思具有前瞻性，它与教学中的监控性反思和教学后的总结性反思存在明显的差异。值得强调的是，它虽然与教学中、教学后的反思不同，但它为教学中和教学后的反思奠定了基础，指明了方向。

因此，对于说课中的反思，应该突出以下两个方面：

(1) 在教材分析、学生分析以及教学设计中的成功之处反思。例如，对教材分析和学生分析有哪些独到之处？根据学生的学习情况对教学内容进行了哪些调整与整合？如何有效地激发学生的学习兴趣？如何落实对学生学习结果的反馈与监控？在课程资源开发中有哪些可取之处？等等。

(2) 在教材分析、学生分析以及教学设计中的不足或难以把握之处反思。具体包括：对教学目标的定位特别是隐性目标(如过程与方法、情感态度与价值观等)有哪些困惑的地方？对学生情况的分析还有哪些难以把握之处？教学设计的活动中哪些可能无法达到预期的效果？下面是一位化学老师在选修模块《有机化学基础》"苯酚"第2课时说课活动中的教学反思：

案例研讨

> **鲁科版"苯酚的性质"说课教学反思**
>
> "苯酚的性质"（第2课时）说课成功之处主要是：① 突出培养学生思维方法和实验方法的探究型课，令人耳目一新。探究活动层层深入，有利于学生思维能力的培养。② 改进的导电性实验的教具，使实验效果大大提高。苯酚与钠反应的实验有录像（考虑安全性）是适宜的，探究实验不一定要学生亲自做实验。③ 在教材的处理和教法的选择上有所创新，突出了对学生探究能力的培养。
>
> 说课中存在的不足之处主要有：① 活动一苯酚与溴水反应可能耗时过多，测 pH 和滴加 $AgNO_3$ 的实验效果不一定理想，教学设计中没有突出苯环结构的稳定性。② 由于学生接受这样的课堂思维训练较少，设置的问题又具有一定难度，学生在回答问题时可能冷场。教师若直接清楚地告诉学生这节课的研究方向（提供探究提纲），在探究活动中注意设计梯度问题，学生会更好地把握教学内容。

13.3.3 化学说课的注意事项

说课要体现教学和教学研究的科学性、目的性、实用性、启发性和指导性原则，要在准备和讲述中做到如下几点：[1]

(1) 先要认真准备讲课，一定要正确把握、处理教学内容，谙熟自己要讲的课（目的要求、内容、程序、方法和手段），再准备研究如何说课。讲好课是说好课的前提，要防止讲(课)一套，说(课)一套。

(2) 不要把说课变成讲课，也不能机械搬用教参的内容来讲，要着重讲好自己准备的"怎样教"、"为什么这样教"。依据一定的理论和实践经验，讲清自己的处理方法和理由。

(3) 考虑说课的程序和重点时，要注意有面有点，详略得当。要依据教学内容的特点、教学和教育的重点，抓住教材处理、教学设计中难点、要害或突出的问题，充分剖析自己的备课、讲课的思维过程和"潜台词"，这样才有说服力、感染力，有启示和借鉴、指导作用，也能说明自己的教学水平和能力。

(4) 要考虑为配合说课展示哪些材料（如讲课的主、副板书，典型的有特色的教具），使说课中要说明的问题更易被听者所理解、接受。

(5) 对说课要涉及的内容要有充分、全面的研究，要对听讲者可能提出的种种问题做好心理和应答上的准备。

(6) 要讲究说课的语言，力求简练、严密、有说服力。说课的态度要谦虚，实事求是，用研究的态度来准备，用探讨的方法来说，不做作、不卖弄。

以《课程标准》中体现的理念，探讨如何在说课中体现新课程的观念，从而更好地发挥说课的功能，说课中应处理好以下关系：

(1) 课程标准与教材的关系。课程标准是教学的依据，具有法定的指导作用，是确定教学目标、教学内容、教学结构以及教法、学法的理论依据。教师在说课前应仔细研究课程标准中的基本理念、课程目标、内容标准等。教材是根据课程标准编写的，是教师教和学生学的主要知识载体和对象。教师说课要"以教材为本"，但不能"照本宣科"，要充分发挥教师的创造性，理解教材、驾驭教材并超越教

---

[1] 胡志刚. 化学微格教学[M]. 厦门：厦门大学出版社，2007：297—299.

材。因此,教师说课应在系统掌握教材内容的前提下,准确处理课程标准和教材的关系,把课程标准和教材紧密结合起来,发挥自己的聪明才智,把课说好、说活。

(2) 说课与备课的关系。说课要把握好说课与备课的区别。备课是教师在掌握课程标准、吃透教材的基础上精心写出明确的教学目标、具体的教学内容,连贯而清晰的教学流程,启发学生积极思维的教学方法、板书设计和目标测试题等内容的活动。说课则要说出在教学过程中,教师对各个环节具体操作的想法和步骤,以及采用这些想法和步骤的理论依据。简单地说,备课只要明确怎样做即可,而说课还要阐明为什么这样做,以及这样备课的原因。

(3) 说课与上课的关系。说课与上课有严格的区别,严格地说它们有以下三点基本区别。① 对象不同:说课的对象是教师或教学领导者,是在同行之间的一种教学研究活动。通过共同研究教学中的一系列问题,优化课堂教学,从而提高教师的教学水平和能力。而上课的对象是学生,是师生之间的知识、智能等方面的双边活动。通过"教"和"学"的活动,促进学生的全面发展。② 内容不尽相同:说课与上课在教材内容上有一致的方面,但也有不尽相同的方面,说课侧重于叙述"为什么这样做"和指导学生"怎样学"的科学理论依据,对课堂教学的"教"和"学"起指导作用。而上课侧重于结合学生的具体情况,传授给学生具体的基础知识、基本技能和形成能力方面的内容。③ 组织形式不同:说课的组织形式灵活多样,有个别形式、小组形式、群体形式等。它不受时间、地点、人数于限制,比起上课它有较大的机动性。

因此,说课要处理好说课与上课的区别,不能把上课的内容和形式浓缩后作为说课来对待。上课是教师依据自己所编制的教案,实现教学目标、完成教学任务的具体的教学实践活动,拥有动态生成的师生活动、严密的教学程序和系统的操作流程,还拥有学生这一鲜活的教学对象。说课则不同,说课的对象是领导、同行或教学研究人员,侧重于理性的阐述。说课与上课的性质是根本不同的,从某种程度上讲,说课回答了自己怎样上这节课的问题。

 随堂讨论

● 请你说明说课与备课、上课的联系与区别。尝试用图示方法表示出化学教学系统中三者之间的关联。

(4) 说课的详与略的关系。说课教师应对说课内容做出取舍,注意详略得当。说课不能面面俱到、平均用力,对于教学的重点难点、教学流程及理论依据等一定要详讲,对一般问题则要略讲。若不分详略,没有主次,会使听者感到厌烦。

说课教师在准备说课教案时应尽量自我提问,多问几个"为什么",并力争做出科学合理的解释。为使说课更准确,说课时应尽量避免使用"可能"、"大概"、"或许"等词语。为提高说课质量,对于自己还没有搞清楚的一些问题,应在准备说课之前认真学习教学理论,研读课程标准和教材,查阅相关资料或请教专家与其他教师。当然,说课质量的高低在很大程度上还取决于教师的实践经验、语言表达能力及知识面等。

说课重在"说"字,说课者不应照着说课教案读,或只字不漏地背诵说课教案。说课应紧紧围绕课程标准与课程的设计与安排,突出"说"字,找准"说"点,选准"说"法,把握"说"度,把课"说"好。

13.3.4 化学说课案例示范

案例 1 基本概念"化学反应中的能量变化"说课[①]

一、教材分析

（一）本节教材的地位和作用

（1）本节是高一化学第一章第三节，是高中化学理论联系实际的开篇，它起着连接初、高中化学的纽带作用。本节教学介绍的理论主要用于联系实际，分别从氧化还原反应、离子反应和能量变化等不同反应类型、不同反应过程及实质加以联系和理解，使学生在感性认识中对知识深化和总结，同时提高自身的综合能力。

本节教材中的化学反应和能量变化作为主要线索贯穿于整个高中化学教学中。连接整个高中化学教材的除了物质结构知识外，还以化学变化中的能量变化来组织教材，其原因是化学反应过程的能量变化对人类十分重要。能源又是人类生存和发展的重要物质条件。人们目前使用的能源大多是通过化学反应产生的，人们又通过化学反应来利用能量，因此研究化学反应中的能量变化具有十分重要的意义。它不仅可以使学生获得充分利用能源的方法，更可促使学生找到新能源以确保社会的可持续发展。

（2）本节内容与高三的"反应热、热化学方程式、燃烧热、中和热"等知识前后呼应。既保持了知识体系的完整性又兼顾了学生接受知识的阶段性，做到难点分散同时也有利于学生的发展，体现了层次性而且还激发和保持了学生持久的学习兴趣。

（二）教学内容

本节教材包含了两个方面的内容：化学反应中的能量变化以及燃料的充分燃烧。在第一部分中，指出化学反应所释放的能量是当今世界上最重要的能源，由此说明研究化学反应及其能量变化的重要性。在第二部分中，教材从节约能源、提高燃料的燃烧效率的角度说明燃料充分燃烧的重要性。讨论了使燃料充分燃烧的两个重要条件，最后，简单介绍了煤的汽化和液化。

本节教材有以下特点：第一，有关理论的教学要求并不高，但重视对学生进行能量观点的教育，使学生了解物质发生化学反应的同时会伴随着能量变化，而这些能量变化又表现为热量变化。因此研究化学反应中的能量变化具有十分重要的意义，并进而对学生进行节约能源、保护环境的教育。第二，本节内容较多地渗透了化学社会学的观点，联系实际的面较宽。对这些内容的教学，侧重培养学生的学习兴趣和自学能力。第三，本节安排了一个研究性学习的课题，这有利于培养学生的创新精神和实践能力。

（三）教学目标

（1）知识与技能：了解化学反应伴随能量变化；了解吸热反应和放热反应的概念；了解燃料充分燃烧的条件以及我国和世界的能源储备和开发，培养节约能源和保护环境意识，进一步认识化学与生产、科学研究与生活的紧密联系。

（2）过程与方法：学会运用观察、实验等方法获取信息，理解信息并能结合文字、图表或利用文字、图表和化学语言表述有关的信息，学会运用比较、归纳等方法对获取的信息进行加工。通过查找学习资料，培养善于思考，勇于发现问题、解决问题等自学能力。

（3）情感态度与价值观：接受节约能源、保护环境的教育，会处理科学开发与保护环境的关系；培养爱国主义精神和辩证唯物主义思想；通过对化学实验的改进，联系生活和自然界中的化学现象激发学生学习化学的兴趣，培养创新精神；通过实验探究和研究性学习活动培养探究能力和实践能力。

（四）教学重点和难点

重点：化学反应中的能量变化；放热反应和吸热反应。

难点：化学反应中能量变化观点的建立，对能量"储存"和"释放"的理解。

[①] 黄郁郁. 全国教育硕士首届说课比赛特等奖说课稿. (2007·南昌).

化学反应中的能量变化、放热反应和吸热反应是本节教材中最重要、最基本的中心内容,是整个高中化学有关此知识网络中的联结点,被确定为重点知识。放热反应和吸热反应的含义比较抽象,学生难于理解,因此确定为教学难点。

二、学情分析

(1) 学生起点能力分析。大部分学生基本掌握了初中化学中有关概念、反应、化学方程式。理解掌握本节知识难度不大。

(2) 学生"生活概念"的分析。由于本节内容较多地渗透了化学能在生活中的应用,联系实际的面较宽,因此要求学生掌握更多的生活概念。学生在预习时已经按照教师的引导查阅了相关知识,有了一定的生活基础。

(3) 学生"认知方式"分析。学生理解能力基本上没问题,但是处理信息能力及对信息的加工能力、整合知识、运用知识等能力较差,因此在教学中要加强对学生这些能力的培养。

三、教学方法

以探究学习为主,将两个演示实验(教材上的)改为课堂上的分组实验,内容不多,准备方便。这样既能充分体现以学生为主体,调动学生探究学习的积极性,又能培养学生的实验操作技能。

教学过程:"自加热罐头"引入课题→化学反应中的能量变化→学生实验验证和探究→确定吸热反应和放热反应的概念→讨论燃料充分燃烧的条件和保护环境→能源的展望和人类的进步→布置研究性学习和自学内容。

结合新课程标准改革的要求及化学教材的编写特点,尽可能地利用实物照片、图表、录像、计算机软件、实验等进行教学并注意联系学生的生活实际和人类文明史将学生引入研究问题的情景中,体现"教为主导,学为主体"的思想。

(1)(分组)实验法(实验探究)。把教材上的演示实验改为学生小组实验。通过实验突出重点内容:化学反应中的能量变化、放热反应和吸热反应。让学生在"小组学习"中培养合作理念。

(2) 运用多媒体。化学反应中能量变化观点的建立是难点,这部分比较抽象,难于理解,运用先进的多媒体课件展示各种图片、资料等,直观且便于学生理解突破难点。(运用先进的教学手段)

(3) 讨论、归纳法。老师引导学生通过阅读课本、查阅资料再结合学生实验理解化学反应中的能量变化、放热反应和吸热反应、燃料充分燃烧的条件、煤的充分利用等知识。(变"教"为"导",面向学生、面向生活、面向社会)

(4) 讲解法。结合实验现象,对学生自己讨论得出的多种结论进行分析,给学生介绍书本上权威的定义及其含义,给学生的学习打下牢固的基础。

(5) 自主探究法。本节安排了一个研究性学习的课题,要求学生对自加热罐头进行研究,自己设计化学反应中的能量在生活中的应用实验,这有利于培养学生学习化学的兴趣,使学生由"要我学"变为"我要学",进而培养学生的创新精神和实践能力。

四、学法指导

本节指导的学法主要有:(1)查——文献法;(2)做——实验法;(3)看——观察法;(4)议——讨论法;(5)记——记笔记。在教学中,学生主要按照以上方法进行学习,这些方法并不是孤立的,而是融合、穿插在一起的。

五、教学过程分析

(一)教学手段

实物展示、CAI课件演示。

实验药品、仪器:"自加热罐头"、普通橘子罐头、铝片、稀盐酸、$Ba(OH)_2 \cdot 8H_2O$、NH_4Cl 晶体、氧化钙、蒸馏水、温度计等。

(二)教学过程设计
1. 创设情景,引入新课

教学环节	教学程序	设计意图
创设情景	【展示】将一瓶"自加热罐头"和一瓶普通罐头实物呈现给学生,让他们比较两瓶罐头的温度,当场请学生代表上台把"自加热罐头"底部的锥刺上移,并绕场一周让所有学生感受到此罐头的温度变化,并与普通罐头进行对比。 【提问】为什么"自加热罐头"能够自己加热呢?没有火或电也能加热吗?"自加热罐头"里装的是什么东西呢?是什么能量使它的温度发生变化了呢?创设情景导入新课,吸引学生的注意力,激发学生的兴趣,引发学生思考,让学生感受化学就在身边。	实物展示可以吸引学生的注意力,使教学过程更为生动,提高学生的积极性。 激起学生的探索欲,为后面的教学作铺垫。

2. 实验探究,交流体验
(1) 探究1:放热反应

教学环节	教学程序	设计意图
学生实验	【过渡】根据我们的经验,蜡烛燃烧、氧乙炔焰等过程是吸收热量还是放出热量呢? 【学生回答】放出热量…… 【PPT展示图片】蜡烛燃烧、氧乙炔焰。 【提问】蜡烛燃烧、氧乙炔焰都放出了能量,是不是所有的化学反应都放出能量呢?什么是放热反应呢? 【学生讨论】…… 【学生实验】铝与稀盐酸反应。 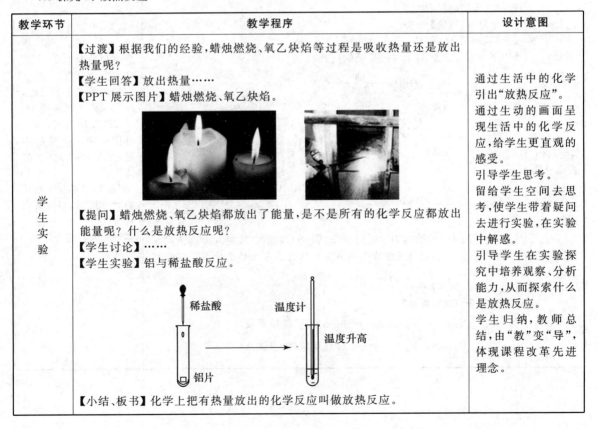 【小结、板书】化学上把有热量放出的化学反应叫做放热反应。	通过生活中的化学引出"放热反应"。 通过生动的画面呈现生活中的化学反应,给学生更直观的感受。 引导学生思考。 留给学生空间去思考,使学生带着疑问去进行实验,在实验中解惑。 引导学生在实验探究中培养观察、分析能力,从而探索什么是放热反应。 学生归纳,教师总结,由"教"变"导",体现课程改革先进理念。

(2) 探究2：吸热反应

教学环节	教学程序	设计意图
学生实验	【过渡】通过上面的实验，我们了解了放热反应。那么，相应的，化学变化中存在吸收热量的反应吗？ 【学生思考】…… 【学生实验】$Ba(OH)_2 \cdot 8H_2O$ 与 NH_4Cl 晶体混合。 （$Ba(OH)_2 \cdot 8H_2O$ 与 NH_4Cl　水　冰） 【小结、板书】化学上把吸收热量的化学反应叫做吸热反应。	引导学生在实验探究中培养观察、分析能力，从而探索什么是吸热反应。 学生归纳，教师总结，由"教"变"导"，体现课程改革先进理念。

(3) 学生归纳，教师总结

教学环节	教学程序	设计意图
学生归纳，教师总结	【过渡】我们初步认识了放热反应、吸热反应，通过实验，我们观察到了这两种反应的现象，那么，为什么化学反应会伴随能量的变化？同学们思考过这个问题没有？ 【学生思考、讨论】…… 【视频展示】H_2 和 Cl_2 反应的过程。 【PPT展示图片】H_2 和 Cl_2 反应的过程。 （436 kJ/mol 能量　HH 键断裂　H　H　假想的中间物质 243 kJ/mol 能量　ClCl 键断裂　Cl　Cl 键形成　键形成 HCl　HCl 431 kJ/mol 能量　431 kJ/mol 能量） 【教师引导】H_2 的键能为 436 kJ/mol，Cl_2 的键能为 243 kJ/mol，请同学们从旧键的断裂、新键的生成的能量变化角度思考为什么化学反应会伴随能量的变化？ 【学生思考、回答】…… 【教师归纳、总结、板书】 ① 当 $\sum E_{反应物} > \sum E_{生成物}$ ——放热反应（能量释放） ② 当 $\sum E_{反应物} < \sum E_{生成物}$ ——吸热反应（能量储存）	透过现象看本质。 启发学生思考。 生动地从二维到三维，从宏观到微观呈现 H_2 和 Cl_2 反应的过程，弥补讲授法很抽象的不足，充分利用多媒体的优势。 变"教"为"导"，体现新的教学思想，实现素质教育。 体现"以学生为主体"的理念。 总结知识。

(4) 探究 3："自加热罐头"的原理

教学环节	教学程序	设计意图
学生探究	【过渡】我们从现象到本质认识了放热反应、吸热反应,现在我们再回过头来看看"自加热罐头"的原理。请同学们猜测"自加热罐头"利用了什么化学反应的原理呢？如何验证我们的猜想呢？ 【学生思考、讨论】…… 【教师引导】从学生们的猜想中拿出几套可行方案进行分析,最后请一位同学上讲台做"氧化钙与水反应"的实验,其余的同学思考这个反应为什么能使罐头加热。 【学生实验】氧化钙与水反应。 【学生讨论、回答】…… 【教师归纳、拓展】"自加热罐头"盒体内分三层,下层为氧化钙,中层为密封塑料水袋,上层为盛食物罐头,中间分别由网架隔开。其内凹底部中心外凸的鼓包内,有一锥刺,向内按底部鼓包,锥刺上移,穿过网架空隙刺破水袋,流出的水与氧化钙混合产生化学反应,放出热量加热食物。 【教师拓展】"自加热罐头"利用氧化钙与水化合生热的化学反应原理,使罐内食品得以加热……	过渡自然,和导课前后呼应,利用前面所学知识解答导课留下的疑问,学以致用。 给学生思考的空间。 引导学生思考,激发学生的探究欲。 引导学生在实验探究中培养观察、分析能力,从而探索为什么"自加热罐头"能够自己加热。 启发学生科学创新并不难,并且化学知识可以利用到生活的方方面面中去,告诉学生只要勇于开动脑筋、坚持不懈,人人都是爱因斯坦。 拓展课外知识,丰富学生知识,激发学生学习化学的兴趣。

3. 层层递进,深化知识

教学环节	教学程序	设计意图
学生讨论、教师总结	【过渡】除了氧化钙和水反应外,燃料的燃烧也属于放热反应的范畴,在现代社会中,绝大多数能量是由化学反应产生的,尤其是由煤、石油、天然气等燃料的燃烧提供的。我们如何应用我们所学的知识提高燃料的利用率呢？也就是说如何使燃料充分燃烧呢？ 【学生思考、讨论】…… 【教师归纳、总结、板书】燃料充分燃烧的条件：① 燃烧时要有适当过量的空气；② 燃料与空气要有足够大的接触面。 采取的措施：煤的气化或液化。	从理论上升到实践,引导学生运用所学知识解决实际生活生产中的问题。 通过对燃料充分燃烧的条件的探讨,培养学生的环保意识,使学生树立节约能源、保护大自然的决心。

4. 巩固应用,联系实际

教学环节	教学程序	设计意图
小结、布置作业	① 和同学们一起回顾这节课所学的知识,小结巩固,请学生举出生活中放热反应、吸热反应的例子。做 P24 课后习题一、二。 ② 完成课本上布置的研究性学习的课题,字数、篇幅不限。 ③ 有兴趣的同学可以到实验室做课本上的家庭小实验。 ④ 查资料,自己设计产品,将化学中的能量变化运用到生活中。 ⑤ 提出合理利用和开发能源的方案,写成小论文。	引导学生小结本节课的学习内容,养成"在反思中学习"的良好习惯。 给学生创造条件自己设计产品,培养学生勇于创新的品质。

六、板书设计(略)

案例2 元素化合物"金属钠的性质与应用"说课

一、教材分析

"金属钠的性质与应用"是苏教版《化学1》(必修)专题2第二单元"钠、镁及其化合物"中的一节内容,通过对钠这种代表性元素的学习,旨在向学生介绍金属元素的学习方法。对元素化合物的学习主要学习其物理性质、化学性质、保存方式及用途。

"金属钠的性质与应用"安排在专题1"研究物质的实验方法"、"人类对原子结构的认识"和专题2"氯、溴、碘及其化合物"之后,便于学生用原子结构的观点去认识钠的化学性质,便于学生用实验的方法去探究金属钠的性质。本节内容的学习,与后续的镁、铝、铁、铜融为一体,形成对金属的总体认识。教材编研者选择"钠"作为起点,符合结构决定性质、性质决定物质用途的思维规律,并为后面的金属性质及应用的学习奠定了基础。

本节教材介绍钠的物理性质和化学性质,在叙述钠的活泼性后,再根据性质介绍钠在自然界中的存在和制法,最后介绍钠的用途。教材内容由表及里,由浅入深,循序渐进,符合学生的认知心理和认识规律。本节重点讨论钠的化学性质,引导学生从现象入手,去分析钠的活泼性,为此,教材通过实验让学生观察,然后解释现象,作出结论。

二、学情分析

(1) 学生的认知基础。① 金属与学生生活实际密切相连,所以学生有一定的生活经验;② 学生在初中阶段已学习过金属及其典型物质的性质,对如何学习物质的性质有一定的认识。

(2) 学生的技能基础。① 高一学生已具备一定的观察分析能力,具有提出问题、分析问题、解决简单问题的能力;② 学生已经不同程度地受过研究物质的实验方法和科学探究的基本步骤的训练,已具备设计简单实验的能力和科学探究能力。

(3) 学生的思维起点。高一学生已逐步由具体的形象思维过渡到抽象思维,但思考时仍需借助感性材料来辅助,这就决定了"结构—性质—用途"思维主线和思维起点应以结构分析和实验观察与分析作为本内容学习的起点。

三、教学目标

根据《课程标准》的要求和编写教材的意图及本节教材的特点,本课时确定了以下教学目标:

(1) 知识目标:认识钠是一种很活泼的金属,了解钠的物理性质,掌握钠的化学性质,了解钠的保存、存在和用途。

(2) 能力目标:培养学生通过观察、分析、推理、归纳、对比等方式获取新知识的能力,初步学会学习元素化合物知识的有关方法;培养学生全面观察、分析和描述实验现象的能力;同时,培养学生合作学习的精神。

(3) 情感目标:重视实验的规范操作,培养学生良好的实验习惯,增强环保意识,认识事物的现象与本质,让学生建立实事求是的良好科学观念。

四、教学重点、难点

(1) 重点:钠的化学性质,尤其是钠与水反应。

(2) 难点:探究性实验的观察和分析,尤其是钠与水的反应的探究学习。

五、教法的选择

本节课教学主要体现"学教并重"的教学理念,教师的主导作用与学生的主体作用相结合,同时根据本课的教学目标、教材特点以及学生的认知心理和认知规律,采用目标教学模式,运用讲授、引导、探究、实物展示、实验、多媒体辅助教学等形式的教学方法。首先,以滴水点燃酒精灯的趣味实验入题,使"水火不相容"与"滴水生火"形成强烈反差,引导学生迅速进入浓厚的化学氛围,激发学生学习化学的兴趣和热情。

六、学法的选择

学习方法是课堂教学的内容之一。对学生而言,一定的学习方法实际上是能力与素质的表现形态,掌握科学的学习方法就是具有对知识的学习能力、选择能力和创造能力。从更深层次看,这是一种素质。作为教师,我们不能仅仅授人以鱼,更重要的是授人以渔。因此学法指导是课堂进入素质教育领域的重要方面,根据教材特点和学生特点,本节课进行以下学法指导:

(1)引导学生掌握观察现象的方法。例如,在讲到金属钠与水的反应时,让学生观察实验现象,并对现象进行解释,由现象推断实验产物。由溶液变红的现象,推断有碱生成,得出一种产物为氢氧化钠。同时根据金属钠四处游动的现象推测有气体生成,然后再由教师做演示实验,收集并点燃气体,证明该气体为氢气。

(2)让学生自己做实验,目的是强化学生做实验的基本操作,能锻炼学生的心理素质,提高学生的观察兴趣,增加实验现象的能见度。同时,培养学生的实验能力,提高学生的化学实验素质,增强合作精神。

(3)帮助学生抓住关键,掌握重点。新课程中学习元素化合物知识要抓住观察现象,分析原因,得出性质,再深入到结构的方法。

七、教学过程设计

(1)创设情境,提出问题。首先,教师演示"滴水生火"的实验,打破学生原有的认知,让"水火不相容"与"滴水生火"形成强烈反差,然后提问:俗语说"水火不相容",为什么刚才的实验中却用水点着了火呢?并告诉学生那是钠的功劳,使学生迅速进入浓厚的化学氛围,激发起学习金属钠性质的欲望。

(2)自主实验,观察现象。在这个教学过程中由三个学生分组实验探究:① 观察钠表面的颜色以及表面颜色的变化;② 将金属钠加热,观察实验现象;③ 将钠投入水中观察现象。同时,为体现环保意识,将钠和氯气的反应用录像的形式展现。通过这些实验,由几位学生叙述实验现象,并说明原因。其他学生补充。在此期间,教师适时点拨,学生自学、互学、分析、讨论、发言,教师利用屏幕和板书对学生的讨论结果进行归纳小结,使分散的知识条理化,如钠的物理性质小结、钠与水反应现象小结。将实验中的各个结论提取出来,使学生感到清晰、明确。

(3)由表及里,学以致用。通过学习钠的化学性质,让学生分析钠在反应中化合价的变化,得出钠在反应中得失电子的情况。并让学生用刚学的知识解释钠为什么要保存在煤油中,着火的钠为什么不能用水来扑灭。同时解释"滴水生火"的原因。最后介绍钠的存在形式、工业制法和钠的用途。

(4)突显重点,突破难点。钠与水反应是本节的重点和难点,需用多种形式、从多种角度对该反应进行分析。① 首先是学生亲自操作钠与水在烧杯中的反应实验,这样体现实验的真实性、可靠性,使学生亲身观察实验现象,描述实验现象,分享和体现实验成功的喜悦。老师适时提问,说明钠的性质。② 其次,在该实验中可以用滴加了酚酞的溶液变红来检验 NaOH,但是不能检验另一种产物——氢气,故将钠和水的反应实验进行了改进。用 U 型管(两端分别是分液漏斗和带活塞的尖嘴玻璃管)为实验仪器,加入用红墨水染红的水,再在有尖嘴玻璃管的一端加入少量煤油,放入钠,塞上尖嘴玻璃管。反应一段时间后打开活塞,点燃气体,由此可以验证该气体为氢气。

八、板书设计(略)

● 学习上面两个说课稿,总结说课的共同的内容要素,并评价上述说课形式及内容各有何优缺点。

13.4 化学说课技能的评价

核心术语

- 说课的评价原则 ◆ 及时性原则 ◆ 客观性原则
- 参与性原则 ◆ 校本化原则 ◆ 量化评价表 ◆ 评价

新一轮的基础教育改革置原有的教育教学理论、教师专业化的发展方式于巨大的变革之中,教师如何以现有的说课形式体现出自身理论素养与教学能力显得更为迫切。为了引导和把握说课的方向,保证说课的质量和水平,必要时对说课的优劣进行评价。说课技能不仅指开展说课,还包括评价说课,只有将两者有机结合,才能使教师更理性地对待说课,研究说课,说好课,才能更有效地促使教师加强教学反思,不断提高教学研究的有效性。

13.4.1 化学说课技能的评价原则

尽管不同类型的说课评价标准不同,但是,一般来说,评价说课应该评价说课者理解和把握教材的情况,贯彻落实教学目标的意识,选择的教学方法,设计的教学程序,及选用的教学机智等方面的内容。为切实发挥说课活动在促进教师专业成长及提高课程实施水平方面的重要作用,在对说课进行评价时可以遵循以下原则。[①]

(1) 及时性原则。为了防止因遗忘而降低评价的效果,使说课评价能达到良好效果,说课评价应该采取"当场说、当场评"的方法。心理学的研究也说明,只有置身现场氛围,人的情绪才会高涨,人的新鲜思想才容易迸发,现场的氛围容易使人形成思路,易于阐述个人的观点。因此,"当场说、当场评",可以使说、评双方都能得到有效的启发,有助于教学研究的深化。

(2) 客观性原则。客观性原则就是强调要以实事求是、客观、公正的态度对说课内容进行评价,绝不能片面地、掺杂个人因素来评价说课。客观评价要求评价者既要善于发现说课中的闪光点,肯定教师成功的做法或探索,以此鼓励教师参与说课的积极性;又要实事求是地指出说课中存在的问题,针对不足提出建设性的意见以及改进和优化的方法或策略,坚持用"一分为二"的辩证观点来审视教师的说课。

(3) 参与性原则。从说课活动的形式来看,说课实际是一种说听双方全体参与、共同研讨的教学研究方式。参与性原则是开展说课评价的基本原则,也是提高说课效果的重要因素。

(4) 校本化原则。不论采用何种方式或途径来实施说课,其目的都是为改进和优化教学实践服务的。立足学校,以教研组或年级组为单位开展说课活动,让教师在研讨中共同提高,这是整体提高教师队伍专业素质的有效方式。因而,说课评价日益呈现出校本化的特征。建立以校为本的教学研究机制,促进教师在合作与对话中共同提高教研水平,已成为学校发展和培养教师的重要途径。

13.4.2 化学说课技能量化评价表

说课量化评价表见表 13-1。说课分别可以在备课后、上课后和评课后进行,因此,说课的内容与形式及评价方式也会不同。表 13-1 主要适合于备课后、上课之前进行说课的评价。

[①] 胡志刚.化学微格教学[M].厦门:厦门大学出版社,2007:300.

表 13-1　化学说课技能量化评价表

项目	评价	权重	评价等级 优	评价等级 中	评价等级 差	得分
教材分析（20%）	说明教学内容的地位和作用	0.10				
教材分析（20%）	说明教学目标、要求及成因	0.05				
教材分析（20%）	教学重点、难点及其成因分析	0.05				
教法分析（20%）	阐述教法设计的理论依据和对激发兴趣、建构知识、培养能力、提高素质等方面的积极意义	0.10				
教法分析（20%）	说明化学实验或现代教育手段在突出重点、突破难点上的作用和优势	0.05				
教法分析（20%）	说明教学反馈、控制与调节的措施及设计思想	0.05				
学法指导（15%）	能恰当分析学生的基础、能力、特点和素质	0.10				
学法指导（15%）	说明指导学生自我建构知识的措施、方法及成因	0.05				
过程分析（35%）	说明课堂引入的方式及其优越性	0.05				
过程分析（35%）	重点说明教学过程中的关键环节对启发思维、建构知识、培养能力、提高素质等方面的作用	0.20				
过程分析（35%）	说明教学过程对体现新课程理念、实现教学目标的作用和意义	0.10				
教师素养（10%）	教态端庄自然，语言简练生动，普通话准确且具感染力；板书设计精练、有条理，辅助教学操作熟练	0.10				
满分	100 分		得分			
特色加分	在 5 个单项中有创新可加 1～5 分，但总分不得超过 100 分					

本课小结

1. 说课源于我国教育界 20 世纪 50 年代初期即存在的"集体备课制"，进入 80 年代中期，"说课"这一教研形式因其在提升教师理论素养、发展实践能力方面具有独特作用而得到广泛应用，其形式、结构、内容也逐渐系统化。

2. 说课的类型依据划分的标准不同而不同。依据说课与上课的时间先后关系，有课前说课与课后说课；依据说课活动的目标、要求的不同，又有研训型说课、评比型说课、研评型说课、主题型课说和示范型说课等类型。

3. 一个完整的说课至少应包括教材分析（地位和作用、教学目标）、教法选择、学法选择（学情分析、学法指导）、教学程序（媒体使用、设计思路、教学过程、板书设计）等方面。说课的内容及侧重点随说课类型不同而有差别。

4. 说课的三个基本原则：其一，根据说课内容的特点，注意完整性和突出重点相结合的原则；其三，理论性分析与课堂教学实际操作设计相统一的原则；其三，坚持现实性与发展性相统一的原则。

5. 通常可以从说课者说课时的教材分析、教法分析、学法指导、过程分析、教师素养和特色加分等方面进行评价。因为说课有多种类型和方式，而且也有各种不同的目的指向，因而评价也会有不同的侧重点和方法。

思考与实践

1. 化学说课一般应包含哪些基本内容？在化学新课程的说课中应注意哪些主要问题？

2. 师范生所进行的说课内涵有何特点？如何根据说课的类型和内容提高说课质量和水平？

3. 选取新课程教科书"二氧化碳制取的研究"（人教版九年级上册）、"原子结构"（高中《化学2》必修内容）或自选其他课时内容，设计一份说课教案，说课时间控制在15～20分钟之间。

4. 组织2～5名学生进行说课（结合微格训练），然后根据"说课量化评价表"进行定性与定量评价。

参 考 文 献

[1] 戴汝潜.说课论(第1版)[M].北京：教育科学出版社，1996.

[2] 胡志刚.化学微格教学[M].厦门：厦门大学出版社，2007.

[3] 盛群力，李志强.现代教学设计论[M].杭州：浙江教育出版社，2001.

[4] 励兰英.初中自然科学说课稿精选[M].宁波：宁波出版社，2002.

[5] 孟献华.新课程背景下化学说课的理论视角与实践[J].化学教学，2008(1)：49—52.

[6] 王后雄.中学理科新课程说课的内容要素及功能的再认识[J].内蒙古师范大学学报(教育科学版)，2008(2)：45—47.

第 14 章　化学教师的评课技能

> 评课是一门科学,要有科学的态度,要按原则办事、实事求是、客观公正;评课又是一门艺术,要充分地了解任课老师及所在班级的情况,要以先进的教育思想及教育理论做指导,并十分地讲究方法。
>
> ——蒋宗尧

本章学习目标

通过本章学习,你应该:
1. 认识评课的含义及评课的原则和作用,理解评课的类型及如何在实际运用中采用合适的评课方式;
2. 掌握评课的内容,并能在评课过程中根据需要进行选择,了解评课的一般程序及基本方法;
3. 选取新课程教科书的某一课时内容,由一名或多名学生讲授,其余学生评课,设计合理的评价标准,对同学的授课进行评价。

14.1　化学评课技能的含义

核心术语

◆ 评课　　◆ 评课原则　　◆ 评课作用　　◆ 评课类型　　◆ 观摩性评课
◆ 培训性评课　◆ 研究性评课　◆ 考核性评课　◆ 组织形式

评课,具有十分普遍和重要的意义。比如,对教师来说,它是自身专业成长和发展的重要途径;对学校领导来讲,它是评价教师的有效手段;对研究者来讲,它又是收集事实资料的主要方法。同时我们又看到,上述各种评价的目的是不尽相同的,有的是为了"甄别"和"选拔",有的是为了"诊断"和"激励",还有的是为了"改进"和"发展"等。由于评课目的不同,评课的侧重点、评价的指标体系乃至评价的方法随之也有所不同。因此,教师应系统地了解和掌握这一技能,并能对一节课作出科学的、合理的评价。

14.1.1 化学评课的含义

评课是一项常规的教学研究活动,一般指评课者在随堂听课后对授课教师这节课的教学行为和结果进行的一系列评价活动。科学化的评课可以客观地评判教师课堂教学水平以及不同的教学方法所产生的教学效果,并以此为教师提供反馈信息,利于教师改进教学。

评课是提高教师的教学能力,促进教学反思,提高课堂教学质量的有效途径,也是衡量教师教学水平的重要方式。因此,评课不能片面地理解为课程评估,简单地以课论课。课是载体,人是评课的主体,也是评课的客体,评课对象本身具有两重性,即授课教师既是自我评价的主体,又是他人评价的客体。从本质上说,评课要求以人为本,以课评人,具体要求评课目标指向人,评课过程尊重人,评课内容体现人,评课标准判断人,评课是一种有目的、内容、过程、方法和结果的特殊的教学研究与评价活动。

资料卡片

14-1 评课

《基础教育课程改革纲要(试行)》指出:"改变课程评价过分强调甄别与选拔的功能,发挥评价促进学生发展、教师提高和改进教学实践的功能。"当前,评课已成为学校的一项重要工作,"以评促教,教评相长"逐渐成为学校领导和教师的共识。

14.1.2 化学评课的原则[①]

为了使评课更加科学、合理,在评课的过程中应该遵循一定的原则。

(1) 目标与手段相一致。对每一堂课,我们首先要考查教师是否预设了合适的、明确的、具体的教学目标,与此同时,在评课时,还要关注教师是否重视了"生成性目标"。生成性目标是教师事先没有、也无法预设的结果,是在课堂教学中产生的"副产品",它实际上是一种"功能性目标",对学生的发展有着重要的意义。所以我们对课堂教学目标的考查,不仅要关注预设目标,也要重视一些非预设目标,这是一个方面。另一个方面,设定目标是为了实现这一目标,而对于目标的实现,手段至关重要。在课堂上我们的教师会千方百计地运用各种各样的"手段"(这里是广义上的手段,相对于目的而言的),也要采取各种各样的、丰富多彩的行为,现在的问题是这些"手段"、"行为"是否是指向目标、为了实现目标服务的?否则纯粹意义的"手段"和"行为"是没有任何价值的。因此,我们对课堂上教师的言语、行为、教态、表情以及各种手段的运用,乃至一些师生互动(如提问、小组讨论等)等方面的考查,既要关注它们本身的性质和特点,更需要关注它们对目标达成的有效性和功能价值。这就是我们要阐明的评课的首要原则:目标与手段相一致原则。

(2) 观念与行为相协调。作为受过教育的教育工作者,不能说他对儿童发展、教师教学等相关问题没有自己的认识和看法,这些基本的"认识和看法"就构成了教师的教育观念。在课堂教学中,教师多数时候是依据个人经验、直觉甚至冲动等来作出相应的教学行为的,但教师又常常自觉或不自觉地运用已有的对教育的认识和看法,这就体现出教育观念与教学行为的关联性:观念是行为的内在依

[①] 杨骞.论"评课"[J].教育科学,2002(8).

据,行为是观念、认识的外部表现。在评课过程中我们要关注教师是否有意识地运用科学的教育观念和理论来指导自己的教学活动,并对运用的水平作出评价。

(3)效果与效率相统一。"效果"和"效率"在这里显然是不一样的。教师在教学过程中通常会注意效率的提高,比如在一堂化学课中尽可能多地讲述新知识,尽可能快地训练和练习,频繁地提问,让学生在这一节课里面感到很紧张,很累,然而这是否是真的高效率呢,或者说这种教学的效果是否能让授课的老师和听课的学生满意呢? 实则不然,这种课往往是低效,甚至是无效的。通常我们会看到教师提问是为了提问而提问,目的不明确,学生的思考空间和时间也不充足,教师忽视学生的思维过程,期待"规范、标准"的答案,这样的提问还是不提的好。而真正高效的教学应该是建立在对课堂的建构和对学生的发展有推动作用的基础上。可能有时教师授完一节课后,学生没有学到完整的知识,教师也没有完成预设的教学任务,但这个过程中对发展学生的智力和能力却具有重大意义,这也未尝不是一堂"高效课"。所以一切教育行为只有在对学生的发展和课堂生活的建构有效的基础上追求高效才有价值,才是真的高效。

(4)量的方法与质的方法相结合。一般而言,评课时根据事先制定好的详细的评价标准,给授课人进行打分,这种量化的方法有它客观的一面,但"评价标准"和"打分"本身还是主观的,同时对它的结果的说明和解释通常也比较简单,所以在评课时还要重视质的把握,要加强对授课教师的观念和行为的深度分析,这就要求,除了在听课时进行现场观察和分析外,还要进行课前及课后的交流,以及对学生的作业进行分析,评课时只有从量和质两个角度综合评价才能尽可能做到客观评价。

随堂讨论

在"以人为本""以发展为目的"的新课改理念下,如何正确把握评课的价值取向,如何使评课真正促进师生的共同发展?

14.1.3 化学评课的作用

评课是教学、教研工作中一项非常有意义的活动,通过评课,同事之间可以相互学习,相互促进;领导可以发现不足,推介经验;专家可以了解动态,发展教学理论。因此评课的作用是多方面的。

(1)导向作用。评课本身就具有方向性和目标性,通过优质课标准评价目标和评价体系的指引,可以为教师的"教"和学生的"学"以及应达到的程度指明方向。这样,通过评课过程的不断反馈和调节,可以使教师了解学生达到目标的程度,发现教学中存在的问题,使教师的教学不断改进,学生的学习不断强化和提高。因此,评课对课堂教学起着导向和指挥的作用。

(2)激励作用。授课教师通过评课可以看到自己的成绩和不足,找到成功和失败的原因,促使他们发扬优点、克服缺点、不断改进教与学,启动他们的内驱力,调动教与学的积极性。这是评课的重要功能。

(3)改进作用。通过参考课堂教学评价,可以促使教师对整个课堂教学过程进行思考性回忆,包括对教师的教育观念、教学行为和学生的表现以及教学的成败进行理性的分析,提升教师对课堂教学的整体认识,形成个性化的教学风格,使教师可持续地进行专业发展。

(4) 鉴定作用。评课能对教学行为、学习行为和教学结果进行价值判断。通过评课来比较、区分教师的教学能力和学生的学习能力,获得确定学生水平和教学有效性的依据,据此制订周密的计划,以利于今后的工作。

(5) 教研作用。评课作为教学研究和教学实践的工具,通过评价不断地明确为达到一定教学目标所应选择的方法和程序,为教学研究和教学实践提供必要的信息,同时也为教师的专业成长拓展了一条有效途径。

14.1.4 化学评课常见的类型

从不同的角度可以将评课划分为不同的类型,以下就评课的目的和组织形式来进行划分。[①]

14.1.4.1 按评课的目的划分

评课的类型很多,依据评课的目的,可分为对教学经验丰富的优秀教师的示范性课堂教学所做的观摩式评课;旨在诊断课堂教学存在的问题和不足,提高授课教师和青年教师的授课水平的培训式评课;旨在发挥集体优势,取长补短,共同提高评课参与者的教研水平的研究式评课;旨在衡量课堂教学水平,评价授课教师教学素质的考核性评课。

(1) 观摩性评课。观摩性评课通常是选择教学经验丰富的优秀教师授课,组织专家与其他教师听课并对授课教师的示范性课堂教学作点评、交流、总结其教学经验,从而使参与评课的青年教师从中受益。

(2) 培训性评课。培训性评课一般以年级组或教研组为单位,骨干教师与青年教师共同参与。在随堂听课的基础上,可先由授课教师自我评课,再由青年教师充分评课,最后由骨干教师进行有针对性的总结评课。培训性评课旨在诊断课堂教学存在的问题和不足,提高授课教师和青年教师的授课水平。

(3) 研究性评课。研究性评课一般以课题组或学科组为单位,通常采取集体备课的形式,相互切磋,共同探讨,写出教案,然后指定几位教师分别讲课,课后逐一进行集体评课,不断完善教学方案。研究性评课旨在发挥集体优势,取长补短,共同提高评课参与者的教研水平。另外,在教学改革的尝试阶段通常也采用这种评课形式。

(4) 考核性评课。考核性评课一般由学校领导或上级教育部门组织评课专家组,在随堂听课的基础上,对授课教师的课堂教学行为和效果作出一系列综合评价,侧重对授课教师的教学质量进行专项测评。考核性评课旨在衡量课堂教学水平,评价授课教师的教学素质。

14.1.4.2 按组织形式划分

根据组织形式,评课也可划分为个别面谈式、小组评议式、书面材料式、调查问卷式、陈述答辩式、点名评议式、师生评议式、专家会诊式和自我剖析式等形式。

(1) 个别面谈式。个别面谈式也即听课者和授课者面对面的单独交流。这样既可以保护授课教师的自尊心,又能对授课中存在的问题进行深入的探讨,在交流中使双方都受到启发。这种评课方式在听课人数较少的情况下较适用。

(2) 小组评议式。小组评议式往往是在评课人数较多的情况下采取的一种方式,特别是对示范课和研究课的评价。它的一般程序是:先由授课教师说课或讲课,再由小组成员评议,最后专家或领导总评。

---

① 胡志刚.化学微格教学[M].厦门:厦门大学出版社,2007.

（3）书面材料式。评课会受时间、空间、人员、场所等多种因素的影响，对于有些不便在公共场合交谈的问题评课者可以通过书面的形式传达自己的见解，还可以通过填写举办者设计的评课表来进行评课。

（4）调查问卷式。调查问卷式评课又根据评课者或评课活动的需要的不同而采取不同形式，主要有三种形式：一是学生学习效果调查表，二是听课者对课堂教学情况的评价表，三是教师自评表。

（5）陈述答辩式。这种方式一般先由执教者陈述自己的教学目标、教学内容、教学思路、教学方法、教学理念、教学特色、教学成败等问题，可有侧重地谈。接着就像辩论比赛一样，评课者提问，双方再各自阐述自己的观点，然后进行总结。最后，由权威专家点评。

（6）点名评议式。这种评议方式有点像考试，由评课组织者或负责人采取点名的方式请参加评课者进行现场点评。

（7）师生评议式。这是体现教学民主的一种评议方式。执教者评议学生学习态度、学习效果、学习方式、合作情况和技能掌握情况等，多肯定积极因素，少批评。学生则主要评议教师上课的精神面貌、自己学习的效果，包括没有听明白的地方等方面。

（8）专家会诊式。这种方式是邀请专家对执教者的课进行会诊，由于专家看问题比较准确，比较深入，所以这种方式更容易帮助青年教师扬长避短，迅速成长起来。

（9）自我剖析式。自我剖析可以说是评课活动的一个重要的环节，一般是在听取了别人的评价后，执教者及时进行反省性的修改、优化，进行二度设计。特别是在反思时要根据自己的不足，探究失误的原因并及时记录，以防止类似问题的再次出现，从而提高自己的教学水平。

在实际评价过程中，各种评课方式可以有选择地应用，也可以交叉使用。在选择某种评价方式时，应有针对性。如对选拔性的评优课可以选择考核性评课或兼用答辩式评课；为学习推广先进教学方法，优化课堂结构，可采用观摩性评课；而对于目前新理念下的教学，尝试新的教学方式，改革旧的教学模式则可采用研究性评课。总之，一个科学、合理的课堂教学评价方式的建立和使用，无疑对发展新一轮课程改革下的化学教育教学有着积极的意义和作用。

随堂讨论

在不同方式的评课活动中怎样根据评课的目的选择最佳评课方式？除以上给出的例子外，自己能否将所有评课方式的应用范围作出总结？

14.2 化学评课内容的设计

核心术语

- ◆ 教学目标　　◆ 教材处理　　◆ 教法运用　　◆ 学法指导
- ◆ 教学效果　　◆ 教学基本功　　◆ 能力培养　　◆ 教学过程

评课是一种技能，作为师范生应有意识地培养自己的这种技能，这对提升自己的教学能力有很大的帮助。评课的内容依据评课活动的目的不同可以侧重于不同的方面，但对于师范生来说，初次学习评课应尽可能学会更为全面地评价一堂课。评课的内容归纳起来可以有以下几个方面。

14.2.1 评教学目标

教学目标是课堂教学的出发点和归宿,科学合理的教学目标是实施课堂教学的前提条件,而教学目标的达成程度客观上反映了教师的实际操作能力,也反映了教师在课前的预设能力,只有充分落实应有的教学目标,才能使课堂教学做到有的放矢。因此,我们认为教学目标的正确制定和达成,是衡量一堂课好坏的主要尺度。所以,评课首先要评教学目标。

首先从教学目标制定来看,要考查目标是否全面、具体和适度。全面是指目标的确立应包括"知识与技能"、"过程与方法"、"情感态度与价值观"等三个维度;具体则要求目标的内容不能笼统,对于"双基",要易于量化,而对于过程与方法、情感、态度与价值观,由于这些更多的是隐性的内容,教师要注意这些目标的制定能够在课堂实践中通过情感和氛围的创设,让学生去体验和领悟;适度,指确定的教学目标,能以课程标准为指导,体现年段、年级、教材特点,符合学生年龄实际和认知规律,难易适度。

其次,从目标达成来看,要看教学目标是不是明确体现在每一教学环节中,教学方法和手段是否都紧密围绕目标,为实现目标服务;要看课堂能否尽快地触及重点内容,重点内容的教学时间是否得到保证,重点知识和技能是否得到巩固和强化。我们追求的若是理想化的课堂教学模式,那么教学目标的达成度应达100%,在平时的教学中,应力争教学目标的达成度越高越好。检验目标是否达成和达成程度可以通过学生的学习结果来判断,检测的手段一般是提问或做题,当然在进行这种检验之前一定要设计出能覆盖所有教学目标的问题或试题,这样才能真实地检验教学目标的达成度。

根据以上说法,可以通过以下几个问题来协助评价教学目标的制定与达成:① 目标是否紧扣课题内容及其教学重点;② 学生的学习行为和学习结果是否明确;③ 向学生表述时,能否让学生清晰地明白自己要学习什么和要达到一个怎样的学习结果;④ 是否与布置的学生作业及作业要求相一致;⑤ 对于所设几项目标学生是否都能实现。目标若能够达成从某种程度上也能说明目标的制定是合理的。教学目标应该自始至终引导着教学的进行,并且是对教学的效果进行评价的依据。

14.2.2 评教材处理

教材作为课程改革的物化产物,既是课程标准的具体体现,又是教师和学生开展教学活动的重要资源和媒介,在课程改革中占有重要的地位。新课程实施以来说得最多的就是"用教材教而不是教教材",教材如何才能被正确地有效地利用,教师发挥重要的作用。教师对教材的处理好坏,将直接影响教学的效果,因此我们在评课时要关注教师对教材的处理。

首先要看教材的组织、处理是否精心。教材一般按知识章节编排,每一章节就是一个单元知识体系。教师必须弄清本单元的编排体系及培养目标,否则教师可能成为"为上课而上课"。在评课时要注意教师的角度站得够不够高,纵横联系得好不好,是否将知识尤其是隐性知识体现得全面。教师是否根据教学目的、学生已有的知识经验、学生的认知规律以及心理特点,对教材进行了合理的调整与充实,是否加强了方法、应用、探究等程序性知识内容以及学科间的整合和综合,这些都是评课要评的内容。

其次,看教学程序是否科学。教材被有效利用的程度还要看课堂教学程序是否科学合理。通过精心设计教学程序,能引导学生自己去探索知识,发现真理;能体现出完整的知识体系和教学重点及难点的突破;能使整堂课充实但又不冗杂。所以在评课时可以根据以上几个方面来考查授课教师的教学程序设计是否科学。

第三，看是否统整文本课程资源。文本课程资源有三种存在形态：课程标准、教材和相关的研究成果。对一个教师来说，主要是把教材研究透，重新构建属于自己的文本结构形态或知识结构，培养和发展学生的思维能力，使教材系统转化为教学系统。

14.2.3 评教法运用

教学方法跟教学活动紧密联系在一起，教学方法又是不断发展的，新一轮的课程改革下，教育思想、教学内容、教学目标的革新要求教师能够采取相应的教学方法来配合。由于化学教学方法的多样性和多层次性，选择合适的教学方法能体现出教师的教学决策能力。经验丰富的教师之所以上起课来看上去很轻松，并且教学效果很好，关键就是他们善于选择对于某节课、某段教学内容最为有效的教学方法。因此教学方法的选择与优化是决定教师教学质量的重要因素之一，也是我们评课内容之一。在评价时可依据以下几项来衡量：

(1) 看是不是量体裁衣，优选活用。"教学有法，但无定法，贵在得法"，教学是一种复杂多变的系统工程，不可能有一种固定不变的万能方法。一种好的教学方法总是相对而言的，它总是因课程、学生、教师自身的特点而相应变化的。也就是说教学方法的选择要量体裁衣，灵活运用。

(2) 看教学方法的多样化。教学方法最忌单调死板。教学活动的复杂性决定了教学方法的多样性。所以评课既要看教师是否能够面向实际恰当地选择教学方法，同时还要看教师能否在教学方法多样性上下一番工夫，使课堂教学超凡脱俗，常教常新，富有艺术性。

(3) 看教学方法的改革与创新。评析教师的教学方法既要评常规，还要看改革与创新。尤其是评析一些素质好的骨干教师的课。既要看常规，更要看改革和创新。要看课堂上的思维训练的设计，要看创新能力的培养，要看主题活动的发挥，要看新的课堂教学模式的构建，要看教学艺术风格的形成等。

(4) 看现代化教学手段的运用。现代化教学呼唤现代教育手段，教师要适时、适当运用投影仪、录音机、计算机、电视、电影等现代化教学手段。

14.2.4 评学法指导

学校教育是一种有目的、有计划、系统的培养人的活动，这种培养不仅包括让学生获取现成的知识，更重要的是要培养学生的学习能力，让他们掌握科学的学习方法。因此评课除了要观察教师怎么教之外，还要看教师如何指导学生学习。教师若能在课堂上给学生以有效的引导，潜移默化地培养学生的学习能力，不仅能体现出较高的教学水平，更能减轻学生的学习负担，培养学习兴趣，提高教学质量。

例如，在评课时可以考查教师能否从学科内容与特点着眼，针对学生的年龄差异、心理特征、学习基础、思维特点、学习修养、学习环境和条件等方面对学生学习进行相应的指导。再如，考查课堂能否建立和形成发挥学生主体性的多样化的学习方式，以促进学生主动地、富有个性化地学习。

14.2.5 评教学过程

(1) 看教学思路设计。教学思路是教师上课的脉络和主线，它是根据教学内容和学生水平两个方面的实际情况设计出来的。它包括如何选择内容、如何衔接过渡、如何安排详略、如何设计讲练等。为此，我们评教学思路，一要看教学思路层次是否清晰，是否符合教材和学生实际；二要看教学思路的设计是否有一定的独创性,能不能给学生以新鲜的感受;三要看教师在课堂上的调控和应变,看实际效果如何;四要看教师在课堂上的教学思路的实际运作效果。

(2) 看课堂结构安排。教学思路与课堂结构既有区别又有联系。教学思路侧重教材处理,反映课堂教学的纵向脉络;而课堂结构,则侧重教法设计,反映的是教学横向的层次和环节。课堂结构是指一节课的教学过程各部分的确立,以及它们之间的联系、顺序和时间分配。它也称为教学环节或步骤。课堂结构不同,会产生不同的教学效果。那些结构严谨、环环相扣、过渡自然、时间分配合理、密度适中的课往往能取得好的教学效果。

14.2.6　评教学效果

成功的讲课必然要求从教学实际出发,效果是关键因素,因此评课也是从实际出发,而不是从理念出发的;是从教学效果出发,而不是从原则出发。

评价教学效果,要看教学内容的完成程度、学生对知识的掌握程度、学生能力的实现程度、学生思维的发展程度等。进行评课时,着重要看教学是否注意联系学生生活的实际,从而使学习变成学生的内在需求;是否注意挖掘教学内容中的情意因素,做到知、情、意结合,使学生情感的需要、自我实现的需要得到满足;是否坚持因材施教,让每一个学生在其原有基础上得到最好的发展。同时,每个学生都有他的闪光点,都有自己独特的见解,因此还应该关注教学是否面向全体学生,是否关注学生的和谐发展,是否关注学生的可持续发展。

14.2.7　评教学基本功

教学基本功,是教师上好课的一个重要因素。通常教师的教学基本功包括以下几个方面的内容:

(1) 板书。好的板书,首先要设计科学合理,依"标"扣本;其次,要言简意赅,有艺术性;再次,要有条理性,字迹工整美观。

(2) 教态。教师的教态应该明朗、快活、庄重、富有感染力;同时仪表端庄、举止从容、态度热情等也十分重要。

(3) 语言。教学是一种艺术,教师的语言运用关系着一节课的成败。首先,教师应使用普通话,这是基本要求;其次,教师的语言要准确清楚、精确简练、生动形象、有启发性;同时还要注意语调的高低适宜、语速的快慢适度、语音的抑扬顿挫、富于变化。

(4) 操作。教师要熟练使用教具,特别是投影仪、录音机等现代化教学手段。除此之外,教师对实验的演示时机、位置是否把握得当,是否能照顾到全体学生,演示和实验操作是否熟练、准确规范并达到良好效果也非常重要,应引起重视。

(5) 评价。教师对学生的学习行为进行的评价是否客观、恰当,这种评价能否起到鼓励、调动、激发学习欲望的作用,能否增强学生的信心、促进学生思维发展的作用。评价对学生的成长和发展起着重要的影响,而这往往是我们在评课时容易忽略的方面。

14.2.8　评学生收获

判别一节课堂教学的优劣得失的最后标准是课后学生对化学再学习的希望值有多大,也就是学生再学习的期望的高低。能使学生充分感受到学习的乐趣,体验到课堂教学中自己的地位,理解自身在课堂教学中的作用,也知道自己在教学中获得的知识及对自身能力发展所起的作用。这样的课堂教学,必然会使学生对化学产生浓厚的兴趣,从而积极参加到希望再学习的行列中来,这样,教师的教学工作也就得到了学生的大力支持,从课堂教学的角度来讲,其效果肯定也是好的。在评课过程中,还要注意考查教师对学生能力培养的状况。在具体实践中,要注意教师在教学过程中,是否为学生创设了良好的问题情境,强化了问题意识,激发了学生的求知欲;是否注意挖掘学生内在的因素,并加以引导、鼓励;是否注重培养学生良好的思维习惯,教会学生从多方面思考问题,多角度解决问题的方法等。

评课的目的不是证明教师讲课的水平,而是为了改进教学水平。怎样找到合适的着眼点,提出有价值的意见,发挥评课的作用?

14.3 化学评课的程序和方法

核心术语

- 评课程序
- 听课重点
- 听课记录表
- 教学评价表
- 准备阶段
- 听课阶段
- 评课阶段
- 评课方法
- 评课技巧

当前,基础教育课程改革正在全面、广泛、深入地展开,此次课程改革从课程理念到课程标准,从课程内容到课程实施,从课程管理到课程评价,都进行了深刻的变革。课程评价改革既是此次课程改革的重要组成部分,也是推进改革的关键所在。课堂教学是实施新课程的主渠道,课堂教学评价也是课程评价中重要组成部分,因此,搞好课堂教学评价,对新理念下的课堂教学改革乃至课程改革都具有重要的导向和推动作用。科学、有效的课堂教学评价能引导教师更新观念,把新课程理念内化为课堂教学行为,使新课程的改革目标真正得以落实。所以,在一定意义上说,课堂教学评价的改革是关系到新课程改革成败的关键。要正确有效地开展评课,就要求我们掌握正确的评课程序和方法,这对我们师范生今后的教学工作大有意义。

14.3.1 评课的程序

任何评价都是在信息搜集与整理的基础上所作的价值判断,信息搜集与处理的方法是否科学合理,将极大影响评价的客观公正性。评课的信息一般来自于课堂观察,因此,随堂听课或观看教学录像是进行教师课堂教学评价的最重要也是最常用、最基本的途径。具体包括以下几个步骤:

14.3.1.1 准备阶段

(1)熟悉课标,掌握教材。评课教师必须对课程标准、教学目标做到心中有数,另外还应对当前的教学改革状况、教育新理念有了解,这样在评价时才能做到客观和准确。另外,还应在听课前认真阅读教材,了解这一课的教学目的、教学内容、重点、难点及练习等,同时自己设想一下,假如是自己讲授这样的课,准备怎样教,以便听课时有个对比。如果听课前不做准备,匆忙走进教室,不理解上课教师的教学意图,不熟悉教材,就不会有较大的收获。只有做到评课前有准备,才能在听课中发现教师的经验和找出闪光点,才能在评课中提出恰当、中肯的意见和有指导意义的建议。

（2）了解执教者的基本情况。在评课时事先了解授课教师的情况，能使评课的作用最充分地发挥出来。上好一节课的决定因素在教师，教师的教学水平取决于教师的素养、能力。我们应对教者的基本情况有所了解，这样才能根据教师的具体情况进行具体分析，对不同层次的教师的课作出有针对性的评价。如：对业务能力差的教师，用骨干教师评课标准去评议他，那他的课会毛病很多，这会挫伤了他的积极性和自尊心；对业务能力较强的教师，你用低水平的标准评议，对他的再提高就没有帮助，这就显然失去了评课的意义和功能。

（3）确定听课重点。教学评价的内容广泛，如果要对课堂教学的方方面面进行观察和评价，不仅对评价者而言不太现实，而且容易使评价流于宽泛，缺乏针对性，无论是对听课教师还是对授课教师而言，帮助都不大。因此，教师在听课前必须确定听课的重点，以便听课时能有目的、有重点地观察记录，而不是不分主次地观察所有的教学活动。只有这样，评课时才能以详尽的事实作为依据，有重点地进行评价。一般每次听课最多确定两到三个听课重点，因为无论评价者的经验有多丰富，要求他注意太多的听课重点都是不现实的。

那么怎样确定听课的重点呢？首先可以根据评价对象的意见确定重点。有些评价对象认为自己的教学语言不够精练，听课者就应该如实地记录教师的语言，特别是教师的过渡语；有的评价对象认为自己课堂教学结构安排不够合理，不能很好地控制教学时间，评价者就应该记录教师在各项教学活动中的用时，在听课后的反馈中与授课教师讨论、交流哪些地方讲得不够，哪些地方过于拖泥带水，哪些是可以省去的不必要的环节，从而促进教学水平的共同提高。

还可以根据评价者的意见确定听课的重点。例如评价者在对评价对象作了一定的了解后，认为该教师的课堂提问没有启发性，或者评价者根据最近一段时间的课堂观察经验，认为目前教师普遍存在着提问方式不当的问题，那么就可以把对提问技能的观察作为重点。听课者应该如实地记录教师提出的问题以及学生的回答，然后在听课后的反馈与讨论中，与教师探讨一下提问的技巧和效果。例如，可以把教师的提问分为：识记和再认性问题（即只需找到书上的词语即可回答，或者只需回答"是"、"不是"、"对"、"不对"的问题）、归纳和推理性问题（即需要用自己的语言进行归纳和推理的问题）、创造性问题（答案不唯一，需要学生提出自己独特见解的问题）等，指出教师各类提问的多少，恰当的提问有多少。提问应该难易交叉，既考虑到基础知识教学的需要，也考虑到创造力培养的需要。

随堂讨论

根据自己的评课经历，谈谈在评课前应做好哪些准备工作。你是如何确定评课的重点的？

（4）设计观察记录表和评价表。听课前如果能够根据听课重点设计一份记录表，就会提醒自己观察的方向、注意的要点，并能防止记录不全或记录混杂。一般的课堂记录表的表头包括班级、教师姓名、课题、听课时间等。记录用的课堂记录表可以分为两栏，一栏为课堂教学实录，另一栏为评析。如表14-1所示。

表 14-1 听课记录表

授课教师：	年级：	班级：
教学科目：	章节：	时间：
课题：		第＿＿课时
课堂实录		评析

课堂教学实录一般包括教学环节和教学内容，以及教学时采用的方法（多以记板书为主），各个教学环节的时间安排，学生活动情况，教学效果等。但是一堂课教学设计的内容很丰富，要非常详细地记录每一细节，是很难办到的，因此，应该有选择地做好记录，在设计记录表时，不妨采用分类法，根据听课重点设置几个栏目。例如对于新手教师或实习生，在教学时间的分配以及提问和过渡语上通常存在较大问题，这时可以将课堂实录栏再细分出三栏：第一栏记录"教学环节和时间"，第二栏记录主要提问和过渡语，第三栏记录板书和投影。如果听课重点是看"学生怎么学"，那么就有必要专门列出一栏记录学生的提问、回答和活动。通过分栏，可以对授课教师的表现进行有类别的记录，听课更有方向，评课更能突出重点。课堂记录也可以根据个人习惯，而采用综合描述或对话记录的方式。这种方式比较适合有经验的评价人员。

评析一栏主要记录自己当时听课时产生的随感和评价，包括对教学方法选用、教学环节的优化、教学语言的特点、教学思想的体现等的思考和评价。一般来讲引起听课者思考的多为如下方面：① 施教者亮点即成功之处，比如一种好的教学方法，一个巧妙的教学设计，一种新的思维方式，对某一问题的独特的处理技巧，对某意外事件的巧妙处理，一个巧妙的引入过渡承转，独具匠心的留白，甚至是一句实用的话，一个贴切的词语；② 施教者瑕点即不足之处，回顾、梳理和剖析这些"败笔"之处，重新思考设计，在以后自己教学时得以改进和提高，同时以此为鉴，也可以使我们在以后的教学中少犯或不犯同类错误，减少失误，提高教学水平；③ 学生的困惑和独特见解发现，可以使我们了解学生的思维，对教学设计的疏漏进行补充和完善；④ 听课者受启发闪现出来的灵感，马上记录下来可供评价交流探讨。

对于一些考核性的评课，听课前往往还会为评课者准备一份课堂教学评价表。这些评价表是在评价指标和评价标准的基础之上设计的表格或问卷，听课者可根据其中所列项目确定观察要点，以便将观察到的表现与表中选项对应打钩，如表 14-2 所示。

在一些基层的课堂教学评价活动中，常常采用评价表的方式，把指标分为优秀、良好、合格、不合格几等，或者让评价者给每个指标按 5 分制的标准打分。为了避免不同评价者对每个等级的标准理解不一，评价表中应该列出对不同等级表现的描述作为参考。这种评价表指标以及标准一目了然，对于评价经验不够丰富的人员比较有帮助。但是这类评价只给出结论，对教师教学水平的提高难以有切实的帮助。着眼于教师发展的评价应避免采用这种简单的方式。发展性评价是对教师个人的教学水平和个人的进步所作的评价，而不是与他人作比较。所以，在使用评价表的同时，"质"的描述也是必不可少的。此外，课堂教学评价的标准不是一成不变的，"好课"的标准不是绝对而是相对的，探究教学法也不是适用于任何教学内容、任何课型的。因此，课堂教学评价还要根据学科特点和教学阶段选择适当的指标，而不是用划一的指标来评价不同类型的课，评价表应当在充分考虑评课的目的、类型以及评价的对象基础上来编制或选用。

表 14-2 课堂教学评价表

评价指标	评价要点	A	B	C	D	说明
教学目标	符合课标要求,体现教材特点					
教学目标	面向全体学生,切合学生实际					
教学目标	明确三基要求,渗透情感教学					
教学内容	教学容量适当,教学重点突出					
教学内容	内容难易适度,联系学生实际					
教学内容	拓展延伸适宜,融入科学前沿					
教学方法	创设课堂情景,调动学习兴趣					
教学方法	利用先进手段,灵活运用方法					评课教师可以在此栏写下评价依据,或者授课教师在授课过程中有缺失的地方,以便以后参考及改进
教学方法	讲练有机结合,导给学习方法					
学习状况	学习目标明确,学习兴趣浓厚					
学习状况	实验操作规范,参与探究积极					
学习状况	善于观察思考,培养自身能力					
学习状况	发表个人观点,乐于合作交流					
教学过程	教学思路清晰,课堂结构合理					
教学过程	详略安排得当,设计新颖引人					
教学过程	时间分配合理,调控应变自如					
教师行为	仪表端庄大方,举止从容优雅					
教师行为	授课精神饱满,教态亲切感人					
教师行为	语言生动准确,演示板书规范					
教学效果	设计风格独特,达到教学目标					
教学效果	发展学生能力,培养学生兴趣					

14.3.1.2 听课阶段

(1) 进入课堂。评价人员应该在上课前就进入教室,坐在教室的最后面或者教室的某个隐蔽的角落。这样既能看清学生和教师的活动,又能避开任课教师的视线,从而尽可能地减少对任课教师的压力和对学生视线的干扰,消除由于听课给课堂带来的负面影响。

(2) 听课记录。从授课教师进入课堂开始,评价人员就应该进入记录状态,将教师和学生的语言、行为、活动转换的时间记录下来。记录时尽量避免与教师和学生的目光接触,以免干扰教学过程。

在听课过程中可以观察记录的内容很多,如教学内容、教学方法、教学效果、课堂环境和课堂气氛等。要完整地记录教师和学生的一言一行是不可能的,记录内容必须根据评价的重点有所选择。还应及时把自己对教者某一教学环节的感受写在听课笔记相对应的地方,作为评课的直接依据。经验丰富的评价人员比较重视记录教师的导入和过渡语、教师的提问、教师独特见解、教师对学生回答问题或完成情况的反馈、学生的提问、学生独特的见解、典型错误、学生在听课时的表现、学生在小组活动中的表现、各项教学活动所用时间等。通过对这些内容的记录,可以分析教师的教学设计、教学方法和教学效果。例如,教师的导入和过渡语体现了教师对教学的设计和构思,经验丰富的教师都非常重视课的导入以及不同教学活动之间的过渡和衔接,力求流畅、自然、吸引学生的注意力和兴趣。再如,记录教师对学生回答问题或完成情况的反馈,可以看出教师是否贯彻了有效教学的一些原则:采取积极的态度肯定学生,理解和关注学生是如何学习的,以及他们学到了什么。记录学生的回答和表现可以了解学生的学习效果。记录上课开始的时间和各项活动实际占用的时间则有助于了解教学结构和时间分配以及授课者的授课重点。这包括：① 计算教学环节的时间分配。要看教学环节时间分配和衔接是否恰当，要看有没有"前松后紧"或"前紧后松"的现象，要看讲与练时间搭配是否合理等。② 计算教师活动与学生活动时间分配。在课堂教学中，教师应努力为学生的主动学习提供足够的自主学习的时间。一堂课必须有二分之一以上的时间让每个学生都能进入读书、思考、练习、交流等学习活动。我们在评课时就要看有没有教师占用时间过多、学生活动时间过少的现象。③ 计算学生的个人活动时间与学生集体活动时间的分配。要看学生个人活动、小组活动和全班活动时间分配是否合理，有没有集体活动过多，学生个人自学、独立思考和独立完成作业时间太少的现象。④ 计算优差生活动时间分配。要看不同层次学生活动时间分配是否合理，有没有优等生占用时间过多、后进生占用时间太少的现象。⑤ 计算非教学时间。要看教师在课堂上有没有脱离教学内容，做别的事情和浪费宝贵的课堂教学时间的现象。

（3）记录方法。为了尽可能记录丰富的内容，课堂记录可以根据个人的习惯采用一些速记的方法，记一些关键词，起到提示作用，在课后整理时再及时补充使之完整。也可以采用符号作评论，如用"√"、"×"、"☆"分别表示学生回答正确、错误、有创意、鼓励等。对于一些实验课、技能课等也可采用图表记录法，将操作程序用流程图表示出来。

14.3.1.3 课后调研、整理阶段

（1）整理记录，完整直接资料。整理听课记录的主要任务有两个：一是理清课堂教学的结构和思路。听课记录也是评价者领会教师的设计思路和教学活动安排的过程，听课结束后，虽然作为评价人员，说出课堂教学的基本结构和基本思路不成问题，但重新看一遍课堂记录，对课堂教学的过程和思路进行再次梳理仍然是必要的，有利于对教师的教学设计和结构安排作出统筹考虑和评价。二是把重要的细节补充完整。听课时，由于来不及把细节记录下来，只是大概地记一两个提示性的关键词，所以听课结束后要及时整理，时间一长就回忆不起来了，就会损失很多有意义的内容。三是针对听课重点对课堂记录表进行整理分类统计，得出结论。例如为了查明教师提问所涉及的学习水平，可将记录下来的教师的提问进行分类：识记和再认问题、归纳和推理性问题、创造性问题等，并统计各类提问的多少，从而看出教师提问存在的问题，作出合理的令人信服的评价。

（2）访谈学生，获得间接信息。对于课堂教学效果如何，学生是最有发言权的。因此要评价一节课，除了听取教师讲课的过程和观察学生在课堂上的反应外，最好还要搜集学生的反映，特别是在诊断性评价或研究性评价中。听课教师在课后可选择几名不同层次的学生进行调研，了解他们的体验和感受，这样，教师在评课时就会更加客观、科学。一是在课后发放问卷和调查表让学生填写，也可以借助于测试手段，也就是当上完课时，评课者出题对学生的知识掌握情况，当场做测试，而后通过统计分析，对课堂效果作出评价。在大样本的比较研究中用这种方法的比较多。二是课后与一些学生个别交谈，了解他们对所教内容的掌握程度以及对教师教学方法的意见，例如可以将教师提出的问题变化一下方式来问学生，或者针对学生课堂上的回答或练习的答案进行反问："真的是这样吗？""你能肯定是这样回答吗？"或者举一个反例让学生辨析等，主要目的是看看学生是不是真的掌握了。

（3）拟好提纲，确定评价重点。写提纲之前，应先对所听的课进行较全面的回顾，再看看教材，翻翻听课笔记，在认真分析的基础上，拟出评课的提纲，如本节课的优点或经验、主要特点、不足和需要探讨的问题、建议等。

14.3.1.4 评课阶段

如果不借助录像设备，仅仅依靠眼看、耳听、手记的信息，很难做到定量的评价，所以课堂听课评价以定性描述为主，必要时辅以量表评价。定性描述的评课主要从教学目标、教学内容、教学方法和手段、教学结构、学生参与情况和学习效果等几方面阐明这节课的得失，既要有观点又要有依据，要体

现这节课的"质"。为了突出重点,一般选择比较有意义的、有典型性的方面作点评。评价还要从建议的角度,指出可供选择的改进做法。评课要想评出观点、评出水平、评出实效,必须体现以下几点:

(1) 客观公正。评课应尊重事实,本着实事求是、客观公正的原则评价课堂教学。通过听课仔细观察授课教师的课堂教学行为,这是评课的主要事实依据。评课过程中采用的一些测评数据,必须是真实可靠的,没有任何情感因素和虚假成分。评课结论必须真实反映授课教师现有的教学业务水平,不能人为拔高或随意贬低。另外,评课人必须具备一定的教学理论与实践功底和评课经验,才能够科学、客观地分析评议他人的课堂教学。

(2) 重点突出。尽管我们在前面谈到了评课可以从九个方面去进行,但这并不意味着评课要面面俱到。评课要体现主次分明、重点突出的原则。评课时切忌面面俱到,平均用力,主次不分。无论是教学中体现出特色的地方还是需要改进的地方,都应抓住问题的主要方面,结合实际教学过程,详细地进行分析评点;而次要的则宜简略地讲,点到为止。评课还应做到语言简洁,观点鲜明,条理清楚,重点突出。

(3) 理论联系实际。评课既不是生硬的、泛泛的理论说教,也不是简单的、细琐的教学行为描述,而是一项理论性很强的实践活动。评课要注意理论联系实际,将教育教学理论与课堂教学环节紧密结合,围绕着"如何教"来阐明观点,切忌泛泛而谈和平铺直叙。例如有些评价者只给出优秀、合格、不合格这种简单的结论,或只说"不错"、"讲得比较熟练",这种笼统的反馈意见,这些模糊的评语,对被评价者并没有多大的帮助。所以,评课不仅要有教育教学理论的科学铺垫,而且要有教学例子的有力论证,说好要指出好在什么地方,说不好也要指出不好在什么地方,做到夹叙夹议,这样的评课才具有说服力和感染力。例如,一位教师在评点一节化学课时说:"这节课有采用探究教学方法的意图,但教师没有调控好,表现在学生讨论时没有让学生充分发表意见,暗示太多,对学生回答中的错误也没有解释清楚,可能是因为课堂时间不够的原因。关键是在教学时间结构上安排还可以更合理一些。教学重点没有抓准,作为高一化学必修课,化学反应速率的计算只要求简单应用,然而你在教学中花了一半的时间进行化学反应速率的计算讲解和练习。这里只需要举一两个简单计算的例子和练习就可以了,重点应放在影响化学反应速率的因素及其在生活中的应用上。"

(4) 激励性、指导性。任何形式的评课必须是建立在对授课教师尤其是新教师具有激励作用的基础上。通过评课活动,起到调动教师教学研究的积极性作用。评课者要以帮助者、促进者的身份,站在授课教师的角度来考虑、分析问题,用诚恳的态度提出中肯的意见,充分肯定闪光点,以激励为主,对教学中出现的问题,从建议的角度,指出可供选择的改进做法,同时要注意语言的技巧、发言的分寸,评价的方向和火候,以便发挥评课的效益功能,起到推动教学工作健康发展的作用。

(5) 差异性。这就要求评价时根据不同的课型、不同的受评对象,做到因课制宜,因人而异。如前所述,教学过程是极其复杂的系统过程,任何一种因素都会对上课产生影响,用一个标准或少数几个标准是无法进行教学评价的,而任何一个标准也是不能对所有的教学进行评价的。因此评课时要具体问题具体分析,针对不同的课型,采用适宜的评价标准。而对于不同水平的授课教师,评课的重点也要因人而异。例如对能力较弱的教师,评课的侧重点宜放在备课、上课等教学基本功是否扎实方面,评课的目的重在鼓励和引导他们尽快入门;而对教学能力较强的教师,评课的目的则是在充分挖掘、总结优秀教学经验的同时,全面深入地提出教学中仍存在的问题,使教学精益求精。甚至面对个性不同的授课教师,评价人采取的语气和评价策略也要相应改变。

(6) 艺术性。评课要讲究说话技巧,掌握谈话的方法与策略。评课的语言要做到简明、易懂,避免晦涩、生僻,语气要平和谦虚,避免说教的口吻。评课还要注意人的心理变化,掌握评议的尺度。例如,对性格内向、自尊心强的教师,评课者宜采用委婉含蓄的语言指出问题所在,或者保留部分问题在私下交谈时再议。此外,提出教学建议时,尽量使用商量的语气。评课者要以帮助者、促进者的身份,站在授课教师的角度来考虑、分析问题,用诚恳的态度提出中肯的意见,这样的评课才能使授课者和听课者都容易接受。

在这里还要提出以下几点注意事项:

(1) 及时反馈。通过评课及时获得有关教与学的反馈信息,判断教学过程是否有效,从而提高教学水平,这是评课利用反馈原理而起到的改进作用。因此听课结束后要"趁热打铁",及时反馈。特别是需要使用评价表评分的评课,评课人的评分应当及时,如果评课时间拖延较长,就会淡化评课印象,这样也会造成评分误差,因此,评课最好当堂打分,或课后 30 分钟以内进行。如果需要集体讨论后才能给予反馈,或者采用录像滞后评价方法,也必须抓紧时间,否则会使接受评价的教师感到不安,时间一长,教师也忘了你是针对他哪一节课、哪一个问题来说的,从而丧失了评课的意义。

(2) 发扬民主。评课要发扬民主,调动每一个参与者的积极性,尊重每一个人的问题与建议,做到人人敢讲,畅所欲言。评课不能把授课教师排除在外,也不能仅仅由专家评,应该让所有参与听课的人都来评价,包括听课的学生。针对听课中出现的问题,评课者与授课教师通过充分的沟通与交流,民主讨论,可以使评课在不同层次、不同角度得到升华,让参与的教师能博采众家之长形成一己之技。

(3) 统一认识,统一标准。这一点是针对使用课堂评价量表进行评课而言的。因为评课是以评课人的主观感觉为评判依据的,由于评课人知识水平、教学能力、教学观念等不同,在评课中对某些问题会产生不同认识、理解,在评课时会造成认识上的误差,因此评课人在评课前应先学习评课要求,统一认识,统一思想,统一标准,将"量化"过程中的误差降到最低。

资料卡片

14-2 评课中存在的主要问题

调查显示,当前评课活动主要存在以下问题:① 为完成规定任务,三言两语敷衍了事,流于形式;② 看人评课,印象好评价好、印象差评价差;③ 只讲优点不说缺点,或者放大优点缩小缺点,皆大欢喜;④ 人云亦云,缺乏主见和创意;⑤ 一人做中心发言,其他人零敲碎打、浮光掠影;⑥ 评课观念陈旧,与新课改理念相悖;⑦ 评价标准单一、呆板,过于模式化。

14.3.2 评课的方法

评课效果如何,方法很重要。方法得当,效果就好,否则就会失去评课的意义。评课方法的选择与个人的教学经验、上课的课型和评价对象等有关。下面根据评课视角的不同,介绍几种常见的评课方法。

(1) 片段分析。片段分析法是对一堂课某个教学片段进行针对性评析,以达到优化教学环节、提高教学实效的目的。用片段分析法评课虽然是对某个片段进行评析,但往往能"管中窥豹、可见一斑"。通过对某个片段的分析,可以反映出整堂课的基本情况和教师的教学状况。有时,也可以就多个片段进行对比分析和跟踪研究,从而获得教学的新发现。

运用片段分析法评课时,要把握好片段的针对性和分析的有效性。如针对导入、讲授、练习等环节进行研读与分析,挖掘教学现象的背后原因,揭示教学的本质特征;就学生的操作活动、探究活动、讨论活动、小组活动、自学活动等现象展开评议；从教材的处理、教学的理念、教法的选择、学法的指导、师生的互动、能力的培养、媒体的使用诸方面进行较深入的分析，以达到研究现象、分析成因、提供对策、改善教学的目的。用片段分析法评课可操作性强，较多应用于校本教研中主题式研讨，适用于研讨型、诊断型、观摩型的课堂分析活动。

(2) 问题探讨法。问题探讨法就是针对教学中存在的问题所开展的研讨评析，并通过这一活动获得对教学问题的解读与解决。问题探讨法的问题可以通过三个途径获得：一是学校教师日常教学或听课中发现的教学问题，二是学科教学中普遍性的问题，三是根据教学发展的需要落实某些新的教学思想方法所提出的教学问题。这是一种开放性的评课活动，也是一种开放性的研究任务。它强调的不是给课的优劣下结论，而是从课中产生一些研究的课题，使这节课不是教学研究的终点，而是教学研究的起点。

用问题探讨法评课时，可以就新课程教学实践中出现的问题，提出解决方案并实施，然后根据教学活动进行分析探讨，进而形成解决问题的策略。为此，一方面要了解现阶段教学实践中的热点问题，另一方面要把本校教师在教学实践中的疑难与困惑提炼成教学问题，开展校本研究，通过实践—研究—再实践—再研究的过程改进教学。

用问题探讨法评课，有利于形成良好的教研氛围，澄清一些模糊或不当的认识与做法，落实新思想、新方法。由于这种方法非常具体地提出或解决了教学中的问题，常应用于校本教研活动、教师日常教学以及学校课题研究中的教学研讨活动中。

(3) 解读评点法。用解读评点法评课是对课堂的解读与评点。它包含两层意思：一是诠释备课与教学的意图，理解教学思路，二是对教学过程的评析。评课时，通常将一节课划分成若干环节或段落，按照"总—分—总"的思路进行剖析，通过阐明该课的背景，分析每个环节的得失，从而形成对全课的总体看法。

为了有效分析课堂教学结构和研读教师的教学状况，可以针对某节课进行解读与评析。首先是背景分析，包括说明设计这节课的理论依据，明确这节课所要解决的教学问题，对教学内容与学生情况开展分析，提出有针对性的教学设想和措施，然后将这节课的课堂实录分成几个环节进行分析，最后就全课作总评。

通过解读评点法评课，有利于研究课堂结构、形成教学规范。在示范课、展示课的评课中，教师往往用解读评点法进行评析。用解读评点法评课，可以对某节课的教学实录进行剖析，也可以就某节课的教学设计进行解读评点，是一种常见的评课方法。

(4) 塑造评议法。用塑造评议法评课，其目的是塑造，手段是评议，评议是为塑造服务。它以执教者为主体，关注的是教师教学风格的形成和专业水平的提高。评议重点不在于"讲课"，而在于塑造"人"。在评议时要把握好两个方面：一是要根据教师发展的要求和教学的规范，结合教师的年龄和教学特点，规划教师教学发展的方向；二是要通过对课堂教学的评议，发现教学中存在的问题与教师的潜能，帮助执教者找到适合其个性的最佳教学行为，提炼并逐渐形成教学风格。

用塑造评议法评课在帮助教师建立教学规范、积累教学经验、形成教学风格上发挥着积极作用。当然，塑造评议法对教师的教学塑造不能仅仅依靠孤立的一节课，而要进行长期跟踪评议才能获得理想的效果。这种评课方法常用于日常评课活动中，也适用于对不同类型的教师所进行的培养过程中。

(5) 特色鉴赏法。特色鉴赏法是指对一堂课中的某些与众不同的、新颖独特的做法与创新之举进行评析，其关键是能否有效提炼特色，鉴赏能否引起共鸣。这就需要评课者有宽广的胸怀和敏锐的眼光，善于发现并洞察每一个教学活动的创新之举。评课时要把理论说得朴素些，把实践说得理性些，要把这些"特色"置于整节课的环境中来分析，挖掘现象背后的教育价值和理论基础，揭示教学中的规律性,弘扬执教者的个性、特点和风格。

特色鉴赏式评课的立足点是鼓励教师的教学创新,挖掘教师的教学亮点。可以从教师的语言、教学组织上发现特色,也可以从教学活动的设计与实施上提炼创新之举。如在情境创设、教学活动、练习设计等方面都值得评课者评析。评析时,首先要求评课者能够发现执教教师的特色所在。其次,要分析这些特色是否对教学起到积极作用,是否符合现代教学改革要求,教学活动的科学性、有效性如何。同时,要看这些活动是否激发了学生的有效学习和思维碰撞,是否促进了学生发展。用特色鉴赏法评课有利于发现教学人才,有利于提炼教师的新经验、新模式和新方法,也有利于引领教学改革的方向。特色鉴赏法评课的评议对象往往是学校的骨干教师,适用于示范型、观摩型的课堂评价活动。

(6) 整体评价法。整体评价法就是对一堂课进行全面的分析与评价。用整体评价法评课能够比较客观地对一节课的质量和教师的教学水平作出整体评价,是通过对一堂课的特色之处、成功之处以及存在的问题进行深入、细致、理性的剖析,获得对教学的感悟和把握。

整体评价法评课,一般从定量和定性两方面整合教学评价。一方面评课者通过一个评价量表来规范评价的要求,包括目标定位、教材处理、教学过程、教学效果、教师素质等几个项目,每个项目都有具体指标。评课者须以这些指标为依据,对这节课进行量化打分,最后得出该课的量化结果。另一方面,评课者根据自己的教学经验和学识水平,结合听课中的理解与思考,定性描述这节课的优点、问题并提出意见与建议。由于整体评价法能合理、全面地评价一堂课,因而它比较适用于比赛型、鉴定型的课堂教学评价。

以上几种方法既可以独立使用,也可以综合运用。不论采取哪种方法,都要用事实说话,并在教学中发现、提炼问题,以追求课堂教学效益的最大化。

14.3.3 评课的技巧

在以上程序和方法的指导下,我们能对一堂课进行正确的评价,但是要让评课效果达到最佳,还应该在实际评课中采用些技巧。

(1) 要抓主要矛盾。即使是一节好课,也不能尽善尽美。评课中,更不可能面面俱到。因此,应根据上课教师探讨的目的和课型,根据听课的目的和要解决的主要问题,抓住课堂教学中的主要问题进行评论。如这节课的目的是探讨如何在课堂教学中培养学生分析问题和解决问题的能力,评课时就应该把重点放在培养学生分析问题和解决问题能力的成功经验和存在的问题上,其他方面只作次要问题略提即可,切不可冲淡中心。

(2) 要采用多种形式。评课要根据其范围、规模、任务等不同情况,采用不同形式。对于检查评估性听课、指导帮助性听课、经验总结性听课应采用单独形式评课,即采用听课者与执教者单独交换意见的形式进行。运用这种形式,灵活机动,可随时进行,并且能中肯地研究解决在公开场合不易解决的问题。对于观摩示范性、经验推广性、研究探讨的群体听课活动,应采用集体公开形式评课,通过集体讨论、评议,对所示课例进行分析评论,形成对课堂教学的共同评价,以达到推广经验的目的。

14.4 化学评课技能的评价

核心术语

◆ 定性描述　　◆ 定量统计　　◆ 评课技能评价量表　　◆ 评课案例

14.4.1 化学评课技能的评价

教师评课是一种技能,能准确把握听课重点,合理给出评价是一个教师能力的体现,也能促进评课教师自身的发展。因而对评课技能的评价就成为学校领导及教师所应关注的内容。如前所言,评课可采用定性描述与定量统计两种方式,同样,对评课技能的评价既可依据评课应遵循的原则进行"质"性点评,也可采用量表形式统计得分,或者将这两者方式结合起来使用。

评课技能评价量表,应根据评课应遵循的原则作为评价标准来编制,制定者本人应对评课原则及方法了解后才能制定出合理的评价量表。如表14-3用于评课技能量化评价。

表 14-3 评课技能量化评价表

日期:_____ 任课教师:_____ 课题:_____

评价项目	权重	评价等级			得分
		优	中	差	
① 客观公正,实事求是	0.15				
② 兼顾整体,突出重点	0.20				
③ 理论联系实际,有理有据	0.20				
④ 激励为主,提供指导	0.15				
⑤ 因课制宜,因人而异	0.15				
⑥ 语言精当,语气平和,态度诚恳	0.15				
总分					
您的补充意见或建议:					

14.4.2 化学评课技能案例示范

案例1 "化学反应的限度"评课稿[①]

陈学浩老师这一节课的课题是"化学反应的限度",主要内容为"可逆反应"和"化学平衡状态"。在简短而又精练的导入之后,老师用同样的方式处理了以上两个内容,即老师先给学生一段时间,让学生带着问题阅读课本,然后对学生进行提问,接着老师进行精讲点拨。最后老师给出大约10分钟的时间进行有针对性的训练。陈学浩老师今天全方位展示了一节新课程下较成功的公开课。

一、从教师教学基本功上分析

教学基本功是教师上好课的一个重要方面:

首先,这节课条理性强,教态自然,情绪饱满,节奏准确,语速适中,讲解透彻,讲课从容不迫,富于启发性。陈学浩老师设计了许多小的问题,引领着学生亦步亦趋地紧跟老师的思路,因此学生思路非常顺畅,接受情况良好,基本上没有什么障碍,真正做到了小坡度、密台阶。

其次,授课过程思路清晰明了,富于逻辑性。每讲解一个知识点,都先提出问题,让学生带着问题阅读教材,然后精讲点拨。因此学生有充足的时间感知教材,有充足的时间思考问题,所以学生发言积极,参与度很高,课堂气氛很活跃。

最后,教师能熟练运用多媒体等教具,实验操作成功熟练,实验现象明显,极大地引起了学生对于学习化

---

① 蒋永军.陈学浩老师公开课[EB/OL]. http://www.hzez.com/E_ReadNews.asp? NewsID=546.

的兴趣。考虑到学生的知识迁移能力和概括能力还不是很强,教师对教材进行了处理,增加了一些演示实验,让学生通过预测、观察、对比、分析、归纳,得出结论。

二、从教学目标和设计上分析

教学目标是教学的出发点和归宿,它的正确制订和达成,是衡量课好坏的主要尺度。现在的教学目标体系由"知识与技能、过程与方法、情感、态度与价值观"这三个维度组成,体现了新课程"以学生发展为本"的价值追求。如何正确理解这三个目标之间的关系,也就成了如何准确把握教学目标,如何正确地评价课堂教学的关键了。

陈学浩老师就准确地把握了这点。通过英国工厂加高烟囱事例引入,然后在教学设计上紧扣学生在日常生活中可以感受到的问题展开,通过现实与现有知识之间的不一致,使学生在矛盾冲突中,加强了质疑,更全身心地投入到新课的各个环节中。

此后的教学过程中,他也不断地体现着"从生活走进化学,从化学走向社会"这个想法。组织学生自行预习新课内容,做到有的放矢;通过视频播放和提取生活经验,创设了几个不同的实验情境,学生一边兴致勃勃地预测实验结果,一边仔细观察实验现象。教师一边引导学生积极思考,一边有序地做着实验。随着实验的进行,引导学生思索并归纳有关知识,培养了学生从多方面思考问题、认识事物的习惯。

三、从教学程序上分析

这节课对学生阅读、思考、回答、总结等教学环节的时间分配适当,教师也从学生即时的反馈中调整教学步调,做到教学预设性和生成性的和谐统一。

整堂课围绕重点和难点,教学思路设计层次清晰,结构安排紧凑合理。纵向联系学生已有知识,横向联系前后专题内容,做到了承前启后,环环相扣,过渡自然,时间分配合理,密度适中,效率高。

四、从教学效果上分析

看课堂教学效果是评价课堂教学的重要依据。本课从提出问题到分析问题、解决问题后又诱使学生提出新的问题,从问题开始,最后又以问题结束,体现了一种全新的以问题为主链的课堂学习模式,教学效率高,学生思维活跃,气氛热烈,双边活动较多。大部分学生参与了课堂教学中的思考过程。按照课程标准的要求,不仅学生的化学知识与技能,还包括解决问题的能力、思考能力和情感、态度、价值观都得到了发展。此外,学生受益面大,学生不同程度地在原有基础上都有进步。有效利用45分钟,学生学得轻松愉快,积极性高,当堂问题当堂解决,学生负担合理。

陈学浩老师的课没有明显的不足,提一点建议:课堂活动模式是否可以尝试改为:创设情境→探究活动→分析问题→探究加深→掌握新知。如先提供实验现象开始新的学习,学生们马上充满了好奇,然后教师就顺水推舟地告诉学生要探究的主题。教师提供有关实验材料,学生先分组讨论,拟订实验方案,然后利用实验探究。教师参与其中,有效地加以引导、启发。学生实验完毕后,各小组汇报实验研究情况,小组间互相交流,从而理解化学反应的限度原理。最后教师设计问题情景让学生分析实际问题。

案例2 "金属的化学性质"——分组实验教学评课稿[①]

洪老师年轻好学,本节课大致分成三大块,即钠的性质、铝的性质、镁铝锌铜分别与酸的反应。让我们来回顾一下学生们的反映。(生:本节课,我很高兴,很开心,增强了我学习化学的兴趣,体会了化学与我们生活的联系,老师与我们的对话,让我对学习疑点有了更深的认识)。看得出,课堂上,学生的心情是愉悦的,学习是投入的,学习效果也不错。我将其归纳为三点。其一,有趣。能亲自动手做实验,观察到神奇的实验现象,学生觉得很有趣味,但不止于此,我认为不能忽视的原因还有:教师的指导很到位,实验效果很好。这是我们特别需要关注的。其二,有用。将化学知识与生活紧密联系,如鉴别真假黄金、用铝锅做酸菜鲜鱼汤等生活现象,让学生感觉化学就在身边。可贵之处还在于,洪老师在学生关注生活之中有化学的基础上,还引导学生用化学科学的知

---

① 吴益平. 听洪绵路、侯作海两位老师课后感[EB/OL]. http://chem.cersp.com/ZJSYQ/ZJXX/200612/2241.html.

识去认识生活、解释生活之中的问题。可谓源于生活,又高于生活。其三,洪老师善于及时给学生以鼓励,课堂气氛很热烈。师生互动、生生互动效果较好,学生在这种氛围中受到感染,学习热情较高。当然,需要防止追求表面热闹的倾向。

两点建议:(1)分组实验中生成性的问题较多,还需要增强捕捉生成性教育资源的意识。(2)与实验室中的实验相比,生活中的化学现象往往要复杂得多,受多方面因素影响,如何处理这个问题,我想,既要引导学生认识事物的复杂性,又要告诉学生认识复杂的事物需要抓住主要矛盾。这里面应该有情感态度价值观的培养了。

本章小结

1. 评课是一项常规的教学研究活动,一般指评课者在随堂听课后对授课教师这节课的教学行为和结果进行的一系列评价活动。评课的作用:导向作用、激励作用、改进作用、鉴定作用。

2. 按评课的目的可将评课分为:观摩性评课、培训性评课、研究性评课、考核性评课;按组织形式可分为:个别面谈式、小组评议式、书面材料式、调查问卷式、陈述答辩式、点名评议式、师生评议式、专家会诊式、自我剖析式。

3. 评课的内容主要包括以下几个方面:评教学目标、评教材处理、评教法运用、评学法指导、评教学过程、评教学效果、评教学基本功、评学生收获;评课的程序一般为:准备阶段、听课阶段、课后研讨和整理阶段、评课阶段。

4. 评课的原则:客观公正;重点突出;理论联系实际;激励性、指导性;差异性;艺术性。同时还要注意:及时反馈、发扬民主、统一标准和认识。

5. 评课的方法有:片段分析法、问题讨论法、解读评点法、塑造评议法、特色鉴定法、整体评价法等,这些方法可以独立使用,也可以综合运用。

6. 通常根据评课应遵循的原则,作为评价标准来编制评课技能量化评价表。

思考与实践

1. 结合新课程评价改革,谈一谈评课的重要性。
2. 常见的评课类型主要有哪些?各有什么特点?
3. 结合具体的案例,谈谈评课主要评哪些内容。
4. 根据评课的程序和方法,设计"观察记录表"和"课堂教学评价表",观察教学录像或者到中学见习,进行评课实践训练。

参 考 文 献

[1] 胡志刚.化学微格教学[M].厦门:厦门大学出版社,2007.
[2] 杨承印.化学教学设计与技能实践[M].北京:科学出版社,2007.
[3] 杨骞.论"评课"[J].教育科学,2002(8).

第15章 化学微格教学训练

> 微格教学将帮助教师加强、改进教学技能和方法,减少失误,并使师范生尽快地建立信心。它不能在一个晚上改变教师或师范生的个人素质和习惯,它不一定能把一个普通教师变成一个天才的完美无缺的教师,但可以把他变成一个好一点的教师。
>
> ——英国微格教学专家布朗

本章学习目标

通过本章学习,你应该:
1. 了解微格教学的含义、发展过程及基本特点,知道微格教学的主要功能;
2. 了解微格教学实施的一般模式及流程,通过实践训练掌握微格教学的设计及其实施;
3. 选取某一化学教学内容,能够和小组同学一起顺利完成微格教学的实施,能够进行自我评价和对其他同学的评价。

15.1 微格教学训练概述

核心术语

◆ 微格教学　　◆ 微格教学的概念　　◆ 微格教学的发展　　◆ 微格教学的特点

15.1.1 微格教学概述

微格教学(Microteaching)又称"微型教学"、"微观教学"、"小型教学"。其创始人之一美国斯坦福大学的 W. Allen 教授对它的定义是:"微格教学是一种缩小了的可控制的教学环境,它使准备成为或已经是教师的人有可能集中掌握某一特定的教学技能和教学方法。"英国诺丁汉大学教授 G. Brown 认为"微格教学是一个简化了的、细分的教学形式,从而使学生易于掌握。"北京教育学院微格教学课题组经过六年的实践和研究,对微格教学作了如下定义:"微格教学是一个有控制的实践系统。它使师范生和教师有可能集中解决某一特定的教学行为,或在有控制的条件下进行学习。它是建筑在教育教学理论、视听理论和技术基础上,系统训练教师教学技能的方法。"在微格教学中,一般将参加培训的学员分成若干小组,对每小组学员针对某一教学内容进行5~10分钟的教学活动,并对学员的教学活动进行现场录像,然后在教师的指导下,组织小组成员一起反复观看录像,进行讨论和评议。归纳起来看,微格教学是培养师范生教学技能和提高在职教师业务水平的一种方法,它以教育教学理论、视听理论为理论基础,以教育技术设备作为硬件支撑。

15.1.2 微格教学的发展

1957年10月苏联第一颗人造地球卫星上天,引发了美国20世纪50年代开始的一场大规模的教育改革。作为教育改革的一部分,美国大学的教育学院对师范生的培训方法也进行了改革。斯坦福大学的教授爱伦(W. Allen)和他的同事们发现,师范生在毕业前进行的教育实习中出现了许多问题,主要有:① 初登讲台的实习生很难适应正式的教学环境;② 每个实习生试讲时间太长,指导教师很难自始至终认真听讲、记录和评估;③ 给实习生的评价意见多属于印象性的,较笼统,实习生难以操作和改正,一般也没有机会立即改正;④ 试讲学生对自己的教学没有直观感受,难以进行客观的自我评估。爱伦和他的同事们经过多次反复的实验,创建了由师范生自己选择教学内容,缩短教学时间,并用摄像机记录教学过程,课后对整个过程进行更细致的观察和研究的教学方法。1963年,爱伦第一个将手提式摄像机带入课堂,应用于师资培训,创立了微格教学。从此微格教学从美国迅速走向世界,在世界各国推广、应用的过程中,微格教学获得了进一步的研究和发展,产生了一些新的模式,有代表性的如澳大利亚悉尼大学模式和英国模式。

澳大利亚悉尼大学对微格教学的开发及应用研究是很有成效的。他们开发出完整的微格教学教材《悉尼微格教学技能》,被世界上许多国家采用。对教材中列出的六项课堂教学基本技能:强化技能、一般提问技能、变化技能、讲解技能、导入技能和结课技能及高层次提问技能,都从教育学和心理学的理论出发加以论述,并且对每项技能都配以生动形象的示范用录像资料。在澳大利亚的微格教学模式中,自我评价贯穿始终。

20世纪60年代末微格教学引入英国,针对已有的微格教学模式,英国人对其进行了改进,出现了两种典型的模式:新乌斯特大学的"社会心理学模式"和斯特灵大学的"认知结构模式"。

斯通斯(Stones)和莫里斯(Morris)指出,微格教学的目的和作用应该转移到加强教学理论与教学实践的联系上来。他们认为,"微格教学是一种有价值的革新,比一般的教学有更大程度的可控性,所以强调理论与实践的关系可以挖掘出更大的潜力,可以使师范生掌握教学模式"。莫里斯将社会心理学的观点引入到微格教学中,对教学中的社会技能进行定义,并且对师范生进行分技能的训练,然后将各项社会技能综合在一起,整体地运用到完整课的教学中。

1977年,这一观点被引入到新乌斯特大学并在微格教学中得以实施。他们认为微格教学需要集合三个方面的要素——计划、角色扮演和反馈认知。他们还强调了与技能相关的理论的重要性,各项教学技能的教学不仅提供音像示范,而且还要说明依据社会心理学所建立的各项技能的理论基础,这样才能使师范生不仅知道如何应用技能,而且还知道什么时候使用它,微格教学不只是关于行为的改进,而且也应该是关于认知结构的改进。

20世纪70年代,在经过几年的实践和研究的基础上,斯特灵大学的麦克因泰尔等人提出了"认知结构模式"。他们发现斯坦福大学模式中的技能描述的反馈评价只停留在技能行为上。他们的研究者认为,师范生关于教学的认知结构在他们的教学活动中起决定性的作用。技能训练和反馈的重要性,在于使师范生的认知结构发生改变,这种改变是通过将各项技能和认知概念有机地结合在一起而形成的。微格教学在世界各国推广、应用的过程中,逐渐产生了一些新的变化,主要表现在:① 在教学时间上,微格教学的时间由原来的20分钟缩短为5分钟,新模式认为5分钟即可形成单一概念的片段课,实际教学时间根据班级人数等实际情况而定。② 在微格教学的环境设置上,初始微格教学时,要从中小学请来真正的中小学生,带来一系列诸如资金、接送等问题,在新模式中,启用同伴扮演学生。③ 小组规模由原来的每组约20人减为4~5人一组。小组规模减小,有助于学生的自我管理,能使每个学员得到更多的锻炼机会。

20 世纪 80 年代,微格教学传入我国,北京教育学院 80 年代中期首次从英国引入了微格教学。从此,微格教学开始在全国各地推广开来。21 世纪以来,随着科学技术的发展,微格教学中的视听技术已是集计算机、网络、多媒体、视频监控、存储、传输技术于一体的数字化系统,这样使得微格教学系统的功能更加强大,同时也为微格教学的进一步发展提供了新的条件,关于微格教学模式的探讨有了进一步发展。

资料卡片

15-1 微格教学训练模式

目前,各学校对师范生的教学技能训练,一般采用的都是爱伦教授主张的新模式(每次训练都在 5~8 分钟)。实际上每节课为 45 分钟,而每节中都要用到多项技能,爱伦的训练模式是把每项技能单独训练,缺乏各项技能的连贯性,也反映不出课堂教学的整体效果。我们尝试了新的训练方式:每次训练在 15~20 分钟,至少要训练四项技能,这样才体现了一节课的完整性。新模式过程如下:

① 理论学习:结合中学教学法的课程内容,对分组学生集中进行教学理论学习,其中包括微格教学理论、课堂教学技能的分类、教学技能的结构和评价指标、教学设计等。

② 观摩示范:有目的地组织学生观摩特级教师的示范课教学,从中学习组织课堂和处理教材的能力。同时还要观看微格教学的示范录像,从感性上学习微格教学的全过程,特别是反馈、评价的方法和目的。

③ 处理教材:以受训小组为单位,从授课内容群中选择一个知识点为训练内容,首先进行教材处理——说课。说课内容包括:该知识点在本学科中的地位、作用、所占比重、与其他内容的联系;说明把握该知识点需要掌握的重点、难点;在教学过程中采取何种辅助教学手段,包括教育技术媒体。在说课过程中,要求指导教师参加,并提供一个可参考的说课方案,以便能及时指导学生,纠正不妥之处。

④ 小组试讲:在对教材进行正确处理以后,学生各自编写教案,进行试讲。试讲后,小组进行讨论和自我评价,提出修改意见,再试讲,直到满意为止。在职教师不必进行这个过程。

⑤ 角色扮演:小组中除一个人扮演教师外,其他人可以扮演学生,这时的指导教师一定要帮助角色扮演者调整好心态,尽快进入角色,才能达到预期的目的。

(田华文.探索微格教学训练模式,提高教学技能训练效果[J].电化教育研究,2003(7):52—54.)

15.1.3 微格教学训练的基本特点

微格教学将复杂的教学过程作了科学细分,并应用现代化的视听技术,对细分了的教学技能逐项训练,帮助师范生和在职教师掌握有关的教学技能,提高他们的教育、教学能力。微格教学训练一般具有如下特点:

(1) 训练内容单一集中。微格教学打破了传统教师培训的模式,将复杂的教学行为细分为容易掌握的单项技能,如导入技能、讲解技能、提问技能、强化技能、变化技能、演示技能、板书技能、结束技能等。每一项技能都是可描述、可观察和可培训的,并能逐项进行分析研究和训练。在教学过程中学生可以根据自己的特点,选择自己的训练目标,有侧重地训练和矫正某一具体教学技能,而且可以把这一教学技能的细节加以放大,反复练习。这种对某一教学技能的集中练习,学生容易掌握,更容易达到预期的效果。培训者在训练过程中逐一掌握各项受训的教学技能,最终提高综合课堂教学能力。

(2) 训练以小组为单位进行。微格教学的实施,一般都以小组为单位进行,而每个小组的人数控制在 10 人以下。这样的组织方式可以让学员有更多实践的机会,也更便于学员之间的交流与讨论,同时也提高了教师的指导效果。

(3) 单次教学训练时间短。微格教学每次教学时间一般是 10 分钟左右,这样,指导教师可以集中精力对每个学生的教学进行指导与评价,改变了传统教学中因为每个学生试讲时间太长,指导教师很难自始至终认真听讲、记录的弊端,同时也方便学生训练单一的教学技能。

(4) 能及时全面反馈。微格教学从其诞生时起,就利用视听设备记录学员的教学过程。受训者可以直接从记录中观察教学技能的应用情况,获得对自己教学行为的直接反馈。而且还可运用慢速、定格等手段在课后进行反复观摩、讨论与分析,克服了时空限制,并能更好地注意到细节问题。受训者不仅得到来自指导教师和听课同伴的反馈信息,更为重要的是可以自己观察到自己的真实教学过程。这样受训者可以从第三者的立场来观察自己的教学活动,产生"镜像效应",可收到"旁观者清"的效果。

(5) 角色转换多元化。在微格教学中,受训者的角色既是学习者,又是实践者。在教学实践阶段,受训者的角色是执教者,将前面所学习的教学技能理论融合到自己设计的微格教学片段中去。在评议阶段,师范生的角色转化为评议者。要用学到的理论去分析、评议教学实践,不仅要评议同伴的教学实践,还要进行自我评议。如此不断地进行角色转换,有利于从不同角度加深对教学技能的认识和掌握。

15.2 微格教学的教学设计

核心术语

◆ 教学设计　　　◆ 微格教学教案　　　◆ 教案编写内容　　　◆ 微型课

教学设计是微格教学过程中的一个重要环节,也是踏入教学实践的第一阶段。在微格教学实施之前,需要根据教学内容和技能训练目标,对微型课的教学方案和教学过程进行设计,如何将要训练的教学技能恰如其分地运用于课堂教学过程,这是微格教学训练中极其重要的工作。

随堂讨论

微格教学的教学设计与教学设计是一样的吗?用通常的教学设计方案去进行微格教学可以吗?

15.2.1 微格教学的教学设计

微格教学的教学设计与一般的课堂教学设计既有联系,又有区别。微格教学的教学设计是一种特殊的教学设计,它遵循一般课堂教学设计的规律和原则,但是它与一般课堂教学设计又有些区别。一方面,一般的课堂教学设计对象是一个完整地单元课,而微格教学通常只是课堂教学内容的一个片段,只是一节课的一部分;另一方面,微格教学的教学目标,除了一般的教学目标外,还有非常重要的一点,即通过训练扮演者应该达到的教学技能目标,在微格教学技能训练的过程中有两个教学目标,一是使被培训者掌握教学技能;二是通过技能的运用,实现中小学课堂教学目标。教学技能是实现教学目标的方法和措施,而课堂教学目标所达到的程度是对教学技能的检验和体现,二者紧密联系、互相依存。虽然微格教学是微型课,但其过程也包括导入、讲解、练习、总结评价等完整的教学阶段,每一个微型课片段,都是一个完整的教学事件,也应该有开头、展开和结尾。在教学设计中要将教学技能进行分解,同时每一个微型课片段又是一项综合技能的运用,如在导入技能的训练中也可能用到提问技能,或演示、教态、语言等技能,因此,在设计微型课时,必须注意到实施过程中各项要素的合理协调,使微型课不仅达到训练主要技能的目的,而且也综合训练其他技能。微格教学的教学设计既要遵循课堂教学设计的原理和方法,又要体现微格教学的教学技能训练特点。

15.2.2 微格教学教案的编写

在微格教学中,教案的编写是一项重要工作,它是根据教学理论、教学技能、教学手段,并结合受训者的实际情况,针对一定的教学内容,为教学技能的训练而提前准备好的方案。微格教学教案的产生建立在微格教学设计的基础之上,切合实际的设计方案是教学的蓝图,对教师准确把握教学进度,合理控制教学时间,及时正确地使用各种教学手段和教学技能具有重要意义。

1. 微格教学教案编写的内容和要求[①]

(1) 确定教学目标。微格教学的教学时间一般比较短,一般选择单一的概念进行教学。教学目标的确定和整堂课教学目标的确定方法一样,只不过对象是课堂教学内容中的一个片段,所以教学目标的确定应立足于本片段当中。

(2) 确定技能目标。即教师课堂教学技能训练目标,不同的学员教学技能的基础不同,所以不同的学员可以选择不同的技能目标。

(3) 教师教学行为。在编写教案时,特别是对于初训者,要把教师在教学过程中的主要教学行为及要讲授的内容详细地编写在教案内。

(4) 标明教学技能。在教学过程中,针对每一个教师的教学行为应当运用哪种教学技能,在教案中都应予以标明。当有的地方需要运用好几种教学技能时,选择其中针对性强的主要技能进行标明。标明教学技能是微格教学教案编写的最大特点,它要求受训者感知教学技能,识别教学技能,应用教学技能,突出体现微格教学以培训教学技能为中心的宗旨。不要误认为把教学技能经过组合就是课堂设计,微格教学设计是受训者根据教学目标,结合自己的教学能力的实际水平,确定教学技能的培养目标,对自己的教学技能有针对性地进行训练的过程,这对师范生来说尤为重要。

(5) 预测学生行为。在课堂教学设计中,对学生的行为要进行预测,学生的行为包括学生的观察、回答、活动等各个方面,应尽量在教案之中注明,它体现了教师引导学生学习的认知策略。

(6) 准备教学媒体。教学中需要使用的教具、幻灯、录音、图表、标本、实物等各种教学媒体,要按照教学流程中的顺序加以注明,以便随时使用。

(7) 分配教学时间。每个知识点需要分配的时间要预先在教案中标注清楚,以便有效地控制教学进程和教学行为的时间分配。

微格教学虽然只是教学活动的模拟,但在实践过程中,也要处理好生成和预设的关系。

---

① 胡志刚.化学微格教学[M].厦门:厦门大学出版社,2007:21.

随堂讨论

随着新的课程改革的实施,对于化学教师而言,出现了哪些新的教学技能?找找看,在这些教学技能中,哪些是你需要重点提高的?

2. 微格教学教案设计案例

微格教学教案设计的具体格式可以是各种各样的,但大致应该包括教学目标、教师的主要教学行为、对应的教学技能、学生的学习行为、演示器材、媒体和时间分配等项目,导师可以设计好表格(表15-1),发给学生用于教案设计。

表15-1 微格教学教案设计表

学科:_____ 执教者:_____ 年级:_____ 日期:_____ 指导老师:_____

教学课题	
教学目标	
技能目标	

时间分配	教师行为	教学技能	学生行为

案例研讨

> 师:[引入]现在各种各样的饮品冲击着我们的"身体",大家说说看都有哪些。
> 生:酸奶、牛奶等乳饮品、可乐、雪碧等碳酸饮料,冰红茶、大麦茶等茶饮料。
> 师:现在渐渐流行起一种新的饮料狂潮——醋饮料!展示并请学生品尝醋饮料。
> 师:用一句话概括你的感受?
> 师:根据标签你能获取哪些信息?
> 生:甲:醋饮料中含有乙酸。
> 乙:醋饮料是以水果为原料……
> 师:标签是商品的语言,我们应该了解标签的意义,读懂标签的内容,这也是我们现代人必备的素质。
> 师:请根据你的生活经历和已有的知识,谈谈你对乙酸的了解(同时展示试剂乙酸)。
> 生:甲:酿醋是以含淀粉类粮食为原料,在一定条件下水解生成葡萄糖,再转化成乙醇,乙醇氧化成乙醛,进一步氧化成乙酸的过程。
> 乙:有刺激性气味的无色液体。
> 丙:又叫冰醋酸。
> 丁:具有酸性。
> 戊:可做调味剂,食醋中约含 3%～5% 的乙酸,可杀菌消毒。
> ……
> (根据学生描述总结出物理性质及化学性质中的酸性)
>
> (马然.苏教版《化学 2》"乙酸"的教学设计[J].化学教学,2008(10):32.)

上述教学片段中教师需要用到哪些教学技能?能否将上述教学过程改写为微格教学教案?

15.3 微格教学的组织与实施

核心术语

◆ 理论学习　　◆ 角色扮演　　◆ 示范观摩　　◆ 反馈评价　　◆ 修改教案

完整的微格教学过程包括理论学习和实践训练两部分,一般具有以下六个过程:微格教学前的理论学习→示范观摩→编写教案→教学实践(微型课堂、角色分析、准确记录)→反馈评价(重放录像、自我分析、讨论评价)→修改教案(图15-1)。微格教学实践训练是内化理论的需要,离开实践的教学理论是空洞的、抽象的,教学理论只有置于教学实践中,与教学实践相结合,才是鲜活的、有生命的,才能被受训者所接受、掌握。

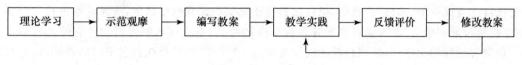

图15-1　微格教学实施过程

微格教学是一个将理论与实践相融合的整体,具体包括如下几个阶段。

1. 理论学习阶段

这一阶段主要分为两部分。第一部分是基础理论,对于高师院校的师范生而言,这一基础理论的学习主要指学习教育学、心理学、教育心理学等基本理论知识以及化学教学论等相关知识。另一部分指微格教学的基本理论。这一部分的学习一般在微格教学实践训练前进行,一般包括微格教学的概念、产生和发展、理论模型和实施步骤、评价及反馈等相关内容。

2. 示范观摩阶段

观看教学录像是师范生积累教学经验的一种重要方式,通过观摩,师范生得以对自己的教学行为进行塑形。对优秀教师的教学行为进行模仿,是师范生提高自己教学能力的第一步。

在观看示范录像前,指导教师要提出具体要求,明确目标,突出重点。在观看过程中,指导教师可以有针对性地提示,提示时要简明扼要,不可太频繁,要让提示起到画龙点睛的作用,引导学员观看和思考。还可以将优秀教学录像和失败教学录像穿插播放,让学生明白哪些是成功教学,哪些是失败教学,成功教学的闪光点在哪里,失败教学的原因是什么,怎样在自己的教学中取长补短。

在观看后要组织学员学习、讨论、模仿。讨论的方式可以让每个学员先写出或说出自己观摩后的体会或感受:示范录像中哪些方面值得自己学习;检查自己的教学与其存在哪些差距。个人学习后,要组织学员集体讨论。集体讨论的重点是交换各自的意见,达成共识,指导教师也要参加讨论,引导学员们形成正确的共识。

观看示范录像是微格训练中的重要环节,作为一名参加训练的高师生或者教师,你觉得在观看录像时应该要注意些什么问题,你观看之前要做哪些准备?

3. 编写教案阶段

观摩了示范之后，接下来是学员自己设计教案，准备微格教学的教案。微格教学的教学内容是正常教学中的一个相对完整的片段。所以微格教学教案的准备以一般课堂教学的教案的准备为基础。在此基础上，要对教学内容中包含的教学技能进行分析，在熟悉教学内容的情况下，重要的是考虑教学技能的运用。

4. 角色扮演阶段

角色扮演是微格教学的中心环节，是受训者训练教学技能的具体教学实践活动，在活动中每个受训者都要扮演教师的角色，进行模拟教学，而小组中的其他成员要扮演学生的角色，配合完成课堂教学。每节微格教学课的教学时间控制在10分钟左右。为了使"角色扮演"的效果更佳，微格教学实践应该注意以下几点：① 角色扮演之前，指导教师要向受训者说明有关角色扮演的规定和微格教学的一般程序。② 角色扮演中，减少模拟课堂上的其他无关人员，缓解扮演者的紧张情绪。"教师"的扮演者要把自己当成一个"纯粹"的教师，把自己置身于真实的课堂教学之中，按照计划进行教学实践活动，训练教学技能；"学生"的扮演者要充分表现学生的特点，自觉进入特定情境。有时也可以让学员扮演一位常答错题的学生，以培训执教者的应变能力。"学生"最好是执教者平时的好朋友，这样初登讲台的执教者能获得一种安全感。

在这一阶段，也可以采取一定的措施来减轻师范生扮演教师角色的紧张程度。如在执教之前，要求小组成员进行友好轻松的小组谈话，在正式讲课前，让执教者在摄像机之前做一段简短的自我介绍，适应一下镜头，等等。

5. 反馈评价阶段

这一阶段一般先由执教者将自己的设计目标、主要教学技能和方法、教学过程等向小组成员进行介绍，然后播放微格录像，全组成员和导师共同观摩，观看录像后进行评议。评议一般由执教者本人先分析自己观看自己的教学录像后的体会，检查事先设计的目标是否达到，找出自己的优点和不足，最重要的是找到自己的不足，作为下次训练的重点；再由全组成员根据每一项具体的课堂教学技能要求进行评议，评议时应以教学技能理论及教学理论作为指导，分析优、缺点，进行评价；提出建设性意见，提出如何做可能会更好，在集体评议中，指导教师要注意引导，营造一种学术讨论的氛围；最后由指导教师进行评议，学习者一般对指导教师的评价都是十分重视的，指导教师的意见举足轻重，因此，指导教师的评价应尽量客观、全面、准确。尽量全面地指出扮演者的优点，尽量准确、有针对性、有重点地指出扮演者的缺点和不足。同时要注意保护学习者的自尊心和积极性，更多地以建议者的身份出现，比如运用"应该怎样做和怎样做更好"这样的语句。

6. 修改教案阶段

教学技能的形成不是一日就可以形成的，作为初学者，需要进行反复的训练。学员对照本人录像，参考教学技能示范录像和教学技能目标及自评和他评的结果，由指导教师组织学员自己修改教案，然后进行训练。学员进行第二次实践，重复上述过程。是否再循环，可以根据培训对象的具体情况及课时安排而定。当然，在课堂教学过程中，各项技能是交织在一起的，任何单项的教学技能都不会单独存在。如培训导入技能，要重点研究导入的方式、新旧知识的联系、情境的创设等问题，在导入过程必然用到语言技能，还可能用到提问、板书、演示等技能，但在训练中暂时对这些技能都可以不考虑，只针对导入技能进行训练。

当各项教学技能都经过训练并达到一定水平以后，指导教师应安排学习者进行各项技能的综合训练，也只有对教学技能进行综合训练，才可能最终形成教学综合能力。

15.4 微格教学的评价与反馈

> **核心术语**
>
> ◆ 反馈　　◆ 形成性评价　　◆ 反思性评价　　◆ 定量评价　　◆ 质性评价

微格教学中的评价是对教学技能的评价,是以一定的目标、需要、期望为准绳的价值判断过程。它通过对各项教学技能指标的考查与分析,对教学构成、作用、过程、效果等进行科学的价值判断,从而评价受训学员的课堂教学技能水平。在教学技能的学习和形成过程中,评价起着重要的作用,没有评价就不能通过微格教学进行技能改进。

15.4.1 微格教学评价的作用

教学评价是依据预定的教学目标,把学生在知识、技能及能力等方面所达到的实际水平同事先确定的教学目标进行对照比较,判断是否达到预期目标和确定哪些方面是下一次行动时需要重点努力的地方的一种行为。微格教学评价的作用主要体现在如下几个方面。

(1) 帮助训练者全面认识和反思自己的教学行为,促进教学的技能的提高。教育学上的传统反馈形式是执教老师上完课后通过回忆听取来自评课者的反馈和来自学生的反馈,但有时执教者很难理解这些评课。微格教学利用了现代化的设备,记录下执教者的教学现场资料,执教者通过观看自己的微格教学录像,结合指导教师和其他学员的评价和反馈,可以很好地理解自己的教学行为。微格教学中,反馈和评价,既有自评,也有他评,全方位的评价有助于受训者全面认识自己的教学行为,并促使受训者形成反思自己教学行为的习惯,有助于其教学技能的不断提高。

(2) 促进训练者之间的教学协作与交流的能力。微格教学通常采用定性或定量的评价方式。定性评价根据反馈信息,结合课堂教学技能的理论,由小组成员提出各种个人的观点和建议。微格教学的组织形式已使研究教学技能的全组师生形成了密切的关系,每位成员都可以直率地提出意见,互相取长补短。微格教学的评价也为执教者本人提供了充分的发言权。这与传统的评课是不同的,这种评价既不是简单地打分,也不是单看教学实践成绩的高低,而是在整个评价过程中发挥集体的智慧,对提高训练者的课堂教学能力起到了重要作用。对于师范生来说,微格教学评议的重点是能让学员对照课堂教学的基本技能要领,看到自己课堂教学的不足之处,从而加以改进,使自己尽快掌握课堂教学基本技能。

(3) 增强了训练者特别是师范生从事教学的心理素质。师范生初上讲台,难免会有紧张情绪,由自己的同学扮演"学生"且参与人数少,减少了怕失败的心理压力。通过观看录像获得反馈信息,然后由小组成员集体评价和执教者自我评价,鼓励了学生的积极参与。有利于师范生健康的人格特征的形成、健康的人际关系的建立有利于专业的发展,在评价和健康的心理发展之间可以形成良性的循环。苏格拉底曾说:"没有接受过审查的生活是没有价值的生活。"微格教学中得到的反馈信息不仅来自指导教师和听课的同伴,更为重要的是还有来自于自己的教学信息,自己可以全面地看到自己上课的全过程。从第三者立场来观察自己的教学活动,收到"旁观者清"的效果,产生"镜像效应"。培养了师范生正面对缺点和不足的心态和积极自我反省的意识,也培养了他们对突发问题的应变能力。

(4) 促进训练者教学理论与教学实践的结合。从信息论的观点来看,让学员观看示范录像是对复杂的教学过程的一种形象化解释。学员从各种风格的教学示范中得到的是大量有声有像的信息,这些信息为他们积累了大量教学实践的间接经验。在微格教学的理论学习阶段,学员从理论上学习分析了各项课堂教学技能的作用、方法和要领;在角色扮演阶段则亲自运用了某项教学技能进行了实践;最后,通过微格教学的评议,可以促进学员将各项教学技能的理论和实践科学地结合起来,从观察、模仿到综合分析,形成了完整的课堂教学艺术。

微格教学的评价是微格教学的一个重要组成部分。评价的重点是在课堂教学的技能技巧方面,评价的目的就在于考查学员对各项课堂教学技能的掌握和提高程度。通过评价可以让指导教师了解每一位学员教学技能掌握的情况并给予及时指导,通过评价可以让被评价者看到自己的成绩和不足,好的地方得到强化,缺点和错误得到纠正,从而提高课堂教学技能。同时通过评价目标、评价体系的指引,可以为被评者全面认识自己的教学技能并明确教学能力提升的方向,为促进教师专业化发展奠定基础。

15.4.2 微格教学评价的性质

微格教学的评价是微格教学的一个重要组成部分。评价的对象是课堂教学的技能技巧,评价的重点是提出有建设性的意见,评价的目的在于考查学员对各项课堂教学技能的掌握情况及存在的问题,促进学员教学技能的提高。

在微格教学活动中,指导教师和学员通过各种活动形式,如理论学习研究、技能观摩讨论、相互听课、角色扮演等,让学员得到多方面的反馈信息。在这一过程中,既有扮演者的自我评价,也有同伴的评价,还有来自导师的评价。参加微格教学学习的个人能学会以前没有掌握的技能要领,能纠正过去尚未察觉的缺点和错误,并明确今后努力提高的方向。微格教学的评价结果不是单纯看被评者的统计得分,而是强调从诊断性评价和形成性评价的比较中来判断价值。无论参与者是师范生还是有一定教学经验的教师,最重要的是提高和发展教学技能。

从评价的角度看,微格教学的评价,既需要进行质性评价,又需要进行量的评价,要坚持质性评价和量化评价相结合,其目的在于全面地认识学员在微格教学训练中的教学技能的掌握和提高情况。微格教学的评价是发展性评价。评价的最终目的是促进训练者教学能力的发展而不是作为奖惩的依据。

15.4.3 微格教学评价的实施

微格教学评价由学员自我评价、小组成员的评价和指导教师的评价三部分组成。评价的顺序一般是由进行微格教学角色扮演的扮演者进行自我评价,然后小组成员之间进行评价,最后由指导教师进行评价。

(1) 自我评价是被评价者按照教学技能评价的目的和要求,通过自查、反省等方式对微格教学训练中的表现进行价值判断,是学生通过自我认识进行自我分析,从而达到自我激励、自我提高的过程。让学生自评,意味着对学生的信任和尊重,有利于增强学生的主人翁意识,使他们积极参与评价活动,实现评价的多元化。自我评价亦是学生自主发展的内在机制,学生通过观看自己的训练实录,通过与其他同学的实录的比较认识自我、分析自我,从而促进自身教学技能的习得。

(2) 小组其他成员对扮演者的教学进行评价。在充分发挥学生评价主体优势的同时,还应重视和发挥其他同学的评价优势。他们也参与了微格教学的训练,能够根据自己的切身经历从不同的侧面反映学生的教学技能表现,发现学生自己(甚至教师)都难以发现的问题,有利于学生教学技能习得和改进。但学生毕竟还是学习者,有关教学技能的知识,特别是实战经验有限,对同学的评价难免有失偏颇,为了提高同学评价的效度,应采用定量评价和描述性评价相结合的评价方式,同时,指导教师必须对学生们的评价给予指导。

(3) 指导教师进行评价。教师作为微格教学的指导者,在评价时应采用启发式评价,以正面评价为主,在充分肯定成绩的前提下恰当地指出缺点。因为适当的表扬或鼓励使学生更易接受批评的意见并建立自信心。教师具有比学生更丰富的教学经验和处理问题的方法,所以教师应宏观把握,统观学生本人和其他同学的评价,根据学生的成就、潜能和不足明确改进要点,提出发展性评价建议。学生可在此基础上拟定改进的方案或计划,在下一轮微格教学训练中再教,再录像,再评价,从而促进教学技能的发展,体现发展性评价的理念。

微格教学评价量表要根据一定的程度,通过科学的方法制定而成。表 15-2 是一份化学微格教学技能量化评价表。

表 15-2 化学微格教学技能量化评价表

评价项目	权重	评价等级			得分
		优	中	差	
① 口语技能	0.15				
② 导课技能	0.10				
③ 提问技能	0.15				
④ 调控技能	0.08				
⑤ 强化技能	0.08				
⑥ 变化技能	0.08				
⑦ 演示技能	0.10				
⑧ 体态语言技能	0.08				
⑨ 传课技能	0.10				
⑩ 板书技能	0.08				
微格教学技能总评					

15.4.4 微格教学的反馈

1. 微格教学反馈的意义

反馈是控制系统的基本方法和过程。教学中的反馈可以有效地强化动机,促进行为的改善。一般的试讲活动,因为在事后评定,反馈环节很微弱,控制调节作用更小,达不到强化的效果。微格教学中借助录像,弥补了一般反馈的不足。采用自评、互评、点评相结合的方式对被训者进行真实的、及时的反馈,能很好地发挥反馈的控制调节作用,强化效果好。随着现代数字化技术的发展及其在现代微格教学中的应用,微格教学的实时反馈功能能得到放大加强,因此微格教学的反馈可以有效地帮助学生根据过去的教学情况来调整未来的行动。它根据形成性评价提供的信息,肯定在教学技能、理论知识方面的优势,并诊断出问题,及时改进,对提高教学技能具有极大的调整和矫正作用。在教学扮演完成之后立即以重放录像的形式,给被培训者提供了自我观察教学过程和分析自己教学行为的条件,让学员能够找出自己的优缺点。同时"学生"、"评价人员"和指导教师也给被培训者指出优缺点和改进意见。通过反馈,使被培训者获得大量的信息,并在此基础上进行调控。被培训者能在集思广益的基础上,经过自己的分析、加工和重组,修改完善原有的方案。在多次修改和反复练习的基础上,受训者的教学技能得到了明显的提高。

2. 微格教学反馈的方式

反馈的方式可以分为及时反馈、短时反馈和长时反馈。微格教学中采用的是形成性评价中的及时反馈或短时反馈,以充分发挥评价的改进功能,做到及时调整和矫正。反馈还可以分为他人反馈和自我反馈。微格教学把他人反馈与自我反馈相结合,把来自同行和指导老师的意见和对自身教学行为的分析结合起来,有效地改进教学行为。对教学中的教师而言,自己不易觉察自己的某些行为,如语速太快、面孔呆板、语调低而平淡、知识量过大、行走过于频繁等,他人反馈对解决这些问题比较有效。受训者观看自己的授课录像这种自我反馈的形式能对受训者产生较强的信息刺激,使对诊断出的问题的有效矫正成为可能。在反馈评议的过程中,小组的学员们在一起充分讨论,共同献计献策,提出改进方案,受训学员可再次修改、讲课、录像、评价,使评价反馈起到了改进和提高教学技能的强化作用。反馈的方式还可以分为直接反馈和间接反馈,微格教学中的反馈以直接反馈为主,随着网络技术在微格教学中的应用,微格教学中也出现了间接反馈。在教学中,不少学校将微格教学的录像放在网络上,这样,学生、教师可以在当面反馈之后,再利用网络进行进一步的交流与反馈。

本章小结

1. 微格教学(Microteaching)又称"微型教学"、"微观教学"、"小型教学",于 20 世纪 60 年代诞生于美国斯坦福大学,然后迅速传播到世界各地,其开展模式也得到新的发展。20 世纪 80 年代传入我国,很快成为我国提高教师教学技能的一种重要的培训方式,全国各大、中专院校也展开对微格教学的理论研究,撰写了一批质量较高的科研论文,出版了一批教材和著作。

2. 微格教学的教学设计与一般的课堂教学设计既有联系,又有区别。微格教学的教学内容通常只是课堂教学内容的一个片段,但每一个微型课片段,都是一个完整的教学事件,也应该有开头、展开和结尾。微格教学的教学目标,除了一般的教学目标外,还有非常重要的一点,即培训受训者掌握教学技能。为了便于训练,在教学设计中要将教学技能进行分解,但是同时每一个微型课片段又是一项综合技能的运用,如在导入技能的训练中也可能用到提问技能,或演示、教态、语言等技能。因此,在设计微型课时,必须注意到实施过程中各项要素的合理协调。

3. 完整的微格教学过程包括理论学习和实践训练两部分,一般具有以下六个过程:微格教学前的理论的学习和研究→提供示范→编写教案→教学实践(微型课堂、角色分析、准确记录)→反馈评价(重放录像、自我分析、讨论评价)→修改教案。微格教学实践训练是内化理论的需要,离开实践的教学理论是空洞的、抽象的,教学理论只有置于教学实践中,与教学实践相结合,才是鲜活的、有生命的,才能被受训者所接受、掌握。化学微格教学是一个完整地将理论与实践相融合的整体。

4. 微格教学中的评价与反馈是其中非常重要的一个环节,它能够直接影响训练者的教学技能训练的效果。微格教学中的评价既有受训者的自我评价,也有来自小组学员的评价,还有来自指导教师或其他教师的评价。在微格教学的评价中,要坚持定性评价和定量评价相结合、多角度、全方面评价的原则。

思考与实践

1. 什么是微格教学?它是怎样发展起来的?
2. 微格教学有哪些基本特点和基本功能?
3. 简述微格教学实施的基本步骤及要点。
4. 微格教学评价的分类、过程和方法如何?
5. 微格教学教案编写有哪些项目?试选择一个中学化学教学片段撰写微格教学教案,然后在小组内进行评价。

参 考 文 献

[1] 胡志刚.化学微格教学[M].厦门:厦门大学出版社,2007.
[2] 王克勤.化学教学论[M].北京:科学出版社,2006.
[3] 王后雄.化学课程教育学[M].武汉:华中师范大学出版社,2004.
[4] 刘知新.化学教学论[M].北京:高等教育出版社,2004.
[5] 周湘楠.基于网络的数字微格教学技能评价[D].浙江师范大学硕士学位论文,2007.

第 16 章　化学教学见习与教育实习

> 教师素质,就是教师在教育教学活动中表现出来的,决定其教育教学效果,对学生身心发展有直接而显著影响的心理品质的总和。
>
> ——林崇德

本章学习目标

通过本章学习,你应该:
1. 知道化学教学见习的内容与要求;
2. 知道化学教育实习的内容与要求;
3. 了解教育实习的评价内容和标准;
4. 选取新课程教科书的某一课时内容,进行编写教案、试讲等实践训练,听取老师或同学的评价意见。

16.1　化学教学见习的内容与要求

核心术语

◆ 教学见习　　◆ 见习内容　　◆ 听课　　◆ 备课见习　　◆ 教案编写见习
◆ 班主任工作见习　　◆ 教育调研见习　　◆ 见习要求　　◆ 教学见习的形式

化学教学见习,是指师范生或有意向从事化学教师职业的非师范生在教师的指导下,以教师助手或辅导教师的身份出现,对中学化学教育教学实际进行的体验活动,其任务主要是观摩教育教学、观察分析、调查研究、协助教师进行班级管理、学生课业辅导等,而不直接从事教学活动。

化学教学见习对于师范生的培养是必不可少的,它具备以下几个特点:① 实践性:教学见习是教育实习的组成部分,是教育实习的基础和前奏,是师范生获取教学实际情况的主要实践活动;② 教育性:教学见习是学校对师范生进行专业思想教育和学习态度教育的重要途径和方法;③ 职业性:教学见习是师范生未来职业的需要与职业特点的要求,是职前教育训练的必要环节。

16.1.1　化学教学见习的内容

(1) 课堂教学见习

随见习班级听课,观摩见习班级任课教师的课堂教学艺术,学习教学方法和教学技能、技巧,观察见习班级课堂常规训练及学生在课堂上的活动规律。

① 听课前的准备。第一,明确听课目的。在听课之前要弄清楚这次听课主要听什么,解决什么问题,课的类型、结构是怎样的。例如,从课型上看,是新授课还是复习课,是练习课还是实验课等。做到目的明确,才能有所得;第二,做好教学知识内容准备。即听课前要阅读教材,熟悉内容,带着疑问去听课,这样才能很好地领会教师处理教材的方法;第三,做好有关课堂教学的理论知识准备。师范生要习得一定的心理学、教育学和化学教学论等理论知识,只有知识储备充足,才能明白教学过程中教师根据学生的认知特点采取某种教学方法的原因,做到"知其然,知其所以然"。第四,在心理上做好自己的角色准备。师范生一方面要把自己定义为讲台上的教师,另一方面也要换位成听课的学生,这样才能全面地感受课堂。除此之外,还要做好一定的物质准备和组织准备。

② 听课时的着重点。第一,教师如何运用教学规律教学。首先,教师如何处理直接经验和间接经验的关系,即教师如何利用学生已有的知识经验进行新知识教学,怎样利用学生具体形象思维发展其抽象逻辑思维,怎样将直接经验、感性认识进行抽象概括,上升到理性认识。其次,教师如何在传授知识中培养和发展学生能力和进行思想品德教育。再次,教师的主导作用和学生的主体作用是如何配合的,即教师怎样从学生实际出发,创造条件,采取有力措施激起学生学习的内部诱因,学生在此引导下,由不知到知道,再到应用,师生协调努力,共同完成教学任务;第二,教师的教学方法和教学艺术。看教师的教学方法是否适合具体的教学目的任务,怎样根据教材内容设计板书,根据学生特点去调动学生学习的积极性,根据学习的反馈调节教学内容和方法,把几种教学方法有机配合起来,创造性地加以运用等;第三,教师教学的基本程序和结构。教师的教学过程往往不是单一的,不是只要完成单一的教学目的,一堂课的基本结构和程序是:组织教学—复习检查—讲授新内容—巩固新知识—布置作业。听课就是要看教师的教学程序和课的基本结构是怎么安排的,每个环节教师是怎么做的,环节之间是怎么过渡衔接的。如何整体考虑各方面因素,科学设计课的结构,这是师范生应注意的问题。

③ 听课记录的内容。第一,记录听课的日期、学校、班级、学科、课题、授课人等,以方便日后查找和形成资料性的教研材料;第二,记录教学过程。包括:课题、主要的教学环节和教学步骤,采用的教学方法和手段,板书的提纲、教师的提问等。教学重点部分要尽可能记得详细一些,一般部分只须记清教学步骤即可;第三,听课人的简要评注。在记录教学过程的时候,在笔记本中留出一定空格,将自己对教学步骤的看法记录下来。特别是记录教学过程中教师某一方面做得好,需要学习,或者是某一方面听课者与教师有相左的意见;第四,听课后的评议意见。听课评课,是开展教研活动、推动教学改革的一种形式,是取长补短、交流教学方法的好形式。评课要根据自己的听课记录,指出这堂课的优点是什么,主要表现在哪些方面,同时指出不足之处是什么,应如何改进。评课讲究实事求是,不要说含糊其辞、模棱两可的话。

随堂讨论

你认为听课中最需要注意的是什么?为什么?

(2) 备课和教案编写见习

在指导教师的指导下,熟悉备课和编写教案的方法。

① 观察教师如何备课。备课,是教师重要的基本功,也是教师的职责和应遵守的规则。因而,作

为一名教师必须知道如何备课,必须研究备课艺术。师范生在与教师的接触中,要学习教师如何研究课程标准、教材,并且将二者相结合,根据学生的实际情况,选择适当的教法进行教学。

② 学习教师如何编写教案。教案,又称课时计划,是教师上课的实施方案。这是教师在备课的基础上对每一节课进行深入细致的准备,是教师进行教学的蓝图。教案分详案、简案和微案三种,详案内容周到全面,几乎接近讲稿,教学过程的编写尤其细密;简案只写出最基本的内容,比如教学过程只写几个大的步骤,教材分析只写提纲等;微案只保留最基本的教学步骤和必要的板书,写在卡片纸上。一般来说,复杂的教材、重点讲解的内容需要详写;浅显、一般的内容可写简案;教学经验丰富,业务基础知识雄厚扎实的老教师可以写简案。师范生必须写详案,必要时还要采取详案和微案相结合的方式。师范生在见习的时候应该向指导教师请教,学习编写教案的基本方法。

(3) 班主任工作见习

观察、参加见习班级正常的教育活动,包括早读、早操(课间操)、课间活动、课外活动、个别教育等;熟悉班主任的常规工作,作好见习日记。在此过程中,要与见习班级的班主任密切联系,多沟通多请教,在其指导下,根据实习学校的要求和学生年龄特点,拟定见习班主任工作计划,并请班主任老师给予修改意见。

虽然见习时间较短暂,但是师范生依旧可以通过见习对班主任工作的基本内容有更为直观的认识,也可以熟悉教学环境、学会与中学生交流、提高其组织与管理班级的能力。

(4) 课后答疑与作业批改见习

见习生在见习期间,辅导学生自习,批改作业,以熟悉各个教学环节。课后辅导是课堂教学的重要补充,见习师范生应该学习根据学生上课内容进行辅导答疑、做好答疑前的准备工作,深入了解学生的学习情况和存在的问题,进行针对性的辅导。课后作业是课堂教学的基本环节之一,是课堂的延续和补充。组织好学生做作业对于培养学生分析解决问题的能力有重要的意义。对于见习的师范生而言,批改作业第一需要客观认真,要专心致志,一丝不苟,善于发现问题;第二要及时,做到当天作业当天批改;第三批改格式要规范,语言要浅显易懂,让学生了解批改意图。

(5) 教育调研见习

我国的化学新课程改革呼唤广大中学化学教师专业化发展,而教师专业化发展的核心素养之一是教师的教育科研素养。实践证明,积极参与教育科学研究可以显著地提高教师的素质,是教师实现专业素质自我发展的重要途径。[①] 见习师范生应积极参加化学教研室的教研活动,了解化学教师的教研状况,形成学科教研概念,这样不仅可以提高自身的专业素养,也可以在某种程度上保证新课程改革顺利实施。

16.1.2 化学教学见习的要求

(1) 对指导教师的要求

指导教师见习前组织师范生讨论见习观摩反思问题,使其带着问题去观摩中学化学教师如何进行课堂教学,帮助师范生确定见习观摩的侧重面和目标。在师范生见习期间,要督促其按质按量完成见习任务,并协调各方面关系。见习后及时组织学生讨论,帮助学生提高认识,并要求学生通过撰写见习报告等方式总结见习过程,积累教学经验。

(2) 对见习学生的要求

第一,见习学生应严格遵守见习纪律和见习学校的各项规章制度,虚心听取双方指导教师的

---

① 林崇德,沈继亮,辛涛.教师素质的构成及其培养途径[J].中国教育学刊,1996(6):16.

意见。

第二,见习学生到中学课堂一线进行教学见习的次数不得低于2次,要求学生认真做好听课记录,积极参与座谈,研讨和交流活动。

第三,听课见习之前,要预习见习课教材。听课时,既要从学生的角度听课思考,体会、研究学生的学习心理与学习过程;又要从老师的角度思考和体会教学意图与教学设计的体现,教学方法、手段运用的效果。体会教与学之间的相互关系和师生双向互动的方法,做好听课笔记和课后评议工作,并写出一个完整教案。

第四,在班主任工作见习时,要和班主任老师共同深入到中学生中去,在实践中学习一线教师的工作经验。

第五,见习结束后,在参加教育调研见习的基础上,结合相关教育理论进行小组讨论,认真总结,并且撰写内容翔实的教学见习报告。

16.1.3 化学教学见习的意义

化学教学见习的目的在于帮助师范生明确化学教师的职业意识和职业要求,激活师范生学习的经历,亲自体验具体的教学经历,联系实际学习课程的有关内容,帮助师范生在教育实习之前,了解中学教学常规、教学改革情况及其对教师素质的要求,了解中学班主任工作程序、班级管理的任务及其对班主任素质的要求。具体说来有以下几点:

(1) 强化师范生对教育活动、教育现象的感性认识基础。师范生通过置身于中小学教育实际情境中,以教师助手或辅导教师的身份观察教育教学活动,较长时间和中小学教师及学生们在一起,这样不仅能观察到真实的教育教学实际状况,让他们了解"原来课是这样上的"、"班级该这样管理",为进一步学习教育理论和从事教育实践奠定感性认识基础,还能培养师范生思考和研究教育问题的兴趣,为教育批判提供原始素材。

(2) 奠定师范生形成综合的职业素养的基础。目前,教师职业专业化已成为各国教育界的共识。作为专业化的教师职业,必须具有综合的职业素养,包括:关注教育现象的职业敏感、与学生及家长的交往沟通能力、组织与传导能力、反思的能力、对从事职业的责任心及自信心、民主精神及合作观等。教学是一种交往活动,而通过教育见习能让师范生认识和实践这种交往活动。在教育、教学的一系列过程中,师范生通过参与、观察、思考,将会认识到教师应具有什么样的组织与传导能力,如语言表达、教育机智、使用多种教学手段的能力等。任课教师对待教育教学活动的职业态度、学生观、角色行为等都会潜移默化地影响见习师范生,一名优秀教师所表现出来的职业品质会对见习师范生起到很好的榜样作用,一名不合格教师的职业道德和执教能力会引起见习生的反思,引以为戒。一些研究表明,增加见习活动有效地提高了师范生的学习兴趣。[①]

> **案例研讨**
>
> **化学教学见习的形式**
>
> 化学教学见习课必须从师范生入校第一学期开始开设,教育类理论课程可以与其同时或稍后开设。将学生分到不同的中学实习基地,以2~3人为一组,进入同一个班,以便于同学间的研讨。可以采用以下3种方式进行设置:① 集中见习。在师范专业学生入学第一学期,课程设置以教学见习为主,学生大部分时间在

[①] 郭志明.学科融合背景下的教学实习——美国教师教育课程改革中的实习制度[J].外国中小学教育,2004(3):9.

中学进行见习,不少于12周。这样能较集中地接触基础教育教学实际,以奠定见习生较扎实的感性认识基础,并使其进一步了解自己的兴趣与能力。② 分散见习。即从大学一年级开始到教育实习或大学毕业,将教学见习分散到各个阶段进行。这种分散而连贯的方式使师范生能经常接触并关注基础教育实际,有助于师范生保持较稳定的职业意识,并主动获取相关知识,以增强其自信心。③ 集中与分散相结合的见习。在第一学期有较长而集中的时间进行见习,而在其他时间也有一定连贯性的见习活动,所有见习时间不少于12周。这样,既能较集中地获得有关基础教育的感性认识,为学习教育理论课程打下坚实的基础,又能不断强化其职业意识,使其结合教育理论进行探索和研究。

随堂讨论

经过学习,结合新一轮基础教育改革对化学教师专业化发展要求,谈谈教学见习的作用有哪些。

16.2 化学教育实习的内容与要求

核心术语

- ◆ 教育实习   ◆ 教学工作实习   ◆ 实习备课   ◆ 编写教案
- ◆ 成绩的考核与评定 ◆ 班主任工作实习   ◆ 班级日常工作   ◆ 主题班会
- ◆ 教育调查   ◆ 教育实习要求

资料卡片

16-1 我国教育实习制度的确立

1897年,由盛宣怀创办的南洋公学师范学院模仿日本师范学校附设小学的做法,设立了外院(即小学),成为中国近代教育实习的开端。清朝政府在1902年制定的《钦定京师大学堂章程》,及后来在1904年颁布的《奏定优级师范学堂章程》中均规定京师大学堂第四学年实习,优级师范学堂第四学年"教授实事演习",第五学年"教育演习",实习时数占总课时数的10%。至此,我国的教育实习制度得以正式确立。

教育实习是由师范院校与实习学校密切结合,在双方教师指导下,以师范院校学生为主体所完成的特殊的教育教学实践活动。化学教育实习一般是指师范生在教师的指导下,运用已获得的相关知识和技能,到中学直接参加化学教育教学工作,从而获得实际工作能力。这是对学生专业知识和能力的综合检验,也是学生从事化学教师职业的关键性开端。具有师范性、特殊性、综合性和实践性等突出特点。

(1)师范性。师范院校师范性的突出体现就在于:课程开设方面,注意加强教育理论课程和教材教法课程的教学;学生能力培养方面,注意进行教育专业的培训,强化学生的教育知识和教师职业技能。教育实习正是培养、锻炼师范院校学生教育教学能力的重要实践活动,因此师范性是它最基本的特点。

（2）特殊性。教育实习是一种特殊的教育活动,相对在教育学、学科教学论等课程所学到的教育、教学原理与方法而言,教育实习运用这些原理和方法时,必须考虑具体的情况,具备特殊性。而且师范实习生具有双重身份,既是教育者,又是受教育者,在一个不是很熟悉的环境下完成实习内容,这些与一般的常规教育活动相比,也具有特殊性。

（3）综合性。教育实习是一项综合性的教育教学实践活动,主要表现在学习目的和任务的综合性,指导教育工作的综合性等。对实习生来说,它也是一次综合锻炼、综合提高的实践过程。

（4）实践性。在教育实习过程中,师范生在教师的指导下把所学到的理论知识拿到实际工作中去应用和检验。师范生良好素质的形成和发展需要经过理论学习和实践训练,而在整个师范生素质培养系统中,最重要的实践环节就是教育实习。

我国教育部门对教育实习任务有一个总体要求。1978 年试行的《高等师范学校各科教学方案》规定:"教育实习是对学生进行教育、教学工作初步锻炼和加强理论结合实际的重要方式,必须认真进行。实习时间为六周,一般安排在第七学期进行。"就目前情况看,我国绝大部分师范院校的本科教育实习都安排六周(专科四周),也有个别安排七周或八周。相对一些国家,我们的实习时间较短。[①]

案例研讨

	国外教育学习的模式
美国	(1) 模拟实习,采用微格教学法,研究教育中典型问题;实验某种教学技能、技巧。 (2) 教育见习,让实习生了解中小学教学实际,掌握中小学生身心发展规律。 (3) 教育实习,实习生制订出详细的教学计划,开展教学和评定中小学学生。
英国	(1) 教学经验入门,学会与中小学生交往、相处,切身感受、体验中小学教学实际。 (2) 师范生到伙伴学校去进行"重负荷的教学训练"。
德国	(1) 第一阶段,包括定向教育实践和假期中的教育实践与教学实践,了解学校实际。 (2) 第二阶段,包括听课、有指导的试教、独立试教和进行心理学和教育学方面的探讨等。
日本	(1) 观察,客观地观察和分析整个学校的教育活动,以便找到参加教育实践的途径。 (2) 参与,作为在职教师的助手,加深对学校教育活动的自主性和实践性的认识。 (3) 实习,独立地组织教育教学活动,担负对学生的指导工作。
法国	(1) 致敏实习,让准教师深入中小学初步了解未来的工作环境。 (2) 指导实习,对教学实践进行观察和分析,进行少量的局部或辅助性教学活动。 (3) 责任实习,实习教师尝试独立开展教学活动和班级管理,同时还要进行其他实习。
前苏联	(1) 一年级,了解中学生及其教育环境。 (2) 二年级,研究教师活动的基本形式和工作条件,观察分析上课情况和校外设施,学习研究学校文件等。 (3) 三年级,研究课外工作,掌握按学科组织课外和校外工作方法。 (4) 四年级,研究班主任工作,了解家庭教育条件。 (5) 五年级,形成学生对教育活动的系统的处理方法等。

(高月春.国外教师教育的趋同性及对我国的启示[J].现代教育科学,2007(4):32—33.)

[①] 崔干行.教育实习[M].广州:广东人民出版社,2000:9.

随堂讨论

国外教育实习的模式为我国实习提供了哪些可资借鉴的经验?改革我国教育实习的模式应向哪些方面突破?

16.2.1 化学教育实习的内容

化学教育实习的内容是广泛的、全面的,主要包括教学工作实习、班主任工作实习、教育调查等。师范生在教学见习中体会到的相关感性认识将通过实习化为真实体验,下面分别加以阐述:

1. 教学工作实习

化学教学工作的实习是化学教育实习的首要任务,内容包括备课、编写教案、试讲、上课、课后辅导、作业的检查与批改、成绩的考核与评定、组织课外学习活动、进行教学专题总结等。这几方面工作使学校教学工作形成一个有机的整体,其中上课是中心内容。

(1) 实习备课。备课是教学工作的第一个重要环节,是上课的前提,是决定教学质量的关键。师范生首先要研究化学课程标准,在课程标准的指导下恰当选择教学参考资料,研究教材,了解教材知识系统、设计思路和组织结构,熟练地掌握教材的全部内容,准确地把握重点章节以及各章节的重难点。

实习备课还要防止重课本、轻学生,重资料、轻教材,重内容、轻方法,重讲授、轻训练等错误倾向,努力做到钻研教材要透、确定目的要准、教学内容要精、教学方法要巧。此外,由于实习生的教学经验不足,所以还要加强备课的预见性,做到了解学生细致些,考虑问题周密些,查找资料勤快些,以避免教学中出现意料不到的情况。

(2) 编写教案。实习教案的整体结构一般分为课题计划和课时计划两大部分(一个课时教完的教材,教案结构则合二为一)。课题计划是指教学一个章节教学内容的整体计划,一般包括课题、教学目的、课型、重难点、教学方法、实验用品和教材媒体、课时安排等;课时计划是指一个课时的教学计划,一般包括第几课时、教学要求、教学过程、板书设计、作业布置以及教学后记等。

编写教案要求做到:第一,教学目的准确具体,符合课程标准,切合教材实际,符合学生需要;第二,教学内容充实恰当,恰如其分地对教材进行取舍,做到重点突出,难点分散,疑点明确;第三,教学紧凑有序,教学步骤有较强的节奏感,张弛有致;第四,教学灵活有效,讲求实效、多样化;第五,教学时数分配得当。

(3) 试讲和上课。试讲是实习生正式上课之前的预演,可以促使实习生熟悉教材和教案,初步掌握课堂教学过程,培养口头表达能力和板书能力,锻炼讲课的胆量,及早发现并解决备课中的问题,纠正差错,弥补不足,以保证实际课堂教学实习的效果。

试讲的形式不拘一格,一般采用模拟式和自由式两种:① 模拟式试讲。即由同学科实习生若干人组成一个微型课堂,一名实习生试讲(扮演教师角色),其他实习生听课(扮演学生角色),在教室里按课堂教学常规和程序进行,模仿正式讲课。指导教师对每个实习生的试讲情况一定要及时组织实习小组进行评价,有条件的师范院校可以通过微格教学的方式进行录音、摄像,在评议过程中重放,这样可以更加客观详细地反映试讲学生的表现,促使其不断提高和完善。② 自由式试讲。这种试讲形式较为灵活,不要求组成课堂,可以因地制宜,各取所需,可以在室内,也可以在室外,可以放声演讲,也可无声默讲,是模拟式试讲的一种补充。两种形式可交错使用,加强试讲是实习成功的基本保证。

上课是整个教学工作实习的中心环节,是课堂教学实习的主要内容,也是锻炼和检验实习生教学能力的重要途径。对实习生来说,尽管在备课方面用了一番苦心,要上好一堂课,特别是上好第一堂课,仍然是一件不容易的事,因此,上课是教学工作实习的核心,决定着教学工作实习的成败。实习生要上好一堂课必须紧紧地把握以下要点:① 上课前,要做到准备充分、坚定信心。课前认真备课、熟悉教案、反复试讲,是上好课必要的业务准备;检查教具、整理仪表,是必要的细节准备;调节情绪、坚定信心是必要的思想准备。② 上课中,要做到教态从容、头脑冷静。首先情绪要放松,语速要平稳,教态要自然,严格按照课堂教学常规一步一步进行;其次要依案施教、有条不紊。实习生难免紧张慌乱,但只要充分熟悉教案,按照一定的教学程序讲课,就不会出错。即使出现偶发事件,实习生也应该利用教育机智,随机应变;最后要保证重点突出、过程完整。要根据教学目的的需要突出教学重点,同时按部就班地完成各个教学环节。③ 上课后,实习生应该写教学后记,认真回顾一下课堂教学中的各个环节,看教案的编写是否科学适用,教学的组织是否严谨有序,教法的运用是否得当、有效,学生活动是否积极踊跃,教学目的是否达到。然后用简明扼要的语言,将经验、教训、改进方向记录在教案后面。以此改进教学,不断提高自己的教学水平和教学能力。

(4) 课后辅导和作业批改。课后辅导是教师在课堂集中教学之外所进行的教学活动,是课堂教学的必要补充,具有目的明确、重点突出、形式灵活、针对性强等特点。它是教师获得教学反馈信息的重要渠道,也是贯彻因材施教原则的好机会。内容包括:答疑、指导课外作业、学习方法指导、给基础较差或缺课学生补课以克服其学习中的困难、给优秀生个别指导以扩大其知识领域等。通过辅导还要帮助学生树立明确的学习目的,端正学习态度,激发他们的学习热情,调动学习积极性。

作业批改是教学工作实习的一个有机组成部分,是锻炼师范生教学能力的一条重要途径,也是实习成绩考核的一项必不可少的内容。实习生一要认真对待,每一本每一题都要精心批阅,切忌草率了事、敷衍塞责;二要及时反馈,以便于发现教学中的问题,及时调整自己的教学工作;三要统一标准,不能偏高偏低,时紧时松,要与原任课教师的评分标准相衔接;四要笔记讲评,批改作业时要随手做好批改笔记,定期进行讲评。

(5) 成绩的考核与评定。学生学习成绩的考核与评定,是检查教学效果,调控教学进程,掌握教学平衡的重要环节,实习生通过教学工作实习,要初步掌握学生成绩考核与评定的形式和方法,以便正确地运用这一手段督促学生学习、获取反馈信息、改善教学管理、提高教学质量。考试是考核评定学生成绩和教学效果最常用的一种方法,实习生必须熟练掌握编制试题、实施考试、评卷、讲评等几个环节。

(6) 专题总结。实习生在实习即将结束时应把实习中体会最深的某一点总结出来,写成教学实习或班主任实习专题总结。这可以促使实习生养成总结回顾工作的习惯,学会撰写教育专题总结的方法,培养开展教育教学研究的兴趣和能力。

中学化学教学和教书育人方面的问题都可以作为专题总结的内容。选题宜小不宜大,涉及面宜窄不宜宽,篇幅要适度,材料要是自己最熟悉的。专题总结的类型,可以是科研小论文,从理论与实践的结合上论证化学学科教育或思想教育领域某一个具有学术价值的课题,可以是教学或班主任工作经验体会,可以是调查研究报告,还可以是教学随笔。撰写专题总结应早准备,早动手,从实习一开始就着手积累资料,及早确定选题,提前动笔写作,待到实习结束便可完成。

2. 班主任工作实习

班主任工作实习是教育实习中的一个重要部分,内容主要有:处理班级日常工作、组织主题班会、对学生进行个别教育、感情教育、家访和处理偶发事件及利用各种有利条件作好学生思想的转化等。班主任工作实习要在原班主任指导下有计划有步骤地进行,要记好实习日记,进行实习调查,作好实习总结。

(1) 处理班级日常工作。班级日常工作包含以下几类:

第一,政治思想教育方面,有升国旗、团队活动、班会、读报、黑板报等。实习生需要协助原班主任对学生进行思想品德教育,提高学生的思想觉悟、道德修养,培养他们的远大理想,把全班学生组织成一个团结友爱的坚强集体。

第二,文化课学习方面,有上课、早晚自习、第二课堂及一些与此有关的评比、竞赛等各种活动。协助原班主任对学生进行学习目的教育,教育学生努力学习,培养他们勤奋学习的习惯,认真完成学习任务,充分发展学生的智力,提高他们的学习成绩。

第三,组织纪律方面,有考勤、课堂和集体活动中的秩序与纪律等。协助原班主任了解学生情况,提供信息,使之能够更加有针对性地教育学生、帮助学生并正确评价学生的操行。

第四,文艺体育活动方面,有早操、眼保健操、课外的文艺体育活动,组织晚会等。协助原班主任对学生进行健康教育,关心学生的身心发育和健康成长。定期组织学生参加课外文体活动,积极锻炼身体,增强体质。

第五,劳动和卫生方面,除了按教学计划安排的生产劳动课以外,还有保持教室、寝室内外的清洁卫生、大扫除等。协助原班主任组织带领本班学生参加劳动。培养学生的劳动观念,增强其对劳动人民的感情,养成劳动习惯。

(2) 组织主题班会。主题班会是对学生进行集中教育的好形式。实习期间组织以待定内容为主题、形式生动活泼的主题班会,既可以有效地加强实习班级学生的思想教育,又可以培养和锻炼师范生的教育工作能力和组织领导才干。一次成功的主题班会胜过十次空洞的说教,其作用是其他教育形式所不能比拟的。师范生在实习中要勇于组织主题班会,努力学会如何通过会议形式来对学生进行教育的领导艺术和组织策略。

主题班会以特定内容为主题,诸如理想前途教育、道德品质教育、纪律劳动教育、学习目的教育等。主题既要针对本班特点,又要结合形势,而且表现内容方式也要注意主题要集中、形式要活泼,寓庄于谐、寓教于乐。在开展班会时,要培养学生的主动精神,让他们当主角,而实习生要做好"导演"与"教练"的角色,发挥其主导作用。

(3) 抓好个别教育。个别教育是班主任工作常规性内容。师范生要善于向原班主任学习,把握不同类型学生的特点,运用"抓两头带中间"、"抓好个别推动一般"等方法,把全班学生都教育好。

一接触实习班级,实习生就要分析学生状况,掌握不同类型学生的基本构成,确定个别教育的重点,主要精力放在后进学生的思想转化上。要分析学生的思想心理,针对其个性特点,进行耐心细致的工作,一要推诚相见,艰苦深入;二要动之以情,晓之以理;三要转移兴趣,引向正道。因为实习时间有限,实习生不要急于求成,一次实习能帮助一两名在班级上有影响的后进生进步就算是成效明显了。

另外,一些偶发事件,也往往需要通过个别教育来解决。因此,个别教育是班主任工作的重要内容和方法。个别教育工作做得怎样,既是班主任工作责任心和工作能力的重要标志,也是其所负责的班级能否进步的重要因素。

(4) 进行家访。教师造访学生家长,是对学生和家长的尊重,表示了学校和教师对解决问题的诚意,会引起家长的重视,缩短学校和家庭间的距离,沟通教师和家长间的感情,对解决问题十分有利。实习生要充分认识家访的意义和作用,在有限的实习时间内挤出时间作些家访,掌握家访的基本方法。

实习生做家访可以陪同原班主任进行,也可以在原班主任指导下单独或几个实习生一起进行。

家访前要与原班主任协商好家访计划,包括:家访目的,即要解决的问题;研究学生本人和家长的有关情况,确定与家长谈话的内容及方式;分析家长可能作出的反应,预测家访结果,对可能出现的问题想出对策等。

家访的内容包括:了解学生及其家庭成员在政治、思想、经济、文化、生活等方面的情况;了解学生在家庭中的地位及习惯、爱好、交际等方面的情况;了解学生家长对教育、学校、教师及学生学习等方面的态度,征求他们的意见和建议,作为学校和班主任制订计划的材料和依据之一;向家长反映学校或学生的一些情况,与家长协商如何对学生共同教育的问题等。

3. 教育调查

教育调查即运用科学的方法来考查既成事实,掌握实际情况,找出规律,以便更好地进行教育工作的活动。

① 教育调查的步骤。要顺利有效地开展教育调查,必须掌握以下教育调查的步骤:

第一,选题。这是教育调查的关键,选题是多种多样的,从形式上看有经常性调查选题,指对学生思想品德、学习成绩、身体发育等方面的调查了解;阶段性调查选题,如刚到实习学校时的调查;临时性调查选题,如开展理想教育前后学生的思想变化;长期性调查选题,如应用新的教学方法所产生的效果;跟踪调查选题,如在实习生完成实习任务后继续考查实习期间的教育效果。

从内容上看,可以有关于环境的选题,这里的环境指的是学生周围的境况;关于家庭的选题,即家庭的物质状况、父母的文化程度、情感态度等对子女的影响;关于学生本人思想品德、智力、学习兴趣、健康状况等的选题;关于教学的选题,如自己的教学效果、学生对实习教师的评价等;还有其他选题,如优秀教师成长过程调查、社会集资办学情况调查等。

第二,编写调查提纲。调查提纲必须包括:调查目的、要求、内容、对象、项目、方法以及完成时间等。

第三,制定调查问卷。调查问卷就是调查表,一般有只能在提供答案中选择的封闭式、调查者自由填写的开放式和事先列出几种答案允许被调查者任意选择的半封闭式三种。制定调查问卷要注意:问题要明白、要繁简得当、还要考虑被调查者水平等。

第四,设计统计表。统计表能够把调查得来的大量数据和资料系统地组织起来,便于对照、比较、分析、综合,找出现象之间的联系和规律。设计统计表要注意几点:表的结构要明了、表中的层次要清楚、表中的线条不宜太多。

② 教育调查的方法。第一,全面调查。全面调查就是对所要调查的全部对象一个不漏地进行调查。全面调查的结果可以全面反映总体情况,因而比较可靠,但比较费时费力;第二,典型调查。典型调查是从所研究的对象中有目的地选取一个或数个典型,作周密、系统的调查,并把结果推向全体。其优点是了解资料生动具体,研究规律深入细致,反映情况比较真实;第三,抽样调查。抽样调查就是从总体中选出若干样本做调查,然后把结果推向全体。其优点是既节省了研究代价,又使结论具有典型性。

这几种调查方法各有短长,全面抽样调查适合于定量研究,典型调查适合于定性研究,可以根据需要采用其中一种或综合采用几种方法进行调查。

③ 撰写教育调查报告的方法。调查报告是调查的总结。教育调查是为了了解情况、总结经验、发现规律、指导工作,应让其他教师、领导和更多的人知道,这就需要将调查结果用文字形式反映出来,形成调查报告。具体的写作过程包括:

第一,确立主题。调查报告的主题是否明确、是否有价值、是否引人注意,对调查报告至关重要。一般情况下,调查报告的主题应在调查开始时就确定,但也可在调查的基础上选择不同的角度另定。

题目最好小一点,确保主题明确。

第二,突出观点。写调查报告,一定要注意用观点统帅材料,用材料说明观点,把材料和观点统一起来。

第三,安排结构。首先,要有开门见山说明调查问题的开头,概括介绍为什么调查这个问题、选择什么样的调查对象、使用何种调查方法、经历哪些阶段、用了多长时间等;其次正文部分写调查研究所得的具体情况、做法、经验和结论。此部分要突出中心,层次分明。在观点与材料的处理上,可以先列材料,从分析、推理中得出结论,也可以先亮观点,然后用事实和对事实的分析来说明;再次写出对问题作了调查研究,经过充分分析之后写出所得出的明确结论,注意要干净利落,不拖泥带水;最后还可以附上必要的原始资料,以便人们鉴定收集方法的科学性和材料的可靠性。

16.2.2 化学教育实习的要求

化学教育实习的目的可以概括为:通过教育实习的综合性实践,使实习生了解中学化学的教育改革现状和形势,使学生获得对中学化学教育的感性认识,提高对教育职业的认识水平,培养从事化学教育教学工作的基本能力,加速专业知识和教育知识向能力的转变,基本完成由学生向教师的过渡。

教育实习的目的决定了它的要求,根据实习的主体内容将实习要求分为以下三方面:

16.2.2.1 教学工作实习要求

(1) 实习生要充分锻炼提高自己的能力,根据各实习学校的实际情况,以多上课为宜。每个学校要求不一样,一般要求讲授新课10节以上(不包括重复课),其中包括6节新的独立课(不需要教师指导,独立写出新教案上课)。提倡与鼓励上重复课、跨年级、跨校上课。

(2) 实习生应深入了解中学生的实际学习情况,必须认真钻研化学学科的课程标准和课程内容,掌握教材的精神实质,对于基本理论、基础知识和基本技能,要力求弄懂弄通。写出详细教案,并在上课前两至三天送交双方指导教师审批签字,此后方能上课。教案一经确定,实习生不得自行进行修改,如需改动必须征得双方指导教师同意。

(3) 为确保课堂教学质量,每节课上课前必须进行检查性试讲,同组实习生参加听课,并邀请原科任教师参加。试讲后由听课师生提出意见,试讲通过才能上课。

(4) 实习生上课时,课堂教学组织严密,教学方法得当,语言表达清楚,板书工整无误,教态自然大方,能吸引学生的注意力和引导学生创新思维,并恰当运用现代教育技术。评教是教学实习工作不可或缺的环节。原则上要求对实习生的每一堂课都应进行评议。评教由指导教师或原任课教师主持,所有听课人员均应参加。每次评议都要有记录和评语,原任课教师和指导教师按课堂教学计分标准给实习生上的每一节课计分。

(5) 认真批改作业。首先要认真研究作业的正确答案,特别是对比较复杂的疑难问题,要经过集体研究,统一作出正确答案,送原任课老师审批,然后才着手批改作业,批改要认真、及时、正确,批语要慎重,字迹要清楚、端正。作业批改后,应先在实习小组内互相检查,防止错漏,然后再发放。

(6) 实习生需深入到学生中去,了解学习情况,针对不同类型学生的学习基础、学习态度、有的放矢地进行课后辅导。在辅导过程中,对学生要亲切、耐心,要善于启发,答疑要准确,不能不懂装懂,更不能信口开河。

(7) 实习生能够正确地进行教学自我评价,认真地总结经验,发现问题并及时加以改进。

16.2.2.2 班主任工作实习要求

(1) 认真学习有关中学班主任工作制度等材料,明确班主任工作的具体内容、目的要求等。能较快地掌握和熟悉全班学生思想情况以及班级特点。能以正确的教育思想为指导,根据实习学校的要求,拟定班级工作计划,送原班主任审批。

(2) 必须坚持在原班主任的指导下来开展各项班主任工作,积极协助原班主任做好学生日常管理和思想品德教育工作。

(3) 在原班主任指导下,主持召开主题班会,组织一项班级课外活动。组织班会或开展班集体活动要准备充分,目的明确,内容丰富,有针对性,适合学生特点,能开拓思想,开发智力。班会提纲或活动计划要翔实具体、操作性强。

(4) 按工作计划到学生中去,了解学生思想、学习、生活和家庭情况。认真做好个别教育工作,在全面了解全班各方面情况的基础上,深入了解一个后进生的学习、思想、行为习惯等方面情况,做好个别学生转化工作。

(5) 在原班主任指导下,走访学生家长1~2名,调查了解2~3名不同类型的学生,收集相关材料并在个人实习总结中反映出来。

(6) 实习生需开展班主任工作实习总结,实事求是地评价工作效果。

16.2.2.3 教育调查的要求

(1) 拟定调查计划,送实习学校或指导教师审批后执行,注意调查计划既要全面又要有侧重点。

(2) 调查要从实习学校的实际情况出发,认真进行,并在充分研究、分析整理资料的基础上,就一个专题写出切合实际的调查报告。

(3) 调查报告内容要真实,观点要明确,有典型材料、有分析,文字要简明扼要。调查报告完成后,要征求被调查单位或者个人的意见,进行修改。

16.2.3 化学教育实习的意义

化学教育实习是在理论与实践结合的基础上,围绕怎样当好一名化学教师这个中心问题,对师范生进行的一次全面的综合训练。教育实习能巩固和提高师范生的专业思想,培养其教学工作能力、班主任工作能力及教育调查能力,检验师范教育的质量,是师范教育的一个重要组成部分。

(1) 巩固和提高师范生专业思想。教育实习能提高师范生从事教育职业的认识和兴趣,增强师德修养,激发师范生献身教育事业的使命感。师范生中也存在专业思想不牢固,不愿投身教育事业的学生,在实习中,他们受到指导教师的引导和帮助,再加上亲身实践和体验,思想感情能发生很大变化,对自己将来从事教育事业产生强烈的自豪感、责任心和事业心。特别是当实习生用自己的言行感染、影响学生并为学生所仿效的时候,他们会真实地体验到教师职业的神圣和光荣,真实地感受到师范生所肩负的重任,会逐步养成良好的教师职业道德。

(2) 培养师范生教学能力。教育实习中,师范生接受师范院校和实习学校两方指导教师的悉心教导,他们把自己多年积累的教学经验毫无保留地传授给实习生,大大缩短了师范生教学工作经验的摸索期。《学记》中说到"教,然后知困",一些教学工作能力,如教学语言和板书的能力,尽管教育学和教学法的教师在课堂教学时对学生提出了明确的要求,但某些具体的内容,如教学语言中的条理清楚、表情自然、富于启发性、以手势助说话,板书要求中的计划性、规范性、图形的美观性等,师范生只有在教育实习的实践中才能逐步加深对它们的认识,并且找到自己在这方面的差距,从而有针对性地加强锻炼,逐步提高自己的语言表达能力和板书能力。

(3) 培养师范生班主任工作能力。在师范生进行班主任工作实习期间,一方面,与常年从事基础教育工作的教师接触频繁,榜样的感染使他们认识到教师劳动的社会价值;另一方面,实习生的一举一动都受中学生监督,这在客观上也能鞭策实习生加强自身修养。此外,班主任工作的相对独立性和对学生教育效果的综合性,使实习生可以在其中锻炼自己的社会活动能力和协调能力,能加深他们对所学教育科学理论的理解,初步掌握班主任工作技能技巧和独立从事学生思想教育工作的能力。

(4) 培养师范生教育调查能力。师范生通过教育实习走进了中学,面对着基础教育现状,面对着中学的老师和学生,正式走上讲台,初次体验教书育人的滋味。这些对于还是学生身份的实习生,会有很多的感慨和迷茫。有了这种思想上闪现的火花,再加上在师范院校学到的教育理论知识和指导教师的正确引导,实习生完全有条件开展教育调查,进行研究,并撰写出具有一定水平的调查报告和教研论文,以此提高自己教育调查的能力。

(5) 检验师范教育办学质量。教育实习是检验师范院校教育质量的重要途径,它是一面镜子,反映出来的问题暴露了师范院校教育教学中的薄弱环节。通过教育实习的检验,可以对师范教育的质量做出一些基本的分析与评价。这种基本的分析,一方面有利于广大实习生看到自己的不足,有的放矢地补充知识。另一方面也有利于师范院校针对师范生的薄弱环节对症下药,进行改进,甚至调整教育模式,进行教学改革,进一步提高办学质量,更好地为基础教育服务。

总之,教育实习是师范教育不可缺少的重要组成部分,师范院校应该加强师范生的教育实习训练,把握教育实习这一契机,探索教育实习的有效途径,培养合格的基础教育师资。

16.3 化学教学见习的评价与反馈

核心术语

◆ 见习评价　　◆ 评价主体　　◆ 评价内容　　◆ 评价标准　　◆ 见习反馈

16.3.1 化学教学见习的评价

1. 评价主体

化学教学见习是师范生第一次以化学教育者的身份接触教学实践,对其专业发展有重大意义,因此应该从各方面尽可能客观详尽地给予评价。评价的主体可以是实习学校、双方的指导教师,也可以是师范生之间互评,或者师范生自评。这些评价可以通过评语的形式出现,一方面作为师范院校最终的评分依据,另一方面也给师范生提供了多角度的评价内容,可以促使他们更加明确地了解自身,更好地改正不足,争取更大的进步。

2. 评价内容

对见习师范生的评价内容可以从以下几个方面进行:

① 出勤率。见习也应该实行考勤制度,指导教师要客观真实地做好考勤记录。这可以反映出师范生对待见习的态度。

② 听课笔记。师范生在听课时候应做好笔记,学习教师的教学方法和教学技能、技巧,并认真填写听课后的评议意见。

③ 教案。师范生在经过听课和备课见习之后,应该初步掌握教案的写法,因此每位学生都应该写出一个课题的详案,这是从事教师职业所要必备的技能之一。

④ 见习日志。内容包括考察教学常规及教学策略、班级日常管理、个案问题处理、学生评估以及自己所参与的活动等,这样可以督促师范生多接触教学实际,获得感性认识,培养良好的从业品质。

⑤ 教育调研。师范生可以做各种关于中学化学教育教学方面的调查,调查可以以问卷、访谈等形式进行。但需要注意的是,见习生此时对各种调查手段不太熟悉,所以必须在教师的指导下进行。通过调查等形式,可以让见习生发现问题、选择问题、收集数据、形成观点,以培养和发展他们的研究

意识、研究能力和分析问题解决问题的科学态度与方法。

⑥ 见习报告。见习报告是在见习结束后师范生针对本次见习做的全面总结,内容包括:见习的时间、见习单位、见习内容、见习效果和收获体会等,见习报告字数原则上不得少于3000字。

3. 评价标准

评定教学见习成绩必须坚持实事求是、严格考核的原则,师范院校根据多方评价主体的评价意见,按照优秀、良好、中等、及格、不及格五级计分制评定,单独作为见习成绩载入成绩册。具体评价标准见表16-1。

表 16-1 化学教学见习评分标准表

分数等级	评分标准	评价等级
优	遵守见习纪律,各方面表现出色,见习报告质量优秀。	
良	遵守见习纪律,各方面表现良好,见习报告质量良好。	
中	遵守见习纪律,各方面表现中等,见习报告质量中等。	
及格	遵守见习纪律,各方面表现一般,见习报告质量一般。	
不及格	不遵守见习纪律,不认真参加见习活动,见习报告质量差。	

16.3.2 化学教学见习的反馈

(1) 给师范院校的反馈。在教育见习结束后,见习学校应该针对见习师范生的总体表现向师范院校进行反馈,以便师范院校适当地调整培养计划。师范院校与见习学校之间应该本着互利互惠的原则,以合作的观念,加强彼此之间的联系,建立长期而广泛的合作关系。

(2) 给师范生的反馈。教学见习的最终目的是让师范生通过见习提高自身的素养,以适应未来的教师职业。根据心理学中的归因理论,师范生在见习过程中有任何突出或者不好的表现,实习学校和指导教师必须给予师范生及时客观的反馈。这样才能第一时间让师范生真正认识到应该怎么做一名合格的化学教师,才能不断提高自己,取得进步。

16.4 化学教育实习的评价与反馈

核心术语

◆ 实习评价   ◆ 自我评价   ◆ 观察评价   ◆ 综合评价   ◆ 为人师表行为评价
◆ 教学实习评价   ◆ 班主任工作实习评价   ◆ 教育调查评价   ◆ 实习评价反馈

化学教育实习评价不仅有利于综合检验学生掌握和运用化学专业知识及教育理论的情况、实施化学教学与教育管理的能力,而且从一个特定的角度反映出学校工作中存在的问题,使学校获得改进工作的依据。

16.4.1 化学教育实习的评价

化学教育实习涉及实习学校、实习师范生、师范院校三方面,因此评价主体应包括实习生、原任课指导教师、原班主任指导教师、实习学校领导、师范院校指导教师、毕业学校领导等。

教育实习评价的形式也有很多种,主要有:实习生自我评价、实习学校及本校指导教师评价、师范院校及本校指导教师评价。由此产生三种主要的评价方式,即自我评价、观察评价和综合评价。

1. 自我评价

实习生只有将实习中获得的丰富的感性材料进行反复的思考加工，实现认识上的飞跃，才能认识和逐步掌握教育的规律和本质。自我评价可分为事件剖析、阶段小结、全面总结和专题总结四种形式。

(1) 事件剖析。是实习生在每一次教育实习活动，如备一次课、试一次讲、上一次课、批改一次作业、组织一次班级活动等以后所进行的自我剖析，这种剖析不拘泥于形式，只是实习生的一种自我反省和内化过程。这种做法使实习生不断总结经验教训，周期短、见效快，是一种自我提高的好办法。

(2) 阶段小结。是实习生在教育实习的每一个阶段，如教学见习、教学工作实习、班主任工作实习等之后进行的自我小结，这种小结的形式多样，可以是书面形式，也可以是座谈会互相交流形式，或者比赛形式。这种做法使实习生在某一特定阶段实习结束后可以系统回顾本阶段的得失，为以后全面总结打好基础。

(3) 全面总结。是实习生在教育实习结束后进行的自我总结，包括为人师表言行表现、教学工作实习、班主任工作实习三方面内容。要求内容全面，着重表明对教育实习的认识，实习中的主要收获、体会，明确未来的发展方向。从实习开始时实习生就应该注意收集相关资料，进行清理归类，并进行文稿撰写，征求各方修改意见。

(4) 专题总结。是实习生对实习中自己收获最大的某一方面进行的重点总结，要求有一定深度和理论高度，从典型事例及经验教训中总结出带有规律性的结论。实际上这也是一种学习撰写教育研究论文的过程。

2. 观察评价

观察评价的主体是双方的指导教师，因为在整个实习过程中，他们能够在实习生身边客观地观察实习生的表现。原师范院校指导教师、实习学校指导教师、实习学校原班主任教师在指导实习生的过程中，应及时准确地记录实习生每个实习阶段的情况，并依据评分标准进行评价。如教学工作实习成绩由原任课教师和师范院校指导教师共同协商评定，班主任工作实习成绩由原班主任和师范院校指导教师共同协商评定。这个评价成绩是实习生最终实习成绩的基本依据。

3. 综合评价

除了实习生自己进行的全面总结，实习组织单位，包括实习小组、化学系或者化学学院、师范院校都应进行综合的教育实习总结，可以通过以下形式进行：

(1) 召开实习小组总结会议。总结会议由带队教师主持，在听取每个实习生个人总结的基础上，对本小组在实习中的表现进行总结，并评选出优秀实习生。

(2) 写好书面总结。教育实习的各级单位都应写好教育实习书面总结，内容包括：实习基本情况、主要成绩、主要体会、问题及改进措施。对实习中取得的成绩进行肯定，最重要的是针对实习管理上的缺陷和人才培养质量上的缺失提出改进意见。

(3) 召开教育实习总结表彰大会。在一切评定结束以后，师范院校应针对本次实习进行总结，表扬实习生在实习中的突出表现，也指出反映出来的问题，并为实习生指明实习结束后的努力方向。最后还应给优秀指导教师、优秀实习小组和优秀实习生等先进个人及集体颁奖，以此激励实习生更加努力，这也是给低年级学生进行了一次实习动员。

16.4.2　化学教育实习评价的内容

教育实习评价的内容很丰富，贯穿于教育实习的整个过程，内容主要包括对实习生为人师表行为的评价、对实习生教学工作的评价、对实习生班主任工作的评价、对实习生教育调查的评价四方面。

这四个方面是相互联系的,为人师表行为包括了实习生的实习态度与纪律、实习期间言行、教学相长,这些是基础与保障,只有实习生的为人师表行为表现突出,才能保证高质量的教学工作和班主任工作,而这两方面的优秀成果又通过教育调查体现出来。

教育实习评价的核心是评价标准的制定,评价标准是教育实习的努力目标,也是衡量现实水平的尺度。教育实习评价标准体系包括评价项目、评价内容和评价比值三方面。师范院校进行评价时先按照评价标准,分别对四方面量化打分(百分制),然后根据评价内容折算汇总,并换算为实习成绩等级。

各个师范院校在评定教育成绩时所采用的标准不一致,一般来说,等级一般分为优秀、良好、中等、及格、不及格五个级别,采取绝对等级制度,其中100～90分为优秀、89～80分为良好、79～70为中等、69～60分为及格、59分及以下为不及格。评价内容的四个方面折算汇总时所占比例为:第一方面占10%,第二方面占40%,第三方面占30%,第四方面占20%。

表16-2　化学教育实习成绩评价标准[①]

项目	内容	标准	分值	权重
(1) 为人师表行为成绩评价标准 (100分)	行为表率	① 实习态度与纪律 ② 为人师表 ③ 教学相长	30 40 30	10%
(2) 教学工作实习成绩评价标准 (100分)	课前准备	① 教案 ② 预讲	10 10	40%
	课堂教学	① 讲课 ② 教学方法 ③ 教学组织 ④ 教学效果	10 20 10 20	
	课后活动	① 课外辅导 ② 批改作业	10 10	
(3) 班主任工作实习成绩评价标准(100分)	工作准备	① 了解情况 ② 制订计划	10 10	30%
	工作内容和要求	① 方法态度 ② 日常工作 ③ 集体活动 ④ 个别教育 ⑤ 家访工作	10 10 10 10 10	
	工作能力及自我评价	① 工作能力及效果 ② 自我评价	20 10	
(4) 教育调查成绩评价标准 (100分)	准备	① 选题意义 ② 掌握材料	20 20	20%
	论文质量	① 结构表述 ② 论述分析 ③ 结论建议	20 20 20	

[①] 华中师范大学教务处. 华中师范大学教育实习工作手册[D]. 2007:142—146.

16.4.3 化学教育实习的反馈

教育实习结束后,教育实习领导小组要尽快完成教育实习的总结与评优工作,及时给各方客观真实的反馈意见。与教学见习相同,反馈的对象是多方面的。

(1) 给师范院校和实习基地的反馈。实习评价的反馈应该给作为合作双方的师范院校和实习基地带来"双赢"的效应,一方面让师范院校了解自己的课程设置和培养模式与教育现实要求的差距,及时进行调整,适应中学教育教学改革的发展;另一方面,让实习基地吸纳到具有先进的教育理念和教学能力的优秀师范生,提高师资力量。如此的良性循环可以使双方的联系和协作更加深入和持久。

(2) 给指导教师和实习生的反馈。在整个教育实习中,双方的指导教师责任重大,不仅要教育实习生树立正确的实习观,还要指导实习生实习的全过程,因此要针对指导教师的各方面工作进行反馈。这不仅是对教师辛勤工作的肯定,也让指导教师更加系统地了解自身的工作,以便在今后的实习指导中进行合理的调整。

对于实习生来说,实习评价的反馈让他们更加客观地认识到自己在化学知识、教育教学工作能力、思想道德素质、文化素质、教师职业素质、心理身体素质等方面的不足,使之产生强烈的求知欲望,从而自发地学习提高,完善自己,做好成为一名化学教师的准备。

本章小结

1. 化学教学见习是师范生以教师助手或辅导教师的身份出现,在教师的指导下,对中学化学教育教学实际进行的观摩、体验活动,不直接从事教学活动。教学见习的内容一般包括课堂教学见习、备课和教案编写见习、班主任工作见习、课后答疑与作业批改见习、教育调研见习。要求见习生在见习前要做好准备,包括预习见习课教材等;在见习时要认真对待,包括做好听课记录,体会教与学之间的相互关系和师生双向互动的方法,学习一线教师的工作经验;见习后积极参与座谈、研讨和交流活动,并撰写内容翔实的教学见习报告。

2. 化学教育实习是指师范生在教师的指导下,运用已获得的相关知识和技能,到中学直接参加学校化学教育教学工作,从而获得实际工作能力。包括教学工作实习(实习备课、编写教案、试讲和上课、课后辅导和作业批改、成绩的考核与评定)、班主任工作实习(处理班级日常工作、组织主题班会、抓好个别教育、进行家访)、教育调查等内容。每个方面都有其自身严格细致的要求。

3. 教学见习评价的主体可以是实习学校、双方的指导教师,也可以是师范生之间互评,或者师范生自评。内容包括出勤率、听课笔记、教案、见习日志、教育调研、见习报告等,按照优秀、良好、中等、及格、不及格五级计分制评定,结果及时反馈给师范院校与见习生。

4. 教育实习评价主体应包括实习生、原任课指导教师、原班主任指导教师、实习学校领导、师范院校指导教师、毕业学校领导等;评价方式有:自我评价、观察评价和综合评价三类;内容主要包括对实习生为人师表行为的评价、对实习生教学工作的评价、对实习生班主任工作的评价、对实习生教育调查的评价四方面,结果分为优秀、良好、中等、及格、不及格五个级别,采取绝对等级制度;结果及时反馈给师范院校、实习基地、指导教师和实习生。

思考与实践

1. 化学教学见习与教育实习有何不同?在培养师范生教师素质方面起到何种作用?
2. 根据教学见习和教育实习内容,结合自身实际,谈谈自己存在的不足。
3. 选取化学新课程教科书某一课时内容,在班级内部组织一次试讲活动,并邀请相关任课教师进行评定。

4. 采访中学化学教师,征求他们对实习生的要求和建议,并撰写简单的调查报告。

参 考 文 献

[1] 许高厚,翟家庆,孟详恪.教育实习导论[M].北京:北京师范大学出版社,1995.
[2] 崔干行.教育实习[M].广州:广东人民出版社,2000.
[3] 胡淑珍等.教学技能[M].长沙:湖南师范大学出版社,2000.
[4] 许高厚.教育实习[M].北京:人民教育出版社,2001.
[5] 刘初生.教育实习概论[M].长沙:湖南教育出版社,2001.
[6] 郭友.新课程下的教师教学技能与培训[M].北京:首都师范大学出版社,2004.
[7] 王后雄,李香艳.两岸四地高师教育实习模式的比较及启示[J].高等理科教育,2009(4):31—34.
[8] 王后雄,王星乔.美国科学教师培养的 NSTA 标准及其启示[J].外国中小学教育,2009(5):29—33.8.

第17章 中学化学教师资格考试面试

> 国家教师资格考试制度是国家选拔合格教师,掌控教师质量的重要工具。要提高教师质量,教师资格的设置必须专业化,不仅要设置不同学段的教师资格,而且也要设置不同等级、不同类型的教师资格。
>
> ——顾明远

本章学习目标

通过本章学习,你应该:
1. 了解国家教师资格考试制度出台的背景、理念和思路;
2. 了解《中小学和幼儿园教师资格考试大纲(试行)》(面试部分)的主要内容;
3. 了解中学化学教师资格考试面试的目标、内容及流程;
4. 通过情景模拟、试教等途径掌握备课、试讲、答辩的方法。

17.1 中学化学教师资格考试面试

核心术语

◆面试　　◆测试目标　　◆测试流程　　◆考试形式　　◆评分标准

按照国家教育体制改革试点工作的总体部署,教师资格考试由以前的各省自主组织考试改为全国统考。2011年,教育部颁布了《关于开展中小学和幼儿园教师资格考试改革试点的指导意见》,决定2011年在浙江、湖北两省开展中小学和幼儿园教师资格考试改革试点,2012年增加到在6个省市试点,2013年实行全国统考,并形成常态化制度。

新的教师资格考试分为笔试和面试两部分,笔试各科考试成绩合格才能参加面试。面试采用结构化面试、情景模拟等方式进行,主要考查申请人的职业道德、心理素质、仪表仪态、言语表达、思维品质等教师基本素养和教学设计、教学实施、教学评价等教学基本技能。2011年10月,教育部师范教育司和教育部考试中心联合公布了《中小学和幼儿园教师资格考试大纲(试行)》(面试部分),作为教师资格考试面试命题和考生备考的依据。

17.1.1 中学化学教师资格考试面试的含义

面试是中小学教师资格考试的有机组成部分,属于标准参照性考试。中学化学教师资格考试面试采用结构化面试、情景模拟等方法,通过备课、试讲、回答问题、答辩等方式进行。笔试合格者,需要参加面试。面试,是一种经过组织者精心设计,在特定场景下,以考官对考生的面对面交谈和观察为主要手段,由表及里测评考生的知识、能力、经验等有关素质的一种考试活动。在面试过程中,考生必须回答考官的提问,考官则是根据考生回答考题的情况,做出一些判断和评价。面试过程中考生应注意的三个方面是:良好的心理素质、充分的自我介绍和娴熟的面试技巧。

17.1.2　中学化学教师资格考试面试的目标

面试目标,是指教师资格考试机构与认定机构对申请教师资格人员在面试环节中表现的期望与要求,是对测试内容的简要说明,也是面试命题的重要依据和评估面试对象水平的基本标准。简而言之,面试目标就是对"需要怎样的新教师"这一问题的回答。面试主要考查申请教师资格人员应具备的新教师基本素养、职业发展潜质、教育教学实践能力,主要包括:(1) 良好的职业道德、心理素质和思维品质;(2) 仪表仪态得体,有一定的表达、交流、沟通能力;(3) 能够恰当地运用教学方法、手段,教学环节规范,较好地达成教学目标。

17.1.3　中学化学教师资格考试面试的内容

《中小学和幼儿园教师资格考试大纲(试行)》(面试部分)测试目标指出,面试主要围绕"职业道德、心理素质、仪表仪态、言语表达、思维品质、教学设计、教学实施、教学评价"八个方面的内容对申请教师资格人员的基本素养、职业发展潜质和教育教学实践能力进行考察和评估。

1. 职业道德。(1) 热爱教育事业,有较强的从教愿望,正确认识、理解教师的职业特征,遵守教师职业道德规范,能够正确认识、分析和评价教育教学实践中的师德问题。(2) 关爱学生、尊重学生,公正平等地对待每一位学生,关注每一位学生的成长。

2. 心理素质。(1) 积极、开朗,有自信心。具有积极向上的精神,主动热情工作;具有坚定顽强的精神,不怕困难。(2) 有较强的情绪调节与自控能力。能够有条不紊地工作,不急不躁;能够冷静地处理问题,有应变能力;能公正地看待问题,不偏激,不固执。

3. 仪表仪态。(1) 仪表整洁,符合教育职业和场景要求。(2) 举止大方,符合教师礼仪要求。(3) 肢体语言得体,符合教学内容要求。

4. 言语表达。(1) 语言清晰,语速适宜,表达准确。口齿清楚,讲话流利,发音标准,声音洪亮,语速适宜;讲话中心明确,层次分明,表达完整,有感染力。(2) 善于倾听、交流,有亲和力。具有较强的口头表达能力,善于倾听别人的意见,并能够较准确地表达自己的观点;在交流中尊重对方、态度和蔼。

5. 思维品质。(1) 能够迅速、准确地理解和分析问题,有较强的综合分析能力。(2) 能够清晰有条理地陈述问题,有较强的逻辑性。(3) 能够比较全面地看待问题,思维灵活,有较好的应变能力。(4) 能够提出具有创新性的解决问题的思路和方法。

6. 教学设计。(1) 了解课程的目标和要求,准确把握教学内容。准确把握所教的教学内容、理解本课在教材中的地位以及与其他单元的关系。(2) 根据教学内容和课程标准的要求确定教学目标、教学重点和难点。(3) 教学设计要体现学生的主体性,因材施教,选择合适的教学形式与方法。

7. 教学实施。(1) 能够有效地组织学生的学习活动,注重激发学生的学习兴趣,有与学生交流的意识。(2) 能够科学准确地表达和呈现教学内容。(3) 能够适当地运用板书;板书工整、美观、适量。(4) 能够较好地控制教学时间和教学节奏,合理地安排教与学的时间,较好地达成教学目标。

8. 教学评价。(1) 在教学实施过程中注重对学生进行评价。(2) 能客观评价自己的教学效果。

17.1.4　中学化学教师资格考试面试工作流程

第一步:抽题。在工作人员引导下,考生登录面试测评软件系统,计算机从题库中抽取 2 道试题,考生任选其中1道试题,通过计算机打印试题清单。

第二步:备课。考生持试题清单、备课纸,进入备课室,撰写教案。准备时间20分钟。

第三步:回答规定问题。考生由工作人员引导进入指定考场。考官从试题库中随机抽取2道规定问题,要求考生回答。时间5分钟左右。

第四步:试讲。考生按照准备的教案进行试讲。时间10分钟。

第五步:答辩。考官围绕考生试讲内容进行提问,考生答辩。时间5分钟左右。

第六步:评分。考官依据评分标准对考生面试表现进行综合评分,填写《面试评分表》,经组长签字确认,同时通过面试测评软件系统提交评分。

考官组成:每个考评组由3名考官构成,1名考官为教育学背景,2名考官为相应学科背景。设组长1名。

17.1.5 中学化学教师资格考试面试评分标准

由面试流程可知,考生按照有关规定随机抽取备课题目,进行备课,时间20分钟;接受面试,时间20分钟。考官根据考生面试中试讲、答辩、答题等环节的表现,进行综合性评分。中学化学教师资格考试面试评分标准如表17-1所示。

表17-1 中学化学教师的素质构成表

序号	测试项目	权重	分值	评分标准
一	职业道德	5	2	较强的从教愿望,对教师职业有高度的认同,对教师工作的基本内容和职责有清楚了解
			3	关爱学生,尊重学生、平等对待学生,关注每个学生的成长
二	心理素质	5	3	活泼、开朗,有自信心
			2	有较强的情绪调节能力
三	仪表仪态	5	2	衣着整洁,仪表得体,符合教师职业特点
			3	行为举止稳重、端庄大方,教态自然,肢体表达得当
四	言语表达	15	8	语言清晰,表达准确,语速适宜
			7	善于倾听、交流,有亲和力
五	思维品质	15	3	思维缜密,富有条理
			4	迅速地抓住核心要素,准确地理解和分析问题
			4	看待问题全面,思维灵活
			4	具有创新性的解决问题的思路和方法
六	教学设计	10	4	了解课程的目标与要求,准确把握教学内容
			3	能根据学科的特点,确定具体的教学目标、教学重点和难点
			3	教学设计体现学生的主体性
七	教学实施	35	6	情境创设合理,关注学习动机的激发
			10	教学内容表述和呈现清楚、准确
			4	有与学生交流的意识,提出的问题富有启发性
			8	板书设计突出主题,层次分明;板书工整、美观、适量
			7	教学环节安排合理;时间节奏控制适当;教学方法和手段运用有效
八	教学评价	10	5	能对学生进行过程性评价
			5	能客观地评价教学效果

面试结束后,考官依据表17-1所示的评分标准对考生在回答规定问题、试讲、答辩三个环节的表

现进行综合评分,同时通过面试测评软件系统提交考生成绩。

17.2 中学化学教师资格考试面试示例

核心术语

◆面试考题　　◆规定问题　　◆试讲　　◆答辩　　◆试题示例

中学化学教师资格考试面试主要通过对考生回答规定问题、试讲和答辩三个环节的综合表现对考生进行评分。面试考官通过应试者的特征与中学化学教师理想人选的印象进行对照并作出评定。

17.2.1 回答规定问题示例

《中学教师专业标准(试行)》指出,中学教师的专业标准的基本理念是"师德为先,学生为本,能力为重,终身学习",面试考题的内容可能涉及"职业理解与认识、对待学生的态度与行为、教育教学的态度与行为、个人修养与行为、教育知识、学科知识、学科教学知识、通识性知识、教学设计、教学实施、班级管理和教育活动、教育教学评价、沟通与合作、反思与发展"等多个方面。因此,面试者应该从多个方面为教师资格考试的面试答题环节做准备。

[面试导语提示]

同学,你好!欢迎参加面试。

本次面试共 20 分钟,程序如下:

先请你回答两个规定问题,然后试讲(展示)。

下面我们随机抽取两个问题,请你认真听清题目思考后回答,共 5 分钟左右,注意把握时间,好,请听题。

在考官提问环节,考题一般是已经设计好了的,从计算机里随机抽取,考题的内容可以涉及需要考核的方方面面。从形式上看,考题也是多种多样的,包括简单辨析、案例分析、论述评价等。[①]

1. 一般简析题

对于一般简析题,回答时先辨析,首先明确表明自己的观点和方法,然后抓住重点,简明扼要地分条陈述理由。

[例1]"教师是蜡烛,照亮了别人,燃烧了自己。"你认为这种观点对吗,为什么?

[分析]这道考题考查了面试者对教师这个职业的认识理解,一定程度上还考查了面试者的价值观、思维品质等。考生可以采用"分总"的陈述方式进行陈述,首先表态"同意",然后分条陈述观点,比如下面的几条观点,每条观点适当发挥,做到简明扼要。

[答题技巧](1)同意与否,明确表态。(2)对教师职业的定位,如果你觉得教师是光荣的职业,说明理由。(3)对教师奉献精神的理解,如果你觉得教师的精神在奉献中得到了升华,说明理由。

[示范]我同意这种观点。我认为:

(1)教师是光荣的职业。教师有人类灵魂的工程师、辛苦的园丁、蜡烛等称谓,这正是教师的光荣所在。光荣因为责任重,因为教师担负着为祖国培养未来接班人的重任。

---

① 洪早清.中小学教师资格考试面试大纲解析与应试技巧[M].北京:高等教育出版社,2012:214—228.

(2) 教师的精神是牺牲和奉献。李商隐有一句诗:"春蚕到死丝方尽,蜡炬成灰泪始干",这正是教师牺牲奉献精神的写照,一代代的学生从教师身边走过,成长为社会的栋梁,教师在一天天衰老,燃烧了自己,但是精神却在升华。

总的来说,教师因为奉献精神而受到全社会的尊重,我相信社会也会给教师更多的关心和关爱,教师是一个光荣的职业。

[例2]"有些家长说,把孩子送到学校,孩子教不好,全是老师的责任。"你认为对吗?为什么?

[分析]这道考题考查了教学过程、教学评价的相关内容,先辨析,然后可以采用"总分"的陈述方式,分两条进行回答。

[答题技巧](1)对错与否,明确表态。(2)对教师责任的定位,如果你觉得教师不应当承担所有责任,说明理由。(3)对责任的理解,在承担责任时,你觉得应该考虑哪些因素。

[示范]我不认同这种观点。我认为:

(1) 不该把所有责任加在老师身上。在教育过程中,老师确实担负着一种教育责任,但绝非全部。"没有教不好的学生,只有教不好的老师"是一种很美丽的谎言,它只是折射出我们的良好愿望,但是把全部责任加在老师身上,这未免太过苛刻了。

(2) 学校、家庭和社会三方面都有责任。教师在传授科学知识的同时,还要教育学生怎么做人,怎样正确处理人际关系,使学生做到德、智、体、心理全面发展。但一个学生的综合素质的提高,绝非教师单方面的影响,需要学校、家庭和社会三位一体的互动,而不是教师一个人的责任所能担负的。

[例3]有的人认为做班主任吃亏,你同意吗?为什么?

[分析]这道考题考查面试者对班主任工作的理解。回答时,先表态,然后可以结合自己对班主任工作的理解,逐条陈述。陈述方式可以采用"总分总"的方式。

[答题技巧](1)同意与否,明确表态。(2)对班主任工作的定位,如果你觉得班主任工作不吃亏,说明理由。(3)陈述时,分条陈述,做到条理清晰。

[示范]我不同意,理由是:从我跟以前的班主任交流中,我得出一个观点,那就是做班主任会有很多收获,不吃亏。我说三点:

(1) 能吸取先进的教育理念,提高自己的教学管理水平。班主任既要完成学科教学任务,又要做好管家,大事小事都要做到有的放矢。通过经常收看、收集与教育有关的信息,在潜移默化中还可以提高自己的管理水平。

(2) 交流经验,能加快自己的成长步伐。班主任工作纷繁复杂,为了取得较好的管理效果,可以经常和其他班主任互相交流育人经验,在互相交谈中就会多一些留意和思考、关注。

(3) 增强了反思精神。学一学、听一听是班主任积累经验的过程,现代信息条件下的网络技术为班主任的发展提供了平台,班主任可以写教育反思、教育日记,写同孩子们相处的成长故事,从而在工作中练就反思精神。

所以说,做班主任虽然辛苦,但是对快速成长为一名优秀的教师有着不可估量的作用。

2. 案例分析题

对于案例分析题,回答时先分析案例中出现的情景,再给出自己将采取的措施,或者反过来,先表明自己将会采取的措施,再对案例进行分析。

[例4]下课期间,有一个学生站在教室的书桌上大声喧闹,你会如何处理这件事?

[分析]这道考题考查了教学实施中课堂管理的相关内容。面试者可以先表明你将会采取的措施,然后分析案例,说明为什么这样做,等等。

[答题技巧](1)先表明自己将会采用的处理方案。(2)结合案例分析,说明这样处理的理由。

(3)陈述时,分条陈述,条理清晰,言简意赅。

[示范]我觉得我会分两步处理。

(1)用眼神示意他加以制止。因为学生一般会懂老师的眼神,立刻明白过来,并且会停止大声喧哗。

(2)单独聊天进行教育。如果眼神不起作用,那么单独找他聊一聊,告诉他下课放松、娱乐没有关系,但是要注意不要妨碍其他同学,因为有的同学下课的时候还在学习。这样做的理由是,照顾了学生的自尊心,晓之以理,动之以情,更容易说服他选择合适的方式放松,比如课间去操场上娱乐运动一下。

[例5]有一个学生表现不好,班主任当着该同学的面向家长告状,学生当场回嘴,请你评价班主任的行为。如果你是班主任,你会如何处理这种问题?

[分析]这道考题考查了班主任的管理工作以及跟家长的交流工作等。可以先分析案例,再给出自己的处理办法。

[答题技巧](1)先表态,然后结合案例分析,说明原因。(2)说出你的处理方案,说明这样处理的理由。(3)陈述时,层次分明,条理清楚。

[示范]我认为班主任的做法不妥。主要是因为在这个例子中,班主任处理这件事的时候没有考虑到学生的自尊心,因而效果适得其反。学生当场回嘴表明学生很反感班主任当面告状。

我会分两步去处理这件事。首先,在和家长交流的时候避开学生,把真实的情况反映给家长,同时在和家长交流的过程中语气委婉。然后可以叫来学生一起交流,注意方式和方法,尽量保护学生的自尊心,温柔和善,娓娓而谈,耐心诱导,做到春风化雨,润物无声。

[例6]有一个学生成绩不好,在班主任的帮助下,成绩提高很快,班主任就在班上表扬该学生是"传、帮、带"的典型,这位学生很快疏远了班主任,你认为这是为什么?怎样表扬才恰当?

[分析]这道题主要考查了班主任心理、学生心理的分析以及激励表扬方式、方法等。可以分两步,第一步,分析案例,说明原因;第二步,表明自己的态度,说清楚自己的处理方案。

[答题技巧](1)结合案例分析原因。(2)结合案例说出你的办法,说明这样做的理由。(3)陈述时,分条陈述,做到条理清晰。

[示范]我认为:

(1)原因:这个例子中,虽然学生是在班主任的帮助下成绩提高得很快,但是这和他自身的刻苦努力是分不开的,甚至学生的努力占大部分,所以班主任在班上说该学生是"传、帮、带"的典型,一方面弱化了学生自身的努力,另一方面在全班同学面前没有顾忌到学生的自尊,所以该学生才会疏远班主任。

(2)正确的做法:我会先找出这个学生自身努力并引以为自豪的方面,然后在全班加以表扬,这样既激励了大家,又肯定了这个学生,想信这种处理效果会好一些。因为表扬要考虑不同学生的个性特点,要用不同的促进和激励方式。

3. 简单论述题

对于简单论述题,回答时一定要按题目要求来做,论述说理时条理清晰,有的放矢,简明扼要。

[例7]你如何理解"学高为师,身正为范"?

[分析]这道考题考查了教师的职业素养、教师价值观等,答题时可以从"学高"和"身正"这两方面出发。可以采用"先分后总"的陈述方式回答。

[答题技巧](1)理解"学高为师"、"身正为范"。(2)进一步论述"学高"、"身正",该怎样做。

[示范]"学高为师,身正为范"是一句古话,它折射的是一种教育的哲理。我认为:

(1)"学高为师"说的是教师必须业务精湛,知识面广,有很好的教育教学能力;"身正为范"指的是教师是智慧的代表,是高尚人格的化身,教师的言行就是道德标准。因此,我认为,教育工作者的工作就是要做到为人师表。

(2)做到"学高",就是要刻苦钻研,增加知识面,不断提高教学能力等;做到"身正",就要诚实正直,言行一致,语言文明,仪表大方,态度和蔼可亲,教态高雅洒脱等。

[例8] 你认为怎样的教师才能算得上是一个好教师?

[分析] 这道考题属于"评价论述"型题目,回答时,可以先从教师的要求出发,然后分点说明"好教师"的要求。

[答题技巧] (1)回答对教师有哪些要求。(2)分析说明好教师的特点。(3)陈述时,分条陈述,适当发挥。

[示范] 我觉得,一个好的人民教师,应该:

(1)爱岗敬业,严谨治学。好教师应该是爱岗敬业、严谨治学的,就是说好教师要热爱教育事业,乐于从教,尽职尽责,努力提高工作水平和工作质量,实事求是,尊重科学。

(2)为人师表,耐心施教。"师者,所以传道授业解惑也",作为"人类灵魂的工程师",辛苦工作的"园丁",我觉得好教师应该要时时处处注意自己的一言一行,为人师表。教师的言谈举止要文明得体,要做到以身作则。凡是要求学生做到的,自己应该要先做到,要用自己的实际行动去感动学生、关心学生、爱护学生,和学生相处得很好。

(3)沟通交流,钻研进取。我认为,一个好的教师应该能处理好跟家长以及学校领导的关系,而且能做一些研究,出成果。

[例9] 你觉得班主任应该如何组织与培养班集体?

[分析] 这道考题考查的是班主任的班级组织与管理工作,答题时,可以从培养班干部、培养班风、班级纪律管理等方面出发,逐个简明扼要地论述。

[答题技巧] (1)对班主任工作的理解和看法。(2)组织和培养班集体的方法策略。(3)分条陈述,简明扼要地说明这样做的好处。

[示范] 我认为班主任对组织和培养班集体负有主要责任,可以从以下几点去做:

(1)选择和培养班干部。要把全班学生组织起来,班主任应该善于发现、挑选和培养班干部,建立班集体的领导核心,让学生学会自我管理、自我教育。

(2)培养优良的班风和正确的集体舆论。正确的集体舆论和良好的班风会形成一种巨大的教育力量,对每个成员都有熏陶、感染和制约的作用。

(3)加强对班集体纪律的管理。好的纪律有利于学生更好地学习,是保证学生学习成绩的关键,也可以使班集体得到更好的发展。

(4)组织多样的教育活动。集体活动有助于学生焕发精神,开阔眼界,增长知识,促进学生才能和特长的发挥,增进学生之间的团结。

我觉得,在组织和培养班集体时,还可以确定一个共同的奋斗目标,组织方法可以灵活多样,应该不断从实践中反思学习。

17.2.2 化学学科试讲题目示例

面试中"试讲"是指考生模拟或在真实教学现场,将备课内容在10分钟的时间内讲授给学习者。试讲即教学实施环节,主要考查考生对学生的关注、教学内容的呈现、板书运用、教学安排等。考生应做好充分准备,在10分钟的教学实施过程中充分彰显自身的教学优势。

中学化学教师资格考试面试的试讲题目是由现行不同版本化学教材中截取相对完整的片段内容提供给考生,要求考生对内容进行简单的教案设计,经过 20 分钟的备课准备后,考生按照准备的教案进行试讲,时间控制在 10 分钟左右。一般要求考生在试讲中要有简洁的导课、提问的环节、简短的小结、过程性评价和适当的板书。

[示例1] 下列材料是山东教育出版社《义务教育实验教科书·化学》九年级下册第七单元第二节"金属的化学性质"内容片段,请根据试题要求准备试讲。

17.3.2.1 金属与盐溶液的反应

活动性较强的金属能与酸溶液中的氢离子发生置转换反应,NaCl、$CaCl_2$、$CuSO_4$、$AgNO_3$ 这些盐的溶液中都含有金属离子,这些离子能否与金属发生置换反应呢?

案例研讨

金属与盐溶液的反应

将锌片、铁丝、铜丝三种金属分别放入硫酸铜、硝酸银、氯化钠溶液中,观察并记录实验现象。

	$CuSO_4$ 溶液	$AgNO_3$ 溶液	NaCl 溶液
Zn			
Fe			
Cu			

问题:哪些物质之间会发生反应?反应产物是什么?

实验证明,锌、铁能从 $CuSO_4$、$AgNO_3$ 的溶液中把铜和银置换出来,铜只能置换出银,而锌、铁、铜都不能从 NaCl 溶液中置换出钠来。

$$Fe + CuSO_4 = Cu + FeSO_4$$
$$Cu + 2AgNO_3 = 2Ag + Cu(NO_3)_2$$

由此可见,在金属活动性顺序中,位置在前的金属可以把位于其后的金属从它们的盐溶液中置换出来。

金属活动性顺序在工农业生产和科学研究中有着广泛的应用。我国劳动人民在古代就会利用金属与盐溶液发生置换反应的原理来冶炼金属,叫做湿法冶金技术,并一直沿用至今。

要求:

(1) 根据教学内容试讲 10 分钟。
(2) 配合教学内容适当板书。
(3) 教学过程需有提问环节。
(4) 教学中如果需要实验演示,请用手势及教学语言代替。

某面试者设计的教学目标及教学重点和难点为:

教学目标

[知识与技能]

掌握金属与盐溶液反应规律,了解金属活动顺序及其应用。

[过程与方法]

掌握观察、实验等科学方法,认识科学探究的一般过程。

[情感态度与价值观]

通过科学探究,体验合作学习和探究学习的乐趣,激发化学学习的兴趣。

教学重点和难点:

教学重点:金属活动顺序及其应用。

教学难点:金属与盐溶液置换反应规律的探究。

教学实施过程

1. 导入(1分钟)

[提出问题]前面我们已经知道活动性较强的金属能与酸溶液中的氢离子发生置换反应,那么盐溶液中的金属离子能否与金属发生置换反应呢?带着这个问题来开始我们的探究之旅吧!

2. 教学(8分钟)

第一部分:通过金属与盐溶液的实验探究,归纳出金属与盐溶液置换反应规律,判断常见金属活动顺序:Na>Zn、Fe>Cu>Ag。

第二部分:通过进一步科学实验,总结出金属活动顺序,介绍金属活动顺序在工农业生产和科学研究中的广泛应用。

3. 结束(1分钟)

总结:通过本次课的学习,我们学习了金属与盐溶液置换反应遵循金属活动顺序,同学们要熟练记住 K Ca Na Mg Al Zn Fe Sn Pb(H) Cu Hg Ag Pt Au 金属活动的顺序,而且知道位置在前的金属可以把位于其后的金属从它们的盐溶液中置换出来。

板书设计

一、金属与盐溶液的反应	二、金属活动顺序及应用
[实验探究] $Zn + CuSO_4 = ZnSO_4 + Cu$ $Fe + CuSO_4 = FeSO_4 + Cu$ $Zn + 2AgNO_3 = Zn(NO_3)_2 + 2Ag$ $Cu + 2AgNO_3 = Cu(NO_3)_2 + 2Ag$ 金属活动顺序 Na>Zn、Fe>Cu>Ag	K Ca Na Mg Al Zn Fe Sn(H) Cu Hg Ag Pt Au (1)置换反应规律:位置在前的金属可以把位置在于其后的金属从它们的盐溶液中置换出来。 (2)冶炼金属

[示例2]下列材料是人民教育出版社《普通高中化学实验教科书·化学2》第一章第三节"化学键"内容片段,请根据试题要求准备试讲。

17.3.2.2 离子键

实验1-2

取一块绿豆大的金属钠(切去氧化层),用滤纸吸净煤油,放在石棉网上,用酒精灯微热。待钠熔成球状时,将盛有氯气的集气瓶迅速倒扣在钠的上方(如图17-1)。观察现象。

现　象	
化学方程式	

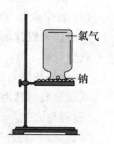

图 17-1 钠与氯气反应

在学习了原子结构的有关知识以后,我们来分析一下氯化钠的形成过程。

根据钠原子和氯原子的核外电子排布,钠原子要达到8电子的稳定结构,就需失去1个电子;而氯原子要达到8电子稳定结构则需获得1个电子。钠与氯气反应时,钠原子的最外电子层上的1个电子转移到氯原子的最外电子层上,形成带正电的钠离子和带负电的氯离子。带相反电荷的钠离子和氯离子,通过静电作用结合在一起,从而形成与单质钠和氯气性质完全不同的氯化钠。人们把这种带相反电荷离子之间的相互作用称为离子键。

资料卡片

电子式

为方便起见,我们在元素符号周围用"·""×"来表示原子的最外层电子(价电子)。这种式子叫做电子式。例如:

$$Na× \quad :\overset{..}{\underset{..}{Cl}}· \quad ×Mg× \quad ·\overset{..}{\underset{.}{S}}·$$

像氯化钠这样由离子键构成的化合物叫做离子化合物。例如,KCl、$MgCl_2$、$CaCl_2$、$ZnSO_4$、NaOH等都是离子化合物。通常,活泼金属与活泼非金属形成离子化合物。

离子化合物的形成,可以用电子式表示,如氯化钠的形成过程可以表示为:

$$Na× + ·\overset{..}{\underset{..}{Cl}}· \longrightarrow Na^+ [×\overset{..}{\underset{..}{Cl}}:]^-$$

要求:
(1) 根据教学内容试讲10分钟。
(2) 配合教学内容适当板书。
(3) 教学过程需有提问环节。
(4) 教学中如果需要实验演示,请用手势及教学语言代替。

某面试者设计的教学目标及教学重点和难点为:

教学目标

[知识与技能]
(1) 学生感悟原子之间相互作用的存在,形成离子键概念。
(2) 学会用电子式表示离子化合物的形成过程。

[过程与方法]
学生通过对实验现象的观察、假设、推理、得出结论等探究步骤的完成,体验获得化学知识的过程,掌握个案研究法和分析、推理等方法。

[情感态度与价值观]
激发学生学习化学的兴趣,增强学生的好奇心和求知欲,帮助学生树立辩证唯物主义世界观,培养学生辩证统一的观点和思维方法。

教学重点和难点:

教学重点:离子键概念的形成,用电子式表示离子化合物形成的过程。

教学难点:用电子式表示离子化合物形成的过程。

教学实施过程

1. 导入(2分钟)

演示钠在氯气中燃烧实验,提出问题:
(1) 实验中观察到什么现象?发生了什么反应?
(2) 钠为什么能与氯气反应生成氯化钠?

2. 教学(7分钟)

(1) 概念感知　引发问题

[教师] 钠与氯是如何形成氯化钠的？请用原子结构知识加以分析，并用原子结构示意图表示其形成过程。

[学生] (1) 讨论交流，分析氯化钠的成因；(2) 用原子结构示意图表示其形成过程；(3) 分析构成氯化钠的微粒及其存在的作用力。

(2) 概念形成　设置问题

[教师] 什么是离子键？请根据氯化钠的形成过程进行概括和总结。

[学生] 概括总结，学生根据自己对离子键的认识和理解用自己的语言来表述什么是化学键(师生共同加以修正补充和完善，使之用词正确，表达科学)。

(3) 概念理解　引导点拨

[教师] (1) 启发提问：①原子通过什么途径形成离子键？②形成离子键的微粒是什么？③形成离子键的是什么元素？④离子键的本质是什么？⑤离子键存在于哪些物质中？⑥如何用电子式表示其形成过程？

[学生] 合作学习，讨论交流。

① 认真分析氯化钠的形成过程，讨论交流，归纳得出离子键的成键元素、原子结构特点、离子键的本质、离子键的存在。

② 从氯化钠的形成过程，去发现离子键的形成只是原子最外层的电子发生变化，抓住这一特点，用电子式去表示这一形成过程。

3. 结束(1分钟)

总结：通过本次课的学习，同学们观察并分析了氯化钠形成过程示意图，发现此形成过程包括不稳定的钠原子和不稳定的氯原子相互作用，发生电子转移，形成具有稳定结构的钠离子和氯离子结构，是一个原子由不稳定结构变化成稳定结构的过程，实质上是原子结构最外层电子数发生变化，用结构示意图表示其形成过程比较复杂，而用电子式则能简便表示离子化合物的形成过程，课后，同学们通过多练才能掌握书写电子式的方法。

板书设计

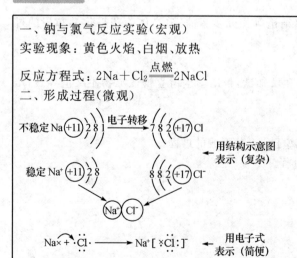

从以上两例可知，试讲中教学时间一般分为三段：导入、主讲、结束及拓展。由于试讲时间有限，

面试者只需要做一个简单的情境导入,用1~2分钟将教学内容自然引出即可,教学结束时用1分钟左右进行总结及知识拓展,中间7~8分钟的时间为正式教学过程,包括教师教的时间和学生学的时间。试讲中必须紧扣教学目标,围绕核心问题的解决控制好教学节奏。只有这样,整个教学实施看起来既完整,又能突出主体教学部分。

17.2.3 面试答辩问题示例

《中小学和幼儿园教师资格考试大纲(试行)》(面试部分)中明确指出教师资格考试面试环节的测试方法是"采取结构化面试和情景模拟相结合的方法",通过抽题备课、试讲、答辩等方式进行。答辩是中小学和幼儿园教师资格考试面试的必考环节,"考官根据考生面试过程中的表现,进行综合性评分"。因此,掌握情景模拟面试答辩的方法,对考生来说,具有重要意义。

情景模拟测试法就是把被试者放在一个模拟的工作环境中,采用多种测评技术,观察被试者的心理和行为,测量其各种能力,并对其能否胜利某项工作做出评价。情景模拟测试的方式和内容是由测试的组织者根据聘用岗位的专业、管理层次要求以及岗位工作者所必须具备的心理素质及工作能力等因素决定的。在答辩环节,考官以情景模拟案例为主线,设计小场景考核考生的心理素质、教师道德、教育理念及应变能力。它往往结合社会现象,以学校实际情况为出发点,提出与时俱进的问题,并希望得到真诚、理性、务实的回答。

面试答辩是指应试者在特定的环境下,根据考官提出的问题做出针对性的回答过程。答辩的重点在于回答,只需要根据问题或问题的含义做出相应回答,而不需要针对试题或问题进行联想引申或提出质疑。教师资格面试中,针对某一问题,应试者能否发表合理的、深刻的、有建设性的观点,是面试中的一项常规的而且是重要的测评项目。为了争取考官的认可,应试者除了要具备真才实学以发表真知灼见外,也要掌握表达自己观点的技巧,以此来促进考官对自己观点的理解和接受。

在教师资格面试答辩中,主要测评内容可以分为以下几个方向:

(1) 教师职业认同:它主要考查考生的自我认同与社会关系协调能力。

[例1] 你希望自己成为一个什么样的老师?

[答案要点] 首先,教师要爱岗敬业,有甘为人梯、甘当蜡烛的精神,要爱护学生,尊重知识。其次,教师的专业水平要高,要有渊博的知识和过硬的教学能力。再次,教师要有终身学习的意识和能力,教育科研和创新能力很重要,只有刻苦钻研,不断创新,才能够全面实施素质教育。最后,我希望自己拥有教师的人格魅力,品德高尚,有修养,有亲和力,能真正走进学生的心里,成为他们的好朋友、好师长。

[例2] 如果工作后学校安排你去山区支教,你会怎么办?

[答题要点] 这种"两难"选择的问题,其实考查的是考生"在个人利益和教育事业间的选择",简单化的回答并不是一个圆满的答案。考生不仅要做出明确的选择,更要讲明理由。光谈大道理,是难以让考官信服的。考生可以从自己的实际出发,从自己的经历、个性、背景中举出例证,证明自己的选择的正确性和真实性。

(2) 教育理论实践:这一类试题主要考查答辩者对基本的教育理念的理解与应用能力,判断考生能否将自己的知识技能运用于具体的教学及工作环境。

[例3] 如果你发现班上学生抄袭作业现象严重,你会如何处理?

[答题要点] 首先,教师的天职在于关爱、帮助学生学习、成长,因此绝不能简单粗暴地责罚学生,而应该反思教师自己的教学,听取学生的心声,要相信每一个孩子都是努力向上、渴望成功的。其次,教师要改进教学方法,引导良好班风,让学生在获得知识的同时,培养良好的学习习惯,形成良好的道

德品质。

[例4] "学生自己管理自己"的观点你赞同吗?

[答题要点] 赞同。首先,每个学生都希望自己在班集体中得到重视。既然学生是主体,那么教师就要敢于放手,让每个学生发挥自己的能力,体验成功的快感,激发他们的积极性,放手让学生自己管理自己。其次,学生自我管理,不意味着教师放手不管。教师要善于引导学生,用科学的方法鼓励、帮助学生完善班级制度,做好班级管理工作,能够应对突发事件,增强班级的凝聚力,形成良好的学风和班风,促进班级和学生个人的良性发展。

(3) 教育管理应变:面对类似的问题,应试者不能简单地回答,因为在现实生活中这类问题本身就不是简单地恪守规章制度和教育理念,而要灵活变通,注重合情合理、真实可信。

[例5] 如果你发现班上一个女生因为体型偏胖被全班同学疏远排斥,你会如何处理?

[答题要点] 首先,教师要以身作则,尊重、关爱每一个学生,对学生一视同仁,有教无类。其次,对于全班同学的集体行为不能忽视放任,要以此为契机,对学生进行道德品质教育,引导学生建立正确的评价标准和良好的人际关系。再次,对学生的教育要以鼓励、引导为主,尊重学生青春期爱美的心理特点,正确引导他们。教师要认识到学生在成长过程中犯错是正常的,要看到学生的优点和长处,不能以此为学生定性,认为他们人品有问题。

[例6] 班上有同学丢了东西,同学们都怀疑是班上某同学偷的,如果你是班主任,你要怎么做?

[答题要点] 首先,教师要以学生为本,关爱每一个学生。因此,教师不能轻易怀疑自己的学生,也不能纵容班上学生随意怀疑同学的风气。其次,教师要核查事件真相,区别是意外丢失还是偷窃行为。如果是偷窃,也要区分行为的性质,是初犯还是屡犯。根据不同的情况,制定有针对性的教育工作。再次,教师深刻反思自己的教育工作,要认真了解自己的每一个学生,深入他们的生活中,加强家校联系,创造良好的学习及社会环境,以教育为根本目标,帮助每一个同学树立正确的人生观、生活观。再次,教育的目的不是惩罚,而是引导学生走上积极健康的人生道路,因此,教师要完善班级纪律,从制度上防止类似事件的发生。

(4) 教师心理调适:怎么看待别人、怎么看待自己是一个人是否具备团队意识、人际交往能力的重要体现。一个人不能正确地看待自己、看待别人,就不能正确地看待工作。在教师资格面试中,这一类题目考查的就是考生的心理调适能力。

[例7] 如果学校将原本安排给你的培训进修机会给了其他老师,你会怎么办?

[答题要点] 首先,一个心理素质良好的教师能够正视工作、生活中的不如意或失败,并从中找到正面意义,发现自己的不足,帮助自己成长。事实上,对失败挫折的正视,也是一个人证明自己的良机。所以,面对困难和挫折,要勇于表明心态,这也是坚强的体现。其次,一名教师既要正视工作中的挫折,又要学会在失败中总结出经验教训,把挫折变成动力,更加积极主动地工作。再次,一名教师要正确处理同事之间的关系,真诚地祝贺同事取得的成绩,学习他人的长处,争取下一次机会。

[例8] 你在与人合作的过程中,你是如何处理意见分歧的呢?

[答题要点] 我是学校摄影俱乐部的负责人,在大三时我组织了一次全校规模的摄影大赛。在讨论活动策划方案时,有两个成员的意见和我不一致,我和他们开诚布公地开了一次讨论会。在会上,大家都阐述了各自的理由,很遗憾,我仍然没有说服这两个人。在这种情况下,我感谢他们的积极参与,也注意到了他们意见中的可借鉴部分,但表示仍然会采用我的方案。我是负责人,我相信自己有能力采取最佳方案,假如失败了,我也会承担主要责任。如果我是普通一员,我会保留自己的意见,但还是会认真执行已经做出的决策。后来,我采用了他们建议中的部分内容,完善了我的方案。这次比赛最终取得了圆满成功,那两位同学也高兴地参加了活动,我们仍然是很好的朋友。我从这件事中,

认识到了:作为一个领导者,坚持自己的理念,尊重他人的想法,并勇于对自己的行为负责是成功的必备条件。

总体而言,答辩强调应试者与考官的良性沟通,通过应试者即时回答的方式展现出自己的品质、个性和能力。这些品质、个性和能力不仅是考官重点考查的内容,更是应试者一旦走上教师工作岗位,赖以教书育人、实现人生价值的最重要条件。因此,考生在重视答辩技巧的同时,更要从根本上提升个人品质和能力,为成为一名合格教师做好准备。

本章小结

1. 国家教师资格考试是国家对专门从事教育教学工作人员的基本要求的考试,是公民获得教师职位、从事教师工作的前提条件。国家教师资格制度是国家实行的教师职业的准入制度。国家教师资格考试包括笔试和面试。

2. 中学化学教师资格考试面试属于标准参照性考试,采用结构化、情景模拟等方法,通过回答规定问题、试讲、答辩等方式进行。

3. 中学化学教师资格考试面试内容主要包括职业道德、心理素质、仪表仪态、言语表达、思维品质、教学设计、教学实施、教学评价等。

思考与实践

1. 中学化学教师的素质构成有哪些?国家教师资格考试是如何考查这些素质的?
2. 中学化学教师资格考试面试的测试目标及内容是什么?
3. 中学化学教师资格考试面试流程是怎样设计的?面试考官是如何进行评分的?
4. 情景模拟:选取现行初中或高中某版本教材中的片段内容(概念课、理论课、元素化合物课、实验课),控制时间20分钟进行备课,写出简单的教案,然后进行试讲,对照评分标准进行评定。请师生提出改进意见。

参 考 文 献

[1] 洪早清.中小学教师资格考试面试大纲解析与应试技巧[M].北京:高等教育出版社,2012.
[2] 教育部师范教育司,教育部考试中心.中小学和幼儿园教师资格考试(试行)[Z].2011.
[3] 余仁胜等.完善我国教师资格考试制度的构想[J].中国考试,2005(7):22—24.
[4] 王世存,王后雄.国家教师资格考试:必要性、导向及问题思考[J].教师教育研究,2012(4):36—42.
[5] 王后雄,王世存.国家教师资格考试——教师教育发展的里程碑[J].中国考试,2013(9):22—25.